RECUEIL

DES

INSTRUCTIONS

DONNÉES

AUX AMBASSADEURS ET MINISTRES DE FRANCE

DEPUIS LES TRAITÉS DE WESTPHALIE
JUSQU'A LA RÉVOLUTION FRANÇAISE

III

COMMISSION DES ARCHIVES DIPLOMATIQUES

« ... Les conclusions du rapport de M. Camille Rousset, tendant à charger M. le Vte de Caix de Saint-Aymour de la publication des Instructions pour le Portugal et à nommer Commissaire M. J. Valfrey, sont mises aux voix et adoptées... »

(Extrait des procès-verbaux des séances du 2 avril 1884 et du 7 juillet 1886.)

Vu par le Commissaire délégué,

Paris, le 1er décembre 1886.

SIGNÉ :

J. VALFREY.

RECUEIL

DES

INSTRUCTIONS

DONNÉES

AUX AMBASSADEURS ET MINISTRES DE FRANCE

DEPUIS LES TRAITÉS DE WESTPHALIE
JUSQU'A LA RÉVOLUTION FRANÇAISE

PUBLIÉ
SOUS LES AUSPICES DE LA COMMISSION DES ARCHIVES DIPLOMATIQUES
AU MINISTÈRE DES AFFAIRES ÉTRANGÈRES

PORTUGAL

AVEC UNE INTRODUCTION ET DES NOTES

PAR

LE Vᵗᵉ DE CAIX DE SAINT-AYMOUR

 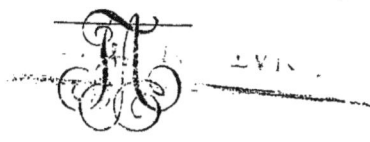 

PARIS

ANCIENNE LIBRAIRIE GERMER BAILLIÈRE ET Cⁱᵉ
FÉLIX ALCAN, ÉDITEUR
108, BOULEVARD SAINT-GERMAIN, 108

—

1886

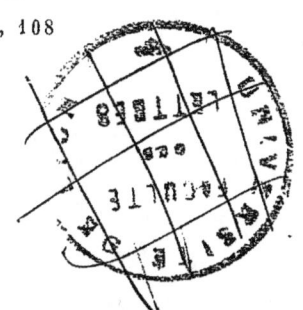

TABLE DES CHAPITRES

INTRODUCTION

I. — La France directement mêlée à la fondation du Portugal au xiie siècle, et à sa restauration au xiie siècle, xiii. — Henri de Bourgogne, Alphonse Henriquez et Jean de Bragance, xiii. — Sympathie réciproque des deux nations, xiv.

II. — Relations des deux pays antérieurement au xvie siècle, xiv. — Établissement de rapports réguliers : MM. de Langeac, de Caix et l'évêque d'Agde, xv. — Le roi d'Espagne, Philippe II, s'empare violemment du Portugal en 1580, xv. — La France donne asile et protection au prieur de Crato et à ses enfants, xvi. — Richelieu favorise les prétentions de la maison de Bragance, xvi. — Préparatifs de la Révolution, xvii. — Richelieu s'en occupe activement, xviii. — Première instruction donnée à M. de Saint-Pé, xx. — Hésitations du duc de Bragance, xxii.

III. — Le duc de Bragance se décide enfin à accepter la couronne, xxiv. — Il demande l'assistance de la France, xxiv. — Ambassade de Francisco de Mello et d'Antonio de Carvalho, xxv. — Seconde instruction donnée à M. de Saint-Pé, xxvii. — Traité du 1er juin 1641, xxix.

IV. — Préliminaires de paix générale signés à Hambourg, xxxi. — Négociations de Munster, xxxi. — Tentatives inutiles du Portugal pour se faire admettre au Congrès de Westphalie, xxxii.

V. — Lutte militaire entre l'Espagne et le Portugal, xxxiv. — Politique nouvelle de Mazarin, xxxv. — Attitude de la France en présence de l'extinction prochaine des Hapsbourg espagnols, xxxvi.

VI. — Traité des Pyrénées (1659), xxxvii. — Abandon du Portugal par la France, xxxvii. — Il se jette dans les bras de l'Angleterre, xxxviii. — Guerre de Dévolution, xxxix. — Traité de paix entre l'Espagne et le Portugal (1668), xxxix. — Ouverture de la succession d'Espagne, xl. — Hésitations du Portugal à prendre parti, xl. — Il se décide contre la France et entre dans la *Grande Alliance*, xli. — Traité

TABLE DES CHAPITRES.

de Methuen, xli. — Le Portugal définitivement inféodé à l'Angleterre, xli. — Revers du Portugal, xlii.

VII. — Règnes de Jean V et de Joseph II, xlii. — Le marquis de Pombal, xlviii. — Guerre de 1761-63, xliv. — Disgrâce de Pombal, xlv.

VIII. — Rivalité des ducs d'Orléans et de Bourbon, xlv. — Relâchement des rapports diplomatiques entre Versailles et Lisbonne, xlvi. — Le Pacte de famille, xlvii. — Guerre de 1776, xlvii. — Rapprochement de la France et du Portugal vers 1781, xlviii. — Rupture de 1784, xlix. — État déplorable du Portugal à la fin du xviiie siècle, xlix. — Révolution française, xlix. — Le Portugal se réveille au xixe siècle, sous le souffle des idées libérales, l.

Tableau des Ambassadeurs, Ministres-résidents, Consuls et autres agents de la France en Portugal, et du Portugal en France, li.

I

LE MARQUIS DE ROUILLAC, AMBASSADEUR, 1644-1645.

Notice. — La France veut obtenir du Portugal un concours plus actif, 1. — Le cardinal de Mazarin espère l'obtenir en envoyant le marquis de Rouillac comme ambassadeur extraordinaire à Lisbonne, 2. — Échec de sa mission, 3.

Instruction. — Engager le roi Jean IV à sortir de son inaction et à porter des coups plus rudes à l'ennemi commun, 5. — Seul moyen d'obtenir d'être admis aux conférences de Westphalie, 6. — Rappeler au roi tous les services qui lui ont déjà été rendus par la France, 8. — Se ménager l'affection de la famille royale et des grands du Portugal, 9.

II

LE CHEVALIER DE JANT, AMBASSADEUR, 1655.

Notice. — Signature des traités de Westphalie, 11. — Mécontentement de Mazarin par suite de l'inaction du Portugal, 12. — Projet de mariage entre Louis XIV et l'infante de Portugal, 13. — Instruction secrète donnée au chevalier de Jant, 13. — Le gouvernement portugais demande à conclure une *Ligue formelle*, 13. — Le chevalier de Jant, outrepassant ses pouvoirs, signe la *Ligue formelle*, 14.

Instruction. — Se plaindre de D. Francisco de Souza Coutinho, ambassadeur de Portugal en France, 15. — Insister pour que le Portugal tienne ses engagements vis-à-vis de la France, 17. — Réclamations à faire au sujet de l'expédition de Naples, 17. — Régler les difficultés qui s'étaient élevées entre M. de Saint-Pé et les négociants français de Lisbonne, 21.

Instruction secrète. — Se renseigner sur la situation véritable du Portugal, surtout vis-à-vis de l'Espagne, 23. — S'informer de l'état de l'armée et des places fortes du Portugal, 24. — Insister auprès de la Reine pour l'exécution des engagements pris par son mari, 25. — Prendre des informations sûres au sujet de l'infante, 25.

III

LE COMTE DE COMINGES, AMBASSADEUR, 1657.

Notice. — Désaveu de la *Ligue formelle* signée par le chevalier de Jant, 27. — Missions du P. Dominique du Rosaire à Paris, 27. — Mort du roi Jean IV, 27. — Mazarin veut renouer les négociations, 28. — Projets de mariages princiers, 29. — Mazarin demande la conclusion d'une ligue offensive et défensive entre les deux couronnes, 30. — Il renonce à ce projet quand il espère sérieusement traiter de la paix avec l'Espagne, 31.

Instruction. — Montrer à la Reine de Portugal les dangers de sa situation, 33. — Expliquer la conduite de la France dans les dernières négociations, 34. — Encourager la Reine à se montrer à la hauteur des circonstances, 37. — S'entendre avec le P. Dominique du Rosaire, 38. — Désavouer le chevalier de Jant, 39. — Préparer le choix d'un cardinal protecteur du Portugal à Rome, 40.

Instruction secrète. — Avortement des négociations de paix avec l'Espagne, par suite des exigences de cette puissance à l'égard du Portugal et du prince de Condé, 42. — Le gouvernement français se décide à une ligue formelle avec le Portugal, 44. — Demande de subsides au Portugal, 45. — M. de Cominges doit insister pour obtenir une assistance plus effective des Portugais, 46.

IV

LE CHEVALIER DE JANT, REMPLACÉ PAR LE MARQUIS DE CHOUPPES, 1659.

Notice. — Négociations de M. de Lionne à Madrid en 1656, 49. — Désir mutuel de paix, 49. — Mission de Pimentel, 50. — Mazarin se décide à abandonner le Portugal, 50. — Le chevalier de Jant est désigné pour retourner à Lisbonne, 50. — Sa disgrâce, 51, 52. — Il est remplacé par le marquis de Chouppes, 53. — Chargé d'annoncer la paix avec l'Espagne et d'offrir au Portugal la médiation de la France, 55.

Instruction. — Annoncer la conclusion prochaine du traité de paix entre la France et l'Espagne, 57. — Retour en arrière : services rendus par la France au Portugal ; récriminations sur l'inaction du Portugal, 59. — Refus de l'Espagne de reconnaître les faits accomplis en échange du retour en grâce du prince de Condé, 61. — On a seulement obtenu pour le Portugal une trêve de trois mois, 62.

Relation de M. de Chouppes. — Il est d'abord bien reçu à Lisbonne, 63. — Récit qu'il fait des négociations au Conseil de Portugal, 64. — Reproches des Portugais sur la conduite de la France, 67-70. — Entrevue avec le P. Dominique du Rosaire, 71. — Audience de la Reine, 71. — Conversation avec le secrétaire d'État, 72. — Avec le comte de Prado, 77. — Dernière entrevue avec les membres du Conseil de Portugal, 78. — M. de Chouppes reçoit son congé, 80. — En passant par Madrid, il voit D. Louis de Haro, 81. — Puis il a audience du roi d'Espagne, 84. — Les négociations relatives au Portugal sont renvoyées à l'entrevue que Mazarin et D. Louis de Haro devaient avoir au mois d'avril suivant, 85.

V

LE MARQUIS DE SAINT-ROMAIN, AMBASSADEUR, 1665-1671.

Notice. — Mort de Philippe IV, roi d'Espagne, 87. — Guerre de Dévolution, 87. — Victoire des Portugais à Villaviciosa, 87. — M. de Saint-Romain est désigné pour aller à Lisbonne, 88. — Son voyage devait d'abord être secret, 90. — Désir des Portugais de faire leur paix avec l'Espagne, 90. — Néanmoins ils concluent avec la France un traité d'alliance pour dix ans, 91. — Ils le violent presque aussitôt en signant la paix avec l'Espagne, 92. — Ils signent un traité avec la France contre les Hollandais, 93.

Instruction. — Coup d'œil rétrospectif : Après la paix des Pyrénées, Mazarin obtient pour le Portugal l'alliance de l'Angleterre, 94. — Il donne secrètement des secours et des subsides aux Portugais, 96. — Négociations matrimoniales, 97. — Principaux conseillers du roi de Portugal, 98. — M. de Saint-Romain doit beaucoup ménager M. de Schomberg, 99. — S'opposer de tout son pouvoir aux propositions des Espagnols, 101. — S'il ne peut empêcher le traité de se conclure, essayer de le faire garantir par la France, 101. — Examen des propositions que l'Espagne peut faire touchant le mariage de l'infante avec le roi de Portugal, 102. — Prendre les Portugais par la vanité, 106. — Se tenir surtout au courant des conditions proposées, 108. — Essayer d'empêcher que le Portugal s'engage à aider militairement l'Espagne, 109. — Hypothèse d'une longue trêve à conclure, 110. — Instructions à suivre dans le cas où les Espagnols ne proposeraient aucun accommodement, 112. — Intervention possible de l'ambassadeur d'Angleterre, 113. — Personnel du Conseil de Portugal, 114. — Projet de mariage de Mlle de Bouillon avec le prince de Portugal, 113.

Instruction relative aux Colonies. — Puissance coloniale des Hollandais, 117. — Décadence des Portugais, 118. — Nécessité de s'unir aux Français, 118. — Demande d'un magasin dans la rivière de Lisbonne, 119.

VI

M. D'AUBEVILLE, AMBASSADEUR, 1671-1675.

Notice. — Louis XIV déclare la guerre à la Hollande, 121. — M. d'Aubeville est envoyé à Lisbonne pour faire entrer le Portugal dans la Ligue contre les Hollandais, 122. — Hésitations des Portugais, 122. — L'Espagne déclare la guerre à la France, 122. — Échec de la mission de M. d'Aubeville, 123.

Instruction. — Se rendre le plus tôt possible à Lisbonne, 124. — Faire prendre aux Portugais l'engagement de rompre avec l'Espagne si cette puissance donne du secours aux Hollandais, 125. — Prendre sur toutes choses les avis de la reine de Portugal, 125.

VII

M. DE GUÉNÉGAUD, AMBASSADEUR, 1675-1681.

Notice. — M. de Guénégaud est envoyé pour tenter un dernier effort auprès du Portugal afin d'obtenir une sérieuse diversion contre l'Espagne, 126. — Échec de sa mission, son rappel, 127.

INSTRUCTION. — Coup d'œil rétrospectif sur les négociations de M. d'Aubeville, 130. — Indécision de la Cour de Portugal, 132. — Progrès de la faction espagnole à Lisbonne, 132. — Personnel des Conseils portugais, 133. — Bonnes relations à entretenir avec le P. de Ville, confesseur de la Reine, 134.

VIII

LE MARQUIS D'OPPÈDE, AMBASSADEUR, 1681-1682.

NOTICE. — Traités de Nimègue et Chambres de réunion, 135. — Alliance portugaise moins nécessaire à la France, 135. — Fausse sécurité du Portugal vis-à-vis de l'Espagne, 136. — Projet et rupture de mariage de l'infante de Portugal avec le duc de Savoie, 136. — L'influence française à Lisbonne s'en trouve diminuée, 137. — Le Roi croit nécessaire d'y renvoyer le marquis de Saint-Romain, 137

INSTRUCTION. — Coup d'œil rétrospectif, 138. — Mollesse et aveuglement du Portugal, 140. — Ministres portugais, 143. — Affaire du vaisseau « *l'Entreprenant* », 144. — Informations à prendre sur ce qui se passe aux Indes, 145.

IX

LE MARQUIS DE SAINT-ROMAIN, AMBASSADEUR, 1683-1685.

NOTICE. — M. de Saint-Romain devait avant tout s'occuper du mariage de l'infante héritière de Portugal, 147. — Candidats possibles, 148. — Mort de la reine de Portugal, 149. — Diminution que fait subir cette mort à l'influence française, 150.

INSTRUCTION. — Candidats espagnols à la main de l'infante de Portugal : le prince de Neubourg, 151. — Le prince de Bavière, les princes de Toscane et le prince de Parme, 152. — M. de Saint-Romain doit les combattre et patronner le prince de la Roche-sur-Yon ou le comte de Vermandois, 152. — Personnel du Conseil d'État portugais, 155. — Raisons d'exclusion contre les candidats espagnols, 157 et suiv. — Motifs qui doivent faire préférer le prince de la Roche-sur-Yon, 160. — Et repousser le duc de Bourbon, 161. — A défaut du prince de la Roche-sur-Yon, faire choisir le comte de Vermandois, 162.

X

LE MARQUIS DE TORCY, AMBASSADEUR, 1684.

NOTICE. — M. de Torcy est envoyé en mission extraordinaire pour féliciter le roi D. Pedro de son avènement, resserrer les liens d'amitié de la France et du Portugal, 163.

INSTRUCTION. — Porter les témoignages de sympathie de la France pour la mort du roi Alphonse VI, et féliciter le roi D. Pedro de son avènement, 165. — S'enquérir avec soin de tout ce qui concerne la Cour de Portugal, ses usages, son personnel, les forces de ce royaume, 167. — Condoléances à transmettre au roi et à l'infante au sujet de la mort de la reine Isabelle, 168.

TABLE DES CHAPITRES.

XI

AMELOT, MARQUIS DE GOURNAY, AMBASSADEUR, 1685-1688.

Notice. — La mission de M. de Gournay ne fut que la continuation de celle de M. de Saint-Romain, 171. — Négociations relatives aux mariages de D. Pedro et de sa fille l'infante Isabelle, 172. — Échec de M. de Gournay, son rappel, 172.

Instruction. — Soutenir la candidature du prince de la Roche-sur-Yon à la main de l'infante ; et à son défaut, patronner le prince de Parme ou celui de Toscane contre le prince de Neubourg, 174. — Proposer Mlle de Bourbon au roi de Portugal, 175. — Et à son défaut, une des princesses de Lillebonne ou une des princesses de Hanovre, 175.

XII

LE VIDAME D'ESNEVAL, AMBASSADEUR, 1688-1691.

Notice. — Continuation des négociations relatives au mariage de l'infante, 179. — Mort de l'infante, 180. — Intrigues du comte d'Oropeza, 180. — Négociations commerciales, 180.

Instruction. — Soutenir, comme candidat à la main de l'infante, le duc de Modène, 182. — En cas d'échec de celui-ci, préférer le prince de Parme à celui de Neubourg, 183. — Conseillers du roi de Portugal, 183. — Le comte d'Oropeza, ministre espagnol et descendant de la maison de Bragance, intrigue pour faire tester le roi d'Espagne en faveur de D. Pedro auquel il succéderait lui-même sur le trône de Portugal ; surveiller ces intrigues, 185.

Instruction spéciale au commerce. — Diminution du commerce français en Portugal, 187. — Edit du roi de Portugal, de 1686, 188. — Traité de commerce négocié par le marquis de Saint-Romain, 188. — Nomination d'un juge de la nation française à Lisbonne, 190. — Affaires diverses, 191. — Rixes à la Guyane, 192.

XIII

L'ABBÉ D'ESTRÉES, AMBASSADEUR, 1692-1697.

Notice. — Guerre de la Ligue d'Augsbourg, 193. — L'abbé d'Estrées est envoyé comme ambassadeur en Portugal, 193. — Mauvaises dispositions de la reine Isabelle de Neubourg pour la France, 194. — Progrès de l'influence anglaise à Lisbonne, 194. — Congrès de Ryswick, 195.

Instruction. — Relations à entretenir avec la Reine, 198. — Se renseigner sur les principaux conseillers du roi de Portugal, 199. — Question de préséance, 201. — Ne pas s'opposer à ce que le Portugal offre sa médiation pour la paix générale, 202. — L'abbé d'Estrées reçoit un pouvoir pour traiter, à l'occasion, d'une ligue avec le Portugal, 203. — Insister pour que le roi de Portugal assure la liberté et la neutralité de sa bannière, 203. — Se renseigner sur tout ce qui se passe à Madrid, 205. — Connaître les sentiments de D. Pedro sur la question de succession d'Espagne, 206. — Promesses à lui faire s'il veut appuyer les prétentions de la Maison de France, 208.

XIV

LE PRÉSIDENT DE ROUILLÉ, AMBASSADEUR, 1697-1703.

Notice. — Signature de la paix de Ryswick, 211. — Premier traité de partage de la monarchie espagnole, 212. — Mort du jeune prince de Bavière, 212. — Second traité de partage; le roi de Portugal y donne son acquiescement, 212. — Perplexités du roi d'Espagne, Charles II, 212. — Il meurt laissant un testament en faveur de Philippe, duc d'Anjou, 213. — L'Europe semble d'abord accepter ce testament, 213. — Imprudences commises par Louis XIV, 213. — D. Pedro signe d'abord un traité d'alliance avec la France, 214. — Puis, sur les instances de l'Angleterre et de la Hollande, il entre dans la *Grande Alliance* contre Louis XIV, 215.

Instruction. — Relations avec la reine du Portugal et la reine douairière d'Angleterre, 217. — Montrer au roi de Portugal le danger de voir l'Empereur recueillir la succession de l'Espagne, 219. — User de beaucoup de discrétion, 220. — Combattre les intrigues des Anglais et des Hollandais, 221. — Surveiller les relations du Portugal avec l'Espagne et s'informer avec soin de ce qui se passe dans les Indes, 222.

XV

LE MARQUIS DE CHATEAUNEUF, AMBASSADEUR, 1703.

Notice. — Traités du 16 mai et du 27 décembre 1703, par lesquels le Portugal se met entre les mains des ennemis de la France, 225, 226. — Le marquis de Châteauneuf est envoyé à Lisbonne pour tenter un dernier effort, 226. — Tentatives pour obtenir au moins la neutralité du Portugal, 226. — L'archiduc Charles, prétendant au trône d'Espagne, débarque à Lisbonne, 227. — D. Pedro déclare officiellement la guerre à la France, 227.

Instruction. — Rappel du traité signé en 1701 par le président de Rouillé, 229. — La flotte ennemie paraît à Lisbonne; Don Pedro conclut un traité secret contre la France, 231. — Louis XIV espère encore la neutralité du Portugal, 232. — M. de Châteauneuf, en passant à Madrid, devra s'entendre avec le cardinal d'Estrées, ambassadeur du roi en Espagne, 233. — S'efforcer d'obtenir le maintien de la neutralité du Portugal, 237. — Dissuader D. Pedro de marier son fils avec une princesse autrichienne, 238.

XVI

L'ABBÉ DE MORNAY, AMBASSADEUR, 1713-1720.

Notice. — Reprise des relations de la France et du Portugal, interrompue par la guerre de la *Grande Alliance*, 241. — Paix d'Utrecht, 242. — Victoires des Espagnols contre les Portugais, 243. — L'abbé de Mornay chargé de rétablir la paix entre les deux royaumes péninsulaires, 243. — Et d'améliorer les rapports commerciaux entre la France et le Portugal, 244.

INSTRUCTION. — Caractère des Portugais, 245. — S'efforcer de rétablir la paix entre l'Espagne et le Portugal, 247. — Propositions d'alliance, 248. — La Cour et le Conseil de Portugal, 251. — Sur le commerce français en Portugal, 253.

INSTRUCTION COMMERCIALE. — Commerce de France en Portugal, 256. — Diminution de ce commerce, 257. — Privilèges des Français, 258. — Magasins d'entrepôt, 260. — Juridiction commerciale, 261. — Commerce du Brésil, 262. — Consuls, 263. — Marine du Portugal, 264. — Affaires diverses, 265.

XVII

L'ABBÉ DE LIVRY, AMBASSADEUR, 1724-1725.

NOTICE. — Le Portugal ne comptait plus alors que comme satellite de la politique anglaise, 267. — D. Jean V demande à être admis au congrès de Cambrai, 268. — Refus de la France, 268. — Difficultés d'étiquette qui obligent M. de Livry à quitter Lisbonne, 269.

INSTRUCTION. — Personnel de la cour de Portugal, 271. — Projet de médiation sur des difficultés élevées entre l'Espagne et le Portugal, 273. — Raison du refus de la France à la participation du Portugal au congrès de Cambrai, 275. — Cultiver l'amitié du Portugal et protéger le commerce français, 277. — Affaires diverses, 278. — Relations à entretenir avec les ambassadeurs d'Espagne et d'Angleterre, 280.

XVIII

LE MARQUIS D'ARGENSON, AMBASSADEUR, 1737-1739.

NOTICE. — Difficultés d'étiquette relatives à la *première visite* obligent l'abbé de Livry à quitter Lisbonne en 1725, 282. — Depuis ce temps, aucun ambassadeur n'avait été désigné, 282. — Le roi Jean V ayant fait en 1737 les premières démarches, Louis XV désigne M. d'Argenson comme ambassadeur à Lisbonne, 282. — Ambition de ce personnage ; il ne se presse pas de partir et finalement il est remplacé par le chevalier de Chavigny, 284.

XIX

LE CHEVALIER DE CHAVIGNY, AMBASSADEUR, 1740-1749.

NOTICE. — La guerre venait d'éclater (1739) entre l'Espagne et la Grande-Bretagne, 285. — Il s'agissait d'obtenir la stricte neutralité du Portugal, 285. — Et de négocier un traité de commerce, 286. — Mauvaise volonté du Portugal, 286. — M. de Chavigny est chargé d'une mission temporaire en Allemagne, 286. — Guerre de la succession d'Autriche, 287. — Demande de médiation du Portugal, 287. — Traités d'Aix-la-Chapelle, 287.

INSTRUCTION. — Prendre des informations en Catalogne, 289. — Saluer la reine douairière d'Espagne, veuve de Charles II, 290. — Différends coloniaux entre l'Espagne et le Portugal, 292. — Personnel de la cour de Lisbonne, 295. — S'efforcer d'obtenir la stricte neutralité du Portugal dans la guerre engagée, 297. — Poursuivre les négociations du traité de commerce, 298. — Affaires diverses, 299.

Supplément d'instruction de 1746. — Mauvais état de santé du roi de Portugal, 302. — Projet de traité colonial entre l'Espagne et le Portugal, 303. — Intrigues des Anglais dans les deux cours péninsulaires, 304.

XX

LE COMTE DE BASCHI, AMBASSADEUR, 1752-1756.

Notice. — Paix d'Aix-la-Chapelle, 307. — Avènement de Joseph Ier, 307. — Sentiments de la reine de Portugal peu favorables à la France, 307. — La mission de M. de Baschi est avant tout une mission de courtoisie, 308.

Instruction. — Questions de cérémonial, 310. — Surveiller les projets de mariage des infants de Portugal, 312. — Continuer les tentatives de conclusion d'un traité de commerce, 312. — Personnel de la cour de Lisbonne, 313. — Relations avec les ministres étrangers, 315.

XXI

LE COMTE DE MERLE, AMBASSADEUR, 1759-1760.

Notice. — Guerre de Sept Ans, 319. — La mission du comte de Merle avait en réalité pour but le maintien de la neutralité portugaise, 319. — Il devait aussi recueillir des renseignements sur les projets de mariage de l'infante héritière et veiller à la protection du commerce français, 320.

Instruction. — Caractère du roi de Portugal, de la reine et de leur entourage, 322. — M. de Carvalho (marquis de Pombal), 323. — Mariage de la princesse de Brésil, 326. — Affaires générales de l'Europe, 327. — Traité de commerce, 329.

XXII

M. O'DUNNE, MINISTRE PLÉNIPOTENTIAIRE, 1761-1762.

Notice. — Conclusion du Pacte de famille, 333. — Guerre imminente entre les deux branches de la maison de Bourbon et la Grande-Bretagne; nécessité d'obtenir la neutralité bienveillante du Portugal, 333. — Exigences d'étiquette obligent à ne donner à M. O'Dunne que le titre de Ministre plénipotentiaire, 334.

Instruction. — La mission de M. O'Dunne est d'obtenir, sinon l'assistance, au moins la neutralité bienveillante du Portugal, 335. — S'il réussit, il pourra alors avoir d'autres négociations à poursuivre, 337.

Notice supplémentaire. — Échec de la mission de M. O'Dunne, 337. — Le Portugal déclare la guerre à la France, 338. — Déclaration laissée au cabinet portugais par le Ministre de France, lors de son départ, 338.

TABLE DES CHAPITRES.

XXIII

LE CHEVALIER DE SAINT-PRIEST, MINISTRE PLÉNIPOTENTIAIRE, 1763-1766.

Notice. — Paix de 1763; le chevalier de Saint-Priest est envoyé à Lisbonne pour renouer les relations diplomatiques, 341. — Il obtient satisfaction pour l'affaire de Lagos, 342.

Instruction. — Rétablir les bonnes relations, 343. — Personnel de la Cour de Lisbonne, 344. — Le comte d'Oeyras (marquis de Pombal), 345. — Protéger le commerce français, 347. — Obtenir satisfaction de l'affaire de Lagos, 348. — Médiation entre le Pape et le roi de Portugal, 350.

XXIV

LE CHEVALIER DE CLERMONT D'AMBOISE, MINISTRE PLÉNIPOTENTIAIRE, 1768-1774.

Notice. — Projet de traité entre le Portugal et les cours de la maison de Bourbon, en échange de leur médiation à Rome, 355. — Sa réalisation empêchée par la rupture de ces cours avec le Saint-Siège, 356. — Il était question de la reprendre après la mort du Pape régnant, 357.

Instruction. — Caractère du roi de Portugal, de la reine et de leur entourage, 358. — Le comte d'Oeyras, sa duplicité, 361. — Projet d'alliance défensive, 363. — Conduite à tenir dans les affaires du Portugal avec Rome, 365.

XXV

LE MARQUIS DE BLOSSET, AMBASSADEUR, 1775-1778.

Notice. — Le roi Louis XVI envoie le marquis de Blosset pour essayer de conclure enfin un traité de commerce avec le Portugal, 369. — Question coloniale; la guerre éclate entre les deux nations péninsulaires, mais reste localisée en Amérique, 370. — Paix du Pardo, 370. — Disgrâce du marquis de Pombal, 370.

Instruction. — Historique des relations de la France et du Portugal depuis 1641, 371. — Situation commerciale, 373. — Relations de l'Espagne et du Portugal, particulièrement dans le Nouveau-Monde, 375. — Conduite à tenir en Espagne, 377. — Relations avec les ministres étrangers, 379.

XXVI

M. O'DUNNE, AMBASSADEUR, 1780-1785.

Notice. — Guerre entre la France, l'Espagne et l'Angleterre, 381. — M. O'Dunne devait exiger une neutralité effective du Portugal, 381. — Mais l'Espagne restait seule chargée des moyens de coercition à employer, le cas échéant, 382. — La France ne désirait son accession au traité du Pardo qu'en raison des avantages commerciaux qu'elle en retirerait, 382. — Plan de neutralité armée adoptée par l'Europe en 1780. — Paix de Versailles de 1783 et accession de la France au traité du Pardo, 383.

INSTRUCTION. — Réserve d'accession pour la France au traité du Pardo, 385. — La reine de Portugal fait des difficultés à cette accession, 385. — Demander seulement au Portugal une parfaite neutralité, 386. — Conditions de cette neutralité, 387. — L'accession de la France ne peut avoir qu'une utilité commerciale, 388. — Relations commerciales des deux peuples : coup d'œil rétrospectif, 389. — Intérêts commerciaux de la France en Portugal, 390.

XXVII

LE MARQUIS DE BOMBELLES, AMBASSADEUR, 1786-1788.

NOTICE. — Mission de M. de Bombelles était surtout commerciale, 395. — Il devait, en outre, régler une petite difficulté survenue en Afrique entre les deux couronnes, et prendre une attitude négative au sujet de l'accession du Portugal au Pacte de famille, 296.

INSTRUCTION. — Traité du Pardo, 398. — Accession de la France, 399. — Alliance défensive, 399. — Inutilité de l'accession du Portugal au Pacte de famille, 400 — Mais maintenir énergiquement les avantages commerciaux résultant de l'accession de la France au traité du Pardo, 402. — Projet de traité de commerce entre la France et la Grande-Bretagne, 404. — Difficultés entre la France et le Portugal au sujet du fort de Cabinde, en Afrique, 405.

INTRODUCTION

I

Par une singulière fortune, la France a été directement mêlée à l'origine du peuple portugais lorsqu'il constitua son indépendance au douzième siècle, et à sa renaissance nationale lorsque, après soixante années d'esclavage, il secoua le joug des Espagnols au milieu du dix-septième.

C'est en effet un prince français, Henri, cadet de la maison capétienne de Bourgogne, qui, passé en Castille à la recherche d'aventures et devenu le gendre du roi Alphonse VI, obtint de ce monarque le gouvernement, puis la propriété des pays conquis ou à conquérir sur les musulmans, dans la contrée qui reçut plus tard le nom de Portugal. C'est le fils du prince Henri, Alphonse Henriquez, qui, par sa victoire sur une armée mahométane dix fois supérieure à la sienne, sauva la Lusitanie chrétienne dans la plaine d'Ourique (25 juin 1139), où il changea, aux acclamations de son armée, son titre de Comte pour celui de Roi. Quatre ans après, les représentants de la nation aux Cortès de Lamégo (1143) lui confirmèrent ce titre qu'il transmit à ses descendants.

Lorsque cinq siècles plus tard, un des arrière-neveux du fondateur de la monarchie portugaise, Jean, duc de Bragance, eut entrepris de reconstituer son indépendance, c'est encore la France, alors engagée dans une guerre de suprématie avec la maison d'Autriche, qui encouragea ses efforts et qui lui prêta le secours de sa diplomatie et de ses armes, pour maintenir contre les Castillans et faire accepter de l'Europe ce qu'une heureuse révolution avait accompli.

De pareils souvenirs semblaient devoir rendre inébranlable l'alliance entre les deux nations; malheureusement, des malentendus et des fautes commises de part et d'autre ne permirent pas à cette alliance de résister à toutes les commotions qui agitèrent l'Europe aux xvii° et xviii° siècles; lors de la guerre de la succession d'Espagne, le Portugal nous rappela cruellement — comme tant d'autres l'ont fait au cours de notre histoire — que l'égoïsme est la première vertu des peuples et que les idées sentimentales n'ont pas cours dans les relations internationales.

Cette situation a heureusement pris fin avec les causes qui l'avaient fait naître, et l'amitié du Portugal et de la France peut être considérée désormais comme hors de toute atteinte. Si l'absence d'intérêts divergents est très certainement la principale raison d'être et la meilleure garantie de ces bons rapports, nous aimons aussi à y voir la preuve des sympathies innées de deux peuples unis dans le passé par les liens d'une origine et d'une civilisation communes, par le souvenir de services rendus que des nuages passagers n'ont pu obscurcir, et plus encore dans le présent par le respect de leurs droits réciproques et par l'amour des institutions libres qui, sous des étiquettes différentes, les régissent tous deux aujourd'hui.

II

Les relations diplomatiques régulières de la France et du Portugal ne remontent pas au delà du xvi° siècle; mais des rapports s'étaient établis à une époque bien antérieure entre les deux royaumes. Sans parler du roi Alphonse III qui, par son mariage (en 1235) avec l'héritière du comté de Boulogne, était prince français et habitait notre pays avant de monter sur le trône de Portugal, en 1248; ni de son fils Denis, « le père de la patrie », élevé par un précepteur français et imbu de toutes les idées françaises, nous voyons l'infante Isabelle, fille du roi Jean Ier, épouser en 1429 Philippe le Bon, duc de Bourgogne, et devenir la mère de Charles le Téméraire. Cette alliance donna lieu tout naturellement à de fréquentes relations entre les deux pays ; et lorsque, quarante ans plus tard, le roi Alphonse V vint lui-même à Paris solliciter vainement de notre roi Louis XI des secours contre l'Espagne, des rapports réguliers existaient déjà entre la France et le Portugal. La grande querelle de suprématie entre François Ier et Charles-Quint [1] donna à ces relations un caractère de continuité qu'elles n'avaient pas eu jusqu'alors. Nous voyons, en effet, qu'en dehors des ambassades extraordinaires, comme celles de M. de Langeac (1516) et de l'évêque d'Agde (1541), François Ier entretint en permanence un résident à la cour de Lisbonne pendant tout son règne, et le soin qu'il prit d'y maintenir presque continuellement comme ambassadeur ordinaire le même agent, M. Honoré de Caix, prouve quelle importance il attachait à donner à ses rapports avec le Portugal un caractère de fixité [2] et d'intimité aussi grandes que possible [3]. Néanmoins, le roi D. Emmanuel, puis son fils D. Jean, troisième du nom, eurent la sagesse et l'habileté de sauvegarder la neutralité du Portugal, malgré les prières et même les menaces des deux adversaires [4]. Cette situation se prolongea sous leurs successeurs, jusqu'au moment où Philippe II, roi d'Espagne, faisant valoir des droits qu'il n'était pas seul à posséder, s'empara violemment du Portugal en 1580, et fit momentanément disparaître ce royaume de la liste des nations indépendantes.

La France, heureusement pour le Portugal, ne reconnut

---

1. Sur les causes lointaines et la raison d'être de cette rivalité, voir la magistrale introduction placée par M. Albert Sorel en tête des *Instructions d'Autriche*. Paris, Alcan, 1884.

2. Voir le *Tableau des Ambassadeurs*, que nous publions à la suite de cette Introduction. — Henri II, continuant la politique de son père, maintint M. de Caix à Lisbonne où il mourut en 1559. Il y résidait presque continuellement depuis plus de trente ans.

3. On sait que par le traité de Madrid, en 1526, François s'engageait à épouser Éléonore, reine douairière de Portugal (veuve, depuis 1521, du roi Emmanuel), sœur aînée de l'empereur Charles-Quint. Il promettait également de marier son fils, le Dauphin, avec Marie, princesse de Portugal, nièce de l'Empereur, et fille d'Éléonore. Le premier de ces mariages se réalisa en 1530.

4. SANTAREM, *Quadro Elementar*, t. IV, pp. 65 et 66.

jamais complètement cette audacieuse violation du droit; ses intérêts, à défaut d'autres considérations, le lui interdisaient. Le prétendant national des Portugais, D. Antoine, prieur de Crato[1], sauvé par un vaisseau français qui le recueillit en 1581, persévéra dans sa résistance aux armes espagnoles, et ses lieutenants tinrent bon jusqu'en 1584 dans les îles Açores, grâce aux secours qui leur furent envoyés par Henri III, roi de France. Lorsqu'il fut obligé de renoncer à une lutte impossible, c'est en France qu'il se fixa et qu'il mourut le 16 août 1595, laissant à son fils D. Christophe le soin de soutenir ses prétentions et de tirer profit de la protection française.

Henri IV sembla favoriser, en effet, la descendance du prieur de Crato, mais il ne lui accorda qu'une assistance purement platonique. Lorsqu'après lui, son fils Louis XIII eut confié la direction de la politique française aux mains du cardinal de Richelieu, celui-ci reprit contre l'Espagne les traditions antérieures de la France, mais il jeta les yeux sur un autre candidat. Avec la sagacité et le coup d'œil du génie, il comprit que ce n'était point sur la personne d'un prince fugitif, contesté, et qui avait essayé de vendre ses droits aux Espagnols à beaux deniers comptants, qu'il devait s'appuyer pour détacher le Portugal de la monarchie espagnole. C'est donc ailleurs que Richelieu dirigea ses efforts.

Les ducs de Bragance, descendants eux-mêmes d'une branche cadette de la maison royale de Portugal, avaient acquis plus récemment encore des droits incontestables à la couronne, par suite du mariage de D. Jean, premier duc de Bragance, avec l'infante Catherine, fille de l'infant D. Édouard et petite-fille du roi Emmanuel. Frustré de ses légitimes espérances par l'usurpateur castillan, D. Jean n'avait jamais laissé oublier ses droits et, dès la conquête du Portugal par Philippe II, il avait protesté par un acte authentique, bien que secret, contre la force qui lui enlevait la couronne qu'il prétendait lui appartenir; puis, courbant momentanément la tête sous l'orage, il s'était contenté du titre de Connétable héréditaire, dont le conquérant avait lui-même investi la

---

1. Le prieur de Crato était fils de l'infant D. Luis, fils du roi Emmanuel, et d'une dame Violante Gomes, surnommée la *Pélicane*. Sa naissance illégitime n'était pas, d'après les précédents portugais, une cause d'incapacité absolue.

postérité de sa cousine D. Catherine. Son fils, D. Théodosio, et son petit-fils, D. Jean, avaient agi de même, ajournant leurs revendications à une époque plus favorable.

Richelieu comprit tout le parti qu'il pouvait tirer des prétentions de la maison de Bragance, représentée par les plus riches seigneurs du Portugal, qui avaient dû à leur prudence et à l'adhésion tacite qu'ils avaient semblé donner à l'usurpation espagnole, de pouvoir continuer à résider dans leur pays et de conserver leurs biens, leurs titres et les honneurs qui faisaient d'eux les représentants désignés des souvenirs nationaux et comme l'incarnation du patriotisme portugais.

S'il faut en croire un ouvrage assez peu connu d'ailleurs [1], le grand cardinal, dès son arrivée au pouvoir, et au moment où la lutte contre la maison d'Autriche commençait à peine, s'était mis en mesure de tâter le terrain à Lisbonne, pour une restauration éventuelle de la maison de Bragance. Au moyen d'un des agents secrets que la France n'avait jamais cessé d'entretenir en Portugal, il avait abouché un certain joaillier nommé Broual, avec un magistrat portugais, appelé Pinto Ribeïro, dans le cœur duquel sommeillait le patriotique désir de rendre la liberté à son pays. D'après ces documents, ce Pinto aurait servi d'intermédiaire auprès du duc Jean, et lui aurait fait part des vues favorables que l'on avait en France à son sujet. On avait sondé par la même voie quelques riches bourgeois de Lisbonne, dont les sentiments anti-espagnols étaient connus, et on s'était assuré de leur concours éventuel, dans le cas d'une tentative de restauration de la nationalité portugaise sous le sceptre des Bragance.

Le moment semblait favorable. Les Portugais supportaient impatiemment le joug castillan. Dès l'année 1627, la flotte des Indes Orientales ayant été obligée par le mauvais temps de relâcher dans le port de Lisbonne, quelques seigneurs portugais, qui s'y trouvaient alors réunis, eurent l'idée de profiter de cette occasion inespérée et coururent à Villaviciosa où se trouvait le duc de Bragance ; ils lui demandèrent de se mettre à leur tête

---

[1]. MANGIN : *Abrégé de l'histoire du Portugal*, Paris, 1707, 1 vol. in-12, p. 371.

et de s'emparer des galions chargés de richesses que la fortune semblait lui avoir amenés tout exprès, pour servir de première mise de fonds à la révolution patriotique qu'ils désiraient tous, et pour le faire remonter plus facilement sur le trône de ses pères. Mais ils ne purent obtenir du duc d'autre réponse, sinon que l'heure de l'action n'était pas encore arrivée[1].

Deux ans après, en 1629, le duc, faisant son entrée à Lisbonne pour aller rendre visite au roi Philippe II, alors dans cette ville, y fut reçu avec des marques éclatantes de joie et de respect, et on lui fit savoir secrètement que ces hommages lui étaient rendus, non comme duc de Bragance, mais comme roi de Portugal. Il ferma encore une fois la bouche à ses amis trop pressés, et voyant que ces honneurs extraordinaires avaient éveillé l'attention jalouse de l'usurpateur, il quitta prudemment Lisbonne, pour se dérober à de nouvelles manifestations plus compromettantes et qu'il eût pu payer de sa tête[2].

Tout ce qui pouvait faire croire à l'arrivée inopinée de quelque secours étranger surexcitait sans mesure le patriotisme portugais. C'est ainsi que le P. Carré, un des plus actifs agents d'information dont se servait alors Richelieu, lui écrivait le 20 novembre 1636 : « Un religieux de notre ordre, françoys, venant de Lisbonne, dit que, sur le bruit du passage de l'armée navale de France, tout le Portugal s'étoit disposé à une rébellion contre le Roy d'Espaigne, croyant que le Roy de France envoyait cette flotte si puissante pour les remettre en liberté, et que hautement les Portugais disoient : quand est-ce que le Roy de France nous délivrera du Pharaon d'Espaigne? Ils y attendoient aussy le Prince de Parme[3] ou le Prince de Portugal[4]. Tous les religieux françois y furent mis en prison[5]. »

Si l'on pouvait douter des efforts que faisait le cardinal de Richelieu pour aider au soulèvement du Portugal, le document

---

1. *Mercure de France*, 1639-1640, t. XXIII, p. 740.
2. *Mercure de France*, loc. cit., p. 741.
3. Ranuce, prince de Parme, descendait de Marie, fille de D. Duarte, quatrième fils d'Emmanuel le Grand.
4. Il s'agit sans doute ici d'un des fils du prieur de Crato.
5. Affaires étrangères : *Mémoires et Documents, France*, t. LXXX, fol. 344. — Cité aussi par Avenel : *Lettres du cardinal de Richelieu*, t. VII, p. 858.

suivant nous semblerait trancher la question. C'est une lettre écrite, le 18 mai 1638, par le comte d'Avaux, alors à Hambourg, au secrétaire d'État de Chavigny, lettre dans laquelle il s'exprime ainsi : «... Un cordelier françois travesti, qui dit avoir été en Angleterre pour passer en Portugal, et depuis renvoié par Saint-Malo, est arrivé avant-hier au port de cette ville (Hambourg), d'où il cherche commodité pour retourner en France. Il vient de Lisbonne où il a tout vu et su, s'étant même introduit dans la maison de la duchesse de Mantoue (qui en est gouvernante); mais il dit n'avoir trouvé aucune disposition pour son dessein, comme il vous rapportera particulièrement de bouche[1]. »

On ne peut douter que cette lettre ne se rapportât à un projet de soulèvement du Portugal, car, au même moment, le cardinal dans une « Instruction pour le sieur archevêque de Bordeaux (Sourdis), qui commandera l'armée navale de Ponant », instruction datée du 12 mai de cette année 1638, lui ordonne de prêter, « au besoin, secours au Portugal[2] ».

L'année précédente, en 1637, de véritables émeutes, connues dans l'histoire sous le nom de « tumultes d'Évora », étaient venues prouver à l'Espagne que le peuple portugais n'avait rien oublié[3]; mais cette révolte partielle fut facilement réprimée, faute d'un chef. Le duc de Bragance, qui aurait dû être ce chef populaire, n'était pas encore prêt; car, allant alors à Lisbonne pour visiter la duchesse de Mantoue, vice-reine du Portugal, il fit taire de nouveau par son attitude les acclamations qui l'accueillirent, et revint promptement s'enfouir dans sa retraite dorée pour ne pas donner d'ombrage aux Castillans[4].

En 1638, quelques troupes armées avaient aussi paru dans les Algarves sous le commandement de deux hommes énergiques, sortis de la classe ouvrière, Sesnando et Barradas, qui avaient été exécutés en effigie; puis tout était rentré dans un calme apparent. Mais la nation entière restait frémissante. Le vainqueur maltraitait les citoyens, humiliait les magistrats,

1. Le P. Bougeant : *Histoire du traité de Westphalie* (Paris, 1751, in-12), t. II, p. 184.
2. Avenel, *op. cit.*, t. VIII, p. 330.
3. Francisco Manoel de Mello, 1re *Epanaphora*.
4. *Mercure de France*, *loc. cit.*, p. 742.

menaçait la noblesse; le bruit courait qu'à la suite d'une consultation d'habiles théologiens et de complaisants casuistes, le Roi d'Espagne avait été délié des promesses faites au Portugal et que ce malheureux pays allait être rayé de la liste des nations et incorporé purement et simplement à la monarchie espagnole.

La mesure était comble et l'explosion des vengeances était prochaine : le cardinal de Richelieu, bien renseigné par ses agents secrets, ne s'y trompa pas et il résolut de redoubler d'efforts pour faciliter la révolution imminente. Parmi ses correspondants à Lisbonne, il comptait le chancelier de Portugal et un certain capitaine George d'Azevedo[1] dont nous ne retrouvons pas le nom, d'ailleurs, dans le récit de la révolution portugaise, mais qui certainement pressait alors Richelieu d'intervenir activement dans le soulèvement qui se préparait. C'est du moins ce qu'on peut conclure du document suivant que nous croyons devoir reproduire ici, à cause de son importance[2] :

INSTRUCTION AU SIEUR DE SAINT-PÉ ALLANT EN PORTUGAL.
DU 15 AOUT 1638.

Du cabinet du R. P. Dominique du Rosaire, envoyé de Portugal.[3]

Le sieur de Saint-Pé se rendra au plus tost près Monsieur le Grand Prieur de Champagne, pour de là prendre tous bons expédiens pour sçavoir des nouvelles certaines de Portugal.

Pour cet effet, il prendra part dans quelque navire anglois qui ira à Lisbonne, et fera mettre dessus celuy qu'il estime luy être confident, lequel s'adressera au capitaine George d'Azevedo, luy rendra les lettres, et distribuera les autres dont il sera chargé.

Ledit envoyé rapportera responce sur toutes sortes de propositions, afin qu'on puisse prendre une résolution certaine.

Premièrement, il sçaura du chancelier et du capitaine d'Azevedo

---

1. Voir Le Vassor: *Histoire de Louis XIII*, édit. in-12; Paris, 1713, t. IX, p. 425.
2. Cette instruction a été donnée par Le Vassor, *op. cit.*, t. IX, f. 426, et par Aubery: *Mémoire pour l'histoire du cardinal de Richelieu*, in-12 (Cologne, 1667), t. III, p. 759. — Elle est citée par M. Avenel, *op. cit.*, VII, p. 196.
3. Sur ce personnage, voir plus loin pp. 27, 30, etc.

si les Portugais se veulent ouvertement révolter, au cas que les François aillent avec une armée navale prendre tous les forts qui sont depuis l'embouchure de la rivière de Lisbonne jusques à la tour de Belem, et les leur mettre entre leurs mains : auquel cas la France les laissera agir purement et simplement d'eux-mêmes, sans faire autre chose que de les assister dans ce commencement. Si ledit chancelier, d'Azevedo et autres, à qui il fera cette proposition, lui témoignent désirer un plus grand secours, il demandera quelle assurance le pays de Portugal veut donner aux François et aux Hollandois, ou aux François seuls, ainsi qu'ils estimeront plus à propos, si on les va secourir avec une armée de douze mille hommes de pied, cinq cents chevaux, cinq cents hommes avec selles, armes et pistolets, pour se monter étant dans leur pays, et une armée navale de cinquante vaisseaux ; étant juste en ce cas que lesdits secourants aient quelque port et descente, qui leur donne assurance de n'être pas maltraités.

Il verra donc quel port on leur voudra donner. Il leur proposera ensuite la sincérité de la France, si grande envers eux, que s'ils se veulent délivrer de la sujétion d'Espagne, elle ne prétend autre chose que la gloire de les secourir, et sûreté avec eux de le pouvoir faire. Et pour leur en donner une plus particulière assurance, il leur dira qu'il ne doute pas que la France n'entende volontiers à leur donner un secours annuel et perpétuel, à cette condition qu'ils se tireront pour toujours de l'obéissance du Roy d'Espagne.

Il ajoutera ensuite que, s'ils veulent chasser les Espagnols de toute l'Espagne, la France, voulant bien les assister, ne prétend aucune part aux conquêtes, ains consent qu'elles soient toutes entières pour celui qu'ils éliront leur Roy ; et que si le duc de Bragance y veut entendre, la France le trouvera bon ; sinon, on leur envoyera un des héritiers de leurs derniers Roys.

Il faut rapporter réponse déterminée et précise de ce que dessus, afin qu'il ne faille plus retourner pour avoir des nouvelles, mais seulement préparer un armement pour exécuter ce qui aura été arrêté. Si les Portugais vouloient envoyer un des leurs, avec celui qui sera chargé de cette instruction, pour donner plus de certitude et de connoissance, ce seroit le plus expédient [1].

1. On voit par cette instruction que ce n'est pas M. de Saint-Pé qui alla alors à Lisbonne, mais un affidé qu'il y envoya. Tous les historiens se sont trompés sur ce point de détail ; ils ont été induits en erreur par les mots « retournant audit pays », que porte l'en-tête de sa seconde instruction de 1640 (voir plus loin, p. xxvii). Ils ignoraient que Saint-Pé était allé pour la première fois comme consul à Lisbonne en 1617 (*Quadro Elementar*, t. IV, p. 175, d'après un manuscrit du Fonds Harlay), et qu'il y était encore en 1622, époque à laquelle les documents nous font complètement défaut.

Quel était, se demande l'historien Le Vassor[1], « cet héritier des derniers rois de Portugal que la France offre d'envoyer, en cas que le duc de Bragance n'accepte pas la couronne? Il est assez difficile de le deviner. Christophe, fils de Don Antoine, autrefois proclamé roi à Lisbonne, a vécu longtemps à Paris. Mais il y mourut peu de mois avant que Saint-Pé fût dépêché en Portugal. N'était-ce point Emmanuel, fils aîné de Don Antoine, ou l'un des deux fils qu'il eut d'Émilie de Nassau, fille de Guillaume Ier, prince d'Orange? »

Les hésitations du duc de Bragance commençaient d'ailleurs à fatiguer les Portugais. On ne craignait pas de dire tout haut que, si ce prince ne voulait pas se mettre à la tête du parti national[2], on offrirait la couronne à son frère Don Édouard, alors au service de l'Empereur, ou au duc d'Aveïro. On parlait même de se constituer en république, à l'exemple des Provinces-Unies des Pays-Bas, et c'est l'opinion qui, sans le dévouement de Pinto Ribeïro à la maison de Bragance, aurait prévalu dans la première réunion qu'eurent les conjurés, le 12 octobre 1640.

Quoi qu'il en soit de ces questions de personnes, d'ailleurs secondaires, on voit par la mission confiée à M. de Saint-Pé, en 1638, que Richelieu suivait de près les menées nationalistes portugaises et qu'il ne négligeait rien, soit pour fomenter la Révolution menaçante, soit pour faciliter son explosion et sa réussite.

Nous en avons une preuve nouvelle dans l'étrange odyssée du prince Casimir de Pologne, laquelle nous paraît avoir eu pour cause directe les événements qui étaient alors attendus en Portugal[3]. Ce frère du roi Ladislas, personnage à moitié fou, qui fut successivement soldat, jésuite, cardinal, général de cosaques au service de l'Empereur, puis roi de Pologne après son frère, et qui, ayant longtemps combattu la France sans succès, devait mourir à Nevers, abbé de Saint-Germain-des-Prés et de Saint-Martin de Nevers, ce prince aventurier avait alors quelque velléité de devenir vice-roi de Portugal pour le compte de Phi-

---

1. *Op. et loc. cit.*, p. 427.
2. Le Vassor, *op. et loc. ct.*, p. 425.
3. Voir Avenel, *op. cit.*, t. VII, p. 788, et A. Bazin, *Histoire de France sous Louis XIII* (Paris, 1846, 2e édit. in-12), t. II, p. 473.

lippe IV. Était-il appelé à ce poste par la confiance du Roi d'Espagne, heureux de trouver, dans ce *condottiere* disposé à tout, un prince de vieille race, pour tyranniser à son profit sur les bords du Tage un peuple opprimé, mais non résigné? Ou plutôt ce rêve entra-t-il spontanément dans son cerveau mal équilibré? C'est ce que nous ignorons encore. Toujours est-il que ses mystérieux projets étaient connus de tous, car la *Gazette de France* publie à la date du 13 février 1638 l'information suivante : « Le prince Casimir est parti de Varsaw pour passer, par Vienne et l'Italie, dans l'Espagne, où il espère être nommé vice-roi de Portugal. »

Malheureusement pour ce coureur d'aventures royales, Richelieu, dont il pouvait, paraît-il, gêner les projets, veillait de loin sur lui, et dès son débarquement à Savone, un espion du cardinal était attaché à ses pas et le suivait à son insu dans la visite qu'il eut la malencontreuse idée de vouloir faire incognito de tous les ports français, depuis Saint-Tropez jusqu'à Marseille et au delà. Si bien qu'arrivé au Port-de-Bouc, il fut arrêté au nom du Roi (le 10 mai) et transporté à Sisteron, puis au donjon de Vincennes où il resta vingt et un mois, malgré ses menaces, ses prières et les protestations du Roi son frère.

Il n'est pas téméraire de penser que cette arbitraire séquestration eût pour cause principale les projets de Richelieu sur le Portugal. En effet, le prince Casimir fut incarcéré précisément au moment où il n'y avait plus à douter qu'il ne se rendît en Espagne, et il ne fut relâché qu'au printemps de l'année 1641, c'est-à-dire quand la nouvelle de l'heureuse issue de la révolution portugaise fut parvenue à Paris[1].

1. C'est peut-être cette arrestation du prince Casimir qui donna lieu à l'anecdote populaire que raconte Le Vassor (*Histoire de Louis XIII*, t. V, p. 439) et dans laquelle il pense trouver un appui pour son opinion d'après laquelle Richelieu aurait été surpris comme tout le monde, par la révolution portugaise. Il est probable que si le consciencieux historien de Louis XIII avait connu les documents mis au jour postérieurement à l'époque où il écrivait, il aurait été d'un avis différent.

III

Le duc de Bragance s'était enfin décidé à accepter la couronne que lui destinait l'acclamation populaire. Nous ne referons pas ici l'histoire de cette révolution, aussi importante par ses résultats que surprenante par la facilité avec laquelle elle s'accomplit[1]. Il est inutile d'ajouter que Jean IV, à peine monté sur le trône, jeta ses premiers regards vers la France. Si le nouvel État portugais reconstitué donnait à la politique du cardinal de Richelieu l'espoir d'une puissante diversion sur les flancs de la monarchie espagnole, l'alliance française était pour le Portugal une question de vie ou de mort. D'ailleurs, il était urgent pour le jeune royaume de se mettre le plus tôt possible en rapport avec les diverses puissances, et de se faire reconnaître par elles.

En effet, l'élection populaire à laquelle Jean de Bragance devait son élévation au trône, ne laissait pas de faire scandale au milieu de l'Europe du xviie siècle. Cette Europe, si profondément monarchique, était toute émue de voir entrer brusquement dans la famille des souverains un parvenu, qui, bien que se disant « Roi par la grâce de Dieu », tenait exclusivement sa couronne d'une révolution issue d'un mouvement national et populaire ; Jean IV devait donc rencontrer une certaine difficulté à se faire accepter de ses bons frères et cousins. Aussi, même parmi ceux des monarques européens qui avaient besoin du Portugal, et pour la politique desquels l'alliance de cette nation était un appoint utile ou même indispensable, il y eut une certaine hésitation à entrer en relations officielles avec lui. L'hésitation se compliquait encore de difficultés d'étiquette : on reculait un peu devant l'obligation de traiter avec le nouveau souverain au moyen d'ambassadeurs envoyés par lui, et auxquels il fallait nécessairement accorder les mêmes honneurs et les mêmes prérogatives qu'à ceux des Rois reconnus comme légitimes, c'est-à-dire

---

1. Sans parler du récit romanesque de l'abbé de Vertot, la révolution du Portugal a été racontée par plusieurs écrivains. Nous citerons seulement M. Ferdinand Denis : *Portugal* (Didot, 1846, in-8), qui a le mieux résumé cette histoire, avec sa connaissance supérieure de tous les documents portugais.

appartenant à des familles régnantes, dont le temps et les traditions monarchiques avaient consacré l'usurpation originelle.

C'était encore sur la France, complice intéressée de la révolution portugaise, que le nouveau Roi devait compter avant tout pour s'insinuer parmi les familles souveraines. Les diplomates étrangers ne s'y trompèrent pas. Dès le 19 janvier 1641, la nouvelle de la restauration portugaise étant à peine connue à Paris, Hugo de Groot, ambassadeur de Suède en France, écrivait à son gouvernement qu'on s'attendait à l'arrivée prochaine à Paris des ambassadeurs du nouveau roi Jean IV de Portugal[1]. Et de fait, c'est deux jours après, le 21 janvier, que ce Prince signait à Lisbonne la nomination de Francisco de Mello, son grand veneur, et du docteur Antonio Coelho de Carvalho, membre de son conseil, désignés pour aller le représenter auprès du roi Louis XIII.

Les instructions reçues par les envoyés portugais[2] leur enjoignaient de demander au gouvernement français la conclusion d'une alliance offensive et défensive et d'une ligue contre l'Espagne avec la France et ses alliés actuels, et notamment les États-Unis de Hollande. Ils devaient obtenir du roi Louis XIII qu'il attaquât l'ennemi commun par la Navarre, « qui de droit lui appartenoit », la Biscaye et le Guipuscoa, et en Italie par le Milanais, tandis que le Roi de Portugal envahirait les royaumes de Castille et de Léon, et que les Hollandais agiraient de même contre les Flandres. A la France également, à cause des facilités que lui donnait son voisinage, devait incomber le soin de prêter aide et assistance aux villes et aux peuples du Principat de Catalogne, qui avaient pris les armes pour la défense de leurs *fueros* et de leurs libertés.

Le Roi de Portugal s'engageait à armer, pour le mois d'avril suivant, vingt gros vaisseaux de guerre, munis de tout ce qui serait nécessaire pour une campagne d'une année. Ces forces, s'ajoutant à celles des alliés, permettraient bientôt de détruire

---

1. *Grot. Epistol.* (Amsterdam, in-folio), 1697. — Lettre à Salvius du 19 janvier 1641. — Dès le 5 du même mois, le bruit courait à Paris que le peuple de Lisbonne s'était révolté; mais c'est seulement le 18 ou le 19 qu'une lettre du Nonce à Madrid vint confirmer la nouvelle de la révolution portugaise.

2. Vicomte de Santarem : *Quadro Elementar*, t. IV, p. 5.

la flotte castillane qui se trouvait à Cadix dans un état de grand abandon, de se rendre maîtres des principaux ports de l'ennemi et de s'emparer de la flotte espagnole des Indes Occidentales, avec les galions chargés de richesses qu'elle escortait.

Dans la pensée du nouveau Roi, cette réunion des armées navales des puissances alliées devait se renouveler chaque année jusqu'à la conclusion de la paix. Les confédérés prendraient l'engagement de n'accepter aucune ouverture du roi de Castille sans la communiquer à leurs alliés, et de ne faire aucune paix ni trêve que d'un commun accord et avec la participation de tous.

Les ambassadeurs étaient aussi chargés de demander la liberté complète du commerce entre les deux nations, et en particulier l'autorisation pour le Portugal de s'approvisionner en France d'armes et de munitions. Il leur était surtout recommandé de ne pas perdre un moment pour la conclusion du traité désiré.

Quelque diligence qu'ils y missent, les envoyés portugais ne purent s'embarquer que le 28 février 1641 et n'arrivèrent à Paris que le 25 mars suivant. Ils y furent reçus solennellement et les négociations pour le traité commencèrent immédiatement.

Le cadre de cette introduction ne nous permet pas de suivre les détails de ces négociations, qui se terminèrent, le 1er juin suivant, par la signature d'un traité sur lequel nous reviendrons tout à l'heure ; mais déjà le cardinal avait en partie donné satisfaction à Jean IV, en faisant représenter officiellement la France auprès de lui. Dès le 6 mars, le roi avait signé les instructions qu'il remettait à M. de Saint-Pé, autrefois consul et agent français à Lisbonne où il avait résidé un grand nombre d'années [1], et qui était invité à retourner de suite à son poste : M. de Saint-Pé, revêtu cette fois d'un véritable caractère public, bien qu'il n'eût pas le titre de ministre, emportait des instructions conçues en ces termes [2] :

---

[1]. Nous avons vu plus haut (p. xxi) qu'il avait été nommé consul de France à Lisbonne dès l'année 1617.

[2]. Bien que ce document ait été imprimé par AUBRY (*Mém. pour l'histoire du cardinal de Richelieu*, t. V, p. 5) et par LE VASSOR (*Histoire de Louis XIII*, t. X, p. 419), nous croyons intéressant de le donner ici intégralement, d'après le manuscrit des Archives du Ministère des Affaires étrangères (*Correspondance de Portugal*, t. II, fol. 6. — Copie).

MÉMOIRE ET INSTRUCTION AU SIEUR DE SAINT-PÉ, CONSUL DE LA NATION FRANÇOISE EN PORTUGAL, S'EN RETOURNANT AUDIT PAYS.

Il se rendra le plus dilligemment qu'il pourra à Lisbonne, pour cognoistre en quel estat les affaires y sont, et le faire icy sçavoir au vrai.

Il fera entendre au nouveau Roi de Portugal et aux principaux du pays qui l'assistent, et ont part en ce qui s'y passe présentement, que Sa Majesté a voulu qu'il y retournât promptement pour les assurer de sa bienveillance et d'une entière disposition à leur départir son assistance, et pour apprendre particulièrement en quoi ils en peuvent avoir besoin, dont il a charge de lui donner compte au plus tôt.

Sur ce propos, il pourra faire mention de l'amitié que la France a toujours eue pour la nation portugaise et pour leurs derniers Rois ; que Sa Majesté est très aise qu'il s'offre occasion de la renouveler, et de leur en donner des preuves, maintenant qu'ils se sont mis en état de les recevoir.

Que s'ils veulent envoyer un ambassadeur vers Sa Majesté, elle le verra de très bon œil, l'écoutera favorablement, et lui confirmera non seulement de vive voix, mais aussi par effet, la bonne volonté qu'elle a pour eux, étant résolue de prendre soin de ce qui les touche, et de lier leurs intérêts avec ceux de la France si étroitement, qu'elle ne fera pas de difficulté de s'obliger à ne traiter aucun traité avec les Espagnols, sans que les Portugais y soient compris à leur contentement.

Ledit de Saint-Pé fera en sorte que l'ambassadeur de Portugal qui viendra ici, en demandant au Roi son assistance, ait ordre de pouvoir traiter avec Sa Majesté touchant le secours qu'elle donnera aux Portugais et des conditions propres pour correspondre par eux à l'affection que Sa Majesté veut leur témoigner.

Il ira aussi quelqu'un en Portugal de la part de Messieurs les États des Provinces-Unies, pour y faire la même chose que fera ledit de Saint-Pé de la part du Roi.

Sa Majesté, avec la jonction desdits sieurs États, peut assister les Portugais d'un corps considérable de vaisseaux, ce qui se pourra ajuster et toutes autres choses concernant cette affaire, avec leur ambassadeur qui viendra icy.

Ledit de Saint-Pé aura soin de faire savoir par deça en diligence et par personne expresse l'état des affaires dudit pays de Portugal, ce qu'il fera[1] le plus exactement qu'il lui sera possible, affin que Sa Majesté puisse juger quel fondement elle y pourra faire, et si l'assistance qu'elle veut donner aux Portugais pourra produire quelque fruit pour eux et pour le bien public. Il mandera aussy de quelle sorte les témoignages qu'il leur donnera de la bonne volonté de Sa Majesté seront reçus, et quelle résolution ils prendront touchant l'envoi d'un ambassadeur.

Il agira de concert avec celui qui ira en ces quartiers-là de la part des Messieurs les États, de la négociation duquel il fera aussi savoir le succès ici.

L'on a su[2] de divers endroits que le Roi de Portugal avoit destiné des ambassadeurs vers Sa Majesté, en Angleterre et en Hollande, lesquels ne comparoissant pas[3], l'on est en peine ici de l'état des affaires de Portugal, dont il est important que le dit de Saint-Pé donne avis aussi tôt qu'il y sera arrivé.

Il représentera vivement au Roi[4] qu'il doit penser sérieusement et avec diligence à maintenir ses affaires puissamment par le moyen de bonnes armées de terre et de mer, dont il faut qu'il se pourvoie tant de ses sujets que d'étrangers; qu'il n'a point en cela de temps à perdre, et qu'il ne doit pas s'endormir sur la prospérité qu'il a eue au commencement, dont la continuation dépend de la vigueur, vigilance et activité qu'il apportera pour soutenir la dignité en laquelle il se trouve établi, se munissant de forces pour cet effet, et de l'appui de ceux qui ont disposition à s'intéresser en sa fortune.

Fait à Saint-Germain en Laye, le VI[e][5] mars 1641. Signé : LOUIS, et plus bas : BOUTHILLIER, avec paraphe.

1. AUBERY (*op. cit.*, V, 6) imprime : « ce qui se fera... »
2. « L'on assure... » (AUBERY, V, 7.)
3. « Ne paroissent point. » (AUBERY, V, 7.)
4. «... A ce Roy... » (AUBERY, V, 7.)
5. AUBERY (*op. et loc. cit.*), qui publie cette instruction d'après une copie tirée « du cabinet du R. P. Dominique du Rosaire, envoyé du Portugal », la date du « seiziesme mars 1641. » M. AVENEL (*Lettres du cardinal de Richelieu*, t. VII, p. 280) l'indique également avec hésitation au même jour et ajoute : « Le Vassor, après Aubery, date cette instruction du 16, en remarquant que ce quantième lui est suspect. » Suivant M. Avenel, la date du 16 est probablement une erreur, attendu que les ambassadeurs portugais étaient arrivés à la Rochelle le 4 mars (il pourrait dire le 2), et que, quelle que fût à cette époque la lenteur des courriers, on devait avoir, le 16, reçu cette nouvelle à Paris. Il nous semble donc impossible que l'instruction de Saint-Pé, qui parle comme d'une chose éventuelle de l'envoi d'ambassadeurs portugais en France, ait été écrite le 16 mars, alors qu'on devait déjà avoir appris à la cour l'arrivée de ces ambassadeurs à la Rochelle. D'ailleurs, nous avons une lettre adressée le 6 mars par Louis XIII à Jean IV (*Correspondance de Portugal*, t. I, p. 13), dans laquelle le Roi témoigne à son allié l'inquiétude qu'il éprouve au sujet des ambassadeurs qu'il attend, dont il n'a pas encore de nouvelles, et il exprime la crainte qu'il ne leur soit arrivé quelque accident.

Comme on le voit, ces instructions donnaient à la mission de M. de Saint-Pé toute la valeur d'une reprise de relations diplomatiques : la signature du traité du 1ᵉʳ juin 1641 confirma bientôt de la manière la plus éclatante la reconnaissance du Portugal par la France. Le traité contenait en substance les stipulations suivantes :

Les deux couronnes se juraient amitié et alliance contre leurs ennemis communs et en particulier contre le roi de Castille.

Les États-Généraux des Provinces-Unies devaient être admis dans cette alliance à des conditions à débattre avec eux.

Le Roi de France promettait de joindre, à la fin du mois de juin, vingt de ses vaisseaux, bien armés et équipés en guerre, à un pareil nombre au moins de galions, dont les moindres devaient être de trois cents tonneaux, que le Roi de Portugal s'engageait à tenir prêts à la même époque ; ces quarante navires, unis aux vingt vaisseaux promis à Jean IV par les Hollandais, iraient attaquer « la flotte des Castillans venant des Indes, ou entreprendre dans les États dudit roi de Castille, par des descentes dans ses terres, ce qui sera estimé plus à propos. » L'amiral de France devait réunir dans ses mains le commandement des flottes alliées et les prises devaient être partagées par parts égales entre les confédérés.

On se réservait réciproquement le droit de se mettre d'accord pour continuer ces opérations maritimes les années suivantes.

Liberté de trafic et de commerce était donnée aux sujets des deux couronnes. Cette liberté était même étendue aux armes et aux munitions de guerre, mais seulement pour le service public des deux royaumes.

Les ratifications du traité devaient être échangées dans les quatre mois de la signature.

En dehors de ces stipulations solennelles, il existait quelques engagements verbaux pris par la France, sur la demande expresse des Portugais. Ces engagements avaient trait aux ingénieurs, officiers et artilleurs que le Roi de France devait fournir à son nouvel allié, aux facilités de voyage à donner à travers la France aux envoyés allant au nom de Jean IV dans les diverses cours européennes, aux prisonniers portugais pris dans les rangs des Espagnols, etc., etc.

Enfin, pour donner aux Portugais une satisfaction qui leur semblait particulièrement chère ou plutôt, suivant l'expression du cardinal, « pour contenter leur imagination », on ajouta à l'instrument public du traité un article secret. Par cette clause, le Roi de France s'engageait, au cas où il conclurait la paix séparément avec la maison d'Autriche, à faire son possible pour se réserver la liberté d'assister le Roi de Portugal dans ses justes prétentions, et pour que les autres alliés de la France consentissent à contracter la même obligation; par contre, le Roi de Portugal promettait de ne faire aucun traité avec le roi de Castille, sans le consentement de la France et de ses confédérés.

Comme on le voit, cette clause était bien plus faite pour donner une satisfaction platonique aux prétentions du Portugal, que pour créer à la couronne alliée des engagements sérieux. Du reste, les ministres français l'entendaient bien ainsi, car dans une note de la main de Chavigny, note destinée vraisemblablement au cardinal et libellée pendant les négociations auxquelles donna lieu cet article secret, nous lisons ce qui suit[1] : « Je mets les alliés du roi en général, afin que Sa Majesté ait d'autant plus de moyen d'éviter de s'obliger à une telle condition, quand même les Hollandois la voudroient admettre. Je ne sais si les ambassadeurs portugais agréeront cet article secret tel qu'il est, mais il semble qu'ils désirent passionnément de faire quelque traité présentement. »

Les Portugais, en effet, étaient pressés de conclure à tout prix ; ils n'étaient pas en mesure de se montrer difficiles sur les détails d'une alliance qui devenait chaque jour de plus en plus une question de vie ou de mort pour leur nationalité renaissante. Les Espagnols faisaient de grands préparatifs pour réduire à merci le royaume rebelle, et la faiblesse militaire et maritime du Portugal ne lui permettait pas de résister à ses ennemis, s'il ne recevait de l'extérieur un puissant secours. Fort heureusement pour Jean IV, la maison d'Autriche, obligée de disséminer ses forces

---

1. Affaires étrangères : *Correspondance du Portugal*, t. I, fol. 20.

sur toutes les frontières de ses immenses possessions, et méprisant d'ailleurs un adversaire qu'elle avait tenu sous ses pieds pendant soixante ans, et qu'elle croyait à tort aussi dépourvu de courage que dénué de ressources, ne fit pas à l'origine l'effort nécessaire pour le réduire, et lui donna le temps de s'organiser et de recevoir les secours de ses alliés.

Bientôt la brillante victoire de Mathias d'Albuquerque à Montijo, près de Badajoz (26 mai 1644), vint donner aux Portugais la confiance qui leur manquait jusqu'alors en leur bonne fortune. Aussi, lorsque quinze ans plus tard, l'Espagne ayant fait sa paix avec la France, voulut frapper un grand coup contre le Portugal, il était trop tard; la journée d'Ameixial (8 juin 1663), dans laquelle don Jean d'Autriche, vaincu, laissa aux mains de l'ennemi quatre mille morts et six mille prisonniers, prouva aux Castillans qu'il fallait abandonner désormais toute espérance d'anéantir la nationalité portugaise. Mais, avant d'arriver à cet heureux résultat, le nouveau royaume devait subir encore bien des vicissitudes.

IV

La révolution du Portugal était survenue au moment même où l'on terminait, à la sollicitation et par les efforts persévérants du pape Urbain VIII, les arrangements préliminaires qui devaient permettre aux diverses puissances chrétiennes de commencer les négociations de la paix générale. L'empereur Ferdinand venait (en 1640), à la diète de Ratisbonne, de consentir à traiter avec les puissances étrangères à Munster et à Osnabruck, villes déjà proposées par le comte d'Avaux, l'un des plénipotentiaires désignés par le roi Louis XIII. Le 25 décembre 1641, un traité de préliminaires fut signé à Hambourg sous la médiation du roi de Danemarck. Dans ce traité, il était question des alliés du Roi, mais parmi ces alliés ne figurait pas et ne pouvait pas encore figurer le Roi de Portugal. Le roi d'Espagne avait trop à cœur la perte récente de ce royaume pour transiger sur ce point et l'on comprend qu'il ne fut même pas possible aux plénipotentiaires français de soulever si prématurément la question.

Par suite de divers retards, le Congrès ne fut ouvert que le 11 juillet 1643, et les négociations ne commencèrent réellement qu'à l'arrivée des plénipotentiaires français à Munster, arrivée qui fut différée, pour le comte d'Avaux, jusqu'au 17 mars 1644, et pour Servien, jusqu'au 5 avril suivant.

Ils amenaient avec eux, pour représenter le Portugal, mais à titre tout à fait officieux, François Andrada Leitão et Louis-Pierre de Castro.

Le Congrès devait se tenir d'abord sous la médiation du nonce du pape, Fabio Chigi, évêque de Nardo, et de l'ambassadeur de Venise, le chevalier Louis Contarini, qui avaient pour mission de transmettre aux divers plénipotentiaires les propositions que ceux-ci auraient réciproquement à se faire. Chigi était conciliant et ami de la France; Contarini, au contraire, montrait plus de raideur. Un incident qui eut lieu à l'arrivée des plénipotentiaires français donna immédiatement la mesure de ce que les envoyés portugais pouvaient attendre des médiateurs. Comme ils avaient demandé la permission d'aller faire visite à Chigi et à Contarini sans caractère officiel, mais à titre privé, le nonce y consentit, tandis que le Vénitien non seulement refusa pour son propre compte, mais encore fit tout son possible pour faire révoquer par son collègue l'autorisation qu'il avait donnée, et rendit ainsi beaucoup plus difficiles les relations des envoyés portugais avec le Congrès[1].

Ces envoyés eurent même à supporter les insultes des Espagnols: au mois d'avril 1648, les gens du comte de Pegnaranda[2], ambassadeur de Castille, en vinrent aux mains avec les Portugais et assiégèrent l'hôtel occupé par les représentants de Jean IV. Ceux-ci se virent obligés de chercher un refuge chez M. Servien, plénipotentiaire de France, qui en fut lui-même réduit à prendre à son service cent hommes de troupes hessoises, pour faire respecter son inviolabilité et assurer la sécurité des alliés de son souverain[3].

---

1. Le même refus fut opposé au sieur Fontanella, l'agent de la Catalogne, placée sur le même rang que le Portugal dans la haine des Castillans.

2. Sur Don Gaspard de Bragamonte, comte de Pegnaranda, plénipotentiaire d'Espagne, et son rôle à Munster, on peut consulter M. VALFREY: *Hugues de Lionne* (Paris, 1881), t. I, pp. 222 et suiv.

3. P. BOUGEANT. *Histoire des traités de Westphalie*, VI. p. 34.

Les Portugais n'eurent pas, du reste, à souffrir bien longtemps de l'absence de rapports personnels avec les premiers médiateurs du Congrès : en effet, les plénipotentiaires espagnols étant parvenus à faire leur traité séparé avec les États-Généraux des Pays-Bas[1], le 30 janvier 1648, les ambassadeurs des Provinces-Unies devinrent, par suite d'un accord, les médiateurs du traité qu'il s'agissait de conclure entre la France et la Castille. Les Portugais n'y gagnèrent rien d'ailleurs. Les Hollandais, commerçants avides, habitués à ne jamais lâcher la proie qu'ils tenaient, aimaient à *traiter à la hollandaise*, suivant l'expression usitée alors dans les chancelleries, c'est-à-dire à ne rien restituer; or, ils s'étaient emparés, non seulement sur les Espagnols avant la révolution portugaise, mais encore sur les Portugais depuis leur émancipation, d'un grand nombre de postes coloniaux qu'ils comptaient positivement garder ; et s'ils voulaient bien combattre les Espagnols en Europe avec l'aide des Portugais, c'était en dépouillant ceux-ci de leurs possessions extra-européennes[2] : tels étaient les singuliers alliés qui allaient avoir à servir de médiateurs entre la France, — et par suite le Portugal — et l'Espagne. On comprend dans quel esprit ils remplirent leur mission. Aussi fut-il impossible d'imaginer des « tempéramens raisonnables[3] » pour accommoder cette affaire, et les traités dits de Westphalie furent signés à Munster et à Osnabruck, le 24 octobre 1648, sans que l'Espagne eût consenti à se relâcher en rien de ses prétentions et sans qu'il eût été possible de trouver un terrain commun de pacification entre les deux couronnes de France et de Castille[4]. La guerre allait donc continuer d'ensanglanter longtemps encore toute l'Europe occidentale.

---

1. C'était de la part de ces États une infraction manifeste au traité qu'ils avaient conclu à la Haye avec le Roi de France, le 1er mars 1644, et par lequel ils s'étaient engagés à ne faire la paix avec les Espagnols « que conjointement et d'un commun consentement avec la France. » (Comte DE GARDEN, *op. cit.*, t. I, p. 165.)
2. Voir à ce sujet la note, p. 8.
3. Expression d'une note additionnelle à l'Instruction de Mazarin à MM. d'Avaux et Servien (*Manuscrit* Fonds franç., 5202, fol. 95).
4. Cependant on avait pu espérer un instant qu'il n'en serait pas ainsi. Le 21 mars 1646, les médiateurs, en effet, étaient parvenus à faire accepter par la France et par l'Espagne le projet d'une trêve de trente ans, par laquelle le droit de secourir le Portugal était expressément réservé à la France; des combinaisons ultérieures

V

Nous ne suivrons pas les événements de la lutte militaire entre l'Espagne et le Portugal, secouru plus ou moins vigoureusement, suivant les circonstances, par les armes françaises. Le cardinal de Mazarin, qui avait succédé en 1642 au cardinal de Richelieu dans la direction des affaires de la France, continua vis-à-vis du Portugal la politique inaugurée par son illustre prédécesseur; mais les circonstances ne lui permirent pas toujours de tirer de l'alliance tout le parti qu'il aurait voulu, et la Fronde paralysa pendant plusieurs années son initiative. Poursuivi par la haine des grands seigneurs coalisés contre lui, exilé, forcé d'échapper par la fuite aux coups de ses ennemis, il avait besoin de toute son habileté et de toute son énergie pour recouvrer ou maintenir son autorité constamment menacée et il fut privé ainsi pendant plusieurs années de la liberté d'esprit nécessaire pour suivre à l'étranger une politique à longues visées et pour stimuler avec persévérance l'indolence des Portugais.

Ceux-ci, satisfaits de leur nationalité reconquise et n'ayant plus rien de sérieux à redouter de la part d'un ennemi qu'absorbaient ses opérations militaires du côté de la France, profitèrent volontiers de l'accalmie produite par les querelles intestines de leur alliée, dont s'accommodait fort bien leur apathie habituelle. Les Instructions données aux ambassadeurs français depuis le commencement de la guerre jusqu'à la paix des Pyrénées, ne tarissent pas en reproches souvent amers sur la mollesse des Portugais et sur le peu de secours que leur diversion fournissait à la France[1].

Ces reproches, il faut le dire, étaient fondés; mais il est juste aussi d'ajouter que la politique française n'avait plus alors vis-à-

---

firent avorter cette proposition. (Comte DE GARDEN, *Histoire des traités de paix*, Paris, Amyot, s. d., t. II, p. 9.)

1. Peut-être aussi la France ne fut-elle pas toujours suffisamment représentée à Lisbonne; le choix de ses ambassadeurs en Portugal laissa trop souvent à désirer. Sans insister ici sur ce point, nous renverrons seulement à ce qui est dit ailleurs dans le cours de ce volume, et notamment aux pages 3, 123, 128, 141, 144, etc.

vis de l'Espagne la netteté et la persévérante énergie qu'elle avait montrée pendant la guerre de Trente Ans. Il ne s'agissait plus alors d'une lutte à mort contre la maison d'Autriche, cette puissance formidable qui étreignait toute l'Europe centrale et méridionale. Les traités de Westphalie avaient coupé le colosse en deux tronçons. L'Empereur, en faisant sa paix séparée avec la France et en laissant son cousin de Castille seul aux prises avec l'ennemi héréditaire de leur race, avait de lui-même renoncé au rêve de monarchie universelle qu'avaient poursuivi jusque-là les petits-fils de Charles-Quint. La guerre ne se continuait donc plus entre la France et l'Espagne que pour le règlement de quelques questions territoriales d'importance secondaire et qui devaient évidemment trouver leur solution un jour ou l'autre.

Bientôt même un nouvel élément pénétra dans la question : vers le milieu du xviie siècle, le sang de la maison d'Autriche, appauvri par une longue série de mariages consanguins qui faisaient partie de sa politique traditionnelle, ne paraissait pas devoir longtemps encore se perpétuer ; ce grand tronc desséché était menacé de ne plus porter de branches. Des enfants rachitiques, des souverains débiles ou maniaques, tels étaient les rejetons de cette grande race dégénérée, faute de l'intrusion d'un sang nouveau. Il vint un moment où l'on put prévoir l'ouverture prochaine de la succession d'Espagne. Le roi Philippe IV, d'une santé faible et languissante, et d'ailleurs né en 1605, pouvait disparaître d'un instant à l'autre, ne laissant que des filles et un fils d'un second lit, don Carlos, enfant souffreteux, qui avait bien des chances pour mourir bientôt lui-même sans laisser de postérité[1]. Il y avait tout lieu de croire qu'après lui la maison de Bourbon se trouverait naturellement indiquée comme héritière des droits d'Anne d'Autriche, sœur aînée de Philippe IV, femme de Louis XIII, dont la dot n'avait jamais été intégralement payée. Cette circonstance rendant caduques les renonciations faites par la Princesse au moment de son mariage, son fils Louis XIV pouvait prétendre à la succession de son oncle, dans le cas où les domaines d'Espagne tomberaient en déshérence. La maison de

---

1. Il était né en 1661 et succéda à son père Philippe IV en 1665.

France avait donc maintenant tout intérêt à ne pas diminuer une monarchie qu'elle pouvait être appelée à recueillir et à ne pas exaspérer le sentiment national des Castillans, en soutenant trop énergiquement le Portugal qui n'était toujours, à leurs yeux, qu'une province rebelle dont ils comptaient bien venir à bout, quand ils auraient fait leur paix avec la France.

Cette paix était ardemment désirée de part et d'autre. Mazarin la souhaitait vivement, et il espérait, en lui donnant pour gage et pour consécration, après une lutte qui n'avait pas duré moins d'un quart de siècle, une seconde alliance de la maison de France avec la maison d'Autriche, fortifier d'autant les prétentions de son souverain à la succession d'Espagne.

Tel fut le but que poursuivit, à travers tous les obstacles, l'habile et persévérant cardinal, depuis la fin des troubles de la Fronde jusqu'au traité des Pyrénées. C'était le changement complet de la politique traditionnelle de la France vis-à-vis de la maison d'Autriche. Au lieu de s'appuyer sur tous les ennemis de cette maison pour en diminuer la puissance, il s'agissait, en traitant avec elle, de se mettre en mesure, le cas échéant, de recueillir sa succession en Espagne. Sans sacrifier aucun des intérêts vitaux de la monarchie, le cardinal voulait désigner son souverain aux Espagnols, non plus comme un adversaire implacable, mais comme le fils et l'époux de leurs infantes; Louis XIV ne devait plus être désormais le rival perpétuel du roi de Castille, mais l'héritier possible de sa couronne, et la maison de Bourbon devait être la puissante réserve d'où l'Espagne aurait un jour à tirer le Prince qui sauvegarderait son autonomie et sa nationalité.

VI

La paix ne pouvait se faire entre la France et l'Espagne que moyennant l'abandon du Portugal par la première de ces puissances : ainsi en avait décidé l'orgueil intraitable des Castillans.

Le cardinal Mazarin, malgré tout son désir d'amener une réconciliation entre les cours de Madrid et de Lisbonne, fut obligé de céder sur ce point, pour ne pas compromettre les intérêts supérieurs de la politique française. Dès les conférences de Madrid de 1656, Hugues de Lionne était autorisé à abandonner presque entièrement le Portugal. On se contenterait pour lui d'une trêve de six mois ou d'un an, pendant laquelle le Roi de France s'engagerait à faire tous ses efforts pour lui ménager une paix quelconque avec l'Espagne; après quoi « Sa Majesté (ajoutaient avec quelque brutalité les Instructions de Lionne) ne s'en mêlera jamais plus directement, ni indirectement, ni pour l'accommodement, ni pour la guerre[1] ». Avec de pareilles dispositions, on conçoit que les négociations définitives de 1659 n'aient pas été plus favorables au Portugal que la tentative avortée de 1656. Tout ce que put obtenir le cardinal, ce fut une trêve de trois mois qui devait permettre au Portugal, soit de traiter aux meilleures conditions possibles avec son implacable ennemi, soit de se préparer à une lutte suprême contre toutes les forces réunies de la couronne de Castille.

On devine avec quels sentiments la Cour de Lisbonne reçut communication des négociations, dont l'issue imminente allait la laisser, seule et sans alliés, aux prises avec son puissant adversaire. Nous en publions plus loin[2] le très curieux récit, écrit par celui-là même qui fut chargé de cette pénible et en somme peu édifiante mission.

La France abandonnait donc le Portugal à son sort. Toutefois, Mazarin était trop prévoyant pour ne pas tenter de soutenir indirectement l'indépendance des Portugais, qu'il était forcé de sacrifier officiellement. Il ne se contenta pas d'autoriser le maréchal de Turenne, qui s'intéressait vivement à la maison de Bragance, à envoyer, pour diriger les armées portugaises, le comte de Schomberg et le comte d'Inchiquin[3] : il leur chercha, en outre, un puissant allié à l'extérieur.

---

1. *Correspondance d'Espagne*, t. XXXI, citée par M. VALFREY, *op. cit.*, p. 51.
2. Voir le récit de la mission du marquis de Chouppes, p. 63.
3. C'est le comte de Schomberg, commandant en second sous le comte de Villaflor, qui décida de la victoire d'Ameixial, le 8 juin 1663, laquelle consacra l'indépendance du Portugal (voir p. xxxi). Schomberg, à cette bataille, avait sous ses ordres plus de six cents officiers français, que la paix des Pyrénées avait rendus disponibles, et qui avaient pris du service dans l'armée portugaise, avec l'assentiment tacite de Mazarin.

Il jeta les yeux sur l'Angleterre avec laquelle il avait signé, le 3 novembre 1655, un traité d'amitié et de commerce que Charles II, le protégé de la France, remonté sur le trône en 1660, n'avait pu que confirmer. Empêché de se mêler ouvertement des affaires de Portugal, le cardinal engagea secrètement la reine régente, l'illustre Dona Luiza de Guzman [1], veuve de Jean IV, à s'unir étroitement avec la cour de Londres, et facilita la conclusion du traité qui consacra en 1660 l'alliance de la Grande-Bretagne et du Portugal [2]. Par ce traité, le roi Alphonse VI était autorisé à lever, dans les îles Britanniques, 10 000 fantassins et 2 500 chevaux, à la condition toutefois d'acheter en Angleterre toutes les armes et toutes les munitions nécessaires. C'était, de la part des Anglais, la première tentative de main-mise sur le Portugal qui bientôt devait devenir leur vassal et leur tributaire, sinon au point de vue politique, du moins en matière commerciale.

L'année suivante, l'union des deux nations maritimes fut encore cimentée et resserrée par le mariage du roi d'Angleterre avec l'infante Catherine de Portugal, fille de Jean IV et sœur d'Alphonse VI ; la princesse recevait en dot deux millions de cruzades et en outre les deux magnifiques positions de Tanger en Afrique et de Bombay aux Indes. En revanche, Charles II prenait l'engagement de prêter partout, en Europe et aux colonies, son assistance à son beau-frère, et l'effet de cette assistance se fit immédiatement sentir par la conclusion d'un traité avec les Hollandais, traité qui assurait définitivement au Portugal la possession du Brésil et de ses annexes, le Guyane et l'Uruguay.

Mazarin agissait conformément aux intérêts de la France en faisant son possible pour empêcher l'écrasement du Portugal ; mais en jetant la maison de Bragance dans les bras de l'Angleterre, il prépara sans le vouloir l'abaissement momentané du pays qu'il voulait sauver.

L'Angleterre, en effet, n'était pas disposée à lâcher sa proie, et malgré la politique de bascule suivie par le second favori d'Al-

1. Cette princesse, qui joua un si grand rôle dans l'histoire du Portugal, était née à San Lucar de Barrameda, le 13 octobre 1613 : elle avait épousé le duc de Bragance en 1633 et elle mourut le 27 février 1666.

2. Déjà, en 1654, Jean IV avait signé avec Cromwel, un traité de commerce à Westminster.

phonse VI, le comte de Castelmelhor, et le mariage du roi avec une princesse française[1] qui fut la conséquence de cette politique, les Anglais ne cessèrent d'occuper la première place dans la confiance des Portugais. Secondés par l'habileté de leur ambassadeur à Lisbonne, Southwell, ils profitèrent des graves dissentiments qui surgirent entre la France et l'Espagne à la mort de Philippe IV — dissentiments qui amenèrent la guerre dite de *dévolution* — et des embarras que cette situation et la minorité d'un roi de quatre ans[2] causèrent à la cour de Madrid, pour faire conclure la paix entre l'Espagne et le Portugal, malgré les efforts désespérés de la France pour l'empêcher[3]. Le traité de Lisbonne du 13 février 1668 fut la revanche de la paix des Pyrénées de 1659. L'injure faite dans cette circonstance à la France — au moment où elle avait le plus besoin de son allié — était d'autant plus cruelle, qu'au commencement de l'été de 1667, le marquis de Saint-Romain, ambassadeur de France auprès d'Alphonse VI, avait signé avec ce prince une ligue offensive et défensive contre l'Espagne. Le Portugal trahissait donc ses engagements quelques mois à peine après les avoir pris.

Néanmoins, le gouvernement français était décidé à tout prix à éviter une rupture; ne pouvant plus posséder les réalités de l'amitié portugaise, il se contentait d'en avoir les apparences; nous lisons, en effet, dans l'instruction de M. de Guénégaud (1675). le passage suivant qui semblera quelque peu étrange : «.... Mais quand bien même il ne verroit pas jour à la conclusion d'un traité tel que Sa Majesté pourroit le désirer, il s'appliquera à maintenir tellement cette cour dans l'amitié de la France, que toute l'Europe continue à la regarder comme ayant un attachement principal pour elle, et que l'Espagne ne cesse point d'en avoir une telle jalousie que l'obligation qu'elle aura de veiller aux liaisons de la France de ce côté, tienne lieu en quelque sorte d'une diversion pour Sa Majesté. »

Il était impossible de se montrer moins difficile, et il fallait

---

1. Marie-Françoise-Élisabeth ou Isabelle de Nemours. Le mariage eut lieu le 27 juin 1666.

2. Charles II, né en 1661, succéda à son père en 1665.

3. Voir pour ces négociations la notice qui précède l'Instruction de M. de Saint-Romain, p. 91.

pour cela que le ministre de Louis XIV comprît que la partie était définitivement perdue à Lisbonne.

L'intimité entre Londres et Lisbonne devenait de plus en plus étroite, et malgré l'incroyable conduite des Anglais lors de l'affaire de Tanger[1], et en dépit des velléités d'émancipation que montra le roi D. Pedro, frère et successeur d'Alphonse VI, durant les dernières années du xviie siècle, le Portugal était définitivement inféodé à la Grande-Bretagne.

Le grand événement qui domine alors toute l'histoire, l'affaire de la succession d'Espagne, vint consommer définitivement la rupture entre la France et le Portugal, et bouleverser la politique séculaire des deux nations. Cependant, on avait pu croire un instant qu'il en serait tout autrement : lorsqu'en l'année 1700, le petit-fils de Louis XIV, Philippe, duc d'Anjou, était venu prendre possession de la monarchie espagnole, que lui attribuait le testament du dernier descendant castillan de Charles-Quint, le débile Charles II, le roi D. Pedro avait été le premier à le féliciter de son avènement. L'année suivante, il avait même été plus loin, et soit lassitude des exigences anglaises, soit parti pris de rester fidèle à la politique traditionnelle de sa famille, soit conviction qu'il avait moins à redouter de la présence des Bourbons en Espagne que de celle des Hapsbourg, soit enfin désir de mettre à plus haut prix une défection qu'il savait devoir lui être demandée, il s'associa, par le traité signé à Lisbonne le 18 juin 1701, à l'alliance de la France et de l'Espagne contre ceux qu'effrayait la prodigieuse fortune de la maison de Bourbon.

Mais le Portugal ne persévéra pas longtemps dans la nouvelle attitude qu'il venait de prendre. La Hollande et surtout l'Angleterre avaient trop d'intérêt à le détacher de l'alliance française pour ne pas faire dans ce but les derniers efforts. Elles n'eurent pas de peine à persuader au roi D. Pedro qu'il avait tout à crain-

---

1. Les Anglais ayant résolu d'abandonner Tanger qu'ils avaient reçu, comme nous l'avons dit plus haut, à titre d'apport dotal de l'infante Catherine, aimèrent mieux en faire sauter les fortifications et la livrer à l'empereur du Maroc que de la restituer aux Portugais. Sans égard pour leurs prières, sans respect pour les souvenirs de l'ancienne gloire de leurs alliés, ils préférèrent laisser profaner les églises et les cimetières des chrétiens par les Maures, que mettre aux mains du Portugal une place que l'on considérait alors comme une des clefs de la Méditerranée.

dre de l'ambition de Louis XIV et de sa famille, et bientôt ce prince, effrayé par leurs menaces autant que séduit par leurs promesses [1], oublia tous ses engagements. Par les traités de Lisbonne (16 mai 1703), de La Haye (16 août 1703), et de Turin (25 octobre 1703), le Portugal accéda à la formidable coalition que l'Europe presque entière venait de conclure contre la maison de Bourbon, coalition que l'histoire connaît sous le nom de la *Grande Alliance*.

Mais il ne suffisait pas à l'Angleterre d'avoir remporté un avantage collectif et d'ordre purement politique. Elle ne voulait pas seulement détacher le Portugal de la France, elle entendait encore associer si intimement les intérêts de ce royaume aux siens qu'il ne formât plus, en réalité, qu'une province anglaise.

Secondé par l'habile agent de la reine Anne à Lisbonne, sir Methuen, le cabinet de Londres, profitant de la première ferveur de la nouvelle amitié portugaise, obtint le 27 décembre 1703 un traité de commerce en deux articles que, du nom de son négociateur, on appela le traité de Methuen [2], et qui mit le commerce et les richesses du Portugal aux mains de l'Angleterre. Bientôt, par suite de l'indolence des Portugais, tout l'or du Brésil suffit à peine pour solder les marchandises importées par les Anglais, et ceux-ci, devenus maîtres de Gibraltar à la suite de la célèbre opération de 1704, inondèrent de leurs produits de contrebande

---

1. Voir, pour la nature de ces promesses, p. 226.
2. L'importance et la brièveté de ce traité, le plus laconique que l'on connaisse, nous autorisent à en reproduire ici le texte.

Art. I. Sa Sacrée Majesté Royale Portugaise promet, tant en son nom qu'en celui de ses successeurs, d'admettre à l'avenir pour toujours en Portugal les draps et autres manufactures de laine des Bretons, comme il a été usité jusqu'à ce qu'elles aient été prohibées par les lois; sous la condition cependant

Art. II. Que Sa Sacrée Majesté Royale de la Grande-Bretagne sera obligée, en son nom et en celui de ses successeurs, d'admettre à l'avenir pour toujours les vins du cru du Portugal, en Bretagne; de sorte qu'en aucun temps, qu'il y ait paix ou guerre entre les royaumes de France et de Bretagne, il ne sera demandé quelque chose de plus pour ces vins sous le nom de douanes ou droits, ou sous un autre titre quelconque, directement ou indirectement, qu'ils soient introduits en Grande-Bretagne en pipes ou en muids ou autres vases, que ce qui sera exigé pour la même quantité ou mesure de vins français, en déduisant ou rabattant un tiers de cette douane ou droit; mais si en aucun temps il était porté atteinte et préjudice à cette réduction ou rabais de douane qui aura lieu comme il est dit ci-dessus, alors Sa Sacrée Majesté Royale aura de nouveau le droit et la liberté de défendre les draps et autres manufactures de laines britanniques.

l'Espagne elle-même et convertirent toute la péninsule en un vaste marché exclusivement anglais.

D. Pedro n'était pas un esprit assez élevé pour comprendre la portée désastreuse de l'acte auquel il venait de consentir. D'ailleurs, les succès militaires de ses troupes, aidées d'auxiliaires britanniques, vinrent, en flattant considérablement son amour-propre, embellir les dernières années de sa vie. Il eut la joie — joie immense qu'expliquent les soixante années de tyrannie castillane et la haine des Portugais pour les Espagnols — il eut la joie d'entrer en vainqueur à Madrid même, et d'y installer comme roi d'Espagne le jeune archiduc Charles, le représentant de la famille des persécuteurs de son pays. Cette joie fut d'ailleurs de courte durée.

D. Pedro était à peine revenu à Lisbonne, où la mort le frappa le 9 décembre 1706, que Philippe V rentrait à Madrid, au milieu d'acclamations enthousiastes, et que la victoire des Franco-Espagnols à Almanza, victoire dans laquelle les Portugais furent écrasés, ouvrait leur royaume à l'invasion ennemie.

Le fils et successeur de D. Pedro, le roi Jean V, vaincu à Badajoz, puis à Villaviciosa, voyait sa capitale sérieusement menacée, au moment même où l'Angleterre, ayant atteint son but au milieu de la conflagration générale qu'elle avait allumée pour devenir définitivement la maîtresse des mers, abandonnait ses alliés et faisait la première sa paix séparée avec Louis XIV. Jean V s'estima donc heureux de traiter aux conditions qu'il put obtenir; et loin de réaliser les brillantes espérances qu'avaient fait naître au début de la guerre les fallacieuses promesses de la Grande-Bretagne, le Portugal sortit de la *Grande Alliance* meurtri, épuisé, et définitivement inféodé à l'Angleterre.

VII

Cette situation ne fit qu'empirer pendant tout le règne de Jean V. Ce prince, alliant la bonhomie à la cruauté, bigot sans piété et fastueux sans grandeur, laissa perdre les colonies d'Orient, favorisa l'Inquisition, épuisa ses finances à bâtir des couvents et des églises, cessa de convoquer les Cortès « afin que la tranquillité publique ne fût menacée d'aucune atteinte », et recueillit seulement de tous ses excès le titre de roi *Très Fidèle*, que Rome, reconnaissante des sommes qu'il avait consacrées aux œuvres pies, lui accorda en 1748[1].

Son fils, Joseph Ier, prince médiocre, frivole et ami du plaisir, lui succéda en 1750. Il fut du moins assez heureux pour recevoir des mains de sa mère un ministre de génie, qu'il eut le bon sens de maintenir pendant tout son règne, malgré toutes les résistances et toutes les cabales. Le marquis de Pombal[2], le *grand marquis*, comme l'appellent les historiens nationaux, essaya de ranimer le commerce en réagissant contre le monopole des Anglais, et s'il ne put d'abord maintenir son édit sur l'exportation de l'or brésilien, il parvint plus tard à établir et à faire accepter par les puissances, malgré les protestations et les menaces de l'Angleterre, un impôt de 4 1/2 p. 100 sur toutes les marchandises étrangères.

Profondément imbu des idées philosophiques françaises, dont il s'était nourri pendant les missions qu'il avait remplies à l'étranger dans la première partie de sa carrière, il s'attaqua à la noblesse en lui enlevant une grande quantité de terres coloniales, dont elle ne tirait aucun parti, et au clergé en restreignant les droits de l'Inquisition, et surtout en proscrivant l'envahissante Compagnie de Jésus.

Les Grands lui répondirent en fomentant la conspiration du duc d'Aveïro, et les Jésuites en amenant la rupture du Portugal avec la cour de Rome. Mais Pombal déploya autant d'énergie dans ces circonstances critiques qu'il avait montré de courage, lors du terrible tremblement de terre qui détruisit Lisbonne, le 1er novembre 1755. La noblesse, terrorisée par les exécutions qui frappèrent ses chefs, fut obligée de courber la tête, et le pape Clé-

---

1. « Don Juan, dit Frédéric II dans son *Histoire de mon temps* (1789, in-8, p.163), n'était connu que par sa passion bizarre pour les cérémonies de l'Église. Il avait obtenu par un bref du pape le droit d'avoir un patriarche, et par un autre bref, celui de dire la messe, à la consécration près. Ses plaisirs étaient des fonctions sacerdotales ; ses bâtiments, des couvents ; ses armées, des moines ; et ses maîtresses, des religieuses. »

2. Don Sébastien-Joseph de Carvalho e Mello, d'abord comte d'Oyeras, puis marquis de Pombal, était né à Lisbonne, le 13 mai 1699, et mourut le 5 mai 1782.

ment XIV, pour éviter un schisme imminent, rétablit ses relations avec le Roi Très-Fidèle, mais en renonçant à la plupart des privilèges dont avait joui jusque-là en Portugal le Souverain Pontife, soit en matière de juridiction ecclésiastique, soit pour la publication de ses bulles et de ses autres écrits.

Enfin, la salutaire influence du Grand Marquis se fit sentir dans toutes les branches de l'activité nationale, et s'il commit des fautes nombreuses, il n'eut du moins jamais d'autres vues que le relèvement et la grandeur de sa patrie.

Malheureusement, il était trop tard, et le Portugal semblait voué à une irrémédiable décadence. Suivant l'expression de Frédéric de Prusse, il ne « figurait » plus en Europe dès l'année 1740, et les efforts du marquis de Pombal ne purent galvaniser ce corps inerte. La guerre de 1761-1763 entre la France et l'Espagne d'une part, et l'Angleterre et le Portugal d'autre part, rendait de plus en plus pesant le joug imposé par la Grande-Bretagne à son malheureux allié. Bien que, grâce à l'habileté du commandant de ses troupes, le comte de Lippe, Joseph Ier eût évité l'occupation de sa capitale par les forces franco-espagnoles, la campagne n'en fut pas moins désastreuse pour le Portugal envahi, et Pombal fut obligé de subir l'humiliation de ne voir admettre son pays, à la paix de 1763, qu'à titre de protégé de l'Angleterre, et d'adhérer sans discussion à toutes les résolutions des trois hautes puissances.

Le Grand Marquis essaya, du moins, de profiter de cette cruelle expérience, et il confia au comte de Lippe le soin de réorganiser et de former l'armée portugaise; c'est cette armée qui permit au Portugal de résister avec honneur aux forces espagnoles quand, malgré les essais de médiation de la France et de la Grande-Bretagne, la guerre recommença entre les deux royaumes péninsulaires, par suite de l'impossibilité de s'entendre au sujet de leurs colonies de l'Amérique méridionale.

Cette guerre n'était pas terminée au moment où la mort de Joseph Ier, survenue le 23 février 1777, vint livrer Pombal sans défense à la haine de ses ennemis, à la tête desquels s'était placée la reine Marie-Anne-Victoire. La complète disgrâce de ce grand ministre qui gouvernait depuis vingt-sept ans fut, pour le Portugal, un véritable désastre; et lorsqu'il mourut à quatre-vingt-trois ans, le 5 mai 1782, il pouvait dire de son pays ce que le cardinal Alberoni avait dit de l'Espagne en quittant le pouvoir : « Le Portugal est un cadavre que j'avais ranimé ; à mon départ, il s'est recouché dans sa tombe. »

VIII

Il nous faut revenir un peu en arrière pour examiner brièvement quelles furent les relations de la France avec le Portugal, pendant la période qui commence à la signature des traités d'Utrecht pour finir à la Révolution française. Ces relations perdirent de jour en jour de leur importance au point de vue politique, et leur intérêt se concentre principalement sur les tentatives d'amélioration des rapports commerciaux entre les deux nations.

Il eût été cependant permis de penser que les changements qui s'opérèrent alors dans la direction de la politique française auraient amené le Portugal à jouer un rôle international plus actif. A l'alliance espagnole, le Régent avait substitué l'alliance anglaise, par suite des craintes que lui inspiraient les prétentions émises plus ou moins ouvertement par Philippe V de faire valoir, en dépit de ses renonciations antérieures, et au détriment de la maison d'Orléans, ses droits à la couronne de France, dans le cas où le faible enfant qui succédait à Louis XIV viendrait à disparaître. La triple alliance de 1716-1717 entre la France, l'Angleterre et la Hollande, devenue en 1718 la quadruple alliance par l'accession de l'Empereur, avait pour but le maintien des stipulations arrêtées à Utrecht et à Rastadt en 1713 et 1714, et elle provoqua la guerre entre les deux branches de la maison de Bourbon. Puis vint, quelques années plus tard, en 1725, l'injure cruelle faite au Roi d'Espagne par le duc de Bourbon, premier ministre, en lui renvoyant brutalement[1] l'infante sa fille, fiancée

---

1. On prétend que M. de Morville, alors secrétaire d'État aux affaires étrangères, dit avec une crudité de langage assez peu en rapport avec ses fonctions : « Sans doute, il faut renvoyer l'Infante, et par le coche, afin que ce soit plus tôt fait. »

à Louis XV[1] à la paix de 1720 et qui était depuis ce temps élevée à la Cour de France. On put croire un instant que cette injure consommerait la rupture définitive entre les descendants de Louis XIV[2].

Un rôle au moins secondaire semblait donc réservé dans cette nouvelle politique au Portugal qu'elle intéressait au plus haut point, puisqu'il s'agissait, comme autrefois, d'amoindrir la puissance de son ennemi séculaire. Mais, au contraire, la Cour de Versailles parut considérer son ancien allié des bords du Tage comme une quantité négligeable, et ne lui demanda même pas cette diversion qu'elle avait tant recherchée au siècle précédent. Tant était grande la différence qu'on faisait alors entre le Portugal de Jean V et celui de Jean IV, ou même celui de Pierre I[er 3].

Le caractère même des rapports diplomatiques entre les deux pays s'était considérablement modifié. En dehors des questions commerciales dont ils avaient ordre de s'occuper, les ambassadeurs français envoyés d'une manière intermittente à Lisbonne ne paraissaient plus y remplir que des missions de pure courtoisie. Le plus souvent, le temps était perdu en vaines disputes d'étiquette.

Mais il faut bien avouer que la politique française, elle aussi, ne montrait plus alors cette netteté et cette sûreté de vues qu'elle avait eue sous Louis XIV. Les ambitions du Régent d'abord, puis les caprices et les faiblesses de ses successeurs, enfin l'influence des maîtresses en titre du Roi, lorsque Louis XV, suivant sa propre expression, fut devenu « premier ministre »[4] en 1743, à la mort

---

1. C'est le duc d'Orléans qui avait imaginé ce mariage complètement disproportionné — l'infante n'avait que trois ans quand il fut décidé — afin de se ménager plus de chances d'arriver au trône, si Louis XV venait à mourir avant d'avoir pu le réaliser. Le duc de Bourbon le rompit précisément pour le même motif, car il ne craignait rien tant que l'avènement possible de la maison d'Orléans, et il était impatient de voir le roi se marier effectivement et assurer sa succession par la naissance d'enfants mâles.

2. « Vous voyez comme on nous traite, » dit le roi Philippe V à l'ambassadeur d'Angleterre en lui apprenant cette insulte; « après un pareil affront, je suis décidé à me séparer pour toujours de la France... »

3. Déjà à la fin du règne de Louis XIV, on lit dans l'instruction donnée à l'abbé de Mornay : « ... il importe de laisser retomber les Portugais dans la paresse, dans la léthargie et dans l'oubli dont la dernière guerre les avait tirés... »

4. *Journal du marquis d'Argenson*, à la date du 30 janvier 1743.

du cardinal de Fleury, — toutes ces causes successives imprimèrent à notre diplomatie une incertitude et un manque de suite où l'on a quelque peine à reconnaître de faibles vestiges des grandes traditions du règne précédent [1].

Vis-à-vis du Portugal, c'est la politique d'indifférence qui semble prévaloir. Pendant l'alliance anglaise, on l'abandonne au protecteur qui depuis si longtemps, le traînait, pour ainsi dire, à la remorque. Puis, lorsque fatigué de faire le jeu de son « enne- « mie naturelle » [2], et de remplir le rôle de dupe auquel la condamnait l'égoïsme de la Grande-Bretagne, la France se décide à revenir à ses affinités traditionnelles, elle laisse à l'Espagne le soin d'essayer d'arracher le Portugal à la tutelle anglaise et de le placer sous l'influence des Cours de la maison de Bourbon. Mais ce royaume qui n'avait pas su profiter de la guerre, ne put pas davantage tirer parti de la paix, malgré tout le désir qu'avait Pombal de le faire sortir de l'isolement. Ce pays était désormais un facteur trop peu important de la politique européenne pour que le système de bascule conçu par le Grand Marquis pût lui réussir. Lorsque le Pacte de famille, préparé par le traité de Fontainebleau du 25 octobre 1743, eut été enfin signé le 15 août 1761, la cour de Lisbonne accentua encore vis-à-vis de la France son attitude de méfiance, qui devint presque de l'hostilité.

Cette hostilité dégénéra même en lutte ouverte, lorsque les difficultés qui s'étaient élevées entre Madrid et Lisbonne pour le règlement de leurs affaires coloniales, firent éclater la guerre en 1776 entre les deux royaumes péninsulaires. La conduite « insensée » du Portugal, ainsi que la qualifie le comte de Vergennes dans un Mémoire lu au Conseil du Roi, le 7 juillet de cette année [3], força, en effet, la France à secourir son alliée de

1. M. Geffroy a donné un intéressant tableau de cette diplomatie de Louis XIV, dans le *Recueil des Instructions de Suède* (Paris, Alcan, 1885). Introduction, pp. XIX et suivantes.
2. Ce mot est de Saint-Simon, dans ses *Mémoires*.
3. Dans ce mémoire (Arch. des Affaires étrangères, *France et divers États*, tome 584, f. 306), M. de Vergennes examine la situation que peut faire à la France la guerre imminente entre l'Espagne et le Portugal, guerre à laquelle devaient être infailliblement amenées à prendre part leurs deux alliées. Il est d'avis que la maison de Bourbon doit faire tous ses efforts pour maintenir à cette lutte un caractère exclusivement maritime : «... Une guerre de terre ne pouvant que nous faire perdre de vue l'objet principal de notre intérêt qui doit être d'affaiblir le seul ennemi que

l'autre versant des Pyrénées, et l'Angleterre saisit avec empressement cette occasion de recommencer la guerre avec la maison de Bourbon.

Le traité du Pardo, qui mit fin en 1778 aux hostilités, ouvrit bien un droit d'accession pour le cabinet de Versailles. Mais cette accession fut longtemps différée par le mauvais vouloir du gouvernement de Lisbonne.

Cependant, vers la fin de l'année 1781, le Portugal se rapprocha de la France et le traité d'accession fut enfin signé à Madrid, avec l'intervention de l'Espagne, le 15 juin 1783. En fait, ce traité ne contenait aucune stipulation préjudiciable au commerce anglais et le commerce français y gagnait peu de chose. Mais il semblait néanmoins indiquer chez les Portugais la volonté bien arrêtée de reprendre la liberté de leurs mouvements, et, à ce titre, c'était un bon symptôme et comme un premier effort pour s'émanciper de la tutelle britannique.

Dans la première ferveur de la réconciliation, il fut question de resserrer encore les nouveaux liens que l'on venait de former, en associant la reine Dona Maria au Pacte de famille. Mais la Cour de Versailles, après réflexion, pensa qu'il valait mieux ajourner ce projet jusqu'au règlement de toutes les questions commerciales.

La maison de Bragance traversait du reste une crise fâcheuse : la Reine, qui avait toujours montré personnellement d'excellentes dispositions pour la France, était tombée dans une incurable démence ; puis la mort de son mari (1786) et de son fils aîné (1788)

la France puisse et doive redouter (l'Angleterre), nos soins doivent donc se concentrer à l'éloigner. C'est le fruit que nous recueillerons de notre alliance avec Vienne, si elle veut en remplir fidèlement l'esprit et la lettre. Nous n'avons d'autre secours à lui demander que celui de son influence ; c'est en Russie qu'elle doit la faire servir, soit pour détourner cette cour de profiter de la circonstance pour tomber sur la Suède, soit pour l'empêcher d'entendre aux offres que les Anglais pourront lui faire pour l'entraîner dans leurs mesures. Il conviendra également de travailler en Hollande pour ranimer les cendres du parti républicain que l'on a trop négligé et pour profiter de la soif des richesses dont les individus de cette République sont dévorés, pour leur faire chérir une neutralité qui deviendra pour eux une source de richesses... »

Et le ministre, après avoir examiné la situation maritime des diverses puissances, conclut par cette phrase mélancolique : « Je pense que nous trouverons mieux notre compte à lasser les Anglais qu'à vouloir les battre... »

allait bientôt mettre le royaume dans un état lamentable. Le projet d'accession du Portugal au Pacte de famille resta donc en suspens et l'attention des monarques de la maison de Bourbon ayant été absorbée ailleurs, on y renonça bientôt complètement.

L'amitié des cours de Madrid et de Lisbonne n'en fut pas moins cimentée par un double mariage entre les deux maisons souveraines et ces alliances resserrèrent sensiblement les liens des deux nations péninsulaires. Aussi, lorsque des difficultés s'élevèrent, en 1784, entre la France et le Portugal au sujet de la traite des nègres sur la côte d'Afrique, c'est le cabinet de Madrid qui servit de médiateur et qui les concilia en 1785. Néanmoins, le cabinet de Lisbonne, — tiraillé entre l'Angleterre qui s'efforçait de ressaisir son ancienne influence et l'Espagne qui, se servant de la double alliance qu'elle venait de contracter entre les maisons régnantes de Bourbon et de Bragance, cherchait à le maintenir exclusivement dans son orbite politique, — fut à peu près oublié par la France. Ce malheureux royaume était tombé du reste, par suite de la folie de la Reine et de la mort du Roi et du prince de Beïra, dans une véritable anarchie; il n'en sortit qu'au moment où D. Jean, le second fils de Dona Maria, consentit à quitter son couvent de la Mafra pour prendre la Régence et ajouter un prince incapable à la liste déjà trop longue des gouvernants médiocres qui avaient dirigé ses affaires durant cette période néfaste.

C'est dans cette situation que la Révolution française trouva le Portugal. On ne pouvait guère attendre de lui qu'il se tînt en dehors de la grande coalition qui suivit de si près le mouvement de 1789. Mais l'Espagne s'en étant détachée et ayant fait bientôt sa paix avec la France par accession au traité de Bâle, le Portugal négocia de son côté avec la République, et obtint le 23 thermidor an V (1797) un traité avantageux. Malheureusement ce traité ne fut pas ratifié à temps, par suite des intrigues anglaises, et devint ainsi caduc.

La nation portugaise eut donc à supporter une fois de plus les conséquences des fautes de ses gouvernants. Replacé par la force des choses sous l'influence exclusive de la Grande-Bretagne, et abandonné ou mal secouru par elle, l'infortuné Portugal fut vaincu, envahi, et dut acheter par le traité de Madrid du 27 novembre 1801 une paix précaire et humiliante, qui laissa son territoire entamé, ses dernières colonies compromises, ses finances épuisées, son industrie et son commerce ruinés. Le gouvernement du Régent ne sut même pas profiter immédiatement de la terrible leçon que lui donnaient les événements. Tandis que l'Europe entière, sous l'impulsion française, entrait à pleines voiles dans le courant des idées modernes, le Portugal tint à honneur d'y opposer l'inertie et le dédain. Il lui fallut la guerre civile, la guerre étrangère et de nouvelles révolutions pour l'amener à ce qu'il est aujourd'hui : une des monarchies les plus constitutionnelles et les plus libérales dont s'honore l'Europe contemporaine.

LISTE

DES

AMBASSADEURS, MINISTRES, CHARGÉS D'AFFAIRES, CONSULS

OU AUTRES AGENTS DE FRANCE EN PORTUGAL

JUSQU'EN 1789.

AMBASSADEURS ET MINISTRES PLÉNIPOTENTIAIRES :

1325. Ambassade envoyée par Charles le Beau, roi de France, au roi Alphonse IV de Portugal.

1336. Autre ambassade.

1338. Le frère de l'Évêque de Reims (Jean II de Vienne), ambassadeur.

1377. ROBERT de NOYERS et YVES GERVAL, envoyés par Louis, duc d'Anjou à Jean Ier de Portugal.

1378. ARNAUT D'ESPAGNE, seigneur de MONTESPAN, RAYMOND-BERNARD DE FLAMBUC et JEAN FOREST, envoyés par Louis, duc d'Anjou, à Jean Ier de Portugal.

CHARGÉS D'AFFAIRES, CONSULS OU AUTRES AGENTS :

1366. MATHIEU DE GOURNAY, envoyé à Lisbonne par du Guesclin pendant son expédition en Espagne.

AMBASSADEURS ET MINISTRES PLÉNIPOTENTIAIRES :	CHARGÉS D'AFFAIRES, CONSULS OU AUTRES AGENTS :
1429. Le sieur de Roubaix, le sieur d'Herselles, le sieur de Launoy et André de Toulongeon, ambassadeurs du duc de Bourgogne en Portugal.	
1439. N. de Vergy, ambassadeur du même à la cour d'Alphonse V de Portugal.	
1470. Jehan Gourdel, ambassadeur du duc de Bretagne en Portugal.	
1475. Olivier Le Roux, ambassadeur de Louis XI près d'Alphonse V de Portugal.	
1484. N...., ambassadeur de Charles VIII à Jean II de Portugal.	
1516. Le seigneur de Langeac, ambassadeur extraordinaire.	
1518. Le sieur Honoré de Caix, ambassadeur extraordinaire près le roi Emmanuel.	
1522. Le même, ambassadeur ordinaire pour la seconde fois près le roi Jean III.	
1527. Le même, ambassadeur ordinaire pour la 3e fois.	
1536. Raymond Pellisson, ambassadeur ordinaire.	
1540. Le sieur Honoré de Caix, ambassadeur ordinaire jusqu'à sa mort, en 1559.	
1541. L'Évêque d'Agde, ambassadeur extraordinaire.	

AMBASSADEURS, ETC., DE FRANCE EN PORTUGAL.

AMBASSADEURS ET MINISTRES PLÉNIPOTENTIAIRES :	CHARGÉS D'AFFAIRES, CONSULS OU AUTRES AGENTS :
1548. M. de Brion, ambassadeur extraordinaire.	
1559. Jean Nicot, succède à Honoré de Caix comme ambassadeur ordinaire.	
1566. N... ambassadeur, envoyé par Charles IX.	
1578. M. de Saint-Gelais, évêque de Comminges, ambassadeur.	
1579. M. de Beauvais, ambassadeur.	1579. Pierre d'Or, consul de France à Lisbonne.
1580 (janvier). N... de la Mothe-Fénelon, nommé ambassadeur et remplacé en mars par M. d'Abadie.	
1582. Philippe de Caverel, ambassadeur.	1581. Melchior de Rieux, consul à Lisbonne (non installé).
	1602. Louis de Mensis, consul de France à Lisbonne.
	1617-1622. M. de Saint-Pé, consul à Lisbonne.
	1641. M. de Saint-Pé, consul chargé d'affaires.
1644. Rouillac (Louis de Goth, marquis de), ambassadeur.	1642. M. Lanier, agent.
	1652. M. Le Cocq, agent.
1655. Jant (le chevalier de), ambassadeur.	1655. Roquemont (Yvelin de), secrétaire d'ambassade, puis chargé d'affaires.
1657. Cominges (le comte de), ambassadeur.	1658. Colbert du Terron, chargé de mission.
1659. Jant (le chevalier de) remplacé par le marquis de Chouppes, ambassadeur.	1659. Frémont d'Ablancourt, chargé de mission.

AMBASSADEURS ET MINISTRES PLÉNIPOTENTIAIRES :	CHARGÉS D'AFFAIRES, CONSULS OU AUTRES AGENTS :
1664. SAINT-ROMAIN (MELCHIOR DE HAROD DE SENEVAS, marquis DE), ambassadeur.	1665. GRAVIER, chargé de mission.
1671. AUBEVILLE (N... DE SÈVE D'), ambassadeur.	
1674. GUÉNÉGAUD (N... DE), ambassadeur.	1677. FOUCHER, chargé de mission.
1681. OPPÈDE (le marquis D'), ambassadeur.	
1683. SAINT-ROMAIN (le marquis DE), ambassadeur pour la seconde fois.	
1684. TORCY (J.-B. COLBERT, marquis DE), ambassadeur extraordinaire.	1684. DESGRANGES (Louis), consul et commissaire de la marine de France à Lisbonne.
1685. GOURNAY (AMELOT, marquis DE), ambassadeur.	
1688. ESNEVAL (le vidame D'), ambassadeur.	1689. RAYNOLD DE L'ESCOLLE, consul.
1692. ESTRÉES (l'abbé D'), ambassadeur.	
1697. ROUILLÉ (le président DE), ambassadeur.	
1703. CASTAGNÈRE, marquis DE CHATEAUNEUF, ambassadeur.	1705. VIZANEGO, consul, agent.
1715. MORNAY-MONTCHEVREUIL (l'abbé DE), ambassadeur.	1721. MONTAGNAC (DE), consul et chargé d'affaires.
1725. LIVRY (l'abbé SANGUIN DE), ambassadeur.	1737. DU VERNEY, consul, chargé d'affaires.

AMBASSADEURS, ETC., DE FRANCE EN PORTUGAL.

AMBASSADEURS ET MINISTRES PLÉNIPOTENTIAIRES :

1738. Argenson (René-Louis de Voyer de Paulmy, marquis d') ambassadeur non installé.

1740. Chavigny (le chevalier de), ambassadeur.

1746. Chavigny (le chevalier de), ambassadeur.

1752. Baschi (le comte de), ambassadeur.

1759. Merle (le comte de), ambassadeur.

1761. M. O'Dunne, ministre plénipotentiaire.

1763. Saint-Priest (le chevalier de), ministre plénipotentiaire.

1768. Clermont-d'Amboise (le chevalier de), ministre plénipotentiaire.

1775. Blosset (le marquis de), ambassadeur.

CHARGÉS D'AFFAIRES, CONSULS OU AUTRES AGENTS :

1743. Beauchamp (de), secrétaire d'ambassade, chargé d'affaires.

1756. Saint-Julien (Le Noir de), consul, chargé d'affaires.

1767. M. Simonin, consul général, chargé d'affaires.

1771. M. Colins de Montigny, consul général, chargé d'affaires.

1773. M. Étienne, chancelier.

1774. Hinnisdal (le comte d'), conseiller d'ambassade, chargé d'affaires.

1778. Augnac (l'abbé d'), chargé d'affaires.

AMBASSADEURS, ETC., DE FRANCE EN PORTUGAL.

AMBASSADEURS ET MINISTRES PLÉNIPOTENTIAIRES :	CHARGÉS D'AFFAIRES, CONSULS OU AUTRES AGENTS :
1780. M. O'Dunne, ambassadeur.	1780. M. Brochier, consul général.
1786. Bombelles (le marquis de), ambassadeur.	1781. M. Helflinger, secrétaire, puis chargé d'affaires.
	1783. Meyronnet de Saint-Marc (le chevalier de), consul général.
	1788. Urtubise (d'), chargé d'affaires.

LISTE

DES

AMBASSADEURS, MINISTRES, CHARGÉS D'AFFAIRES, CONSULS

OU AUTRES AGENTS DE PORTUGAL EN FRANCE

JUSQU'EN 1789.

1233 (vers). D. Ayres Vaz, évêque de Lisbonne, envoyé en France comme ambassadeur.
1369. L'Évêque d'Evora et l'amiral Lançarote Pessanha, ambassadeurs.
1425. Ruy Lourenço, ambassadeur de Jean Ier, roi de Portugal, auprès du duc de Bourgogne.
1428. D. Alvaro, évêque d'Algarve et Fernando Affonso de Silveira, envoyés par Jean Ier pour traiter du mariage de sa fille Isabelle avec le duc de Bourgogne, Philippe III.
1435. N... ambassadeur de Portugal au Congrès d'Arras.
1458. Martin Mendez de Berredo, ambassadeur d'Alphonse V en France.
1475. D. Alvaro de Ataide et le licencié Jean d'Elvas, envoyés d'Alphonse V à Louis XI.
1476. Pedro de Souza, envoyé du même au même.
1476. Pelicano, un des rois d'armes d'Alphonse V, envoyé au duc de Bretagne.
1477. Le comte de Penamacor et Faro, ambassadeur en France.
1488. Duarte Galvao, conseiller de Jean II, ambassadeur.
1510. Juan da Silveira, ambassadeur ordinaire (1510-1527).
1513. Jacome Monteiro, envoyé portugais en France (1513-1522).
1515. Pedro Correa da Atouguia, ambassadeur extraordinaire au couronnement de François Ier.

AMBASSADEURS, ETC., DE PORTUGAL EN FRANCE.

1526. Lourenço Garcès, ambassadeur extraordinaire.
1526. Pedro Mascarenhas, ambassadeur extraordinaire.
1530. Gaspar Palha, ministre-résident.
1530. Lourenço Garcès, ambassadeur extraordinaire.
1531. Docteur Gaspar Vaz, ambassadeur ordinaire.
1536-1541. Ruy-Fernandes d'Almada, ambassadeur ordinaire.
1538. D. Manoel de Menezès, ministre-résident.
1543. D. Francisco de Noronha, depuis comte de Linharès, ambassadeur.
1544. D. Gonzalve Pinheiro, évêque de Tanger, ambassadeur.
1545. D. André Soarès, secrétaire du roi, envoyé en mission spéciale.
1545. D. Manoel de Mendonça, ambassadeur extraordinaire à l'occasion de la mort du duc d'Orléans, fils du roi de France.
1548. D. Constantin de Bragance, ambassadeur extraordinaire.
1548. D. Braz d'Alvide, envoyé en mission spéciale, puis ambassadeur ordinaire en 1550.
1555. Gaspar Palha, envoyé en mission spéciale.
1555. D. Juan Pereira d'Antas, ambassadeur ordinaire.
1559. (juin). D. Francisco Pereira, ambassadeur ordinaire.
1559. (juillet). D. Alvaro de Castro, ambassadeur extraordinaire à l'occasion de la mort de Henri II.
1561. D. Thomas de Noronha, ambassadeur extraordinaire.
1569. D. Juan Mascarenhas, ambassadeur extraordinaire.
1571. D. Sebastian Juan Gomes da Silva, ambassadeur ordinaire.
1572. D. Affonso d'Alincastre, ambassadeur extraordinaire.
1574. D. Nuno Manoel, ambassadeur ordinaire.
1582. D. Francisco de Portugal, comte de Vimioso, envoyé de D. Antoine, prieur de Crato, roi élu de Portugal.

1641. D. Antonio Coelho de Carvalho et D. Francisco de Mello, ambassadeurs.
1644. D. Luiz Vasco de Gama, comte de Vidiguiera, marquis de Niza, ambassadeur ordinaire.
1644. Le marquis de Cascaïs, ambassadeur extraordinaire.
1650. Le prince de Crivelli, ambassadeur extraordinaire.
1655. D. Francisco de Souza Coutinho, ambassadeur ordinaire.
1659. D. Juan da Costa, comte de Soure, ambassadeur extraordinaire.
1659. D. Feliciano Dourado, ministre-résident.
1667. Le duc de Cadaval, ambassadeur extraordinaire.
1668. N... Crery, ambassadeur (?).
1677. D. Salvador Taborda, chargé d'affaires.
1691. D. José da Cunha Brochado, chargé d'affaires.
1695. Le marquis de Cascaïs, ambassadeur extraordinaire.

1715. Le comte DE RIBEIRA GRANDE, ambassadeur extraordinaire.
1721. D. LOUIS DA CUNHA, ministre plénipotentiaire.
1721. D. MARC-ANTOINE D'AZEVEDO COUTINHO, envoyé extraordinaire.
1724. Le Comte de TARROUCA, ambassadeur.
1732. D. FRANCISCO MENDEZ DE GOEZ, chargé d'affaires.
1737. D. LUIZ DA CUNHA, ambassadeur.
1746. Le commandeur DE LA CERDA, ambassadeur extraordinaire.
1746. D. N... DE LA CERDA fils, ministre-résident jusqu'en 1753.
1756. D. N... DE LA CERDA, ministre plénipotentiaire, après son père.
1757. D. SALDANHA DE GAMA, ambassadeur.
1759. L'abbé PEDRO DA COSTA SALEMA, chargé d'affaires.
1762. D. MARTINO DE MELLO E CASTRO, envoyé extraordinaire et ministre plénipotentiaire.
1763. D. VICENTE SOUZA DE COUTINHO, ministre plénipotentiaire.
1774. D. VICENTE SOUZA DE COUTINHO, ambassadeur ordinaire (jusqu'en 1792).
1782. Le marquis DE LAURIÇAL, ambassadeur extraordinaire.

I

LE MARQUIS DE ROUILLAC

1644 — 1645[1]

Nous avons vu dans l'Introduction de cet ouvrage quelle fut la part de la France dans la préparation de la Restauration portugaise de 1640. Il importait, en effet, à la politique du cardinal de Richelieu de créer une puissante diversion sur la limite occidentale de l'Espagne. Malheureusement, le roi de Portugal, Jean IV, honnête homme, mais caractère timoré et esprit à courtes vues, craignait de s'engager à fond ; il se contentait donc de faire escarmoucher ses généraux novices contre les postes frontières du pays ennemi, sans tenter quelque grand effort qui eût divisé sérieusement les forces espagnoles employées tout entières contre les Français, et qui eût permis à ceux-ci de frapper un coup décisif.

Cependant les négociations pour le traité de paix, qui ne devait être signé à Munster qu'en 1648, venaient à peine de commencer (1644). Le cardinal Mazarin, qui avait succédé à Richelieu, et qui partageait d'ailleurs ses vues sur l'alliance avec le Portugal, résolut de faire une nouvelle tentative pour obtenir de la cour de Lisbonne un concours plus effectif. Il crut que l'envoi d'un ambassadeur extraordinaire au roi Jean IV serait de nature à lever tous les scrupules de ce prince et à le faire agir avec plus d'énergie. Bien qu'il pût craindre que cette reconnaissance solennelle du « rebelle » ne parût une offense inutile à la maison d'Autriche[2], et que cette démarche pût

---

1. Le cardinal Mazarin, premier ministre ; Henri-Auguste de Loménie, comte de Brienne, secrétaire d'État aux Affaires étrangères.
2. Elle avait, d'accord avec les médiateurs, absolument refusé de reconnaître aucun caractère aux délégués portugais au congrès de Munster et on sait qu'elle conserva cette attitude intransigeante jusqu'en 1669.

avoir, par conséquent, des inconvénients sérieux pour le succès des négociations engagées, les chances de paix étaient encore si faibles et la nécessité si grande de faire montre de toutes ses forces pour amener l'Espagne à composition, que Mazarin n'hésita plus. Il se décida donc, en 1644, à envoyer un ambassadeur extraordinaire en Portugal, où la France n'avait été représentée depuis la Révolution que par l'agent Lanier et par le consul de Saint-Pé, tous deux d'une habileté et d'une expérience éprouvées, mais qui manquaient du prestige nécessaire pour secouer la torpeur des Portugais.

Cet envoi était, du reste, d'autant plus urgent que, dès son avènement au trône, en 1641, le roi Jean IV avait accrédité des ambassadeurs à la cour de France et qu'il ne cessait de réclamer la réciprocité[1]. Tarder à lui donner cette satisfaction, c'était s'exposer à blesser l'amour-propre méridional d'un allié utile qu'on ne voulait pas s'aliéner, bien qu'on semblât faire bon marché des services qu'il pouvait rendre. On devait espérer, d'autre part, que la présence à Lisbonne d'un ambassadeur revêtu d'un caractère public donnerait plus d'activité et surtout plus de suite aux opérations militaires, soutenues jusque-là avec tant de mollesse, malgré les objurgations réitérées de la France. Le moment, d'ailleurs, était bien choisi, le gouvernement du roi Louis XIV faisant, cette année-là même (1644), un puissant effort en Catalogne, dans l'espoir d'obliger plus promptement ses ennemis à accepter ses conditions.

Le cardinal fit choix, pour cette importante mission, de Louis de Goth, marquis de Rouillac, conseiller d'État d'épée et maréchal de camp[2]. Cet officier général appartenait à une vieille famille de Guyenne qui devait son illustration au pape Clément V (Bertrand de Goth). Âgé alors d'une soixantaine d'années, il joignait au prestige que devaient lui donner sa naissance et sa haute situation, le mérite d'une carrière militaire bien remplie[3] qui pouvait lui permettre, au point de vue purement technique, de donner d'utiles conseils au roi Jean IV pour

1. Cette année même (1644), le Portugal était représenté en France par un ambassadeur ordinaire, le comte de Vidiguiera, et par un ambassadeur extraordinaire, le marquis de Cascaïs.

2. Louis de Goth, premier marquis de Rouillac, était né vers 1584, de Jacques de Goth, baron de Rouillac, grand sénéchal de Guyenne, et de Hélène de Nogaret de La Valette, fille aînée de Jean de Nogaret de La Valette. Il mourut le 19 mai 1662, laissant un fils qui essaya de relever sans droits le titre de duc d'Épernon, qu'il prétendait pouvoir porter comme héritier de Bernard de Nogaret, duc d'Épernon, cousin germain de son père. (Voir le P. Anselme, Saint-Simon, Tallemant des Réaux, Dangeau, etc., etc., et le tome CCII des Mémoires et Documents de France au Ministère des Affaires étrangères.)

3. Il avait fait brillamment ses premières armes en Suède au service du roi Charles IX; puis, revenu en France vers 1612, il avait obtenu un régiment d'infanterie et un de cavalerie, avait servi à tous les sièges que Louis XIII fit dans le commencement de son règne et était devenu maréchal de camp.

l'organisation de ses armées et la conduite des opérations à entreprendre dans la prochaine campagne.

La désignation de M. de Rouillac fut faite dans le courant de juillet 1644; mais diverses circonstances retardèrent son départ pendant plusieurs mois, et il n'arriva à Lisbonne que le 26 février 1645. Il y fut reçu avec de grands honneurs et de grandes démonstrations de joie et d'amitié, et il eut sa première audience du roi et de la reine le 1er avril suivant.

Malheureusement, s'il faut en croire certains documents — qui ne sont pas tous d'origine portugaise[1] — M. de Rouillac ne montra pas, dans l'exécution des ordres qu'il avait reçus de son gouvernement, tout le tact et tout le discernement que l'on était en droit d'attendre d'un homme de sa qualité et de son expérience. Dans les justes réclamations qu'il avait à présenter, il oublia trop souvent les formes et la discrétion qui s'imposaient à l'envoyé d'une puissance qui, par la force des choses, jouait auprès du Portugal le rôle de protectrice : bien plus, on lui reprocha de se mêler d'affaires entièrement étrangères à sa mission. Enfin, il parvint à se rendre tellement insupportable qu'il échoua complètement, et que son rappel, qui eut lieu à la fin de cette même année 1644, fut salué comme une véritable délivrance par le roi Jean IV et par la cour de Lisbonne.

INSTRUCTION AU SIEUR MARQUIS DE ROUILLAC, CONSEILLER DU ROI EN SON CONSEIL D'ÉTAT, ET MARÉCHAL DE SES CAMPS ET ARMÉES, S'EN ALLANT AMBASSADEUR EXTRAORDINAIRE EN PORTUGAL.

Minute, *Corr. du Portugal*, t. I, fol. 229. — 10 septembre 1644.

Sa Majesté ayant été recherchée d'amitié et d'alliance par le Roi de Portugal, par divers ambassadeurs ordinaires et extraordinaires venus de sa part en cette Cour, a cru ne pouvoir plus longtemps différer d'envoyer un ambassadeur vers cette Majesté,

---

1. Voir notamment une dépêche du comte de Brienne aux plénipotentiaires de France à Munster, en date du 16 décembre 1645. (Négociations touchant la paix de Munster, t. II, p. 231.)

et pour cet effet a choisi ledit sieur marquis de Rouillac pour remplir cette place, sur la connoissance de sa capacité et de sa fidélité, et qu'il a toutes les qualités requises pour correspondre dignement à cet emploi. Et comme en tous lieux la fonction d'ambassadeur est très considérable, par les circonstances du temps, elle se trouve de très grande importance auprès de Sa Majesté de Portugal, pour les grandes affaires qui sont à négocier tant envers ce Prince, pour l'encourager à entreprendre des choses grandes, qui seules peuvent affermir sa domination, qu'envers les grands et autres sujets du même Royaume pour leur propre conservation.

Et bien que la couronne appartienne légitimement au Roi Dom Jean IV à présent régnant, à raison des divers droits et prétentions qu'il a mises au jour, et par l'unanime consentement des trois ordres de l'État, néanmoins le Roi Catholique ne laisse de prétendre que cette nouvelle monarchie n'est qu'une révolte odieuse de soi à un chacun et que tous moyens lui sont licites qui lui peuvent aider à rentrer en la possession de ce Royaume, ou par la voie des armes ou par des intelligences secrètes vers les grands et les peuples afin de les soustraire de l'obéissance de leur Roi et les attirer à la sienne.

Et afin que ledit sieur marquis puisse détourner l'effet de si mauvais desseins et traverser les injustes prétentions du Roi Catholique, il essayera, aussitôt qu'il sera arrivé en Portugal, de s'insinuer en la bienveillance et confiance dudit Roi et de ceux qui sont en part de l'administration de son gouvernement et de ses affaires, afin qu'il soit plus puissant sur eux, à les induire de suivre les bons conseils qu'il leur départira, et à rejeter les mauvais qui leur seront présentés, masqués pour l'ordinaire de l'apparence du bien, dont la fin toutefois tourne le plus souvent à la ruine totale de ceux qui y deffèrent.

Après que ledit sieur marquis aura rendu et reçu les premiers complimens et en sa première audience expliqué à cette Majesté les bonnes et sincères affections que leurs Majestés ont pour lui, sa grandeur et l'affermissement de la dignité Royale en sa personne et celle de ses enfans, prendra une seconde audience pour lui faire entendre les choses qui ensuivent :

Qu'il doit s'être résolu, en montant sur le trône, à s'y maintenir avec vigueur pour le perpétuer en sa famille et prévenir par son courage et par sa vigilance la désolation de sa maison, n'y ayant point de milieu pour lui entre être Roi ou sujet, maître absolu de la fortune de ses peuples ou de voir la sienne soumise à la volonté d'un autre souverain;

Que depuis qu'il a embrassé une résolution accompagnée de tant de justice, il a semblé qu'il ait cru que le seul titre de Roi assuroit sa condition, étant entré dans le païs de l'ennemi plutôt tumultuairement qu'avec un dessein formé d'y faire la guerre et y prendre l'avantage que la fortune lui présentera;

Que depuis les années de son règne, il a vu le Roi Catholique et sa maison attaquée de toutes parts, et les armes de la France faire de tous côtés des progrès merveilleux et remporter de signalées victoires, desquelles il pouvoit tirer plus de fruit pendant que cette couronne appuyoit sa grandeur et lui donnoit tant de moyens de s'affermir et se rendre considérable;

Qu'il voit encore présentement les mers couvertes de nos vaisseaux et dans la Catalogne une très puissante armée en action, et partant qu'il doit profiter des occasions en agissant de son côté avec plus d'effet.

Et bien que Sa Majesté contribue tout ce qu'elle peut, soit en lui donnant moyen d'occuper l'ennemi dans le cœur et le centre de ses Etats, soit en faisant tous offices tant à Rome que partout ailleurs pour faire reconnoitre ledit Roi légitime[1], si est-ce que cela ne suffit pas pour établir cette Royale dignité et que le seul moyen solide, c'est de se rendre si renommé en faisant tant de progrès, que l'ennemi pour les arrêter soit contraint d'accepter la paix et par le traité reconnoitre qu'il n'a plus de droit ni de prétention sur un État qui s'est affranchi et séparé du sien.

C'est à quoi doit viser ledit Roi que de s'occuper tout de bon et sans aucun relâche à faire fortement la guerre, laquelle lui est

---

1. La cour de Rome, inféodée à l'Espagne, tenait le Portugal dans une sorte d'interdit, aussi bien politique que religieux; non seulement elle n'avait pas voulu recevoir l'évêque de Lamégo, mais elle refusait même de reconnaître les prélats nommés aux évêchés vacants par le roi qu'elle considérait comme un rebelle.

d'autant plus aisée que ses Etats confinent à cette riche province de l'Andalousie qui est ouverte et si fertile, qu'il peut y faire séjourner son armée et trouver l'abondance de toutes choses et principalement du fourrage, qui est le plus nécessaire à sa subsistance.

Ledit sieur marquis essayera de lui faire comprendre qu'il ne suffit pas de faire des incursions, qui ne sont bonnes que pour faire le dégât des lieux où l'on craint que l'ennemi puisse et veuille assembler ses forces, mais entreprendre quelque chose de plus utile, comme d'assiéger les places et occuper des postes qui assujettissent le pays voisin, lequel exposé à la violence de ses armes, chercheroit son soulagement en reconnoissant la souveraineté dudit Roi.

Outre qu'en employant ainsi ses forces, il acquerreroit de la réputation qui seule fait subsister les Etats, pour peu qu'il fît de progrès, il assureroit sa couronne, pourroit en étendre les bornes et même conquérir sur l'ennemi des pays et provinces de telle conséquence, que pour les recouvrer il fut obligé de relâcher de ses prétentions.

Ainsi ledit Roi, se rendant considérable, pourroit obtenir[1] que ses ministres fussent admis au traité de la paix générale qu'on essaye de conclure entre l'Empereur et ceux de sa maison, les Couronnes alliées et les Princes qui leur sont adhérans.

Le futur Pape, voyant l'établissement d'une si grande puissance[2], ne pourroit pas s'excuser de l'admettre à l'obédience du Saint-Siège, comme avoit fait son prédécesseur qui craignoit d'offenser le Roi Catholique à cause qu'il le jugeoit toujours en état de reconquérir le Portugal, voyant que l'on ne faisoit rien qui lui en pût lever l'espérance.

Après que ledit sieur de Rouillac se sera de la sorte expliqué envers ledit Roi pour l'induire à suivre de si bons conseils, il lui représentera encore que Sa Majesté, aiant vu que les Espagnols faisoient tous leurs efforts pour entreprendre sur le principat de

---

[1]. Nous avons déjà dit que cette satisfaction fut constamment refusée au Portugal par la maison d'Autriche, soutenue par les médiateurs des négociations, et cela malgré tous les efforts des plénipotentiaires français.

[2]. Voir la note 1 de la page précédente.

Catalogne, s'est résolue non seulement d'en continuer la défense, mais de faire de plus grands efforts que par le passé pour les assister et secourir puissamment, aiant fait passer cette année plus de dix-neuf mil hommes, tant d'infanterie que de cavalerie, et ce qui en sera resté avec les recrues qu'on y envoyera au commencement du printemps, formeront une armée si puissante qu'elle pourra y donner la loi, et réduire l'ennemi à une simple défensive ;

Que ce seroit le temps que ledit Roi devroit prendre pour agir de son côté, afin de réussir en quelque chose de considérable, l'exemple du passé faisant assez connoître que les Espagnols ne s'opposeront que bien foiblement à ses progrès pour employer leurs principales forces contre celles de Sa Majesté.

Ledit Roi se mettant en campagne, pourroit s'emparer en peu de temps de quelque ville de considération ou faciliter aux François la prise de ce qu'ils auroient attaqué; car bien que les Espagnols abandonnent toutes choses pour leur faire tête, ils ne laisseroient d'être contraints de jeter des hommes dans leurs places de la Galice et de l'Andalousie, qui sans ce secours demeureroyent entièrement exposées aux armes de Sa Majesté de Portugal, qui ne sera pas empêchée de faire des progrès, puisque leurs plus grandes forces seront occupées contre les François[1].

Et d'autant que rien ne persuade si efficacement que les intérêts propres, ledit sieur marquis s'efforcera de faire comprendre audit Roi qu'il s'agit de son établissement ou de sa ruine, et que la France qui s'intéresse pour son bien, lui départ ses conseils

1. Une partie de ce paragraphe a été biffée et corrigée, mais le mot *bon*, mis à la marge, probablement de la main de M. de Lionne, nous a engagé à le donner tel quel. Néanmoins, nous croyons devoir reproduire ici en note une autre rédaction minutée sur une feuille volante qui se trouve reliée à la suite de la même instruction : « Et ledit Roi se mettant de bonne heure en campagne pourroit s'emparer de quelque ville de conséquence, avant que l'ennemi eut pu mettre son armée ensemble, ou faciliter aux François la prise de ce qu'ils auroient attaqué; car si les Espagnols abandonnent toutes choses pour leur faire tête, ainsi qu'ils ont accoutumé, ils seront toujours obligés de jeter des hommes dans leurs places de l'Andalousie et de Galice pour les conserver, et leurs forces ainsi divisées ne seront de nulle considération, n'ayant que de légères garnisons et peu d'officiers capables de les défendre. Il sera très facile aud. Roi de venir à bout de quelque entreprise, (et) préfèrera pourtant (?) celles qui se peuvent faire dans l'Andalousie à celles de la Galice, d'autant que l'un desd. pays abonde autant en richesses que l'autre se trouve dénué de toutes sortes de commodités. »

sans en prétendre qu'un bien léger avantage; ce qui se justifie clairement, puisque sans que ledit Roi ait rien entrepris de suite, nous n'avons pas laissé de prospérer;

Que pour lui témoigner la bonne volonté de Leurs Majestés, elles n'ont pas discontinué de lui rendre leurs offices, soit à Rome, en Suède, en Angleterre, en Hollande et ailleurs, pour y disposer les Princes à reconnoitre ledit Roi pour souverain et légitimement régnant, que ses ministres pussent être admis[1] à la Joncte de la Paix générale pour y déduire ses droits et ses prétentions, et continueront avec la même affection de s'employer pour tous ses intérêts;

Que le Roi aiant sçu que ceux de la Compagnie des Indes Orientales[2] établie à Amstredam avoient mal traité les sujets dudit Roi, Sa Majesté s'étoit entremise pour lui en faire avoir la raison, remontrant aux sieurs les Etats des Provinces-Unies quel avantage c'est de priver les Castillans des richesses et des marchandises qui s'apportent des Indes d'Orient et qu'ils (les Portugais) y puissent continuer leur trafic avec toute liberté et sûreté. Les offices de ladite Majesté ont été mis en due considération et a sujet d'espérer la justice d'un tel attentat, et telle qu'elle se doit rendre quand un Prince a été offensé en la partie la plus sensible, qui est celle de la souveraineté.

Tant d'offices et de soins si utilement rendus par la France en faveur dudit Roi de Portugal, lui doit bien faire croire que Leurs Majestés cherchent les occasions de lui départir toute sorte d'assistance et seconder ses désirs.

C'est ce que ledit sieur marquis de Rouillac fera bien connoitre audit Roi et tâchera d'en ménager les affections comme aussi celles de la Reine sa femme, car bien qu'elle soit de maison et nation espagnoles, elle a beaucoup contribué aux résolutions qui

1. Voir la note 1 ci-dessus page 6.
2. Les Hollandais, malgré la paix qui régnait entre eux et les Portugais en Europe, n'en continuaient pas moins à poursuivre la conquête de ses colonies, qu'ils affectaient de considérer comme appartenant encore à l'Espagne. On connaît d'ailleurs l'étrange droit des gens qui avait cours à cette époque chez plusieurs nations et notamment chez les Anglais qui prétendaient « que passé le tropique du Cancre il y avoit guerre perpétuelle en terre comme en mer, et que celuy qui seroit le plus fort feroit la loi au foible... » Voir une lettre du chevalier de Jant au cardinal Mazarin, *Correspondance du Portugal*, II, f. 259.

ont été prises par ledit Roi son mari, et soit pour être pleine de grandes connoissances ou capable de beaucoup appréhender, il sera bien à propos que ledit sieur Ambassadeur lui remontre une partie des choses qu'il aura dites au Roi, afin que touchée de sa propre grandeur ou de sa conservation, elle se fortifie et lui inspire des conseils magnanimes, dans l'exécution et suite desquels elle peut seulement trouver son salut, la raison de l'offense reçue portant les Espagnols aux extrémités contre elle et sa postérité, qui ne peut être conservée qu'en conservant le titre et l'état royal.

Et pour les Grands, puisqu'il faut qu'ils essuyent et partagent les peines de l'offense, si ils tomboient sous la domination de leurs ennemis, ledit sieur Ambassadeur leur représentera que leur propre conservation, autant que l'honneur et la gloire de la nation portugaise, les doit porter à maintenir avec l'épée ce qu'ils ont délibéré entre eux, et qu'il n'y a point d'expédient pour assurer leurs fortunes et le Royaume en la maison de Bragance, que de faire vivement et fortement la guerre au Roi de Castille.

Offrira ledit sieur Ambassadeur tant au Roi qu'aux Grands de Portugal, l'amitié et le secours de Sa Majesté en toutes occasions.

Et donnera conseil audit Roi de retirer à son service tout autant qu'il pourra, les Portugais qui sont demeurés attachés à celui du Roi Catholique, car bien qu'ils n'aient pas contribué à son élévation et qu'ils l'aient combattue, il les doit néanmoins bien traiter, afin de lever toutes les semences de division et réunir tous les membres à leur chef ; et comme il aura oublié avec facilité les premières injures reçues, il pourra châtier sévèrement les secondes.

Fera ledit sieur Ambassadeur tout ce qu'il jugera être utile au bien et avantage dudit Roi et au service de Leurs Majestés, et sera soigneux d'écrire souvent, se servant à cet effet du chiffre qui lui a été baillé.

Fait à Paris, le xe jour de septembre 1644.

II

LE CHEVALIER DE JANT

1655[1]

Les traités de Westphalie, auxquels les Espagnols avaient refusé d'accéder, avaient été signés en 1648, et pendant toute la durée des négociations, le cardinal Mazarin avait jugé inutile de renouveler en Portugal la tentative avortée du marquis de Rouillac. Puis, la paix signée, l'activité du premier ministre avait été absorbée par des préoccupations d'ordre intérieur et bientôt par le déchainement des guerres civiles de la Fronde. Pendant ces épreuves, Mazarin n'avait pas cessé d'insister par la voix de ses résidents ordinaires auprès du gouvernement portugais pour obtenir une assistance plus effective ; il avait même fait offrir au roi Jean IV une ligue formelle, que ce prince irrésolu et effrayé de l'état où se trouvait alors la France, avait eu le tort de refuser ; mais le cardinal n'avait pas cru devoir recourir de nouveau à l'expédient d'une ambassade solennelle.

Cependant, dès qu'il fut redevenu plus puissant que jamais, après son retour à la cour (1653), et que les armées françaises, commandées par Turenne, eurent infligé aux Espagnols et au prince de Condé leur allié, un sérieux échec devant Arras, Mazarin songea derechef à réveiller le zèle des Portugais. Son but était d'obliger enfin l'Espagne à conclure la paix et à reconnaître le nouvel ordre de choses créé par la guerre de Trente Ans et sanctionné en partie par les traités de 1648 ; il était donc déterminé à faire un dernier effort militaire, pour la réussite duquel la diversion des Portugais devait jouer un rôle considérable.

---

1. Le cardinal Mazarin, premier ministre ; Henri-Auguste de Loménie, comte de Brienne, secrétaire d'État aux Affaires Étrangères.

D'un autre côté, cependant, il ne voulait plus d'une ligue offensive et défensive avec le Portugal, bien que le roi Jean IV, revenu depuis la fin de la Fronde à un sentiment plus juste de la situation, eût plusieurs fois exprimé son vif désir de conclure cette ligue ; mais le cardinal, sachant combien l'Espagne s'était jusque-là montrée hostile à toute espèce d'accommodement avec ceux qu'elle considérait uniquement comme des sujets rebelles, ne pouvait penser à un arrangement qui lui interdirait absolument de faire sa paix séparée avec la cour de Madrid. Il s'agissait donc d'obtenir, au moyen de promesses plus ou moins spécieuses, et sans prendre d'engagements formels, une action plus énergique de la part de nos alliés sur la frontière hispano-portugaise, et de se créer en même temps à la cour de Lisbonne des relations qui, à un moment donné, pussent être utiles à la France.

Tel fut le but de la mission confiée au chevalier de Jant[1], garde et capitaine des frontières de Navarre, en 1655[2]. Il est impossible, en lisant les instructions données à cet envoyé, de ne pas être frappé de la mauvaise humeur qui perce sous les formules habituelles de la politesse diplomatique. Le cardinal s'y montre en particulier fort mécontent des dépenses inutiles faites par la France « en suite des assurances et des promesses positives de l'ambassadeur de Portugal », don Francisco de Souza Coutinho, dont il se plaint formellement. Aussi le chevalier de Jant est-il chargé tout spécialement de traiter directement avec le gouvernement portugais la question du « dédommagement » auquel le cabinet français prétendait avoir droit, par suite de l'expédition du duc de Guise à Naples, en 1654, expédition dont l'avortement était attribué à ce fait, que l'escadre française avait perdu à Toulon un temps précieux à attendre sans résultat « l'argent promis par le Portugal. » Ce point semble tenir particulièrement à cœur à l'économe cardinal.

L'instruction fait encore mention d'un projet de mariage entre le

1. Nous écrivons *de Jant*, conformément à la signature du chevalier lui-même et non *de Gent*, ainsi que l'orthographiaient ordinairement Mazarin, Brienne, Colbert et presque tous les documents des Archives du Ministère des Affaires Étrangères. — C'est, du reste, cette forme *de Jant* qu'adopte M. Tessier, professeur à la Faculté des lettres de Caen, dans l'intéressant ouvrage qu'il a consacré spécialement à ce personnage et qui a pour titre : *Le Chevalier de Jant : Relations de la France avec le Portugal au temps de Mazarin*. In-8, Paris, 1877.

2. Jacques de Jant était né en 1626 à Dijon; devenu chevalier de Malte, il voyagea beaucoup et prit part, en 1647, à la première expédition du duc de Guise à Naples. Ayant fait de longs séjours à Bruxelles et à Madrid, il avait appris à connaître les Espagnols dont il parlait et écrivait correctement la langue. Il venait d'être nommé « Commissaire ordinaire de la Marine », quand il fut désigné pour l'ambassade de Portugal. — Pour la biographie de ce personnage, nous renvoyons à l'ouvrage de M. Tessier, cité plus haut, et aux renseignements complémentaires que nous donnons ci-dessous (voir la notice qui accompagne l'Instruction du marquis de Chouppes).

jeune Louis XIV et l'infante du Portugal — projet que nous retrouverons tout à l'heure sous une forme plus positive — et se termine par la recommandation de régler des difficultés qui s'étaient élevées entre le consul de France à Lisbonne, M. de Saint-Pé, et les marchands français commerçant en Portugal.

Mais cette instruction officielle et qui au besoin pouvait être montrée en tout ou en partie aux ministres portugais, n'était pas la seule qu'emportât M. de Jant. Il avait, en outre, reçu du cardinal une instruction secrète qui lui prescrivait de se renseigner d'une manière plus positive sur les véritables intentions du gouvernement portugais, sur les forces militaires et maritimes dont il était à même de disposer, sur l'état des principales forteresses du royaume, et enfin sur la quantité d'argent que le Roi pouvait avoir « présentement dans ses coffres ». Il devait, en outre, s'efforcer de mettre la reine dona Luiza tout à fait dans les intérêts de la France, en faisant miroiter à ses yeux la possibilité de l'alliance de sa fille avec le Roi Très Chrétien, lorsqu'il serait « en estat de se marier », et lui promettre à ce sujet l'appui du cardinal. Enfin, il avait mission de choisir parmi les personnes qui lui paraissaient avoir le plus de crédit auprès de Jean IV, un pensionnaire du Roi qui deviendrait à Lisbonne l'agent dévoué de l'influence française[1].

Le chevalier de Jant partit pour Lisbonne à la fin de février 1655 et reçut l'ordre de passer par l'Angleterre, sous prétexte que cette voie détournée était plus sûre à ce moment-là, mais en réalité pour prendre des informations au sujet des préparatifs maritimes considérables que venait d'ordonner le Protecteur, qui jouait alors « le jeu double » entre la France et l'Espagne[2].

Arrivé à Lisbonne le 11 avril suivant, l'envoyé français à qui ses instructions prescrivaient de ne rester au plus que trois semaines en Portugal, crut habile et opportun de brusquer les choses ; il parla ouvertement de la faiblesse du nouveau royaume, si la France l'abandonnait, et se heurta non plus seulement à l'indolence et à la méfiance méridionales, mais à la fierté portugaise que son langage hautain et presque menaçant avait maladroitement mise en éveil. A toutes ses déclarations verbales, aux trois mémoires qu'il adressa successivement à Jean IV, le gouvernement portugais répondit avec fermeté qu'il ne prendrait aucun engagement si la France refusait de conclure une *Ligue formelle*. M. de Jant se disposait donc à partir vers le milieu du mois de mai, — les trois semaines que lui donnaient ses instructions

1. D'après plusieurs indices qu'il est inutile de réunir ici, M. de Jant fit choix pour remplir ce rôle du P. Domingo del Rosario dont nous aurons occasion de reparler plus tard.

2. Voir sur cette mission et sur l'arrivée de M. de Jant à Lisbonne, l'ouvrage cité de M. Tessier, pp. 53 et suivantes.

étant largement écoulées, — lorsque des pirates barbaresques qui apparurent à l'embouchure du Tage, puis une « fiebvre double tierce » qui le coucha au lit pendant plus d'un mois, vinrent fort à propos l'obliger à différer son départ. Il était à peine remis de sa maladie qu'il eût, le 26 juin, « advis d'une proposition de trefve que Castille faisoit au Portugal ». Indigné que l'on pût, dans de pareilles circonstances, accepter des pourparlers avec l'ennemi, le chevalier se décida enfin au retour, et tout ce qu'il réussit à obtenir de Jean IV, comme témoignage de ses bonnes dispositions envers la France, ce fut de faire partir en même temps que lui, avec des pouvoirs du reste insignifiants, le P. Domingo del Rosario, confesseur de la Reine, et qui avait toute sa confiance. Mais les deux envoyés étaient à peine embarqués sur le vaisseau qui devait les conduire en France que, sur de nouvelles propositions arrivées tout à coup d'Espagne, le roi Jean IV faisait dire au P. Domingo de débarquer sur l'heure, et que M. de Jant recevait de son côté de M. de Rocquemont, son secrétaire d'ambassade, resté à Lisbonne, un billet, le conjurant « de la part de Dieu, du Roi et de la France de venir à terre le plus promptement que faire se pourra ».

C'est alors que le pauvre chevalier, désespéré de voir le temps s'écouler sans amener aucune solution, menacé par le Roi d'une rupture de négociations, circonvenu par la Reine, par le marquis de Niza et par le P. Domingo, tous trois dévoués à l'alliance française, ayant même des raisons sérieuses de craindre, quelque invraisemblable que parût la chose, que l'alliance offensive et défensive qu'il refusait, ne fût conclue entre l'Espagne et le Portugal et retournée contre la France, se décida enfin à signer la *Ligue formelle* qui lui était demandée. Il outrepassait ainsi très certainement les pouvoirs qu'il avait reçus, mais il crut avoir fait, écrit-il au cardinal à la date du 24 septembre 1655, « ce qu'un plus habile homme que lui n'aurait pas hésité de faire à sa place »; et si S. E. blâme ce traité qui n'est qu' « un coup de la pure nécessité que l'on appelle force majeure », il espère du moins qu'elle approuvera sa conduite.

C'est, en effet, ce qui eut lieu ; nous verrons plus loin[1] que Mazarin refusa absolument de ratifier le traité auquel M. de Jant avait apposé sa signature, mais que, si le chevalier tomba en disgrâce[2], ce fut pour des motifs étrangers à la conduite qu'il avait tenue à Lisbonne.

---

1. Voir l'Instruction du comte de Comminges.
2. Voir la notice qui accompagne l'Instruction du marquis de Chouppes.

INSTRUCTION POUR MONSIEUR LE CHEVALIER DE JANT, GARDE ET CAPITAINE GÉNÉRAL DES FRONTIÈRES DE CE ROYAUME, ALLANT EN PORTUGAL PAR ORDRE DU ROI.

Correspondance de Portugal, t. III, fol. 245-248 [1]. — 22 février 1655.

Les ministres du Roi de Portugal ont souvent témoigné que le Roi leur maître vouloit donner à Sa Majesté une assistance considérable, afin qu'elle pût redoubler ses efforts contre leur ennemi commun, contre lequel chacun sait que nonobstant les révolutions arrivées en ce Royaume, elle n'a pas laissé de soutenir la guerre avec vigueur, et même au delà de ce que nos dissentions intestines sembloient le pouvoir permettre.

De plus, l'ambassadeur de Portugal résident en cette cour [2], après avoir été en personne trouver le Roi son maître sur ce sujet, et promis diverses fois positivement que Sa Majesté recevroit ladite assistance à certaines conditions concernantes le bien de la cause commune, pour laquelle, sur ce fondement, le Roi s'est engagé dans des entreprises et dans des dépenses extraordinaires dont il se pouvoit bien passer s'il n'eût eu égard qu'à son propre intérêt; et cependant tant s'en faut que l'on ait vu le moindre effet de toutes ces espérances, ni des promesses positives dudit ambassadeur, qu'au contraire l'on a négligé à tel point de faire la guerre du côté de Portugal qu'on peut dire avec vérité qu'il n'y a point aujourd'hui de lieu dans l'Europe qui soit plus pacifique que cette frontière-là; et quelques instances que l'on ait pu faire là-dessus au même ambassadeur, il a été impossible d'en tirer autre chose que des délais et des remises à son ordinaire;

C'est pourquoi, Sa Majesté a résolu de s'adresser directement

1. M. Tessier donne cette instruction dans son volume d'après son manuscrit (p. 100).
2. C'était à cette époque don Francisco de Souza Coutinho.

au Roi de Portugal pour s'éclairer une fois pour toutes de ses intentions, et pour cet effet d'envoyer vers lui ledit Chevalier de Jant, ne doutant pas qu'il ne s'acquitte de cet emploi avec le zèle, la fidélité et la dextérité requise, et principalement qu'il n'use de la diligence nécessaire pour rapporter promptement au Roi une réponse précise, sur laquelle Sa Majesté puisse régler la conduite qu'elle devra tenir désormais à l'égard du Portugal; n'étant pas juste que tandis qu'elle n'épargne ni les biens ni le sang de ses sujets pour empêcher les ennemis de venir à bout de leurs desseins, le Roi de Portugal recueille le fruit de ses travaux, sans y contribuer autre chose que d'en être spectateur; bien que d'ailleurs le même Roi, outre le traité d'alliance avec cette couronne qui l'oblige à faire de son côté la guerre au Roi Catholique, ne pût rien faire de plus avantageux pour lui que de profiter d'une conjoncture, dans laquelle les ennemis auroient peine à résister étant attaqués de toutes parts, pour tâcher à faire de tels progrès dans leur pays qu'ils se tinssent heureux, la paix se faisant, de ravoir ses conquêtes en cessant de lui disputer son titre à la possession des Etats qui sont maintenant sous son obéissance, qui est le conseil qui lui a toujours été donné de la part du Roi dès le commencement de la Régence.

Le Chevalier de Jant, étant donc arrivé à Lisbonne, fera ses diligences en la manière accoutumée, pour être admis à l'audience du Roi de Portugal, et après avoir rendu ses lettres de créance et fait les compliments ordinaires en pareil cas, lui représentera au nom de Sa Majesté :

Qu'ayant sujet de se plaindre de la manière dont l'ambassadeur de Portugal en cette cour en a usé avec elle, pour lui avoir continuellement promis des assistances, dans l'espérance desquelles Sa Majesté s'est engagée en plusieurs dépenses extraordinaires, sans qu'elle ait jamais pu voir aucun effet de toutes ses promesses, a jugé à propos d'envoyer le Chevalier de Jant vers ledit Roi pour apprendre de lui-même ses véritables intentions, et savoir sans plus de remise quel remède elle doit espérer pour le passé et pour l'avenir, tant sur le fait des assistances dont on a parlé jusques ici que sur l'inexécution du traité d'alliance et de quelle façon il voudroit désormais faire la guerre à l'ennemi commun ;

Que dès le temps que le marquis de Nise vint en cette cour, il sembloit qu'il ne restât plus autre chose à faire qu'à recevoir lesdites assistances, et sur ce fondement Sa Majesté n'hésita point à envoyer au Royaume de Naples une puissante armée navale principalement pour favoriser les affaires de Portugal, de quoi tout le monde sait qu'elle ne vint à bout qu'à force d'argent et avec des dépenses excessives ;

Que depuis, l'ambassadeur de Portugal ayant donné à Sa Majesté de nouvelles assurances que ladite assistance viendroit infailliblement, après avoir par son aveu même remporté de la part du Roi de telles réponses et de tels engagements qu'il pouvoit souhaiter en faveur du Roi son maître, et ayant confirmé la même chose encore en dernier lieu, lorsqu'il sut qu'elle projetoit de faire quelque effort extraordinaire pour attaquer le Royaume de Naples, jusque-là que ledit ambassadeur dépêcha un exprès en Portugal, afin d'en presser l'exécution, n'oubliant rien cependant pour faire connoitre à Sa Majesté qu'elle ne devoit pas douter que le Roi son maître, quand il s'y trouveroit quelque difficulté, ne passât par-dessus, en considération de cette entreprise si importante au bien de ses affaires, Sa Majesté dans cette confiance se résolut encore à renvoyer au Royaume de Naples une armée navale et une armée de terre, composée de six mil fantassins, deux mil cinq cens cavaliers et plus de huit cens officiers avec un grand train d'artillerie et de quoi armer dix mil hommes, pour la dépense desquelles armées qui monte à plus de quatre millions de livres, elle n'épargna ni ses finances, ni la bourse et le crédit de quelqu'uns de ses principaux serviteurs; et quoi que cette entreprise n'ait pas eu tout le succès que nous en pouvions espérer, si le vent qui nous a tourmenté plus de quarante jours nous eût permis d'aller débarquer en quelqu'un des lieux où nous étions attendus, néanmoins on ne peut nier que le Portugal n'en ait reçu un grand avantage, ayant empêché que de toute la campagne, les Espagnols n'ayent pu tirer un seul homme du Royaume de Naples ni aucune sorte de secours pour leurs autres Etats, comme ils avoient accoutumé de faire les années précédentes et facilité par là nos progrès en Catalogne, d'où sans difficulté dépend le repos et la sûreté du Portugal;

Que tant de bonnes paroles et de promesses positives, si souvent réitérées de la part du Roi de Portugal, non seulement n'ont été suivies d'aucun effet, mais que l'on n'a pas même satisfait à ce à quoi le Roi est obligé par le traité d'alliance ainsi qu'il est dit ci-dessus, ne se parlant plus de guerre en ce pays-là, ni de faire une seule course dans le pays ennemi;

Et que ce n'est pas d'aujourd'hui que le Roi a lieu de se plaindre de cette inexécution, puisque durant les derniers troubles dont ce Royaume fut agité, dans lesquels Sa Majesté par droit de bonne correspondance pouvoit espérer quelque effort extraordinaire de la part du Roi de Portugal en faveur de cette couronne, d'autant plus que le contre-coup de toutes les pertes qu'elle auroit pu faire auroit porté principalement (sur luy)[1], Elle n'en fut pas secourue de la moindre diversion sur la frontière de Portugal ni en aucune autre sorte quelconque que ce puisse être;

Qu'enfin ni la dignité du Roi, ni le bien de ses affaires, ne lui permettent pas de demeurer davantage dans cette incertitude;

Que le Roi de Portugal sait assez l'intérêt qu'il avoit, d'apporter toute sorte de facilité aux conditions que Sa Majesté demandoit pour s'obliger à ne conclure jamais aucun traité de paix que ledit Roi n'y fût compris; mais puisque par des raisons qui ne nous sont pas connues, il n'a pas jugé à propos de le faire, Sa Majesté se contente à cette heure de s'éclaircir seulement de ce qu'elle doit attendre pour le dédommagement d'une partie de tant de dépenses excessives qu'elle a fait, en suite des assurances et des promesses positives de l'ambassadeur de Portugal, comme aussi sur l'exécution du traité d'alliance en ce qui regarde la guerre offensive qui se doit faire du côté du Portugal.

C'est donc sur ces deux points, que le chevalier de Jant doit

---

[1]. « Ces mots omis dans les trois manuscrits se retrouvent dans le *Premier Mémorial* qui ne fait guère que reproduire les griefs énumérés ici dans l'*Instruction du Roy*. » Note de M. Tessier, *op. cit.*, p. 105.

insister, faisant remarquer à l'égard du premier que la seule dépense du dernier armement pour l'entreprise de Naples revient, comme il est dit ci-devant, à plus de quatre millions de livres dont l'on peut juger du reste, et appuyant fortement le second par la considération du peu de justice qu'il y auroit que S. M. soutînt elle seule la guerre, en laquelle le Roi de Portugal a sans doute encore plus d'intérêt que cette couronne même.

Néanmoins, si le Roi de Portugal aimoit mieux continuer à vivre comme il a fait depuis quelques années, que de reprendre les armes pour renouveler la guerre du côté de ses frontières, parce que peut-être il aura reconnu qu'il n'y auroit pas lieu de faire de ce côté-là des progrès considérables, ou par quelque autre raison dont nous n'avons pas connoissance, le Roi se contentera volontiers d'une assistance à proportion des forces que le Roi de Portugal seroit obligé d'employer en cette guerre-là; mais le chevalier de Jant insistera à ce que de façon ou d'autre, il soit pourvu à l'exécution du traité d'alliance, sans oublier le dédommagement dont il est parlé ci-dessus.

Et comme le Roi de Portugal auroit un grand intérêt à ce que la France redoublât ses efforts contre les ennemis, non seulement en Catalogne, mais aussi en d'autres endroits qui seroient jugés plus avantageux au bien de la cause commune, le chevalier de Jant fera instance afin que ledit Roi se dispose à contribuer de sa part, aux moyens d'exécuter une résolution qui lui seroit si avantageuse en toutes façons, laquelle aussi Sa Majesté embrassera très volontiers (et) facilitera de tout son pouvoir.

Il est remis à sa prudence de faire valoir le plus qu'il pourra toutes ses justes prétentions, mais le moins où l'on se puisse réduire est à douze vaisseaux de guerre, du port de quatre cens jusques à huit cens tonneaux, entretenus toute l'année par le Roi de Portugal; moyennant quoi Sa Majesté, bien qu'il lui fût plus avantageux que ledit Roi, conformément au traité d'alliance, fît la guerre de son côté, non seulement le tiendra quitte de cette obligation, mais aussi de l'assistance extraordinaire qu'elle lui demande pour faire de plus puissants efforts contre l'ennemi commun, et outre cela elle veut encore mettre à la mer vingt-quatre grands vaisseaux, la plupart de huit cens tonneaux, douze brûlots et quinze galères pour pouvoir aller à l'improviste assaillir tel endroit des Etats du Roi Catholique et principalement de la Catalogne qu'il sera jugé plus à propos, ce qui fera le même effet à l'égard du Roi de Portugal que s'il entretenoit une puissante armée sur la frontière, et pourtant ne lui coûteroit pas la huitième partie de la dépense que lui feroit ladite armée. Sa Majesté fera plus encore pour faciliter les choses, car si le Roi de Portugal a de la peine à fournir ce nombre de vaisseaux et de la qualité susdite, elle se chargera du soin de les faire fréter et équiper ou tous ou en partie, pourvu qu'il y ait quelqu'un de la part du Roi de Portugal qui fournisse à leur dépense.

Si le Roi de Portugal demeure d'accord de fournir ce secours de douze vaisseaux en la manière déclarée ci-dessus, le chevalier l'acceptera au nom de Sa Majesté, et en ce cas laissera à la discrétion dudit Roi le dédommagement des dépenses que Sa Majesté a fait pour le bien de la cause commune, sur les promesses réitérées de l'ambassadeur de Portugal.

Si non, il pressera pour avoir une réponse précise tant sur ledit dédommagement que sur le remède que le Roi de Portugal prétend apporter à l'inexécution du traité d'alliance, en ce qui regarde la guerre du côté de Portugal; et soit qu'il ait réponse ou non, Sa Majesté lui enjoint très expressément de partir au plus tard dans trois semaines après son arrivée à Lisbonne, pour s'en revenir auprès d'elle lui rendre compte de son voyage; lui répliquant de nouveau que si dans cet espace de temps on ne lui a rendu réponse de la part du Roi de Portugal, il ne doit pas différer davantage son retour auprès du Roi, parce que ce sera une marque certaine qu'il n'y a rien à espérer et que ce silence devra être pris pour un refus.

Outre les lettres de créance pour le Roi et pour la Reine de Portugal qui lui doivent être remises ès mains avec la présente instruction, et la copie du traité d'alliance de cette couronne avec le Portugal, on lui donnera encore d'autres lettres de créance pour le marquis de Nise, ci-devant ambassadeur pour le même Roi auprès de Sa Majesté, lequel est témoin de la plupart des choses qui se sont passées dans l'affaire de ladite assistance, et pour quelqu'uns des principaux de cette cour-là auxquels il pourra parler en conformité de son instruction;

On lui donnera outre cela des lettres de change payables à Lisbonne, afin que s'il y a moyen de remettre promptement à la mer le vaisseau *la Règle*, de l'escadre du sieur de Neuchaises, il y puisse faire travailler sans perte d'un moment de temps.

Comme le Roi fait grande estime de la vertu et du mérite de la Reine de Portugal, qu'il est bien informé de la déférence que le Roi de Portugal rend à ses bons avis, le chevalier de Jant, après avoir rendu à ladite Reine la lettre de créance qui s'adresse à elle, lui parlera conformément à son instruction, lui témoignant en substance que, si par malheur on le renvoie sans donner satisfaction à Sa Majesté, le Roi avec regret sera contraint de prendre ses mesures comme n'ayant plus rien à attendre de la part du Roi de Portugal.

Comme il se pourroit faire que l'on touchât quelque chose audit chevalier du mariage du Roi, il répondra succinctement qu'il auroit été mal aisé de songer à une plus étroite alliance avec le Portugal, voyant que celle qui étoit déjà faite étoit si fort négligée de la part du Roi de Portugal, même en des choses qui, outre l'obligation d'un traité solennel, lui étoient d'ailleurs si avantageuses.

Si le chevalier de Jant, dans son passage en Portugal, rencontroit des vaisseaux ennemis dont il ne put éviter d'être pris, l'intention de Sa Majesté est qu'il jette à la mer la présente instruction plutôt que de la mettre au hazard de tomber entre leurs mains [1].

Ledit sieur Chevalier aura soin en ses audiences de requérir l'exécution des lettres patentes que Sa Majesté a fait expédier au sieur de Saint-Pé, son consul en Portugal, et supplier Sa Majesté Portugaise de lui donner commissaire afin d'y vaquer incessamment, pour en suite faire contraindre solidairement les marchands qui se sont opposés aux droits dudit consul, à lui payer ce qui lui est dû depuis le jugement souverain dudit seigneur Roi de Portugal du 2 juin 1645 jusques à présent, à

---

1. Ici s'arrête la copie des Archives; nous empruntons la suite au manuscrit publié par M. Tessier, p. 110.

raison de quatre mil livres par année ; et aux fins d'assurer ses droits à l'avenir, à raison de cinq mil livres par chacune desdites années qui lui seront payées par quartier, et pour subvenir aussi à la subsistance de ses vice-consuls, ledit sieur Chevalier, par l'entremise du sieur de Roquemont et en présence dudit sieur de Saint-Pé, fera assembler tous les marchands françois, capitaines et maîtres de navires qui se trouveront audit lieu, ou la plupart d'iceux, pour ensemblement imposer au désir desdites lettres, sur toutes les marchandises et denrées qui entreront et sortiront dudit Royaume, un droit suffisant pour assurer audit consul lesdites cinq mil livres par an, et subvenir à ladite subsistance et aux frais des commissaires qui seront nommés pour en faire recette et qui s'obligeront de faire bon ledit payement : lesquels droits seront levés à Lisbonne par lesdits commissaires, et aux autres ports de mer par lesdits consuls, qui auront la moitié de ce que chacun recouvrera, et l'autre moitié sera mise ès mains desdits commissaires pour faire audit sieur de Saint-Pé ladite somme de cinq mil livres par an. Que si lesdits marchands, patrons et maîtres de navires ne veulent s'assembler et satisfaire à ce que dessus, ledit sieur Chevalier priera le Roi de Portugal, au nom de Sa Majesté, de faire donner ordre aux forteresses de ne laisser sortir aucun navire françois qu'il n'ait satisfait auxdites lettres et arrêts y mentionnés ; et de ce qui aura été arrêté sera dressé acte en bonne forme, et copie délivrée audit sieur de Saint-Pé, signée desdits commissaires, sieur Chevalier de Jant, Roquemont et desdits marchands, patrons et maîtres, dont autre copie demeurera au pouvoir dudit sieur Chevalier pour l'apporter à son retour à Sa Majesté, avec permission auxdits marchands d'en retenir autre copie par devers eux si bon leur semble.

Fait à Paris, le 22e février 1655[1].

(*Signé :*) LOUIS.

DE LOMÉNIE.

---

[1]. Cette date est celle qui est donnée par M. Teissier, d'après sa copie ; celle du ministère des Affaires Étrangères porte en annotation : « Donnée le 30 janvier 1655. »

INSTRUCTION SECRÈTE DE MONSIEUR LE CARDINAL POUR LE CHEVALIER DE JANT, S'EN ALLANT PAR ORDRE DU ROI EN PORTUGAL [1].

La bonne opinion que le Roi et ses ministres ont conçue, de la capacité et fidélité du Chevalier de Jant, lui doit faire appliquer toute son industrie pour découvrir l'état du Royaume où il est envoyé, afin d'en rendre un compte exact et fidèle au Roi; ne devant pas douter ledit Chevalier que les grands services que l'on attend de sa judicieuse conduite, ne soient récompensés de Sa Majesté comme ils le mériteront. En premier lieu, il découvrira les intentions du Roi de Portugal par les fréquentes communications qu'il aura avec lui, et tâchera de détromper l'obstination vaine et chimérique qu'il a de se pouvoir maintenir contre l'Espagne, si les deux Rois font la paix sans l'y comprendre, et que ses troupes qui ne sont ni exercées ni aguerries, lorsque les vieux régimens d'Allemagne, d'Italie et d'Espagne leur tomberont sur les bras de toutes parts, la conquête du Portugal sera plus facile qu'il ne se persuade, et qu'alors il regrettera les belles occasions qu'il a perdues d'assurer son état et sa couronne à sa postérité, et que tout l'argent qu'il amasse, au lieu de l'employer maintenant à de bons usages en faisant la guerre puissamment à l'ennemi, alors ne lui servira que d'instrument pour sa perte et pour sa ruine;

Par les conférences particulières qu'il aura avec les ministres, il découvrira avec assez de facilité leurs sentimens pour asseoir un jugement certain, s'ils sont plus partisans secrets d'Espagne que véritables Portugais; et pendant son séjour il connoîtra qui est la personne qui a le plus de crédit auprès du Roi de Portugal auquel (à laquelle), après plusieurs discours pour l'induire de

---

[1]. Nous donnons ici cette instruction d'après les manuscrits de M. Tessier (*op. cit.*, p. 128). — Nous en modifions seulement l'orthographe d'après les règles modernes, conformément au système adopté pour la publication des Instructions par la Commission des Archives diplomatiques.

s'acquérir l'amitié du Roi (de France), il lui offrira de la part de Sa Majesté une pension annuelle de six mil écus que l'on lui fera tenir ponctuellement à Lisbonne, payée par avance.

Ledit Chevalier proposera secrètement au Roi de Portugal que s'il y a quelques personnes dans son royaume qui lui fassent ombrage, lesquels il appréhende de choquer ouvertement, le faisant savoir au Roi, Sa Majesté lui fera équiper promptement une armée navale de vingt navires de guerre avec six mil hommes pour débarquer où il voudra afin d'entreprendre ce qu'il lui plaira pour l'affermissement de son Etat, à condition toutesfois de payer la dépense de l'armement comme de la levée des troupes, lesquelles il pourra retenir si bon lui semble à son service, en faisant d'icelle un corps séparé et commandé par un François.

Ledit Chevalier s'informera exactement des revenus annuels du Roi de Portugal, ainsi que des casuels, comme encore de ce qu'il peut tirer des Indes Orientales et du Brazil, comme aussi par estimation commune, de la quantité d'argent qu'il peut avoir présentement dans ses coffres.

Il envoyera une personne expresse à la frontière pour tirer les plans des villes de Elvas, Olivença, Campo major, Castel-et-Vido et Salvaterra[1], et se servira pour cela d'un ingénieur françois s'il y a moyen.

Il s'informera de l'état de la ville de Badajos et de sa situation, force, garnison, et du monde qu'il faudroit pour en former un siège; il fera amitié avec quelque colonel françois de qui il apprendra bien particulièrement le détail des troupes qu'entretient le Roi de Portugal, tant cavalerie comme infanterie, de leur paye et subsistance et quelle manière de guerre ils font contre les Espagnols; et s'informera pareillement de quelque pilote françois qui soit dans le service de la marine, pour pénétrer jusques à quelle quantité de gallions et de navires les Portugais peuvent mettre en mer; s'ils ont des mariniers à suffisance, s'ils ont leurs arsenaux et magasins bien remplis de toutes les choses nécessaires pour faire des efforts par mer comme par terre, comme encore des choses qui leur peuvent manquer.

---

1. Castello de Vide au nord de l'Alemtejo. Ces cinq places sont à la frontière de l'Estramadure.

Il témoignera à la Reine de Portugal que le Roi son mari s'étant si mal comporté par le passé envers la France, sa considération seule jusques à présent a empêché que l'on n'ait abandonné le Portugal, mais aussi que le Roi se promet qu'elle fera des efforts extraordinaires, pour obliger le Roi son mari à faire désormais puissamment la guerre aux frontières d'Espagne ; que quant à l'infante sa fille, lorsque le Roi sera en état de se marier, Son Eminence fera tout son possible pour obliger Sa Majesté de considérer l'avantage de son alliance.

Le Chevalier verra et parlera le plus souvent qu'il pourra à l'infante ; il remarquera bien particulièrement son esprit, son jugement, son visage, sa taille et sa parole ; il s'informera, s'il se peut, de quelques domestiques, officiers servants ou esclaves, s'il n'y a rien à dire en sa personne ou en son corps par défectuosité ou autrement ; lesdites enquêtes étant faites avec grand secret et prudence, il rapportera deux portraits de l'infante, l'un en grand et l'autre en petit, au naturel et sans artifice.

III

LE COMTE DE COMINGES

1657[1]

La France ayant refusé de ratifier le traité de Ligue offensive et défensive conclu à Lisbonne le 7 septembre 1655 par le chevalier de Jant, la Cour de Portugal envoya à Paris le Père Dominique du Rosaire, religieux irlandais[2], qui, comme nous l'avons vu plus haut, avait toute la confiance de la Reine, pour essayer d'obtenir cette ratification. La mission de ce moine fut d'abord accueillie plus que froidement et le Père du Rosaire revint à Lisbonne dès la fin du mois de mai 1656, avec des lettres du Roi désavouant de nouveau de la manière la plus formelle le traité négocié par le chevalier de Jant, et dénonçant une fois de plus le manque d'énergie du gouvernement portugais dans la lutte contre l'ennemi commun. Peu de temps après, cependant, au mois de juillet de la même année, les négociations de paix précédemment entamées entre la France et l'Espagne ayant été rompues, les projets d'alliance étroite avec le Portugal prirent derechef une importance considérable. La Cour de Lisbonne profita de l'occasion, pour renvoyer à Paris le même Père du Rosaire avec de nouveaux pouvoirs pour négocier.

Deux événements qui survinrent peu après, devaient singulièrement faciliter sa mission. Le roi Jean IV, à la mollesse et à l'indécision duquel la cour de France attribuait surtout le peu de profit qu'elle avait retiré jusque-là de la diversion portugaise, mourut le 6 novembre 1656, âgé seulement de 52 ans, et miné par une maladie qui,

---

1. Le cardinal Mazarin, premier ministre ; Henri-Auguste de Loménie, comte de Brienne, secrétaire d'État aux Affaires Étrangères.
2. Il s'appelait, de son vrai nom, O'Dally, et avait été désigné quelque temps auparavant comme archevêque de Goa.

depuis longtemps déjà, paralysait en lui toute volonté énergique. Il laissait le pouvoir à sa veuve, la reine dona Luiza, princesse d'une rare intelligence et d'un viril courage, qui s'était toujours montrée favorable à l'alliance française.

D'autre part, et quelques mois à peine après la mort de Jean IV, Mazarin était parvenu à conclure, le 2 mars 1657, un traité entre la France et le gouvernement anglais, traité aux termes duquel le Protecteur Cromwell s'engageait à joindre ses forces à celles de la France contre les Pays-Bas espagnols; de plus, il avait « pris ses mesures avec le roi de Suède et divers princes d'Allemagne, tant catholiques que protestants ». Le cardinal montra alors un grand empressement à s'attacher définitivement le Portugal et il résolut, dès le mois de mars 1657, d'envoyer à Lisbonne un nouvel ambassadeur avec les pouvoirs nécessaires pour renouer les négociations.

Il fit choix, pour cette mission, du comte de Cominges[1], lieutenant général des armées du Roi et capitaine des gardes de la reine-mère Anne d'Autriche, sur la fidélité duquel il pouvait absolument compter, et qui lui avait donné, pendant les troubles de la Fronde, des preuves sérieuses de dévouement[2].

Désigné pour ce poste important dès le mois de mars 1657, M. de Cominges reçut ses instructions le 23 mai suivant et se mit en route quelques jours après pour Lisbonne, où il arriva le 30 juin en compagnie du Père du Rosaire, que le cardinal avait prié de repartir avec lui, afin de faciliter les négociations.

On pensait généralement en Portugal que l'envoi de M. de Cominges avait pour objet de porter officiellement à la Reine régente

---

1. Issu d'une famille qui se prétendait, à tort, si l'on en croit Saint-Simon (*Mémoires*, passim), sortie des anciens comtes de Comminges, Gaston-Jean-Baptiste de Cominges-Guitaut (ou plutôt de *Comenge*, comme il signait lui-même), chevalier, seigneur de Fléac, Saint-Fort, etc., était né en 1613. Son père, Charles de Cominges, maître d'hôtel du Roi et capitaine au régiment des gardes, avait été tué au siège de Pignerol en 1630. Entré au service en 1638, en qualité de capitaine d'une compagnie de chevau-légers, puis capitaine des gardes de la Reine en 1644, il fut envoyé en Flandres (1646) sous les ducs d'Orléans et d'Anguien. Maréchal de camp le 22 avril 1649, lieutenant-général en 1652, il servit en Guyenne, puis en Italie et enfin en Catalogne. Après son retour du Portugal, il fut fait chevalier des ordres du Roi, puis gouverneur de Saumur et du Haut-Pays d'Anjou, aux lieu et place de son oncle, François de Cominges, comte de Guitaut. En 1663, il alla à Londres en qualité d'ambassadeur ordinaire, revint d'Angleterre en 1665 et mourut à Paris, âgé de 57 ans, le 25 mars 1670.

2. C'est lui qui avait reçu la délicate mission d'arrêter le conseiller Broussel, à l'issue du *Te Deum* pour la bataille de Lens, le 26 août 1648. L'année suivante, il avait été chargé de faire passer des armes aux officiers qui tenaient le parti de la cour à Bordeaux, puis il avait été envoyé à Saumur avec 2000 hommes de pied, pour occuper cette ville au nom du Roi. (Voir, sur son rôle pendant la Fronde, les *Mémoires de Nicolas Goulas*, publiés pour la *Société de l'Histoire de France*, par M. Ch. Constant. Paris, 1882, passim.)

et au jeune Roi don Alphonse les compliments de condoléance de la cour de France, et subsidiairement de s'occuper du projet d'union entre le roi Louis XIV et l'infante Catherine[1]. L'ambassadeur lui-même, dans une lettre à M. de Brienne, de juillet 1657[2], raconte qu'on le croyait chargé de négocier plusieurs mariages : celui du roi de Portugal avec Mademoiselle d'Orléans[3], celui du duc d'Aveiro[4] avec Mademoiselle d'Elbeuf[5], et « pour me divertir quand je ne sçauray à quoi m'employer, celuy de Mademoiselle de Boisdauphin[6] avec le fils du secrétaire des Merced ».

En réalité, la mission de l'envoyé français était beaucoup plus sérieuse. Il devait, il est vrai, continuer à entretenir la Reine de Portugal dans les « espérances » dont elle « se nourrissait pour l'Infante » et s'enquérir, « en sorte que la Reine le puisse savoir, des qualités éminentes de cette princesse ». Les projets d'union entre sa fille et le plus puissant roi de la chrétienté ne pouvaient, en effet, que flatter l'amour-propre maternel de dona Luiza de Guzman et singulièrement faciliter le traité formel que le cardinal voulait signer avec le Portugal. D'un autre côté, si la guerre continuait longtemps encore avec l'Espagne, et si par conséquent il fallait définitivement renoncer à l'espoir de conclure l'union rêvée par Anne d'Autriche — autant comme un gage de paix que comme une alliance désirable — entre son fils et sa nièce l'infante Marie-Thérèse de Castille, ce projet de mariage avec la princesse de Portugal, dont on vantait beaucoup les qualités physiques et morales, pouvait présenter des avantages réels.

Mais, quoi qu'il en fût, ces négociations matrimoniales étaient

1. « On attend icy avec impatience l'arrivée d'un ambassadeur de France, et comme les lettres de la Rochelle disent, il devoit estre desjà parti. C'est pourquoy l'envoyé Feliciano Dourado destiné vers la patrie pour travailler avec vos H. P. est remis, autrement il serait parti avec ces vaisseaux comme il m'a mesme dit. A la Rochelle estoit aussy à la compagnie dudit ambassadeur un Domingo de Rosario, moine, lequel est employé dans la négociation du mariage du roy de France et (de) la princesse de ce royaume, et suivant les lettres qu'on escrit de Paris qui sont venues hier, led. mariage aura son effect. » Lettre de l'agent hollandais Van der Hove, aux « Hauts et Puissants seigneurs » du 30 juin 1657. (*Correspondance du Portugal*, t. IV, fol. 79 v°.)

2. *Correspondance du Portugal*, IV, fol. 85 v°.

3. Mademoiselle, duchesse de Montpensier, fille de Gaston d'Orléans, née à Paris en 1627, morte en 1693.

4. D. Raimond Mascarenhas d'Alencastro, duc d'Aveiro, fils de D. Alvaro, 3e duc d'Aveiro.

5. Marie-Marguerite-Ignace, dite Mademoiselle d'Elbeuf, née en 1629, morte sans alliance en 1679, fille de Charles de Lorraine, 2e duc d'Elbeuf, et de Catherine-Henriette, légitimée de France, fille de Henri IV et de Gabrielle d'Estrées.

6. Madeleine de Laval, fille de Philippe-Emmanuel de Laval, marquis de Sablé, seigneur de Bois-Dauphin, et de Madeleine de Souvré ; elle épousa, le 30 avril 1662, Henri-Louis d'Alogni, marquis de Rochefort, maréchal de France.

l'accessoire dans la mission du comte de Cominges. Ce qui devait être, avant tout, l'objet de ses efforts, c'était la conclusion de ce traité formel depuis si longtemps discuté et que Mazarin se décidait enfin à offrir à la maison de Bragance. Le Roi, dit en effet la seconde instruction que nous publions, le Roi « a résolu de donner les mains aux nouvelles instances que le R. P. Fray Dominique del Rosario lui a faites de la part de la Reine régente de Portugal, de ne point conclure la paix sans que le roi de Portugal y fût compris ; et, pour cet effet, elle a commandé qu'il en soit expédié un pouvoir en bonne forme audit sieur de Cominges, afin que tombant d'accord des autres conditions qui doivent composer ce traité, il le puisse signer avec assurance (au nom du Roi) que les ratifications nécessaires seront envoyées aussitôt. »

Les « autres conditions » dont il est ici question ont rapport, comme par le passé, à l'aide effective que le Portugal s'engagerait à donner à la France en soldats, en vaisseaux et en argent. M. de Cominges devait offrir à la Reine régente de lui laisser lever des troupes et surtout de la cavalerie, en France ; mais il avait ordre, avant toutes choses, de lui démontrer que tous les trésors amassés par son mari dans une déplorable inaction, seraient bien mieux employés désormais « à presser les Espagnols et leur faire la guerre de la bonne manière », c'est-à-dire les attaquer vigoureusement du côté de l'Andalousie, ou tout au moins fournir au Roi Très Chrétien des subsides considérables pour augmenter ses efforts du côté de la Catalogne, ou encore lui permettre d'entreprendre une nouvelle diversion dans le royaume de Naples.

A peine arrivé à Lisbonne où il fut d'ailleurs reçu avec empressement, l'ambassadeur français se hâta d'entamer les négociations ; mais il se heurta, comme toujours, aux hésitations calculées du gouvernement portugais. Cependant, dès la seconde audience que M. de Cominges obtint de la Reine, il fut question formellement d'une Ligue offensive et défensive entre les deux couronnes[1], et la régente ayant nommé pour ses commissaires le comte d'Odemira[2], le marquis de Niza[3], le comte de Cantanhède[4], le Père Domingo del Rosario et le secrétaire d'État Pedro Vieira da Silva[5], les conférences commencèrent le 24 juillet 1657. M. de Cominges leur ayant soumis ses propositions, les commissaires portugais feignirent le plus grand étonnement, surtout en ce qui concernait la remise de Tanger, dont le Père del Rosario assura qu'il n'avait été question que dans le cas du ma-

---

1. *Correspondance du Portugal*, t. IV, fol. 84.
2. D. François Faro, comte d'Odémira, gouverneur du roi Alphonse VI.
3. D. Louis Vasco de Gama, 5º comte de Vidiguièra, marquis de Niza.
4. D. Antoine Louis de Ménésès, comte de Cantanhède.
5. Pierre Vieira da Silva, secrétaire d'État.

riage du Roi de France avec l'Infante Catherine, et non pas comme gage de la Ligue. Les discussions se continuèrent péniblement au milieu de marchandages ridicules à propos des sommes que le Portugal s'engageait à payer à la France pour obtenir son concours armé. D'un autre côté, des intrigues de cour ajoutaient encore aux difficultés, et la situation se compliquait des demandes excessives des Hollandais qui réclamaient la cession du Brésil, sous la menace, en cas de refus, d'une déclaration de guerre immédiate : et de fait, malgré les offres de médiation du cabinet français, les deux pays en vinrent à une rupture ouverte au mois d'octobre 1657[1].

Les négociations traînaient donc en longueur et l'on n'aboutissait à rien. Dès le 17 février 1658, M. de Cominges, lassé, réclamait instamment son rappel[2], et le 25 du même mois, Mazarin écrivait au roi de Portugal, une lettre des plus pressantes[3], pour lui demander d'accepter les conditions proposées par son plénipotentiaire[4], et dans laquelle il s'étonnait des « difficultés » que l'on opposait à cette acceptation.

Néanmoins, le cabinet portugais continuait à faire la sourde oreille, et lorsque son armée de l'Alemtejo eut infligé un sanglant échec à don Luis de Haro près d'Elvas au mois de janvier 1659[5], ses prétentions devinrent tellement exorbitantes que le cardinal, à la date du 27 février suivant[6], donna l'ordre à M. de Cominges de ne pas perdre un moment pour prendre congé et s'en revenir, en faisant son possible pour que la Reine de Portugal consentît à envoyer avec lui une personne de confiance pour conclure[7]. Mais ce n'était là, il faut bien le dire, de la part du premier ministre français, qu'une précaution diplomatique ou peut-être le désir de ménager les susceptibilités portugaises, car, comme nous le verrons plus loin, la ligue formelle avec le Portugal était devenue désormais impossible par suite de l'état des négociations engagées avec l'Espagne.

M. de Cominges revint donc en France quelques mois après, sans avoir rien conclu, et nous le retrouvons à Tartas près de Mazarin

1. *Correspondance du Portugal*, t. IV, fol. 111.
2. *Ibid.*, t. IV, fol. 139 v°.
3. *Ibid.*, fol. 142.
4. Ces conditions, qui ne sont du reste que celles résumées dans l'instruction, avaient été soumises par écrit au gouvernement portugais. (*Correspondance du Portugal*, t. IV, fol. 89.)
5. La « lettre du marquis de Nice, admiral des Indes Orientales... escrite à Jeronimo Nunès da Coste, le 25 janvier 1659 », contient des détails intéressants sur cette victoire. (*Correspondance du Portugal*, t. IV, fol. 168.)
6. *Correspondance du Portugal*, t. IV, fol. 175.
7. Ce fut don Juan da Costa, comte de Soure, qui fut envoyé en France par la Reine régente ; mais il s'embarqua seul le 13 avril et n'arriva au Hâvre-de-Grâce que le 28 mai suivant.

— en route pour le rendez-vous de l'île des Faisans — au mois de juillet 1659[1].

INSTRUCTION AU SIEUR DE COMINGES, CONSEILLER DU ROI EN SON CONSEIL D'ÉTAT, LIEUTENANT GÉNÉRAL EN SES ARMÉES ET CAPITAINE DES GARDES DU CORPS DE LA REINE MÈRE DE SA MAJESTÉ, QU'IL ENVOIE EN PORTUGAL EN QUALITÉ DE SON AMBASSADEUR EXTRAORDINAIRE.

Copie. *Correspondance du Portugal,* t. IV, fol. 46. — 13 mai 1657.

La mort du Roi Don Jean quatrième, arrivée depuis quelques mois, a convié Sa Majesté d'envoyer en Portugal pour soulager le deuil de la Reine et faire connoitre au Roi son fils et à tout le Royaume que Sa Majesté est touchée de leur perte, y compatit et en a de si vifs ressentiments qu'elle voudroit par des effets solides et tels que ces Majestés et leurs fidèles sujets les pourroient espérer de son amitié, leur en faire connoitre la grandeur ; cependant tout ce que l'on a pu faire dans les apparences pour témoigner combien on a été touché de cette perte, on l'a fait comme le sieur de Cominges le pourra bien représenter adroitement. Ce sera ce que le sieur de Cominges aura à dire en sa première audience, et, pour n'être pas en nécessité de faire des reproches à la Reine du peu d'application que le feu Roi a eu à ses propres affaires, il évitera l'occasion de lui en parler d'aucunes, mais peu de jours après, ayant demandé une autre audience, il fera entendre à cette Reine pour l'engager par divers offices d'amitié dans les intérêts de la France, ce qui lui peut avoir été caché.

C'est que le Roi Dom Jean se voyant monté sur le trône de ses pères, par un effet d'une conscience timorée, ou pour avoir déféré à des conseils ménagés par le Roi Catholique, satisfait de régner sur ceux qui l'avoient reconnu pour Roi, et s'appliquant seule-

---

1. *Correspondance du Portugal,* t. IV, fol. 239, 240.

ment à faire administrer la justice à ses sujets et à les enrichir par le commerce, avoit négligé de faire la guerre à ses ennemis, comme si sa puissance eût été si grande et si affermie que les autres n'eussent osé rien entreprendre contre lui ; s'oubliant même des engagements qu'il avoit pris avec la France et de ce qui lui avoit été souvent représenté, que le moyen de faire passer à ses descendants l'héritage de ses pères, et d'obtenir une renonciation des droits que le Roi Catholique y avoit acquis, tant par succession (selon ce qu'il avoit publié) que par les armes, c'étoit d'avoir des provinces et des places à lui rendre dont la conquête paroissoit facile et certaine, vu qu'il étoit attaqué puissamment par les armes de France du côté de Catalogne, dont le Principat s'étoit donné à ses premiers maîtres, les Catalans n'ayant su souffrir la tyrannie avec laquelle ils étoient traités et d'être privés des grâces, libertés, franchises et privilèges qu'ils avoient obtenues des Rois Très Chrétiens, pour récompense des services qu'ils avoient rendus en faisant fortement la guerre aux infidèles pour la manutention de notre sainte religion, sous les drapeaux des mêmes Rois.

La pensée de Sa Majesté n'est pas de faire reproche de ces choses à la Reine de Portugal, parce que non seulement cela seroit inutile et hors de saison, mais comme elle n'a point au passé eu l'autorité ni aucune part à l'administration des affaires publiques, il ne seroit pas juste de lui causer du chagrin. C'est pourquoi il se faut réduire à lui faire connoitre ce qui est à faire pour l'avenir, et qu'elle ne sauroit embrasser de conseil qui, en la suite du temps, put être plus dommageable au Roi son fils que de suivre l'exemple du passé, dont la preuve est claire en ce que, si le Roi Catholique venoit à avoir avantage sur ceux auxquels il fait la guerre, il lui seroit facile, après avoir accordé une trêve à longues années avec eux, ou conclu une paix, d'envahir le Portugal, lequel n'est séparé par aucune rivière ou montagne de la Castille et de la Galice, ce qui lui en rend l'entrée facile.

Les moyens que la Reine de Portugal peut avoir pour éviter ces inconvénients se réduisent à deux : l'un est de contracter des alliances avec les Rois auxquels la puissance du Roi Catholique est suspecte, et pourroit être dommageable ; l'autre que pendant qu'il a à démêler avec la France, elle se prévalut de la conjoncture pour faire des conquêtes sur lui, auxquelles il est aisé de réussir par la même raison qui a fait voir la facilité avec laquelle le Roi Catholique peut faire entrer ses forces dans le Portugal.

Et parce que la Reine de Portugal pourroit dire au dit sieur de Cominges, que le feu Roi son seigneur a souventes fois fait rechercher Sa Majesté de l'admettre en son alliance, et d'agréer qu'il entrât en ligue offensive et défensive avec elle, offrant même quelques sommes d'argent pour faire la guerre à l'ennemi commun, sans que jamais il ait eu la fortune d'être écouté, il aura à lui dire ce qui suit : Qu'en un temps, Sa Majesté y avoit paru disposée, et avoit même envoyé en Portugal l'ambassadeur qui résidoit auprès d'elle, pour faire connoître ses sentiments, mais que les ouvertures qu'il avoit eu charge de faire n'ayant point été reçues, et ce ministre ayant de plus laissé écouler le temps qui lui avoit été donné pour être informé des intentions de son Roi, en proposant des choses contraires à ce qu'il avoit reçu par écrit et dont il étoit convenu, Sa Majesté avoit jugé que l'on tenoit en Portugal ses affaires en un penchant et en un si mauvais état, qu'il lui seroit difficile de les remettre, de sorte que se voyant dénuée de l'assistance de ses amis, elle prit la résolution de ne demander que celle de Dieu et de faire valoir les moyens qu'elle avoit en main pour les rétablir, ce qui lui a si bien succédé que ses ennemis ont eu du repentir et de la douleur de n'avoir pas profité du désordre de l'État qui avoit été excité par ceux qui avoient le plus d'obligation à s'y opposer, et le Roi du Portugal en a aussi dû avoir de ne s'être pas prévalu de la conjoncture pour obtenir ce qu'il n'avoit cherché au passé que faiblement[1]. Et, bien que du depuis il l'ait désiré plus fortement, Sa Majesté n'y a pu entendre pour ne s'attirer l'aversion du Pape et de tant de potentats qui ont intérêt à la conclusion de la paix, et nommément de la République de Venise, laquelle étant beaucoup affaiblie par les efforts qu'elle a faits jusqu'à présent dans une guerre si opiniâtre qu'elle

---

1. Ce passage est une allusion évidente aux négociations entamées en 1652, au moment le plus critique de la Fronde. Ces négociations échouèrent par suite du refus de Jean IV d'approuver le traité d'alliance offensive et défensive qu'avait conçu son ambassadeur à Paris, D.-F. de Souza Coutinho et dont un envoyé spécial de la France, le sieur Le Cocq, vint lui demander la ratification.

appréhendoit avec beaucoup de raison de recevoir quelque coup fatal de la puissance Ottomane, travaille incessamment et emploie tous ses soins pour la conclusion de la paix générale, que la République regarde comme le seul moyen de se mettre à couvert de l'orage dont elle est menacée. D'ailleurs, la conduite du Roi de Portugal a beaucoup contribué à détourner Sa Majesté de cet engagement avec lui, parce qu'elle n'a pas dû croire que l'obligation en laquelle il entroit de faire la guerre, le pût porter à y entendre, puisqu'il l'avoit négligé dans un temps qu'il en pouvoit tirer tant d'avantages, et que la promesse de ne faire de paix ni de trêve avec l'Espagne ne laissoit pas espérer qu'il agiroit plus vigoureusement qu'au passé. Outre que les offres qui ont été faites jusqu'à présent d'assister cette couronne, Sa Majesté consentant à la prétention marquée ci-dessus, ont été de si peu de considération que le Roi n'y a pas pu entendre, puisque pour s'engager à ne faire jamais la paix que le Roi de Portugal n'y soit compris, il faudroit avoir de quoi faire si puissamment la guerre contre l'Espagne, que lui arrivant quelque perte considérable et pouvant par là appréhender d'en recevoir de plus grandes dans la continuation de la guerre, elle fût contrainte à donner les mains à la paix, sans s'opiniâtrer davantage à ne vouloir pas que le Roi de Portugal y soit compris. Il faudroit donc faire d'offres d'autre qualité pour obliger le Roi à accorder au Portugal ce qu'il a témoigné souhaiter jusqu'à présent, car quelque affection que le Roi ait pour les intérêts de la maison Royale de Portugal, il se tromperoit soi-même s'il s'engageoit à des choses qui ne seroient dans l'effet aucunement avantageuses à la dite maison, et qui apporteroient un préjudice irréparable à cette couronne, et au surplus, faire puissamment la guerre dans l'Andalousie ou dans la Galice, y faisant quelques conquêtes considérables. Car en ce cas, et le Roi, assisté du Portugal, redoubleroit ses efforts contre l'Espagne, particulièrement du côté de la Catalogne, et le Roi Catholique solliciteroit lui-même la paix en laissant la jouissance pacifique au Roi de Portugal de ce qu'il a, pour éviter de plus grands maux qu'il auroit à craindre des efforts de la France du côté de la Catalogne et de ceux du Portugal à l'égard de l'Andalousie et de la Galice. C'est ce que le dit sieur de Cominges aura à insinuer, tant à la Reine de Portugal qu'aux personnes auxquelles elle a la plus grande confiance, leur faisant voir que tout leur bonheur consiste à se prévaloir des Conseils que le Roi lui donne avec la dernière affection et sincérité; et comme on est certain que le feu Roi Dom Jean a amassé des trésors considérables, le sieur de Cominges prendra peine à persuader la Reine que ces trésors cachés ne font aucun mal aux ennemis, lesquels ne souhaiteroient rien avec plus de passion que de voir hériter à la Reine les mêmes sentiments du Roi son époux, c'est-à-dire de la voir appliquée à amasser de plus en plus de l'argent, sans employer aucune partie à presser les Espagnols et leur faire la guerre de la bonne manière.

Si Sa Majesté avoit commandé le présent mémoire être dressé pour quelqu'autre qui eut moins de connoissance des affaires du monde que le sieur de Cominges, elle l'auroit rendu plus long pour l'en instruire, et ne se seroit pas oubliée d'y faire mettre comme il doit conserver les prééminences de la couronne, si il rencontroit en Portugal un Ambassadeur d'Angleterre; mais jugeant l'un et l'autre superflus, c'est ce qui l'en a retenu. Elle veut néanmoins faire souvenir ledit sieur de Cominges que, comme les Ambassadeurs de Portugal qui sont venus en ce Royaume y ont été reçus et honorés comme l'on auroit fait ceux de l'Empereur, il ne se doit pas contenter de moins que ce qui a été pratiqué autrefois à l'endroit des siens et des autres Rois qui qui y en ont envoyé.

Pendant son séjour de delà, il examinera soigneusement les qualités de l'esprit du Roi de Portugal, pour en informer Sa Majesté qui aura à prendre ses mesures selon que Dieu l'en aura favorisé. Il remarquera de même celles des autres enfants de la Reine de Portugal.

Et d'autant que les relations qu'on a de cette Reine la font admirable, il sera aussi du soin dudit sieur Ambassadeur de voir si c'est grâce ou justice qu'on lui rende et s'établissant dans sa confiance, si il peut, ayant découvert quelles sont les pensées de ceux qui la servent, il la confirmera à s'en servir ou à les éloigner, mais il se gardera bien de s'avancer à ce sujet sur ce que le vulgaire ou leurs ennemis en déclareront; et comme le Portugal pendant près d'un siècle a obéi au Roi d'Espagne et ses prédécesseurs, que plusieurs des grands ont été à leur service, et que plusieurs familles ont été par eux élevées, il peut être soupçonné que plusieurs ont conservé de l'affection pour celui qui y règne présentement, et tel même se peut engager en son service dans la créance que sa patrie seroit plus heureuse sous la domination d'un grand Roi comme est celui d'Espagne, que sous celle d'un qui doit craindre la puissance de l'autre.

Et parce qu'il est du bien des affaires de Sa Majesté, que pendant cette campagne la Reine de Portugal fasse entrer ses armes dans l'Andalousie, ou dans quelque autre Province de l'obéissance du Roi Catholique, et qu'il n'y a rien qui l'y puisse si fort engager que de ne lui ôter pas les espérances desquelles elle se nourrit pour l'Infante, ledit sieur de Cominges s'enquerra, en sorte que la Reine le puisse savoir, des qualités éminentes de cette Princesse.

Elle y sera encore davantage induite si outre les considérations ci-dessus énoncées, dont ledit sieur de Cominges se servira, il la pique de la générosité qu'elle a fait paraître dans le cours de sa vie, et lui remontre qu'elle a exemple de plusieurs grandes Reines qui ont entrepris des affaires difficiles et importantes et y ont heureusement et glorieusement réussi.

Sans chercher des exemples dans les siècles passés, il n'aura qu'à l'entretenir de ce qui s'est vu de nos jours en la personne de la Reine, qui, ayant pris la conduite des affaires après le décès du Roi d'immortelle mémoire, a remis au Roi son fils le Royaume aussi éclatant qu'il l'avoit été ès règnes passés, et ayant surmonté tout ce qui auroit pu lui enlever le prix de ses belles actions, elle auroit acquis la gloire pour laquelle elle les auroit entreprises, si elle n'y avoit été portée par des sentiments d'une plus haute vertu, qui étoit de rendre au Roi son fils la monarchie dont la garde lui avoit été confiée, sans qu'elle eût été en rien diminuée, et l'assistant en la défense qu'on s'étoit promise de son amour en son endroit et de son courage.

Ledit sieur de Cominges étant de par delà, témoignera une entière confiance au marquis de Nice[1] dont la conduite a été

---

1. M. de Cominges emportait des lettres particulières de M. de Brienne pour le marquis de Niza.

louée pendant les Ambassades qu'il a exercées en cette Cour, et fera entendre à la Reine du Portugal qu'on a beaucoup d'estime du Père Domingo del Rosario qui a été ici de sa part[1], et comme il s'en retourne de par delà où il pourra utilement servir pour la bonne issue de ce qu'on y aura à négocier, ledit sieur de Cominges pourra prendre toute confiance en lui, puisqu'on a reconnu que le dit Père, en souhaitant avec passion le service de son maître, il est persuadé qu'il ne peut être mieux avancé qu'en liant une étroite amitié avec la France, et faisant tous ses efforts pour lui donner les assistances qu'elle demande pour contraindre les ennemis communs à faire les choses que la France et le Portugal peuvent souhaiter.

Il n'est pas hors de propos que ledit sieur de Cominges sache que le dit Père est tombé entièrement d'accord avec Son Éminence de tout ce qu'il lui a dit sur ce propos, et a été tellement touché des raisons qui lui ont été déduites, qu'il a résolu de faire le voyage afin de seconder le sieur de Cominges, en parlant avec une entière liberté à la Reine, et tâchant de lui faire connoître que l'unique salut des affaires du Portugal consiste en ce qu'elle se conforme aux volontés du Roi, faisant tous les efforts imaginables en tant que la possibilité lui pourra permettre, pour assister la France, étant tout à fait démonstratif que si le Roi avoit de quoi faire puissamment la guerre en Catalogne, non seulement le Portugal seroit exempt de toute appréhension que les forces d'Espagne pussent faire la moindre entrée dans ce Royaume, mais il pourroit avec une très grande facilité venir à bout de tout ce qu'il entreprendroit dans l'Andalousie et dans la Galice ; celles d'Espagne ne seroient pas en état de faire aucune défense, puisqu'elles auroient peine de résister aux efforts que la France feroit du côté de Catalogne. En cas que la Reine elle-même ou de sa part fasse faire quelque proposition au sieur de Cominges, à laquelle il ne pût pas répondre parce qu'elle n'auroit pas été prévue dans cette instruction, il en donnera avis en toute diligence afin de recevoir les ordres du Roi sur la conduite qu'il aura à tenir.

Ledit sieur Ambassadeur sera soigneux d'écrire à Sa Majesté

---

1. Voir plus haut pour ces personnages, pp. 27 et 30.

soit par la voie d'Angleterre ou d'Hollande, que par les vaisseaux qui partiront de Lisbonne ou de quelque autre port de Portugal pour France, et pour le faire avec plus de sûreté, se servira du chiffre qui lui a été donné.

Si l'on juge à propos de delà, comme il seroit fort raisonnable, d'avoir un corps étranger, Sa Majesté fera volontiers la dépense de la levée et du trait, et s'y résoudra d'y faire passer un corps de cavalerie sous la condition qu'il seroit payé et entretenu aux dépens de la Reine de Portugal, et qu'il seroit commandé par un officier dont Sa Majesté auroit fait choix et sur la suffisance et vigilance duquel on se pourroit reposer de cet emploi, et qui de plus auroit telle part au commandement de l'armée et dans le conseil, qu'il y put demeurer avec honneur et être utile à la cause commune ; mais comme c'est de sa seule diligence qu'il se pourroit promettre de porter dommage à l'ennemi en le surprenant, Sa Majesté désire être au plus tôt informée des intentions de la Reine de Portugal sur ce point, et veut que ledit sieur de Cominges, sans perte de temps, en tire les éclaircissements nécessaires et ajuste la solde tant de l'officier général, et des maîtres de camp, capitaines et autres officiers que des cavaliers.

Et parce qu'il pourra arriver que la Reine de Portugal se plaindra de ce que le chevalier de Gent ayant signé un traité avec le Roi défunt, Sa Majesté ne l'a pas voulu ratifier, il a été avisé de faire remettre audit sieur de Cominges le double de l'instruction qui avoit été donnée audit Chevalier, les réponses qu'il fit aux premières ouvertures qui lui en furent faites, la copie des lettres qu'il a écrites pour s'excuser d'avoir outrepassé ses ordres, et celles que Sa Majesté lui fit en réponse des siennes, dont même elle avoit envoyé le duplicata au Consul de Saint-Pé pour les remettre au secrétaire d'État de Portugal, si ledit chevalier en étoit parti comme il y avoit lieu de le croire, et cela afin de faire voir qu'il ne peut être rien reproché au Roi, puisque ledit sieur Chevalier s'étant oublié de la sorte, Sa Majesté pour ne laisser espérer au Roi de Portugal l'exécution d'une convention qu'elle ne pouvoit approuver, avoit usé de toute la diligence possible pour l'en détromper. D'où il faut conclure que Sa Majesté continuant en sa conduite qu'elle a toujours tenue de ne vouloir surprendre personne, on ne peut point tirer de ce que dessus une conséquence que ce qui sera promis par ledit sieur de Cominges ne sera pas exécuté, vu qu'il est autorisé pour faire les demandes et instances dont il fera les ouvertures, au lieu que ledit Chevalier n'avoit autre charge[1], que de presser le Roi de Portugal d'agir puissamment et de déclarer le jour auquel ses armées de terre seroient en campagne, et celles de la mer à la voile, pour en tenir Sa Majesté avertie, qui lui avoit commandé de faire entendre au Roi de Portugal, que n'agissant point contre l'ennemi et n'exécutant point ce qui avoit été convenu avec lui peu après qu'il fut monté sur le trône, il ne devoit pas s'attendre que Sa Majesté s'intéressât en ses affaires. Sur quoi ledit sieur de Cominges donnera espérance à la Reine que si elle embrasse les conseils qui lui sont donnés, il lui sera facile de faire réussir plusieurs desseins dont elle s'est nourri l'esprit jusqu'à présent, et le disant fortement pour l'y engager, il le fera pourtant avec telle délicatesse que le Roi ne soit lié qu'autant qu'il jugera le devoir être pour le bien de son Royaume.

L'état auquel se trouve présentement l'Église de Portugal fait voir la nécessité qu'il a d'avoir un cardinal protecteur en Cour de Rome de ses affaires, lequel puisse, par son autorité et par le crédit qu'il aura auprès du Pape, détourner la ruine dont elles sont menacées, ce que ledit sieur Ambassadeur ne représentera à la Reine de Portugal de la part de Sa Majesté, que pour lui demander le rétablissement de M. le Cardinal Orsini dans la dite protection dont Sa dite Majesté désireroit que les expéditions lui fussent envoyées en blanc, assurant néanmoins qu'elle ne le feroit remplir du nom dudit Cardinal qu'après avoir tiré de lui toutes les assurances nécessaires pour le bon service du Roi de Portugal, et son entière satisfaction à l'avenir. Et que si la conduite dudit Cardinal ne lui paraissoit pas telle qu'il lui put être confié un emploi d'une si haute importance, Sa Majesté fera remplir ces dites provisions du nom de celui des Cardinaux qui

---

1. D'après un document du 26 mai 1656 (*Correspondance du Portugal*, tome III, p. 6), le chevalier de Jant « avait outrepassé sa commission, n'en ayant point eu de faire un traitté avec le roy de Portugal, mais seulement de sçavoir de sa propre bouche ce qu'il feroit pendant la durée de la campagne, et le presser.... de faire entrer son armée ez pays de la domination d'Espagne.. »

sera agréable au Roi de Portugal, duquel néanmoins ledit sieur de Cominges se gardera bien de convenir, qu'il n'ait su premièrement si le choix qui en aura été fait par le Roi de Portugal agréera en cette Cour.

Sur ce que Sa Majesté a été suppliée par les bons Pères Théatins de faire passer des offices pressants de sa part, en faveur de l'établissement qu'ils veulent faire de quelques maisons de leur ordre en Portugal, ledit sieur de Cominges témoignera à la Reine l'affection particulière que le Roi porte au dit ordre tant par la sainteté de son institution, l'intégrité de ses religieuses mœurs, et leur vie exemplaire, qu'à cause de la protection dont Monsieur le Cardinal Mazarini les a toujours honorés, et sous laquelle ils se sont établis en ce Royaume.

Fait à..... — (13 mai 1657.)

INSTRUCTION SECRÈTE. — MÉMOIRE QUE SA MAJESTÉ A VOULU ÊTRE AJOUTÉ A L'INSTRUCTION DU SIEUR DE COMINGES, CONSEILLER DU ROI EN SON CONSEIL D'ÉTAT, LIEUTENANT GÉNÉRAL EN SES ARMÉES ET CAPITAINE DES GARDES DU CORPS DE LA REINE MÈRE DE SA MAJESTÉ, QU'IL ENVOIE EN PORTUGAL EN LA QUALITÉ DE SON AMBASSADEUR EXTRAORDINAIRE.

Copie. — *Correspondance du Portugal*, t. IV, fol. 36 et 54. — 13 mai 1657.

La seule considération de n'apporter pas un nouvel obstacle à la conclusion de la paix, a jusqu'à présent empêché le Roi de se rendre aux pressantes et continuelles sollicitations qui depuis dix ans lui ont été faites de la part du Roi de Portugal, par diverses personnes envoyées exprès, de faire un nouveau traité par lequel Sa Majesté s'engageroit à ne point faire la paix que le dit Roi n'y fût compris, moyennant quoi le même Roi donneroit tous les ans une somme d'argent qui serviroit à continuer la guerre plus vigoureusement, et particulièrement du côté de Catalogne, ou pour presser les Espagnols en Italie, faisant quelque entreprise dans le Royaume de Naples où il sembloit que les peuples étoient assez disposés pour secouer le joug d'Espagne. Et quoique le bien des affaires du Roi, les révolutions dont ce Royaume a été agité plusieurs années, l'affection que le feu Roi de glorieuse mémoire, et Sa Majesté présent régnante, ont toujours eu pour les intérêts du Roi de Portugal, lequel par toutes sortes de raisons l'on eût souhaité d'affermir dans la possession de ses États, d'autant plus que la France comme chacun sait, n'avoit pas peu contribué à son rétablissement dans le trône de ses ancêtres, et surtout l'exemple des Espagnols qui sans hésiter seulement, avoient promis par un traité solennel au Prince de Condé qui s'étoit révolté contre son souverain et son bienfaiteur, de ne faire jamais la paix qu'au préalable il n'eût reçu de la France toutes les satisfactions qu'il pouvoit souhaiter, encore qu'il ne pût pas prétendre le moindre droit à la couronne et qu'il ne puisse alléguer autre prétexte de sa révolte que son ambition, espérant qu'avec les grands établissements qu'il avoit dans ce Royaume par la pure bonté du Roi, les troubles excités dans la France et la quantité d'amis et de créatures qu'il avait eu lieu d'engager dans son parti, étant d'ailleurs favorisé et assisté des Espagnols, il auroit grande facilité à se rendre souverain de la meilleure partie du Royaume; enfin, dis-je, quoique tous les motifs ci-dessus dussent être assez puissants pour obliger le Roi à ne refuser pas les assistances que le Roi de Portugal lui offroit, consentant à sa demande de ne point conclure la paix, sans que le dit Roi y fût compris; néanmoins l'appréhension que Sa Majesté avoit de faire la moindre chose qui la rendît plus difficile, et l'espérance qu'à la fin ses ennemis y donneroient les mains, prévalant à toute considération, Sa dite Majesté n'a jamais voulu accepter ces avantages-là, et c'est par la même raison qu'elle avoit toujours rejeté les propositions avantageuses qui lui étoient faites de la part du Protecteur d'Angleterre pour une liaison plus étroite avec cette couronne contre l'Espagne, comme aussi évité de s'engager avec le Roi de Suède et avec divers Princes d'Allemagne dans les nouveaux projets de guerre, nonobstant que les infractions que l'Empereur faisoit au traité de Munster pour complaire aux Espagnols, justifiassent assez toutes les résolutions que le Roi auroit pu prendre; mais au contraire il a poursuivi avec plus de chaleur que jamais le repos de la chrétienté, ne laissant en arrière aucune sorte de diligence qui put produire ce bien, jusqu'à envoyer un de ses Ministres [1] dans la Cour de son ennemi pour solliciter la paix, avec plein pouvoir de consentir à toutes les conditions raisonnables que le Roi d'Espagne pourroit souhaiter quand ses affaires auroient été dans l'état le plus florissant.

Mais voyant que cet envoi, bien qu'il fût dans une conjoncture où la France étoit déjà dans un profond calme, toutes les places révoltées soumises à l'obéissance de Sa Majesté, la rébellion éteinte, les armes du Roi victorieuses au dedans et au dehors du royaume, l'autorité royale pleinement rétablie, la campagne heureusement commencée et les armées de Sa Majesté en état de faire des progrès de tous côtés, n'auroit servi de rien, et qu'après plusieurs conférences et avoir donné les mains à tous les points essentiels dont on étoit en différend, même à la restitution de plusieurs places capitales, le seul intérêt du Prince de Condé empêchoit la conclusion de la paix par l'opiniatreté avec laquelle les Espagnols prétendirent que non seulement ledit Prince fût compris dans le traité, mais aussi qu'on le rétablît entièrement dans tous ses biens et dans les charges et gouvernements des places qu'il avoit lorsqu'il s'engagea dans le parti d'Espagne pour faire la guerre au Roi, sans que les mêmes Espagnols voulussent jamais consentir que le Roi de Portugal fut compris dans ladite paix et demeurât en possession ni du tout ni de partie de ce qu'il a présentement, quoi qu'il y ait grande différence (comme il a été dit ci-dessus) entre un Prince qui a droit à la couronne de Portugal et le Prince de Condé qui n'en avoit aucun sur la couronne de France, et que sa seule ambition avoit porté à la révolte, comme aussi entre ledit Roi de Portugal qui est en possession de plusieurs royaumes et ledit Prince, lequel ne possède plus rien du tout : le Roi après cela ne pouvant plus douter de l'aversion des Espagnols à la paix, a cru qu'il manqueroit à ce qu'il doit au

---

1. C'est M. de Lionne qui fut ainsi envoyé à Madrid; voir plus loin p. 49.

repos de la chrétienté, et au bien de son État et des peuples que Dieu a soumis à sa puissance, s'il tardoit davantage à profiter de toute sorte de moyens légitimes, pour se mettre en état de continuer plus vigoureusement que jamais la guerre contre ceux qui refusent la paix, afin de les contraindre par la force à y donner les mains. C'est pourquoi, après avoir signé une ligue offensive avec l'Angleterre et pris ses mesures avec le Roi de Suède et divers Princes d'Allemagne, tant catholiques que protestants, afin de prévenir les maux que nous devions appréhender de la déférence aveugle que l'Empereur avoit pour les Espagnols et de leurs poursuites continuelles envers la Pologne, le Danemarck, le Moscovite et autres, pour tâcher d'accabler les alliés de cette couronne et pouvoir ensuite plus vigoureusement continuer la guerre contre elle; Sa Majesté, dis-je, a résolu de donner les mains aux nouvelles instances que le R. Père fray Dominique del Rosario lui a faites de la part de la Reine régente de Portugal, de ne point conclure la paix sans que le Roi de Portugal y fût compris.

Et pour cet effet, elle a commandé qu'il en soit expédié un pouvoir en bonne forme audit sieur de Cominges, afin que tombant d'accord des autres conditions qui doivent composer ce traité, il le puisse signer avec assurance (au nom du Roi) que les ratifications nécessaires seront envoyées aussitôt.

L'engagement du Roi à contraindre les Espagnols de donner les mains à la paix et que le Roi de Portugal y soit compris, l'oblige à faire de très grands efforts pour remporter de tels avantages sur eux qu'ils soient obligés d'y consentir; et Sa Majesté seroit ravie que l'état de ses finances épuisées par tant d'excessives dépenses qu'il lui a fallu faire pendant une guerre ouverte de vingt-trois ans sans discontinuation, lui permit de pouvoir faire tous ces efforts d'elle-même; mais cela étant impossible, et le Roi de Portugal étant intéressé au dernier point à lui en faciliter les moyens, afin que pressant les Espagnols comme l'on a fait jusqu'ici dans la Lombardie et dans la Flandre, et fournissant tous les fonds qu'il sera nécessaire d'employer en Allemagne particulièrement dans la conjoncture présente, elle puisse aussi par l'assistance qu'elle recevra du Portugal, ou faire incessamment la guerre en Catalogne avec une armée de vingt mille hommes, et les galères et vaisseaux dont il sera besoin pour exécuter les desseins qu'on y formera, ou en diminuant cette dépense se prévaloir des intelligences que nous avons dans le Royaume de Naples et y faire descente avec un nombre de troupes considérable sans affaiblir d'un seul homme l'armée de Lombardie; et l'on est si vivement sollicité de ce côté-là du Royaume de Naples, que si le traité était signé avec le Portugal et que nous puissions avoir à temps une partie de l'assistance, on pourroit faire l'entreprise dès le mois de septembre prochain.

On avoit offert diverses choses[1] de la part du Roi de Portugal pour obliger le Roi à conclure ce nouveau traité, et entre autres que l'on donneroit deux millions d'or, mais payables en termes fort éloignés, ce que l'on a toujours rejeté, parce qu'une somme de deux cents mille écus par an ne donne pas lieu à Sa Majesté de faire le moindre effort, et que pour cet effet il faut avoir des sommes très considérables durant deux ou trois ans.

C'est pourquoi Sa Majesté prétend que ces deux millions d'or qu'il faudra compter pour six cents mille pistoles ou la valeur, seront payées également en deux termes par avance, dont le premier commencera du jour que les ratifications seront fournies.

Et si dans les deux ans la paix n'est faite, le Roi se contentera d'une assistance de deux cent mille écus par an, payables en quelque port de France ou d'Italie jusqu'à ce qu'elle soit conclue.

Si le sieur de Cominges trouve de la difficulté à obtenir le paiement de deux millions d'or en deux ans, Sa Majesté lui donne pouvoir de se relâcher pour le terme du second million et de consentir qu'il ne soit payé que dans trois ans après la signature du traité; bien entendu que si la paix n'est conclue dans les dits trois ans, les deux cent mille écus ci-dessus seront payés chaque année jusqu'à la fin de la guerre.

Le père fray Domingo avait proposé de remettre au Roi la place de Tanger en Afrique et même de donner une somme pour la mettre en bon état; le sieur de Cominges insistera aussi pour

---

1. Lors de la négociation de 1652.

cela, et néanmoins s'il y trouvoit des obstacles qu'il ne put surmonter, il s'en relâchera en ce cas.

Il demandera encore pour une des conditions, six bons vaisseaux de guerre avec leurs vivres et équipages pour servir tous les ans six mois dans l'armée navale du Roi, tant que la guerre durera, et on concertera le temps dans lequel ils devront venir joindre l'armée de Sa Majesté soit en Levant ou Ponant, et quand après tous ses efforts il n'en pourroit obtenir que quatre, il s'en contentera, et même si le traité devoit être rompu pour cet article, il s'en pourra relâcher.

Sa Majesté est tellement assurée du zèle dudit sieur de Cominges qu'elle ne doute point, non seulement que s'il se relâche de quelqu'un des points ci-dessus, ce ne sera qu'à l'extrémité, mais que s'il trouve jour à lui procurer encore d'autres avantages quand il sera sur les lieux, il ne fasse tout ce qu'il pourra pour en venir à bout.

Le dit sieur de Cominges n'hésitera point à donner toutes les assurances qui lui pourroient être demandées, pour l'exécution des choses qu'il promettra de la part du Roi, particulièrement pour les efforts que Sa Majesté s'oblige de faire du côté de Catalogne ou dans le Royaume de Naples, et pour cet effet si l'on veut envoyer quelque personne pour voir les choses et en rendre compte en Portugal, il y pourra consentir ainsi qu'à toutes les autres précautions qu'on pourra désirer pour ce regard-là.

Le sieur de Cominges aura déjà vu par le premier traité que l'on fit avec le Portugal, que le Roi de Portugal étoit obligé de faire une guerre offensive et défensive, ce qui n'a pas été trop exécuté; c'est pourquoi après en avoir fait un peu de reproche (avec discrétion pourtant) il fera insérer un article dans le nouveau traité par lequel il sera promis d'en user mieux à l'avenir; d'autant plus que les progrès seront faciles par le peu de résistance que les ennemis pourront faire dans l'Andalousie ou dans la Galice, vu les efforts qu'ils auront à soutenir de tous côtés et particulièrement en Catalogne; et que d'ailleurs, il n'y a rien qui put contribuer davantage à faire consentir les ennemis à la paix sous les conditions que le Roi de Portugal pourra souhaiter, que de s'emparer de la meilleure partie de quelqu'une de ces provinceslà, puisque pour la recouvrer et se garantir de plus grandes pertes dans la continuation de la guerre, ils seroient trop heureux d'en être quittes pour abandonner leurs prétentions sur le Portugal.

On a toujours estimé que le Roi de Portugal tireroit un grand avantage de fortifier son armée d'un corps étranger, tant de cavalerie que d'infanterie; c'est pourquoi le sieur de Cominges lui pourra offrir de la part du Roi la permission de faire des levées en France, et toutes les assistances qui pourront dépendre d'ici pour le trajet tant des chevaux que des hommes; bien entendu que ce sera aux dépens du Roi de Portugal.

Sa Majesté pourra même consentir que ce corps soit formé des régiments qu'elle a déjà sur pied, qui vaudront le double des nouvelles levées, et on enverra ce corps sous la conduite d'un officier général qui obéira à celui qui commandera l'armée de Portugal, et Sa Majesté remplacera après le même corps par le moyen des troupes qui seront levées avec l'argent du Roi de Portugal.

Fait à Compiègne le 13 mai 1657[1].

---

1. Sur la minute de ce Mémoire, qui se trouve au même volume, folio 60, on lit ces mots : « dicté à la haste, ce 13 may 1657. » Cette hâte explique les longues phrases et le style de cette pièce.

IV

LE CHEVALIER DE JANT

REMPLACÉ PAR

LE MARQUIS DE CHOUPPES

1659[1]

Les négociations de paix engagées secrètement en 1656 entre la France et l'Espagne, par l'intermédiaire de M. de Lionne envoyé dans ce but à Madrid, n'avaient pas réussi; mais elles avaient cependant préparé le terrain et mis en complète évidence le désir mutuel des deux couronnes, de terminer une guerre qui durait depuis si longtemps[2]. Aussi, lorsqu'eut lieu, à la fin de 1658, le voyage de la cour de France à Lyon, à la rencontre de la duchesse de Savoie et de ses enfants, l'Espagne était déjà décidée à traiter et l'un des familiers de D. Louis de Haro, D. Antonio Pimentel de Prado[3], venait de partir secrètement pour la France, avec la mission de proposer formellement à Mazarin la main de l'infante pour le jeune roi et l'ouverture de négociations qui devaient aboutir à une paix solide et définitive. Les projets d'union du jeune Louis XIV avec sa cousine Marguerite de Savoie — projets bruyamment annoncés — n'étaient donc qu'une ruse de Mazarin, destinée à faciliter et à précipiter la conclusion d'une

---

1. Le cardinal Mazarin, premier ministre; Henri-Auguste de Loménie, comte de Brienne, secrétaire d'État aux Affaires Étrangères.
2. Voir sur ces négociations le chapitre intitulé : *les Conférences secrètes de Madrid*, dans l'excellent ouvrage de M. J. Valfrey : *Hugues de Lionne, ses ambassades en Espagne et en Allemagne*. In-8, Paris (1882), pp. 1 et suiv.
3. Voir sur ce personnage et sur sa mission l'ouvrage cité de M. Valfrey (pp. 208 et suiv.).

paix nécessaire, en faisant craindre à Philippe IV de perdre la possibilité de donner sa fille Marie-Thérèse au Roi, et d'adoucir ainsi les conditions que la France victorieuse était en droit d'exiger. La ruse réussit, et Pimentel, ayant appris à Toulouse le voyage de la Cour vers Lyon, se dirigea en toute hâte vers la Bourgogne. L'entente désirée ne fut pas longue à se faire ; le mariage de Savoie manqua ; le Roi et le cardinal revinrent à Paris avec Pimentel ; les pourparlers continuèrent pendant tout l'hiver et le printemps et, le 4 juin 1659, un traité préliminaire était signé entre les deux plénipotentiaires.

C'était à ce même moment que le comte de Soure[1], envoyé par le gouvernement portugais pour renouveler les tentatives d'alliance, arrivait à Paris. Il était bien évident, dans ces circonstances, que le Portugal avait encore une fois, par suite de ses hésitations habituelles, manqué l'occasion de conclure et que le cardinal Mazarin, plus désireux que jamais d'en terminer avec l'Espagne, même au prix de l'abandon d'un allié aussi peu actif d'ailleurs que le Portugal, ne pouvait même plus accepter de pourparlers officiels avec la cour de Lisbonne. C'est ce qu'il fit comprendre immédiatement à l'ambassadeur portugais, en le priant de se rendre *incognito* à Paris et en reculant d'une manière inusitée sa réception solennelle.

Malgré l'intervention amicale du vicomte de Turenne, très sympathique à la cause portugaise, le comte de Soure ne réussit à obtenir du cardinal que l'autorisation d'enrôler le comte de Schomberg et quelques officiers supérieurs pour organiser et commander les troupes de son souverain.

Cependant Mazarin ne pouvait décemment — quelles que fussent d'ailleurs les raisons puissantes qui le forçaient à agir ainsi — abandonner les Portugais à leurs ennemis séculaires, sans essayer tout au moins d'améliorer leur situation et sans les prévenir officiellement de l'attitude nouvelle qu'il prenait vis-à-vis d'eux.

Aussi résolut-il, dès l'arrivée à Paris du comte de Soure (4 juin), d'envoyer un ambassadeur extraordinaire en Portugal. Il fit choix tout d'abord pour cette mission du chevalier de Jant, à qui il donna ses instructions écrites, le 26 juin. Peut-être, en dépêchant à la cour de Lisbonne, pour lui porter des nouvelles si décevantes, le signataire de la Ligue formelle de 1656 dont la sympathie ne pouvait paraître douteuse, Mazarin espérait-il adoucir en quelque manière l'amertume de ses communications. Quoi qu'il en soit, d'ailleurs, des motifs de ce choix, le chevalier de Jant n'alla pas en Portugal[2]. Il se mit en route

---

[1]. D. Juan de Costa, comte de Soure, fils de D. Julien de Costa et de Françoise de Vasconcellos, mort en 1664.

[2]. M. Tessier (*op. cit.*, p. 87) avait bien soupçonné, après M. le vicomte de Santarem (*Quadro Elementar*, IV, p. 80), que le chevalier de Jant n'avait pas été à

néanmoins pour sa destination à la suite du cardinal Mazarin qui allait rejoindre don Luis de Haro, avec lequel il devait signer le traité de paix entre les deux couronnes de France et de Castille ; mais, arrivé à Libourne, il apprit que la mission lui était retirée, et il revint bientôt sur ses pas dans un état d'irritation qui devait lui attirer une plus grave mésaventure.

Que s'était-il donc passé dans ce court intervalle ?

Si nous en croyons les *Archives de la Bastille*[1], il est fort probable que le chevalier se fit, un peu vivement peut-être, et par des « discours peu mesurés[2] », l'écho des plaintes des Portugais dupés et qu'on le mit entre quatre murailles pour faire momentanément disparaître un témoin gênant, qui pouvait compromettre jusqu'à un certain point les négociations engagées avec l'Espagne.

Toujours est-il que, dès le 6 juillet, Mazarin écrit de Poitiers à Colbert[3] qu'il n'est « pas trop satisfait de cet homme, qui est fol », et qu'il ne fait « pas état de le faire passer en Portugal ». Le lendemain 7 juillet, M. de Brienne le père mande de Paris à son fils, en parlant du chevalier, « que, s'étant avisé de tenir des discours peu mesurés, S. E. n'a pas cru qu'il fût un instrument propre pour aller en Portugal, où elle destine un autre, qu'elle ne m'a pourtant pas nommé[4] ».

Le dépit de sa disgrâce enleva toute mesure au chevalier de Jant, et lui fit commettre une puérilité qui fut la cause immédiate de son arrestation. Il avait été convenu, en effet, entre Mazarin et le comte de Soure, ambassadeur de Portugal à Paris, que celui-ci joindrait à l'envoyé français une personne de confiance pour donner à sa

Lisbonne ; mais il n'a pas eu connaissance des documents dont nous nous servons plus loin pour donner l'explication de ce fait.

1. M. Ravaisson : *Archives de la Bastille*, Paris, 1866, in-8, t. I, p. 200.
2. Telle est du moins l'indication textuelle du motif de son arrestation.
3. Ms. de la Bibl. nat. cité par Ravaisson, *op. cit.*, p. 200.
4. Ms. du British Muséum, cité par M. Ravaisson, *op. cit.*, p. 200. — Cette lettre se termine ainsi : « Aussi, pour lui complaire (à S. E.), je lui envoie la dépêche qu'elle m'a demandée (les Instructions) en blanc, et elle fera choix de quelque gentilhomme de ceux qui l'ont suivie pour faire ce voyage ; je crois qu'elle aura peine à retirer l'argent que le chevalier a touché, et elle m'auroit bien mandé, si l'ordonnance ne lui en avoit point été délivrée, de ne la lui point bailler, et de retirer de lui la dépêche de laquelle il étoit chargé ; mais l'ordre est venu tard, puisque deux jours avant de l'avoir reçu, le chevalier étoit parti. » — Le lendemain 8 juillet, M. de Brienne le fils répond de Fontainebleau à son père : il le remercie de la lettre « par laquelle il vous plaît de contenter la curiosité que j'avois d'apprendre quel changement il avoit été fait à la dépêche du chevalier de Gent. Je m'étois bien douté qu'il venoit plutôt de la mauvaise conduite du personnage que d'une résolution contraire à la première, après que l'on avoit eu tant de circonspection à la prendre, et M. Le Tellier me dit qu'il lui sembloit avoir eu avis que M. le commandeur de Gores devoit aller en Portugal. » — Il nous semble résulter de ces deux lettres que l'instruction préparée pour M. de Jant dût être remise, avec très peu de modifications, à son successeur ; c'est ce qui nous a engagé à la donner.

cour les explications qu'il jugerait nécessaires; mais cette personne n'arrivait pas, et le cardinal, après s'en être plaint au résident portugais Feliciano Dourado qui l'avait suivi, écrivait à la fin de juillet au comte de Soure que si son délégué tardait plus longtemps, il ferait néanmoins partir l'envoyé français, « croyant qu'il est du service du roi et de la reine de Portugal que LL. MM. soient informées au plus tôt de ce qui se passe[1] ».

On eut bientôt après l'explication de l'énigme et la voici d'après une lettre écrite par Mazarin à Le Téllier, et datée de Saint-Jean-de Luz, le 10 août : « ... Le chevalier de Jant, par dépit de la révocation de son envoi en Portugal (quoique le voyage qu'il n'a pas fait coûte au Roi mille écus qu'il a tirés), a fait retourner sur ses pas le gentilhomme de l'ambassadeur de Portugal, qui étoit déjà à Bayonne, et lequel devoit aller avec ledit chevalier à Lisbonne, chargé des dépêches dudit ambassadeur, de façon que celui qui y devoit aller de la part du Roi n'a pu partir encore, car il auroit été inutile de l'y envoyer sans être accompagné dudit gentilhomme ; il a tenu mille discours extravagants et fait cent impertinences, et quoique je l'aie toujours tenu assez évaporé, je n'aurois pas cru qu'il pût l'être à ce point-là. Afin que ses extravagances ne puissent faire plus grand préjudice au service du Roi, je crois nécessaire de le faire arrêter. Vous le direz, s'il vous plait, à S. M., et si elle le trouve bon, je vous prie de prendre soin d'expédier les ordres nécessaires là-dessus, soit que ledit chevalier soit à Paris ou en Bourgogne, et il sera bon que la chose ne s'évente pas, afin que l'ordre de l'arrêter puisse être plus aisément exécuté[2]. »

Après une pareille lettre, écrite par un ministre tout-puissant sous l'impression d'une légitime irritation, il est presque inutile d'ajouter que, le 15 août, l'ordre d'arrestation était transmis à Colbert et que le 20 du même mois[3] le pauvre chevalier était écroué à la Bastille où il put, jusqu'au 11 novembre suivant, faire « pénitence de sa faute qui apparemment partoit plutôt de son imprudence et de sa légèreté que d'aucune méchante intention[4] ».

Il fallait cependant lui donner un remplaçant, car bien que l'on s'attachât à retarder le plus possible ce porteur de mauvaises nouvelles[5], afin de laisser plus de temps au Portugal, soit pour se résoudre

1. Ms. de la Bibl. Ste-Geneviève, cité par M. Ravaisson, *op. cit.*, p. 201.
2. Ms. de la Bibl. Nat. publ. par M. Ravaisson, *op. cit.*, p. 202.
3. Lettres de Le Tellier et de Colbert à Mazarin, citées par M. Ravaisson, *op. cit.*, p. 202, d'après des Ms. de la Bibl. Nat.
4. Lettre de Mazarin à Le Tellier, écrite de St-Jean de Luz le 6 novembre 1659, pour lui ordonner de faire remettre en liberté M. de Jant. Citée par M. Ravaisson, *op. cit.*, p. 203, d'après un Ms. de la Bibl. Nationale.
5. Voir à ce sujet une lettre de M. de Thou écrite de La Haye à M. de Brienne

à faire les douloureux sacrifices au prix desquels il lui était désormais permis de négocier, soit pour préparer sa résistance aux forces espagnoles, le cardinal persistait toujours à croire qu'il était indispensable d'envoyer officiellement quelqu'un à Lisbonne.

Il avait d'abord été question pour cette mission du commandeur de Gores[1]; puis, on parla de M. de Mondevergne, « mais le chaud et le reste lui firent peur[2]. On pensa à l'abbé Bentivoglio[3]; mais enfin on a baillé les instructions à M. du Mas, gentilhomme de S. E.[4], qui partira incontinent après l'abouchement[5]; il passera par Madrid, et l'on parle de pacifier tout le monde, comme vous voyez[6]. »

Ce ne fut cependant pas encore M. du Mas qui, en fin de compte, alla à Lisbonne; le cardinal fixa son choix sur une de ses créatures, le marquis de Chouppes, « lieutenant-général d'armée et personne de qualité et de mérite[7] », qui l'avait accompagné dans son voyage aux Pyrénées et qui lui parut réunir les conditions requises[8].

le 2 octobre et citée d'après des Ms. du British Museum par M. Ravaisson, *op. cit.*, p. 201.

1. Nous avons vainement cherché à nous renseigner sur ce personnage. Y aurait-il là une faute de transcription et ne pourrait-on pas lire de *Gouttes?* Ce nom est celui d'un illustre marin qui prit part à toutes les guerres maritimes de cette époque et qui alla notamment en Portugal en 1641 avec le marquis de Brézé. Le commandeur des Gouttes mourut à Moulins le 11 décembre 1688, âgé de 84 ans; à 79 ans, en 1689, il avait encore pris part au bombardement d'Alger où il commandait le vaisseau l'*Étoile*.

2. Mondevergne, capitaine au régiment de Magalotti en 1642, lieutenant-colonel des dragons de Mazarin, en 1648, alla comme gouverneur à l'Ile Dauphine (Madagascar) en 1665. D'après M. de Chouppes (*Mémoires*, édit Moreau, p. 196), il refusa la mission du Portugal « qui lui parut trop périlleuse ». Il nous semble y avoir là quelque exagération destinée à faire valoir le dévouement qu'il montra en l'acceptant.

3. Jean Bentivoglio, abbé commandataire de St-Valeri, etc., neveu du cardinal Guy Bentivoglio. Il mourut le 2 mai 1694.

4. Je n'ai pu trouver aucun renseignement sur ce personnage.

5. C'est-à-dire après le commencement des négociations de paix.

6. Lettre de l'abbé de Bonzi à M. Bouilliau, datée de Bayonne le 29 juillet, et citée par M. Ravaisson, *op. cit.*, p. 201.

7. Lettre de créance du 20 juillet 1659, écrite de Tartas par Mazarin au roi de Portugal. Dans la minute de cette lettre (*Correspondance de Portugal*, t. IV, fol. 203), le nom de M. du Mas est partout biffé et remplacé par M. de Chouppes.

8. Aimar, marquis de Chouppes, appartenait à une vieille maison du Poitou. Né vers 1612, page du roi en 1625, puis volontaire au régiment des gardes en 1628, il servit en cette qualité au siège de la Rochelle et fit toutes les campagnes de la fin du règne de Louis XIII, ce qui lui valut, en 1643, le grade de lieutenant général d'artillerie. En 1647, il négocia le traité d'alliance avec le duc de Modène et fut nommé maréchal de camp; en 1649, il signa le traité d'union de la noblesse, dont nous parle Saint-Simon dans ses Mémoires; puis il obtint, en 1650, un régiment d'infanterie qu'il mit, en 1651, à la disposition du prince de Condé, pour le compte duquel il fut même chargé d'une mission à Madrid. Rentré dans le devoir en 1653, il fut alors nommé lieutenant général. Ce fut lui qui conclut avec le prince de Conti

M. de Chouppes nous a raconté lui-même, dans ses *Mémoires*[1], comment il reçut cette mission délicate et, s'il faut l'en croire, non sans péril. Le cardinal, paraît-il, avait quelque peine à trouver un agent qu'il pût en charger. Il « jeta alors les yeux sur moi, dit M. de Chouppes ; mais il ne savoit comment s'y prendre pour me proposer ce voyage ; il me fit tâter par le Sr Rose, son secrétaire[2]. Je reconnus bientôt que celui-ci agissait par les ordres de son maître. Je ne fis pas semblant de m'en apercevoir, et je dis à Rose que ce n'étoit pas mon intention d'aller à Lisbonne ; mais que, quand M. le cardinal m'en parleroit et me témoigneroit qu'il y alloit du service du Roi, je lui ferois connoître que je n'appréhendois rien lorsqu'il s'agissoit d'obéir à Sa Majesté, et que je l'avois fait voir en plusieurs occasions. Le secrétaire ne manqua pas de rapporter ce que je venois de dire. Aussitôt le cardinal m'envoya chercher et me dit en présence du maréchal de Villeroi et de M. de Lionne, qu'il m'avoit fait pressentir par son secrétaire, ne voulant pas me proposer une chose qu'un autre avoit refusée, faisant une grande distinction de Mondeverne à moi[3]. Je lui répondis que pour obéir à Sa Majesté et pour plaire à Son Éminence, j'étois capable de tout entreprendre sans aucune réserve. Le cardinal m'embrassa et me dit qu'il me donneroit une instruction, voulant me persuader qu'il me confioit un emploi de grande conséquence, et où je recevois beaucoup d'honneur. Il ajouta ensuite qu'il feroit ma fortune ; je lui fis entendre que je n'en espérois point d'autre que par lui auprès du Roi ; il me dit que je n'en devois point douter et que je n'avois qu'à me préparer à partir. Il me fit mon équipage et me le régla à quinze personnes ; il ne fut point question de chevaux, car l'on n'en mène point dans ce pays-là. Comme je devois traverser l'Espagne, don Louis de Haro étoit obligé de me fournir un passe-port de Sa Majesté Catholique. Je m'en

---

l'arrangement qui remit dans l'obéissance du roi la Guyenne et le Périgord ; il fut ensuite employé sous le même prince en Catalogne, où il se distingua de façon à obtenir la lieutenance générale du gouvernement de Roussillon, dont il se démit en 1661. Il reçut ensuite le commandement de Belle-Isle-en-Mer en 1662 ; d'après la Biographie Michaud qui ne parle pas d'ailleurs de son voyage à Lisbonne en 1659, il retourna en 1667 servir en Portugal d'où il serait revenu en 1668, après la paix ; nous ne savons sur quel fondement s'appuie cette affirmation. Le marquis de Chouppes mourut en 1673 et non en 1677, comme l'indique le même ouvrage.

1. Ces *Mémoires* ont été publiés d'abord en 1753, par Duport-Dutertre (Paris, in-12), puis réimprimés en 1861 par C. Moreau (Paris, Techener, in-8). Ce dernier éditeur a donné dans sa préface les renseignements qu'il a pu réunir sur M. de Chouppes et sa famille.

2. Rose (Toussaint), secrétaire du cardinal Mazarin, puis secrétaire du cabinet de Louis XIV, président de la Chambre des Comptes en 1661, mort à 80 ans, le 6 juillet 1701.

3. M. de Chouppes paraît ignorer — et le cardinal semble avoir jugé inutile de lui faire savoir — que d'autres que Mondevergne avaient dû aller aussi en Portugal.

allai avec le ministre espagnol jusqu'à Madrid ; et de là je me rendis en Portugal où je n'eus pas trop lieu d'être satisfait en arrivant. La populace suivoit dans les rues mon carrosse à coups de pierre. Leurs Majestés portugaises me reçurent assez bien ; et après qu'on m'eût donné mes audiences, le peuple se radoucit[1]. Je séjournai un mois à Lisbonne, et je m'en revins à Madrid où je vis le roi d'Espagne, à qui je fis quelques propositions de la part de Leurs Majestés portugaises ; il me renvoya à Dom Louis de Haro et à son conseil. J'eus quelques conférences avec les Ministres, et j'obtins enfin une audience du Roi qui me dit qu'il remettroit à parler de l'affaire du Portugal à son entrevue avec le Roi son frère, et qu'il laissoit cette négociation au cardinal et à Dom Louis de Haro. Quelque temps après, j'eus mon audience de congé, et je m'en revins trouver le Roi qui étoit alors en Provence, et qui me témoigna qu'il étoit content de tout ce que j'avois fait à Lisbonne[2]... »

S'il faut en croire M. de Chouppes lui-même[3], il allait simplement à Lisbonne « porter la nouvelle (de la paix) à Leurs Majestés portugaises, et... leur témoigner le déplaisir que le roi de France avait de n'avoir pu comprendre le Portugal dans le traité ». Mais, en réalité, sa mission comportait une offre de médiation pour traiter directement avec l'Espagne aux moins mauvaises conditions possibles, le roi de France devant rester garant de l'exécution des clauses à intervenir.

Le marquis emportait deux instructions pour régler sa conduite. Il ne nous paraît pas douteux, d'autre part, d'après la correspondance de MM. de Brienne que nous avons relatée plus haut, qu'il reçut une copie, plus ou moins modifiée, des instructions qui avaient été préparées pour le chevalier de Jant, et c'est ce qui nous a engagé à les reproduire ici. Ce mémoire débute naturellement par des récriminations contre la conduite du Portugal depuis la Restauration de 1641, et par une apologie de celle de la France. Il insiste ensuite sur les avantages que le gouvernement du Roi a offerts à l'Espagne pour obtenir d'elle la reconnaissance de l'indépendance du Portugal, en échange de laquelle elle sacrifiait toutes ses conquêtes et consentait à recevoir en grâce le prince de Condé, ainsi qu'à le réintégrer dans toutes les dignités, places et gouvernements dont il jouissait avant sa rébellion[4]. Mais tout ce que l'on a réussi à obtenir, c'est une trêve tacite de trois

---

1. Pour le séjour de M. de Chouppes à Lisbonne et à Madrid, voy. la Relation inédite adressée au cardinal et que nous publions plus loin, après l'Instruction.

2. *Mémoires du marquis de Chouppes,* édit. Moreau, pp. 195 et suiv.

3. *Mémoires,* édit. Moreau, p. 196.

4. C'est avec raison, me semble-t-il, que M. Henri Martin pense que Mazarin « n'eut point hazardé une telle offre, s'il n'eût été certain qu'elle serait refusée ». *Histoire de France,* 4e édit., t. XII, p. 518.

mois à partir des ratifications du traité franco-espagnol, ce qui permettra peut-être de trouver quelque « expédiant ».

M. de Chouppes emportait en outre des instructions beaucoup plus précises dont nous n'avons pas malheureusement retrouvé le texte et que nous ne donnons qu'en résumé[1]. Par ces instructions, l'envoyé français était chargé d'offrir à tout hasard l'intervention et la garantie du Roi pour obtenir de l'Espagne une amnistie générale et une restitution de tous les biens que les Portugais pouvaient posséder dans toute l'étendue de la monarchie espagnole ; pour la maison de Bragance la consécration de tous ses biens, titres et qualités et la vice-royauté héréditaire du Portugal sous la souveraineté de la Castille. On verra plus loin comment ces étranges propositions furent accueillies à Lisbonne.

MÉMOIRE POUR SERVIR D'INSTRUCTION AU SIEUR CHEVALIER DE JANT, CONSEILLER DE SA MAJESTÉ EN SES CONSEILS D'ÉTAT ET PRIVÉ ET CAPITAINE DE LA GARDE FRONTIÈRE DE SON ROYAUME DE NAVARRE, ALLANT DE LA PART DE SA MAJESTÉ EN PORTUGAL, LE 26e JUIN 1659[2].

Ce qui se publie de la négociation de la paix entre la France et l'Espagne donnant lieu aux amis et aux ennemis de l'une et de l'autre couronne de faire diverses considérations sur l'évènement d'un si grand traité, dans lequel nulle partie de la chrétienté n'est sans intérêt, le Roi a jugé à propos de faire part aux princes ses alliés des dispositions avec lesquelles il entend aux propositions qui s'en font, afin qu'ils connoissent que Sa Majesté inclinant au

1. D'après le *Portugal restaurado*, du comte de Ericeira, t. II, liv. IV, p. 255.
2. Nous répétons que nous publions ici ce Mémoire d'après l'ouvrage de M. Tessier (p. 290), et parce qu'il nous semble résulter du document cité plus haut (p. 51) qu'il fut remis au marquis de Chouppes pour lui servir de règle de conduite. — Nous faisons observer, ainsi que nous l'avons fait plus haut dans un cas analogue, que nous modifions l'orthographe du texte que nous reproduisons, suivant le système adopté par la Commission des Archives diplomatiques, pour la publication des Instructions des Ambassadeurs.

repos tant souhaité par tous les peuples a toujours égard au bien de ses amis, et ne pense moins à procurer leur avantage par la paix, si elle se peut conclure, qu'elle a fait par l'assistance de ses armes.

En effet, comme la France n'a jamais refusé les marques de son affection à ceux qui ont eu recours à elle, mais qu'au contraire elle leur a en toutes rencontres tendu les bras, sacrifiant ses propres intérêts au bien de ses affaires[1], elle se seroit bien éloignée de ses anciennes maximes si elle en avoit usé d'une autre manière à l'égard du Portugal, Sa Majesté ayant toujours été prête d'en embrasser puissamment la défense tant pour satisfaire à la générosité que parce qu'elle y trouvoit son bien particulier. Et plut à Dieu que l'on eut profité en Portugal des conseils qui y ont été si souvent donnés d'ici, sur la conduite que l'on y devoit tenir pour le bien commun des deux royaumes; puisque si cela eut été, Leurs Majestés de Portugal ne seroient pas en la peine où elles sont, à présent que le Roi est à la veille de prendre ses dernières résolutions avec l'Espagne, si Sa Majesté ne veut s'attirer la hayne de toute la chrétienté et se démettre de ce que les conjonctures présentes lui peuvent apporter de plus convenable et de plus propre à la conclusion de cette paix.

Pour ce que les soins que Sa Majesté a toujours pris des affaires de Portugal depuis qu'il s'est détaché de la Castille ne sont nullement diminués, il a été jugé nécessaire en cette occurrence d'en donner une particulière information au Roi et à la Reine de Portugal et à leur Conseil ; d'autant que ce traité peut avoir grande réflexion sur l'état de ce Royaume là, et que le sieur comte de Souvré leur ambassadeur extraordinaire, arrivé depuis peu en cette Cour, a fait entendre que le bruit de paix avec l'Espagne se divulguant en Portugal, y produiroit diverses conséquences, selon la manière qu'il y seroit entendu.

Pour cet effet, Sa Majesté ayant résolu d'envoyer promptement le sieur Chevalier de Jant vers le Roi et la Reine de Portugal, elle lui ordonne de les assurer de la continuation de son ami-

---

1. « Il faut lire sans doute *leurs* affaires. » Note de M. Tessier.

lié et de leur faire connoître l'état présent de cette négociation et de quel esprit la France y entre à leur égard. Il est vrai que les grands succés des armes du Roi particulièrement en la dernière campagne, qui les a portées jusque dans le cœur de la Flandre, le bon état de ses troupes qui ne furent jamais plus complètes et plus fortes, ne la convioit point à écouter des propositions de paix ; mais des considérations plus chrétiennes, l'amour qu'elle a pour ses sujets, et enfin la prudence qui défend de négliger l'occasion de passer des hazards de la guerre au repos assuré d'une paix glorieuse, l'ont obligé d'entendre aux dernières ouvertures qui lui en ont été faites :

Sa Majesté ayant fait entrer Monsieur le cardinal Mazarin en conférence pour elle avec Don Antonio Pimentel qui lui étoit envoyé de la part du Roi Catholique, la négociation est parvenue jusques à convenir à une suspension d'armes et de tous actes d'hostilités entre les deux couronnes, en sorte que si les Espagnols persévèrent de bonne foi en ce qui a été concerté, et se mettent en des termes raisonnables sur ce qui reste à régler, l'on peut espérer une favorable conclusion du traité ; de quoi l'on sera éclairci dans peu de temps par l'entrevue dud. sieur Cardinal avec Don Louis de Haro sur la frontière de Biscaye, et jusques alors la sincérité des Espagnols nous sera toujours suspecte.

Quelque enfin que soit le succès de cette négociation, le Roi ne changera point les maximes qu'il a reçues de ses prédécesseurs, que le Roi son père de très glorieuse mémoire a observées et qu'il a lui-même pratiquées à l'égard de tous ses alliés, particulièrement du Portugal. Et si l'effet de son assistance n'a pas été tel qu'il le désiroit pour les Portugais, et s'ils ne se trouvent pas aujourd'hui en état de ne plus rien appréhender de l'Espagne, c'est un malheur qui ne peut être imputé à Sa Majesté ; et le Portugal (sait) que la France n'en est point coupable, qu'au contraire elle a fait des efforts au-delà de ce qu'on devoit prétendre, depuis le traité d'alliance qu'elle conclut avec le Portugal, afin de réduire les ennemis communs, en cas qu'ils fussent contrains, la paix générale, à laisser le Portugal comme il est à présent : et que, si cela n'a point eu son effet, c'est parce qu'en

Portugal on n'a pas jugé à propos de seconder les efforts de ce Royaume pour réduire les Espagnols, et de se servir utilement des occasions de les affoiblir pendant que les armées de Sa Majesté les tenoient occupés en Flandre, en Italie et en Catalogne, et qu'alors il eut été facile de faire des conquêtes dans l'Espagne qui l'auroient portée à laisser un jour le Roi de Portugal en la juste et paisible possession de son héritage.

Ce prince ne fut pas plutôt reconnu par l'acclamation de tous ses peuples, que le Roi procura que ses ambassadeurs fussent reçus dans les cours de ses alliés; nonobstant les violentes oppositions des Espagnols, il les maintint en l'assemblée de Munster; et si dans Rome le crédit d'Espagne auprès des personnes des papes a pu empêcher qu'ils n'ayent traité en cette qualité d'ambassadeur avec le Saint-Siège, au moins ont-ils été protégés par la France contre les insultes des ministres d'Espagne.

Les offices[1] que le Roi fit faire auprès des Etats Généraux des Pays-Bas, sur les différends qui naquirent entr'eux quasi avec le nouveau règne, empêchèrent qu'une si subite guerre n'en troublât l'établissement; et l'on peut dire que partout, ou le crédit de la France, ou ses armes ont procuré le calme au Portugal.

Cependant le Roi Dom Juan a cru que c'étoit assez, comme il disoit, de conserver son bien légitime que la justice du ciel venoit de lui rendre, sans en étendre les bornes par des conquêtes nouvelles, sa bonté naturelle lui faisant éviter les occasions de voir répandre le sang de ses sujets pour acquérir des provinces qu'il savoit ne lui appartenir pas. Il s'est contenté aussi de faire des protestations d'une ligue étroite avec nous sans s'y appliquer sérieusement par les moyens capables de nous y obliger, ne s'étant jamais pu résoudre à faire les choses que l'on demandoit pour entrer dans une obligation qui auroit pu faire continuer la guerre un siècle tout entier. Les ministres envoyés continuellement de part et d'autre ont servi seulement à entretenir la bienveillance; mais la liaison n'est jamais venue

---

1. M. Teissier imprimé à tort *les offres* (p. 294).

jusques au point de nous rendre la paix et la guerre commune, quoiqu'à la vérité les conditions de la ligue ne fussent point difficile et ne le seront point à l'avenir, si les projets de la paix ne réussissent pas.

Mais comme le sieur de Souvré, ambassadeur extraordinaire de Portugal, a tâché d'interpréter les espérances que le défunt Roi donnoit, dans l'instruction du sieur de Saint-Pé, d'écouter favorablement l'ambassadeur qui seroit envoyé de ce Royaume-là et d'aviser avec lui aux moyens de faire un traité, pour un traité conclu et un engagement formel, il est très important de faire clairement connoître à un chacun que les avances faites par le feu Roi ne sont point telles que cet ambassadeur l'a prétendu ; et cela paroîtra encore davantage, si l'on considère les continuelles instances qui ont été faites par le Portugal pour obliger le Roi d'entrer dans cet engagement, dont il n'auroit pas depuis sollicité Sa Majesté, si elle y eût été obligée par la parole du Roi son père. C'est ce que ledit sieur Chevalier de Jant éclaircira nettement, puisque jusques à présent il n'y a eu aucune apparence de promesse formelle de la part du Roi de ne point faire la paix avec l'Espagne sans y comprendre le Portugal, mais bien des propositions de faire une alliance sous cette condition, si le Portugal eût voulu faire de sa part ce qui étoit nécessaire pour l'obtenir ; il est vrai qu'il lui eût été aisé de le faire en des rencontres où il auroit pu mériter que sans l'avoir promis, le Roi s'y crût obligé par reconnoissance, lorsque pendant les révolutions qui survinrent en France toute la fortune de l'État fut ébranlée ; car elles mirent lors Sa Majesté en état, bien loin de continuer ses progrès contre ses ennemis, de ne pouvoir pas seulement conserver les conquêtes qu'elle avoit faites sur eux ; et comme l'on appréhendoit la continuation de la guerre civile, allumée presque dans toutes les provinces de ce Royaume, l'on fit entendre plusieurs fois au Portugal que l'on feroit la ligue aux conditions qu'il demandoit, pourvu que l'on résolut de donner les assistances qui seroient nécessaires pour empêcher l'Espagne de profiter de ses troubles ; mais l'on ne put jamais tirer une réponse décisive du Portugal ni en obtenir la moindre assistance, quoiqu'il n'y eut pas moins d'intérêt que le Roi même. Néanmoins, comme il a plu à Dieu de donner au Roi le moyen de rétablir le calme dans ses Etats, sa réputation au dehors et la gloire de ses armes dans tous les lieux où elles ont agi, et de contraindre enfin l'Espagne à désirer la paix, s'il est vrai qu'elle la désire sincèrement, Sa Majesté n'a aucun ressentiment de ce qui s'est passé et conserve la même volonté qu'elle a toujours eue de favoriser en toute manière juste et raisonnable les intérêts du Portugal.

Elle ne pouvoit paroître plus ouvertement que dans cette même négociation de paix, en laquelle Sa Majesté a fait offrir au Roi d'Espagne la restitution de toutes les places conquises sur lui, à condition que le Roi de Portugal seroit maintenu dans le droit de la possession de son Royaume; par cette proposition le Roi donnoit, par une libéralité sans exemple, le fruit de toutes ses victoires et le prix de tant de sang de ses sujets à la considération du seul Portugal, ce qui auroit peine de trouver créance si les Espagnols qui sont encore nos ennemis n'en étoient les témoins.

Cette ouverture n'ayant point été reçue et les Espagnols s'en défendant, sur ce qu'il étoit difficile qu'un souverain put jamais oublier l'injure d'une rébellion, le Roi pour ôter la force à cette raison mal fondée, l'appliquant à son égard sur un véritable sujet, a bien voulu faire offrir au prince de Condé le recevoir en ses bonnes grâces, le remettre dans ses charges et dans ses biens, et même enfin de lui rendre les places et les gouvernemens qu'il avoit dans le Royaume auparavant sa defection, sous cette seule condition que le Portugal seroit conservé. Les Espagnols ayant encore refusé cet accommodement, cet article est demeuré indécis entre ceux qui doivent être terminés dans l'entrevue sur la frontière.

Ç'a été avec beaucoup de déplaisir que Sa Majesté a vu que des avances si grandes et si avantageuses n'ayent pas eu tout l'effet qu'elle s'en étoit promis, et elle auroit encore voulu faire plus pour obliger le Roi Catholique à laisser le Portugal en l'état où il se trouvoit présentement, hors de s'engager à faire la guerre pour ce sujet, puisque cela ne serviroit pas davantage et ne feroit que lui attirer la haine de la chrétienté, comme il est dit ci-dessus.

Tout ce que l'on a pu donc ménager jusques à présent a été que, si la paix se conclut, il ne sera fait pendant trois mois entiers aucun acte d'hostilité de la part des Espagnols contre le Portugal, à commencer du jour de l'échange des ratifications, le Roi promettant que le Portugal en usera de même ; et comme ce terme ne peut finir que vers le mois de novembre, l'on seroit assuré de l'été et de l'hiver, n'y ayant pas apparence que l'on voulut faire agir les armées dans la rigueur de la saison, ce que l'on nous fait espérer d'accorder, pour savoir si l'on voudroit remettre les choses comme elles étoient auparavant, ou si l'on auroit quelqu'autre expédient à proposer qui put obliger le Roi Catholique à terminer la guerre de ce côté-là, comme l'on souhaite qu'elle finisse partout. C'est le sujet qui oblige Sa Majesté à dépêcher ledit sieur Chevalier de Jant afin de donner part au Roi et à la Reine de Portugal de ce qui se passe, comme le fera aussi le sieur Comte de Souvré leur ambassadeur extraordinaire qui est ici, lequel l'on a informé encore plus particulièrement de toutes choses pour en faire savoir un détail plus exact à Leurs Majestés de Portugal par ses lettres ; et c'est aussi ce que ledit sieur Chevalier de Jant aura à représenter, assurant que ledit sieur Cardinal dépêchera de la frontière d'Espagne à Lisbonne pour donner part de ce qui s'y passera entre lui et Dom Louis de Haro ; et après avoir reçu la réponse du Roi et de la Reine de Portugal, il s'en reviendra par l'Espagne, passant à Bayonne où il trouvera ledit sieur Cardinal à qui il rendra compte de son voyage, suivant l'ordre que Sa Majesté lui en a donné. Fait à Chantilly, le xxvie jour de juin 1659.

Signé : Louis.

Et plus bas :

DE LOMÉNIE.

RELATION DE LA MISSION DU MARQUIS DE CHOUPPES.

Original. — *Correspondance de Portugal*, t. IV, fol. 300. — 30 décembre 1659.

Arrivant à Elvas j'y ai rencontré le général qui me reçut avec toutes les civilités qui se peuvent, et de quelque qualité qu'eût pu être un Ambassadeur, l'on ne lui auroit pas témoigné plus d'honneur, ayant fait mettre les troupes en bataille qui me saluèrent avec la mousqueterie et canon; il me retint à Elvas quatre jours, cependant qu'il donna avis de mon arrivée à Leurs Majestés de Portugal qui envoyèrent au-devant de moi un maître de camp avec un carosse pour me conduire, qui me mena à Lisbonne, et affectant de me faire passer par des villes, auxquels lieux on me reçut le peuple sous les armes avec grandes exclamations de joie, criant : Vive la France et Portugal.

Etant arrivé sur le bord de la rivière de Tage, je trouvai les chaloupes du Roi qui me passèrent à Lisbonne, où je trouvai sur le bord les carosses du Roi avec l'introducteur des Ambassadeurs, qui me mena à un logis que le Roi m'avoit fait préparer, où je fus traité aux dépens du Roi et y demeurai deux jours sans avoir audience.

Le troisième jour j'eus mon audience de Leurs Majestés qui me reçurent très bien; elle ne se passa qu'en compliments, de la part du Roi mon maître et de la Reine, et ensuite de Son Eminence, et Leurs Majestés de Portugal me témoignèrent d'avoir bien de la joie et satisfaction de se voir dans le souvenir du Roi. J'ai voulu entrer en matière, mais la Reine me pria, ou pour mieux dire m'ordonna, de me vouloir trouver le lendemain à son palais, au Conseil, où se trouveroient des Ministres, savoir Monsieur le Comte de Mira, le Marquis de Catanière et le Secrétaire d'Etat, lesquels je ne trouvai pas si civils que Leurs Majestés.

Je commençai mon discours en leur témoignant le déplaisir

que le Roi mon maître avoit de n'avoir pu faire comprendre dans le traité de la paix le Portugal et que le premier pas qu'on avoit fait, avoit été d'offrir aux Espagnols, non seulement toutes les conquêtes que nous avions fait sur eux au prix de tant de sang et d'argent, durant 25 années de guerre ; mais aussi de rétablir Monsieur le Prince, généralement dans le même état qu'il étoit devant qu'il eût pris les armes contre le Roi, pourvu que Portugal fut compris dans le traité de la paix. Et que depuis, Monseigneur le Cardinal, non content de toutes les instances qu'il avoit faites en divers temps sur ce même sujet, les a renouvellées dans les conférences qu'il a eues avec Don Louis de Haro, et reitérées par plusieurs fois avec toute la chaleur possible, sans se pouvoir rebuter du refus de Don Louis de Haro.

Mais voyant que c'étoit du temps perdu, que de vouloir s'arrêter sur ce point-là et craignant avec raison, vu la constitution du dedans du Royaume, étant tous les jours à la veille de revoir des guerres civiles, par les cabales de M. le Prince et le Cardinal de Retz, et de la réussite du peuple, que 25 années de guerre ont mis en état de prendre le parti de ceux qui les soulageroit de la taille, si bien que le Roi ne maintient son autorité que par le gain des batailles et prises des places sur ses ennemis, de sorte que si nous ne faisions la paix présentement, il ne survint dans peu de temps des brouilleries en France qui nous obligeassent à faire la paix à des occasions désavantageuses, au lieu que maintenant nous la faisons avec grand avantage, et beaucoup de gloire, vu que nous ne rendons que les places que nous ne pourrions conserver et qu'au lieu de celles-là, on nous en donne d'autres qui valent beaucoup mieux, cependant nous avons songé à faire pour Portugal tout ce qui nous est possible sans rompre la paix.

Que pour cet effet, Sa Majesté avoit résolu de me dépêcher d'abord que la trêve fut résolue : mais Monseigneur le Cardinal, qui m'avoit commandé de le suivre pour me dépêcher à son arrivée sur les frontières d'Espagne pour retarder d'autant plus les hostilités contre Portugal, a coulé adroitement le temps jusqu'à la fin des conférences, et par ce moyen a mis les choses en état que pour peu que dure la négociation des affaires de Portugal, le Roi Catholique devant partir au mois de mars accompagné de tous les grands d'Espagne et de Don Louis de Haro pour accompagner l'Infante sur les frontières, et ne pouvant être de retour que vers le mois de juillet, la guerre du côté de Portugal ne sauroit commencer qu'en ce temps-là; ainsi ils auroient plus de loisir de se préparer et prendre des mesures, ce qui est toujours un avantage.

Je leur dis que je n'avois point de charge de leur faire aucune proposition, n'ayant point à douter que le Roi et la Reine de Portugal jugent de se pouvoir maintenir dans l'état où ils sont; qu'il n'y a point à délibérer sur ce parti-là et que ce seroit la plus grande joie que put avoir le Roi mon maître, connoissant fort bien l'intérêt à ne voir point réunir le Portugal à l'Espagne tant par l'avantage que la séparation lui apporte, que par le préjudice qu'il souffrira de la réunion dont s'ensuivra l'augmentation d'une puissance qui seule peut balancer la sienne dans l'Europe.

Mais qu'il faut bien prendre garde à ne se pas tromper dans le calcul de leurs forces, et qu'il s'agit de les bien considérer et de les peser et d'éclaircir au vrai s'ils ont de quoi résister seuls aux armes Catholiques. Il ne faut pas qu'ils se flattent d'aucune assistance étrangère : les Hollandais ne l'oseront faire, les Anglais ne le pourront étant assez embarrassés chez eux, et dans un état si peu assuré, qu'on ne peut faire aucun fondement sur l'autorité de ceux qui gouvernent aujourd'hui.

Et pour le Roi de Suède, il est si éloigné et d'ailleurs il a tant d'affaires, qu'il n'y a rien à espérer de ce côté-là.

Pour la France, je n'en peux rien dire que ce que j'ai fait déjà, puisque outre que la paix nous lie les mains, la même chose nous a contraints de finir la guerre, nous ayant tellement épuisés d'hommes et d'argent et de toutes choses que nous ne sommes pas en état de faire aucun effort.

Si bien qu'il est au Roi et à la Reine de Portugal et à Messieurs de leur Conseil d'examiner mûrement ce qu'ils peuvent faire d'eux-mêmes pour se défendre des Espagnols, qui étant libres et dégagés de la guerre de toute part, ne manqueront pas de forces, soit par mer, soit par terre, pour attaquer le Portugal.

Qu'encore une fois, le Roi mon maître ne souhaite rien avec tant de passion que de voir le Portugal se conserver comme il est en Royaume séparé des Etats du Roi d'Espagne, mais que si cela ne se peut, il aimeroit beaucoup mieux qu'il retournât au Roi Catholique sous des conditions qui le restreignissent et son pouvoir tellement, que n'y restât que le titre de Roi, et qui conservassent au Roi et à la Reine de Portugal tous les avantages qu'ils peuvent désirer et avec entière sûreté ; que si il le regagnoit par force, il en pourroit user comme un conquérant, lequel en tireroit jusqu'au dernier écu, et termineroit la maison Royale, et désoleroit le peuple sans s'arrêter aux privilèges, en usant tout ainsi que peut faire un victorieux ;

Que si Leurs Majestés de Portugal ont quelque chose à me commander là dessus, j'ai ordre du Roi mon maître de faire et dire tout ce qui leur plaira et que le Roi mon maître leur offre sa médiation, laquelle sera employée jusqu'à rendre leurs conditions telles, qu'il n'y ait nul changement en effet, si par hasard il faut qu'il y en ait en apparence ;

Que lorsque Monseigneur le Cardinal s'est entretenu des affaires de Portugal avec Don Louis de Haro, il lui a apparu dans toutes les bonnes dispositions que son devoir lui peut permettre, jusque-là que Son Eminence lui ayant dit que le Comte de Soure, ambassadeur de Portugal, lui avoit dit que le Roi son maître feroit tel avantage au Roi d'Espagne qu'il voudroit, pourvu qu'il demeurât Roi de Portugal, comme il est à présent ;

Monsieur Don Louis témoigna qu'il attendoit une autre proposition toute contraire, c'est-à-dire que le Roi de Portugal demandât au Roi Catholique des avantages grands pour quitter la couronne ;

Que si Leurs Majestés de Portugal ont à entrer dans quelque négociation, il vaut mieux que ce soit à présent que lorsque les Espagnols auront assemblé leurs forces dans le pays et commencé la guerre, puisque assurément l'on n'obtiendra pas alors les mêmes conditions qu'à cette heure ;

Que outre l'avantage des conditions que la médiation du Roi mon maître procurera à Leurs Majestés de Portugal, elle servira aussi pour assurer l'exécution, puisque le Roi mon maître se rendra garant de tout ce qui leur sera promis et que le moindre manque de parole des Espagnols seroit pris par le Roi mon maître pour l'infraction de la paix.

Mais derechef, c'est à Leurs dites Majestés de Portugal de prendre bien leurs mesures, ayant ordre du Roi mon maître de leur dire que s'ils ont de quoi se maintenir, il n'y a rien qu'il souhaite tant par toute sorte de raison.

Leurs Majestés de Portugal peuvent demander toute sorte de choses au Roi Catholique à la réserve de Royauté, c'est-à-dire vice-royauté perpétuelle au Roi et ses descendants avec pleine autorité et de grands biens et de grands établissements et la conservation de tous les privilèges du Royaume; et sans renoncer à la Royauté, les Espagnols ne veulent entendre de nulle négociation.

Il semble donc que l'on pourroit à toutes les extrémités s'accommoder au temps, puisque si il survenoit quelque chose, la maison Royale de Portugal pourroit aussi bien reprendre le dessus et faire toute la même chose que si elle n'avoit point relâché le nom de Roi, et cependant elle se garantiroit de l'orage qui la menace dans la conjoncture présente.

Réponse.

Ils me dirent qu'ils s'étonnoient que le Roi mon maître ayant tant de bonne volonté, comme il disoit, pour le Portugal et lui étant si avantageux qu'il demeurât dans l'état où il est, de ne l'avoir compris dans la paix étant de ses alliés, ou à tout le moins de ne s'être pas réservé le pouvoir de secourir le Portugal d'hommes et d'argent, ou bien de ne leur avoir obtenu une trêve pour quelques années.

Je leur dis que le Roi mon maître avoit fait tout ce qu'il avoit pu, puisqu'ils peuvent apprendre par les Espagnols mêmes que l'on avoit offert pour laisser le Portugal en l'état où il est, toutes les conquêtes, et le rétablissement de M. le Prince, tout ainsi qu'il étoit devant la prise des armes contre le Roi.

Ils me dirent que l'on rétablissoit bien M. le Prince dans tous ses honneurs, biens et charges sans cela, et que le Roi mon maître ne retenoit guère de ses conquêtes, et qu'il rendoit toutes les places conquises.

Je leur dis que M. le Prince n'étoit pas rétabli ainsi qu'il étoit, que l'on lui donnoit seulement le gouvernement de Bourgogne, qui n'est pas égal à celui de Guienne et que l'on ne lui rendoit aucune de ses places fortes qu'il avoit et que l'on ne lui rendoit pas la charge de grand maître du Roi et que l'on la donnoit à M. le Duc d'Enghien son fils, et que pour cette restitution les Espagnols ont donné au Roi mon maître la citadelle de Juliers et les places d'Avène, Marienbourg et Philippeville et que pour ce qui est des conquêtes, ils verroient par le mémoire que je leur enverrai, le nombre des places que le Roi d'Espagne abandonne au Roi mon maître, et que pour celles que nous avons relâchées, sont telles, que l'on ne peut garder; mais que si le Portugal se vouloit contenter d'être remis dans le même état qu'il étoit devant la guerre, ou quelque chose même de plus, que le Roi mon maître leur feroit accorder.

Ils m'ont dit de n'être point obligés à la France, de ce que les Espagnols n'ont point fait d'hostilités contre le Portugal pendant cette campagne, ne l'ayant fait que par une pure faiblesse, que les Espagnols n'ayant point été en état d'attaquer le Portugal depuis la défaite devant Elvas; et que si le Roi mon maître n'a d'autre secours à donner au Portugal que de ses conseils, qu'ils n'en ont pas de besoin.

Je leur dis, que les avoir suivis par le passé, que leurs affaires en seroient dans un meilleur état.

Ils me dirent que la France n'avoit jamais considéré le Portugal que par son intérêt particulier, que présentement qu'elle a fait la paix avec l'Espagne, elle les abandonne.

Je leur dis qu'on ne les abandonnoit point et qu'il n'y avoit point de liaison qui obligeât le Roi mon maître à ne faire jamais la paix que avec le Portugal, et que le Roi mon maître leur offriroit présentement de les assister autant qu'il pouvoit sans rompre la paix.

Ils me dirent que puisqu'ils n'avoient rien à prétendre du côté du Roi Catholique sans quitter la couronne de Portugal, qu'ils aimoient mieux tous périr, et que s'ils avoient l'exclusion de secours de la France, Angleterre, de Suède et de Hollande, qu'ils en auroient des Turcs et que cependant ils se maintiendront bien contre la force d'Espagne, car ce ne seroit pas la première fois que le Portugal ait la guerre contre l'Espagne, qu'ils s'étoient bien maintenus et que depuis vingt années qu'ils sont en guerre, les Castillans ne leur ont point fait du mal.

Je leur dis que la France leur faisoit une grande diversion, attirant la force d'Espagne en Italie, en Flandre et en Catalogne et qu'il ne falloit pas prendre la mesure sur ce point là ; l'Espagne n'ayant d'affaires à présent que au Portugal, leurs forces ne seront pas égales.

Ils me dirent qu'ils avoient un exemple dans les Hollandais, qu'ils se sont bien maintenus contre la puissance d'Espagne.

Je leur dis que les Hollandais avoient été assistés de la France, de l'Angleterre et des protestants d'Allemagne et qu'ils ne faisoient point la guerre avec leurs sujets et qu'il ne leur en coûtoit que leur argent ; que quand il arrivoit un échec à leurs troupes ils ne perdoient rien, n'étant que des étrangers dont ils se servoient et ils avoient pour argent, des autres, et que eux au contraire ils n'ont point d'autres soldats que leurs paysans qu'ils forcent à la guerre, et les mêmes gens qu portent les armes sont les mêmes qui leur payent d'argent ; que tout cela ne pouvoit pas être de durée et que le moindre échec qui leur arrivera, ils seront sans ressources, et que même si Leurs Majestés de Portugal avoient de l'argent, je crois qu'elles auront de la peine à se servir des étrangers ; et encore que le Portugal soit en état de faire la guerre, il me semble qu'il faudroit toujours entrer en quelque négociation avec le Roi Catholique pour prolonger le temps d'assembler leurs forces, et qu'ils ne puissent entrer sitôt en armes en Portugal, le temps pouvant amener quelque changement qui pourroit donner lieu de faire quelques choses avantageuses pour le Portugal.

Ils me dirent fort bien qu'ils n'avoient que faire de conseils et qu'ils savoient bien ce qu'ils avoient à faire, et qu'ils avoient pris leur résolution, et qu'ils empêcheroient bien les Espagnols de venir dans le Portugal, qu'ils iroient cinquante lieues au devant d'eux.

Je leur dis que ce seroit la plus grande joie que pourroit recevoir le Roi mon maître, s'ils étoient en état de pouvoir faire cela et que j'avois bien de la peine à le croire, vu que depuis dix-huit ans que les Espagnols étoient occupés en Italie, Flandre et Catalogne et n'ayant point de forces de ce côté ci, que les Portugais n'ont fait aucune conquête, mais ont laissé prendre une de leurs meilleures places.

Ils me répondirent qu'ils n'avoient pas perdu cette place par la force des armes, mais par trahison.

Je répartis qu'il n'importoit de quelle manière elle fût perdue, puisque en effet elle étoit perdue.

Ils me dirent que depuis que le Portugal avoit fait alliance avec le Roi de France, ils n'avoient jamais demandé secours au Roi mon maître et que lui en avoit demandé.

Je leur dis que le Roi mon maître n'avoit attendu que le Roi de Portugal lui demandât des secours, qu'il lui en avoit offert, et que je n'avois pas de mémoire que le Portugal eût donné de secours au Roi mon maître.

Ils me dirent qu'ils donnèrent des vaisseaux pour Porto Longone et qu'on leur en avoit demandé pour Barcelonne.

Je leur dis que je savois bien qu'on leur avoit demandé pour Barcelonne, mais que cela étoit plutôt pour leur intérêt propre que pour le Roi mon maître, et que s'ils l'avoient fait, ils ne seroient point dans la peine où ils sont.

Ils me demandèrent si le Roi de France ne les assisteroit pas d'argent, et que leur ambassadeur leur mandoit que Votre Eminence lui avoit dit que le Roi mon maître assisteroit le Portugal d'argent.

Je leur dis que je n'avois pas entendu parler de cela et que je ne savois pas ce que leur Ambassadeur leur mandoit, mais que pour moi je n'avois pas ordre de leur dire cela.

Ils me demandèrent à voir mon instruction.

Je leur dis que mon instruction étoit dans ma tête.

Ils me dirent que les autres ambassadeurs leur montroient leurs instructions.

Je leur dis que je ne savois pas ce que les autres ambassadeurs avoient fait et que je n'avois garde de leur montrer, puisque je n'en avois point, mais qu'ils pouvoient écrire tout ce que je leur disois.

Ils me dirent que je l'écrivisse donc de ma main.

Je leur dis que je ne pouvois écrire, que j'étois estropié et puisqu'ils avoient pris leur résolution, tout ce que je pourrois leur dire seroit inutile et que tout ce que le Roi mon maître craignoit étoit que Leurs Majestés de Portugal ne se puissent pas maintenir dans l'état où elles sont, ce qui l'avoit obligé à m'envoyer vers elles pour leur offrir sa médiation, laquelle continuera jusqu'à ce que Leurs Majestés de Portugal en puissent recevoir une entière satisfaction et pour cet effet le Roi mon maître m'avoit ordonné de faire et de dire tout ce que Leurs Majestés de Portugal me commanderoient, et là-dessus je les ai quittés. Cette conférence s'étant passée avec beaucoup de chaleur et particulièrement de la part du Comte de Cantanière qui me dit beaucoup de bravoures.

Je m'en retournai à mon logis où je fis transcrire l'instruction que votre Eminence m'a donnée avec un mémoire de toutes les places qui demeurent par le traité de paix à la France, lequel mémoire avec l'instruction je portai au Père Dominge Rosel[1], que je trouvai plus civil et plus raisonnable que ceux avec qui j'avois eu à conférer; il étoit malade de la goutte et l'est encore, ce qui l'a empêché de voir Leurs Majestés, mais il leur envoya l'écrit que je lui avois donné; je fus 4 ou 5 jours sans rien dire ni voir personne. Il est à savoir que du jour de notre conférence, l'on envoya requérir les officiers du Roi qui m'avoient servi jusquelà et l'on ne me laissa rien dans le logis que les lits seulement; je ne fis semblant de rien et je ne m'en suis fort bien passé.

Après 4 ou 5 jours de temps passé et que l'on ne me disoit rien, j'envoyai demander mon audience d'adieu à Leurs Majestés qui me l'accordèrent, où j'allois et leur faisant mes compliments qu'ils reçurent très bien, je les trouvai plus civils que n'avoient été leurs Ministres.

La Reine me disant qu'elle ne doutoit point que le Roi son frère n'eut fait dans le traité de paix pour le Portugal tout ce qu'il a pu, et qu'elle le supplioit de lui conserver sa bonne volonté et que en temps et lieu elle se serviroit du mémoire que je lui avois envoyé qui est l'instruction de Votre Éminence, et que de rechef elle supplioit le Roi son frère de prendre la protection du Roi

1. Dominique du Rosaire.

son fils, et ensuite me fit des compliments pour le Roi et la Reine et pour Votre Éminence qu'elle supplie de lui continuer toujours sa bonne volonté : voilà en mêmes termes qu'elle me parla.

Le lendemain matin, Leurs Majestés de Portugal m'envoyèrent visiter par le secrétaire d'État, qui me demanda de leur part quand je voulois partir.

Je lui dis que ce seroit quand cela plairoit à Leurs Majestés de Portugal, le Roi mon maître m'ayant envoyé ici avec ordre de dire et de faire tout ce qui leur plairoit.

Il entra en matière insensiblement et je crois bien qu'il étoit venu pour cela; il commença à me dire qu'il étoit bien véritable que le Roi de France ne pouvoit pas mieux faire pour le Portugal dans le traité de paix que ce qu'il avoit fait, et qu'il étoit bien vrai que le Roi de France n'a point d'engagement à faire la paix sans le Portugal : mais qu'il n'a point tenu au Portugal et qu'il sembloit que le Roi de France n'a jamais voulu une liaison jusqu'à ce point là.

Je lui dis que cela avoit été toujours l'intention de la France et que toutes les offres que le Roi mon maître a faites à Leurs Majestés de Portugal sont des raisons assez convaincantes, leur ayant voulu donner 12 000 hommes de pied et 2000 chevaux pour attaquer l'Espagne du côté de Portugal, sans aucune prétention aux conquêtes qui se feroient, les laissant toutes à Leurs Majestés de Portugal, et que du temps du feu Roi mon maître, Leurs Majestés de Portugal avoient promis d'envoyer un ambassadeur pour faire un traité, ce qu'elles ne firent point.

Il me dit que ce qui avoit empêché cela, c'étoit la demande que le Roi de France faisoit, qui étoit de l'argent à Leurs Majestés de Portugal pour faire cette alliance, ce qui surprenoit le Roi de Portugal de voir agir le Roi de France de cette sorte à son endroit, vu que tous les autres alliés de la France pour lors, qui étoient le Roi de Suède, les États de Hollande, le Landgrave de Hessen et le Duc de Savoie à qui tous le Roi donnoit de l'argent et qu'il en demandoit au Roi de Portugal.

Je lui dis que quand cela seroit, comme le Roi mon maître le faisoit pour la même raison que ses alliés faisoient pour lui, qui étoit qu'il leur donnoit de l'argent pour entretenir la guerre du côté de leurs États pour faire la diversion aux Espagnols qui étoient pour lors ses ennemis, et qu'ainsi le Roi mon maître leur demandoit de l'argent pour faire une puissante diversion du côté de Catalogne, dont l'utilité de cette guerre n'étoit que pour le Portugal et que si le Roi mon maître avoit demandé de l'argent, ce n'avoit été qu'après le refus que Leurs Majestés de Portugal avoient fait de ses troupes du côté du Portugal.

Il me dit qu'ils avoient demandé toujours à faire une alliance qui engageât les couronnes à ne faire jamais la paix l'une sans l'autre, et que lorsqu'on leur demanda des vaisseaux pour Porto Longone, Lanié[1] qui pour lors étoit ambassadeur ici pour le Roi mon maître, assura Sa Majesté de Portugal qu'on signeroit l'alliance qu'il désiroit, alors que ses vaisseaux auroient joint les vaisseaux du Roi de France, ce qui ayant été fait on n'a pas signé, ayant toujours différé du côté de la France. Il me dit aussi que lorsque le Roi de France envoya demander secours pour Barcelonne, que Leurs Majestés de Portugal le vouloient bien faire pourvu que le Roi de France signât l'alliance ci-devant projetée et comme l'on les avoit toujours remis, qu'ils ne voulurent donner premièrement secours que l'alliance ne fut signée du Roi de France. Je lui dis que quand il n'y auroit eu que l'intérêt de Portugal, ils ne devoient point refuser ce secours, et qu'ils peuvent bien reconnoître aujourd'hui de quelle conséquence leur seroit Barcelonne entre les mains du Roi mon maître. Il me dit qu'ils ont des lettres de M. le Comte de Brienne par lesquelles il assure Leurs Majestés de Portugal que jamais le Roi mon maître ne fera la paix sans y comprendre le Portugal, ou à tout le moins se réservera la liberté de le secourir de trois mille hommes de pied et de mille chevaux à ses dépens.

Je lui dis que dans ce temps-là, le Roi mon maître pouvoit avoir cette intention croyant de le pouvoir faire, n'ayant pas prévu que Monsieur le Prince et le Cardinal de Retz eussent apporté tant de désordre dans la France.

Il me dit que le chevalier de Gente étant ici de la part du Roi mon maître, a signé un traité avec le Portugal, qui engageait en

---

1. Lanier, agent de France, voir l'Introduction.

quelque sorte le Roi de France à ne pas faire la paix sans le Portugal.

Je lui dis que si le chevalier de Gente avoit fait cela, il ne le pouvoit n'ayant pas de pouvoir pour cela.

Il me dit qu'il avoit des lettres de créance du Roi de France.

Je lui dis que les lettres de créance n'étoient que pour parler et non pas pour signer, et que le chevalier de Gente n'étoit qu'un fripon, et que Son Éminence ayant su les friponneries qu'il avoit faites ici, l'avoit fait mettre dans la Bastille en prison, où il est présentement.

Il me dit que la France avoit toujours considéré le Portugal comme ayant beaucoup d'argent par les demandes qu'elle a toujours fait, et que M. de Comminges avoit demandé cinq millions qui est au-dessus du pouvoir du Portugal, et que l'envie que le Portugal avoit de faire le traité avec la France avoit fait offrir à M. de Comminges deux millions et cinq cent mille livres, dont ils tombèrent d'accord, et quand il fut question de signer le traité de l'alliance commune, l'on apporta la difficulté dans le payement, le Roi mon maître demandant l'argent comptant, ce qui ne se pouvoit, la somme étant trop grosse pour cela ; le Portugal promettoit de la payer en des termes qui seroient courts et surs, ce que Monsieur de Comminges ne voulut pas accepter.

Je n'eus pas grande réponse à lui faire sur ce sujet, n'ayant pas connoissance de cet article.

Il me dit que puisque le Roi de France n'avoit pu rien faire pour le Portugal dans la paix, comme Leurs Majestés de Portugal le croient, que le Roi de France leur devoit donner avis de la négociation entre la France et l'Espagne dès le commencement et que cela étant, Leurs Majestés de Portugal auroient envoyé un Ambassadeur qui auroit eu plein pouvoir et que la paix n'étant pas conclue, l'on auroit pu faire quelque traité pour le Portugal qui seroit peut-être plus avantageux et plus sur que celui que l'on offre présentement.

Je lui dis que le Roi mon maître avoit cru faire pour le mieux après le refus qu'on lui avoit fait pour le Portugal, de prolonger la négociation pour donner du temps à Leurs Majestés de Portugal de prendre leurs mesures, et que cependant l'on empêchoit les hostilités de la part des Espagnols dans le Portugal, et que pour la sûreté des traités qui se peuvent faire entre l'Espagne et le Portugal par la médiation du Roi mon maître, sera aussi sûre que s'ils étoient couchés dans le traité général, puisque le Roi mon maître se rendra garant de tout ce qui sera promis à Leurs Majestés de Portugal et que le moindre manque de parole de la part des Espagnols seroit pris par le Roi mon maître pour l'infraction de la paix.

Il me dit que le Roi Catholique avoit fait il y a quelques années des propositions au Portugal, plus avantageuses que celles que l'on fait présentement, que le Portugal ne voulut pas accepter sans le consentement de la France et n'ayant jamais voulu rien faire sans le consentement de la France.

Je lui dis que pour lors que le Roi d'Espagne faisoit ses propositions, qu'il étoit en guerre avec le Roi mon maître et que présentement qu'il n'y est plus, il change les conditions, mais que néanmoins, comme le Roi mon maître m'ordonnoit de faire et de dire tout ce que Leurs Majestés de Portugal voudroient, et que je ne désapprouvois pas que Leurs Majestés de Portugal me fissent demander ces mêmes conditions au Roi Catholique, que si il ne vouloit pas les accorder, cela prolongeroit toujours la négociation, qui est un avantage pour le Portugal.

Il me dit qu'il en parleroit à Sa Majesté, mais qu'il craignoit une chose, qui étoit que Leurs Majestés ne puissent rien résoudre sans assembler leurs conseils des trois États, qu'ils étant assemblés, c'est de leur donner la connoissance de beaucoup de choses qui peuvent nuire à Leurs Majestés, les Portugais, présentement, étant bien disposés à maintenir le Portugal.

Je lui dis que ce seroit bien la plus grande joie que le Roi mon maître pouvoit avoir, si se peut faire, mais pour moi ce n'est pas mon opinion que cela se puisse faire, si le Roi d'Espagne y employant la force soit par mer et par terre; que Don Louis de Haro a dit à Son Éminence et à moi ce que veut faire, que pour les forces de Leurs Majestés de Portugal je les ai bien considérées, ayant 21 régiments d'Infanterie de payés, qui est à 500 hommes fait 10 500 hommes de pied, qui est bien tout ce qui se puisse faire, les ayant vu comme j'ai fait et au rapport de tous vos officiers. Vous avez 100 compagnies de cavalerie qui sur le pied de 40 hommes la compagnie, font 4000 chevaux. Il vous reste 37 régiments de milice dont vous faites état de 12000 hommes; cela ne vous peut servir qu'à garder vos places et tirer vos régiments qui sont dedans. Vous avez encore un avantage, outre que les places de vos frontières sont bien fortifiées, c'est que les Espagnols ne peuvent entrer dans le Portugal qu'avec de grandes incommodités, n'y trouvant aucune subsistance ni fourrage et même peu d'eau; il faudra qu'ils fassent venir les munitions de guerre et de bouche, leur avoine et même la paille de bien loin et sur des mulets, ce qui leur coûtera beaucoup et bien embarrassant pour la quantité que leur en faudra, si bien que si vos généraux ont quelque capacité, ils embarrasseront bien les Espagnols de ce côté-là; car pour vos troupes elles sont bonnes et particulièrement votre infanterie, ne s'en pouvant pas voir de meilleure, mais j'appréhende pour Leurs Majestés de Portugal la présomption de vos généraux et leur ignorance, et le côté de la mer; que je ne vois pas que vous puissiez empêcher une armée navale d'entrer dans votre rivière, n'en ayant point pour s'y opposer, car les coups de canon qui se peuvent tirer de tous vos forts n'empêcheront pas une armée d'entrer dans la rivière, et une armée navale y étant et les armées de terre dans le pays, vous ne sauriez conserver Lisbonne. Si Leurs Majestés de Portugal avoient de l'argent et des matelots, vous pourriez armer vos vaisseaux et faire faire des brûlots; cela joint aux forts pourroit défendre l'entrée de votre rivière.

Il me dit qu'il ne pouvoit croire que la paix entre la France et l'Espagne s'exécutât et qu'ils ne peuvent pas croire que le Roi d'Espagne laissera entrer l'Infante en France, et qu'ils espéroient toujours cela.

Je lui dis que cela devoit les obliger à prononcer la négociation avec le Roi d'Espagne, puisque avant trois mois ils en sauront la vérité.

Il me dit qu'il le diroit à la Reine sa maîtresse et qu'elle me remercieroit de tous les bons avis que je lui donnois.

Je lui dis que je l'aurois bien fait à la première conférence si l'on m'eut donné le temps de parler, que véritablement l'on me parla d une manière assez désobligeante pour le Roi mon maître.

Il me dit qu'il est vrai qu'il y eut de l'emportement, mais que ce n'étoit pas de sa part et que le Comte de Cantanière auroit mieux fait de ne rien dire et de le laisser parler comme étant à lui de le faire; que la Conférence ne seroit pas allée de même et que j'en aurois eu plus de satisfaction et que Leurs Majestés avoient désapprouvé le procédé du Comte de Cantanière.

Le lendemain, je l'allai voir pour recevoir mes dépêches, il me dit qu'elles étaient prêtes, mais comme il avoit rapporté à Leurs Majestés la conférence que nous avions eue, Leurs Majestés lui avoient dit qu'elles me vouloient encore faire dire quelque chose et qu'elles avoient fort goûté mes raisons.

Le même jour le Comte de Prade, grand écuyer, me vint voir me faisant force compliments et des excuses de ce qu'il n'étoit pas venu me voir, me commençant son discours que quelques français lui avoient dit que je m'en allais mal satisfait du Portugal.

Je lui dis qu'il étoit très mal informé de mes sentiments et que je n'avois pas sujet d'en être mal content, et que Leurs Majestés m'avoient fait beaucoup d'honneur et avoient très bien reçu ce que je leur avois dit de la part du Roi mon maître, et qu'aussi le Roi mon maître recevroit une grande joie d'apprendre que Leurs Majestés de Portugal soient en état de se maintenir comme elles sont, et que si le Roi mon maître leur avoit offert sa médiation auprès du Roi Catholique, que ce n'avoit été que dans la crainte qu'elles ne se puissent maintenir, et que je louais extrêmement la générosité et l'affection que les Portugais ont pour leur Roi légitime, mais que pourtant mon avis auroit été que le Portugal ne pouvant être que sur la défensive, j'aurois différé le plus longtemps que j'aurois pu à faire la guerre.

Il me dit que c'étoit bien son sentiment et qu'il avoit plus d'intérêt que beaucoup d'autres Portugais à désirer que la couronne de Portugal demeurât ainsi qu'elle est, et qu'il ne doutoit point de la bonne volonté des Portugais pour leur Roi, ni de leur bravoure, mais qu'il ne faut pas se flatter que le Portugal n'ait de la peine à se maintenir contre la puissance du Roi Catholique.

Je lui dis que je le croyois bien, que cela étoit mon sentiment et d'autant plus que l'on me disoit que Leurs Majestés n'avoient point d'argent et point d'armée navale ni de matelots pour en faire, que je craignois fort l'entrée de la rivière pour Lisbonne.

Il me dit que pour le peu de temps que j'avois été dans ce pays-ci, j'étois bien informé de la puissance de Portugal. Le reste de notre conversation se passa en autres choses indifférentes.

Le surlendemain, la Reine m'envoya prier de me vouloir trouver chez le Père Dominge de Rosel qui est au lit malade de la goutte, où se trouva aussi M. le Comte de Prade, M. le Comte de Nice et le secrétaire d'État. M. le Comte de Prade me dit qu'il avoit dit à la Reine la conversation que nous avions eue et que la Reine lui avoit commandé de me dire l'obligation qu'elle sentoit m'avoir, ce qui l'obligeoit de s'ouvrir plus franchement à moi en me priant de lui dire de quelle manière elle se devoit comporter dans cette conjoncture; que après avoir offert au Roi Catholique une somme considérable par chaque année et des troupes tout autant que le Portugal le pourroit quand le Roi Catholique voudroit faire la guerre contre ses ennemis, et même des vaisseaux de guerre, ce que le Roi d'Espagne n'a jamais pu obtenir du Portugal ; et de plus de payer au Roi Très Chrétien le mariage de l'Infante d'Espagne, pourvu que le Portugal demeurât en l'état où il est, à quoi le Roi d'Espagne ne veut pas entendre par le rapport que je lui en fais.

Je lui dis que M. le Cardinal m'avoit bien dit qu'il avoit bien proposé à Dom Louis de Haro de l'argent, conformément à ce que lui avoit dit M. le Comte de Soure de la part de Leurs Majestés de Portugal, mais que je n'avois point entendu dire que l'on eut offert de troupes ni de vaisseaux, ni la dot du mariage de l'Infante, que peut-être Leurs Majestés de Portugal ont fait offrir par d'autres voies que par celle du Comte de Soure.

Il me dit que non, que cela avoit été par lui. Il me dit aussi que le Roi Catholique avoit fait offrir il y a quelque temps à Leurs Majestés de Portugal, le Brésil en qualité de Royaume, et de faire le mariage de Don Juan avec l'Infante de Portugal, et avec tout cela tout autant d'avantages à la maison de Portugal, pourvu que quittassent le Royaume de Portugal.

Il me dit aussi que du temps de Philippe second, quand il prit le Portugal, il offrit à Dona Catharina qui pour lors étoit Reine de Portugal, le Royaume des Algarves et de partager le Portugal, ce qu'elle ne vouloit point accepter, disant qu'elle aimoit beaucoup mieux qu'on lui prenne son bien par force que d'y consentir, et quoique Philippe second fut maître absolu dans le Portugal, il n'en a jamais rien voulu avoir que le titre, ce qui a toujours été maintenu jusqu'à présent, et que Leurs Majestés croient que les offres qu'elles font au Roi Catholique lui sont plus avantageuses que d'avoir le Portugal de la même sorte qu'il l'avoit ci-devant, et que l'on étoit bien rude à Leurs Majestés de Portugal, étant les véritables Princes légitimes de Portugal et après avoir été couronnés par ses peuples, de se résoudre à quitter la Couronne ; qu'elles supplioient très humblement le Roi très chrétien d'avoir en considération toutes ces raisons, et de leur vouloir donner son assistance et protection.

Je lui dis que c'étoit bien l'intention du Roi mon maître, de la servir autant qu'il se pourroit sans rompre la paix, et qu'il m'avoit pour ce sujet envoyé vers Leurs Majestés de Portugal pour savoir en quel état il étoit, et que si elles ne croient pas de se pouvoir maintenir contre les puissances d'Espagne, qu'il leur offriroit sa médiation qu'elle employeroit jusqu'au bout pour rendre leurs conditions telles qu'il n'y ait nul changement en effet, si par hasard il faut qu'il y en ait en apparence ; et que le Roi mon maître m'a commandé de faire et de dire tout ce que Leurs Majestés de Portugal voudront.

C'est pourquoi mon opinion seroit que Leurs Majestés de Portugal entrassent en négociation avec le Roi Catholique, ne leur pouvant être que très avantageux ; ou la paix se fera à leur satisfaction ou se prolongera l'exécution de la guerre, pendant lequel temps il peut arriver du changement, et pour cet effet je voudrois que Leurs Majestés de Portugal me donnassent une instruction des choses qu'elles désirent proposer au Roi Catholique et dans cette instruction mettre les choses que Leurs Majestés disent d'avoir déjà offert, et de demander à tout le monde ce que le Roi Catholique leur a déjà offert ou ce que Philippe second offrit à Dona Catharina, puisque Leurs Majestés trouvent des plus fâcheux de quitter la qualité de Roi après l'avoir possédée vingt ans; au surplus ne doutant pas que le Roi Catholique acceptera ces conditions et même ne voudra pas traiter avec Leurs Majestés de Portugal disant être ses sujets, c'est pourquoi il faut que dans l'instruction qui me sera donnée de la part de Leurs Majestés de Portugal, qu'ils remettent leur intérêt au Roi très chrétien, pour en juger et régler tout ainsi qu'il le jugera à propos, et que Leurs Majestés de Portugal envoyant un plein pouvoir et une instruction bien ample de leur dernière volonté au Comte de Soure leur ambassadeur, l'affaire étant renvoyée au Roi mon maître; et Monseigneur le Cardinal qui a toute l'intention possible de servir Leurs Majestés de Portugal, fera tout ce qui se pourra pour l'avantage de Leurs Majestés de Portugal, et que en tout cas que la paix ne se puisse faire à la satisfaction de Leurs Majestés de Portugal, sera toujours un temps différé à renvoyer cela en France. Le Père Dominge de Rosel, le Comte de Prade, le Comte de Nice et le secrétaire d'État sont convenus de tout ceci et me dirent qu'ils le diroient à Leurs Majestés.

Ils me demandèrent s'il ne falloit point parler dans l'instruction qu'on me donneroit pour le Roi d'Espagne, des propositions que j'avois faites.

Je leur dis que non et qu'il s'en falloit bien garder, car ce que je leur disois étoit par forme d'avis que le Cardinal leur donnoit et que Don Louis de Haro n'en savoit rien et encore moins le Roi d'Espagne.

Voici tout ce qui s'est passé jusqu'à aujourd'hui qui est le 30 décembre de l'an 1659.

Après toutes ces circonstances, je n'avois pas douté qu'ils ne m'envoyassent l'instruction ci-dessus mentionnée, et me trouvant fort surpris que le premier jour de janvier l'an 1660, que je vis arriver à mon logis un gentilhomme de la part de Leurs Majestés de Portugal qui m'apporta mes dépêches, me disant que je m'en pouvois aller quand il me plairoit, qu'il y avoit un carosse prêt pour moi et qu'il avoit ordre de me conduire jusqu'à Elvas, et ne trouvant pas dans mes expéditions l'instruction qu'on étoit convenu de me donner. J'envoyai un gentilhomme à M. le Secrétaire d'État, croyant que c'étoit par oubli qu'il ne m'avoit pas envoyé l'instruction. Il me manda qu'il n'avoit point d'autres choses à me donner et qu'il étoit fâché de ne pouvoir avoir l'honneur de me venir voir et de me dire adieu. En même temps, j'envoyai au Père Domingue de Rosel lui dire de la manière qu'on envoyoit me donner mon congé, sans m'envoyer l'instruction qui avoit été résolue chez lui. Il me manda qu'il étoit aussi bien étonné que moi de ce changement, et qu'il alloit envoyer à la Reine pour savoir le sujet de cela, n'étant pas en état d'y aller lui-même.

Je fis la même chose au comte de Prade, lui envoyant donner avis de mon départ, lequel me manda qu'il étoit au désespoir de ne pouvoir pas venir me conduire et que je pouvois bien juger ce qui l'en empêchoit. Ainsi je partis m'en revenant à Elvas, je fus mené dans le carosse du Roi et conduit par le dit gentilhomme. Étant à Elvas, je ne fus pas si bien reçu qu'on avoit fait à mon arrivée, ainsi ne fis-je qu'y coucher une nuit. J'arrivai le lendemain à Badajoz où je trouvai M. le Duc de San German qui me reçut avec grandes civilités, me faisant tous les honneurs qu'on peut faire à un ambassadeur, quoique je ne l'étois pas.

Le lendemain, j'en partis continuant mon voyage avec la diligence possible jusqu'à Madrid où étant arrivé, j'envoyai donner avis à M. Don Luis de Haro, lui faisant des compliments, que je serois venu le voir si ce n'étoit pas si tard, remettant ma visite jusqu'au matin suivant.

Le lendemain, je me donnai l'honneur de l'aller voir, lui disant la résolution que Leurs Majestés de Portugal prenoient de ne vouloir point quitter la couronne, et quoiqu'elles ne fussent pas comprises dans la paix générale, qu'elles se maintiendroient bien contre la Puissance d'Espagne, et que ce n'étoit pas la première fois que les Portugais avoient fait la guerre contre les Castillans et que s'ils n'étoient pas assez forts pour se maintenir, ils avoient de bons voisins; qu'ils appelleroient à leur secours savoir les Anglois et les Mores et qu'il ne leur pourroit arriver pis que de quitter le Royaume de Portugal aux conditions que le Roi d'Espagne leur offroit; et véritablement que je les avois trouvé fort fiers; ayant fait ce discours à M. Don Luis de Haro, je le trouvai un peu surpris.

Il me demanda quelle force je croyois que les Portugais eussent.

Je lui dis qu'ils avoient 24 régiments d'infanterie, et 100 compagnies de cavalerie, que cela pouvoit faire 10 000 hommes de pied et 3 ou 4 000 chevaux, et ce qu'ils avoient paraissoient de bons hommes ; comme ma conversation ne lui étoit pas trop agréable, elle ne fut pas fort longue, ne s'étant pas persuadé que le Portugal eut pris ce parti là. Là-dessus je m'en retournai à mon logis.

Le lendemain matin, M. Don Luis de Haro m'envoya Don Christoval me prier de prendre la peine de le voir, ce que je fis ; et le premier discours de Don Luis de Haro ne fut que des louanges de Monseigneur le Cardinal, se louant extrêmement de la sincérité de Son Eminence, de la manière dont il avoit agi dans tout ce qui s'étoit passé dans les conférences, et ensuite me priant de lui dire ce que je croyois de Portugal.

Je lui dis que je ne doutois point qu'il en seroit aussi bien informé que je pourrois faire, croyant qu'il y avoit des personnes des plus puissantes du Conseil de Portugal qui étoient dans ses intérêts.

Il me demanda comment je pouvois savoir cela.

Je lui dis que je le jugeois par le procédé que j'avois vu agir parmi les Ministres de Portugal.

Il me demanda quels étoient ceux que je jugeois les plus sages.

Je lui dis le Comte de Mire, le Secrétaire d'État et le Marquis de Nize, et que je ne doutois point que ces messieurs ne lui fissent savoir tout ce que je leur avois dit, et qu'il apprendroit d'eux que l'intention de Monseigneur le Cardinal a été sincère pour faire la paix, et que j'ai fait tout ce qu'il m'a été possible pour leur faire connaître le péril où ils peuvent être, dont ils ne sont pas satisfaits de moi non plus que je n'ai été d'eux ; néanmoins, que je trouvai parmi eux des gens assez raisonnables, quoiqu'il y en a beaucoup d'emportés, ne pouvant pas comprendre comment on peut faire la paix de Portugal sans laisser une couronne au Roi de Portugal, disant que cette couronne lui appartient légitimement et que si le Roi d'Espagne vouloit mettre la main sur la conscience, qu'ils ne voudroient pas d'autre juge que lui et que ce n'étoit pas un Prince révolté contre son souverain, que le Roi de Portugal, puisque le feu Roi son père, Duc de Bragance, étant chez lui, ne songeant à rien, quoique légitimement héritier de la maison Royale et les Portugais, après soixante et tant d'années sous la domination du Roi d'Espagne, se sont soulevés et sont allés quérir leur véritable et légitime Prince dans sa maison et l'ont reconnu pour leur Roi légitime quoiqu'il ne voulut pas, ayant demeuré quinze ou seize ans possesseur du Royaume de Portugal et venant à mourir, a laissé son fils héritier de la couronne en possession et reconnu de tous les sujets ; quelle apparence y a-t-il qu'il puisse quitter la qualité de Roi : voilà ce que disent les plus sages Portugais, et au surplus ils m'ont dit qu'il n'y a que deux ou trois ans que le Roi d'Espagne leur a fait des propositions d'accommodement très avantageuses au prix de celles qu'on leur fait maintenant, qu'ils ne voulurent pas accepter, et qu'ils ne se croient pas moins en état de se défendre qu'ils l'étoient alors.

M. Don Luis de Haro me dit qu'il étoit vrai qu'on leur avoit fait des conditions, mais que pour lors c'étoit la nécessité des affaires d'Espagne qui ne sont pas présentement telles.

Je lui dis que je ne doutois point de la puissance d'Espagne à l'égal de celle de Portugal, mais qu'il falloit considérer que ce ne seroit pas sans peine et sans beaucoup de dépenses, et qu'il pourroit survenir des changements aux affaires, et que je prenois la liberté de lui dire que si on pouvoit trouver un tempérament pour accommoder le Portugal avec l'Espagne, cela ne seroit pas mal fait, et que je voyois que tous les plus sages de Portugal ne pouvoient consentir que leur Roi demeurât sans couronne, et que puisque Son Excellence trouvoit bien que je lui dise mes sentiments, je lui dirois que ayant vu les Portugais prendre la résolution qu'ils ont prise, m'étant trouvé en conversation avec les plus sages, parlant de toutes leurs affaires, je leur proposai comme de moi que si le Roi d'Espagne vouloit consentir que le Royaume de Portugal demeurât à leur Roi ainsi qu'il est, à condition qu'il relèveroit son Royaume de la Couronne d'Espagne, et qu'il donneroit tous les ans au Roi d'Espagne autant d'argent qu'il en tiroit pendant qu'il le possédoit et qu'il entretiendroit 3 000 hommes de pied et quelques vaisseaux pour faire la guerre contre qui le Roi d'Espagne voudroit et qu'il payeroit le mariage de l'Infante présentement. Et au cas où le Roi d'Espagne n'accepteroit pas cette condition, je leur en proposai une autre qui est celle que Philippe II offrit à Dona Catharina héritière du Roi Sébastian, qui étoit de laisser le Royaume des Algarves avec l'île de Brésil[1] et toutes les autres îles qui sont possédées présentement du Roi de Portugal en qualité de Roi, et de marier l'Infante de Portugal avec Don Juan d'Autriche. Ils me dirent que c'étoit la dernière proposition qui leur a été faite il y a trois ans par le Roi d'Espagne.

Don Luis me demanda si les Portugais voudroient accepter ces conditions.

Je lui dis que je ne savois pas s'ils le voudroient, mais aussi ne les avoient-ils pas rejetées, et comme je n'étois pas chargé de leur faire des propositions, je ne poussai pas ces affaires plus avant, mais que je croyois que si Son Excellence vouloit renvoyer cela à Monseigneur le Cardinal qui a auprès de lui l'Ambassadeur de Portugal à qui Son Éminence proposeroit cela, et pourroit ajuster ces affaires.

Il me dit qu'il ne désapprouvoit point ces propositions et particulièrement la dernière, et qu'il remettroit bien tout l'intérêt du Roi son maître entre les mains de Son Éminence, ne doutant point de sa sincérité, et qu'il me prioit ne m'en vouloir pas aller et qu'il en vouloit parler au Roi, après qu'il me feroit réponse et me pria de venir le lendemain le voir, ce que je fis.

Il me dit que le Roi me vouloit voir et qu'il vouloit faire voir ces propositions à ses Conseils. Cependant j'allai à l'audience de Leurs Majestés qui me reçurent avec grande bonté et beaucoup d'honneur qu'ils me firent. Cependant le Conseil s'assembla trois jours consécutifs sur ces affaires, sans que M. Don Luis me fît réponse, quoique j'allasse tous les jours le voir et me remettant toujours de jour en l'autre. Néanmoins après avoir attendu quelques jours, il me dit que le Conseil avoit dit au Roi son maître

1. Dans presque tous les documents de cette époque, le Brésil est considéré comme une île de l'Amérique.

que si le Portugal n'étoit pas en l'état où il est présentement, qu'il voudroit désirer de lui voir en ce que le Roi d'Espagne n'a jamais été maître du Portugal, ce qu'il peut faire maintenant avec un juste prétexte et lui étant infaillible : les Portugais ne pouvant avoir de secours de la France par la paix qui se vient de faire présentement. Les Anglais n'étant pas en état d'en donner, les Hollandois ne l'oseront faire et les Mores ne sont point en état de leur donner de secours non plus que les Portugais de les vouloir recevoir, attendu l'Inquisition ; et que pour la dépense qu'il convient d'y faire, elle n'est pas telle qu'elle apparoit, vu qu'il faut toujours avoir une armée navale pour les Indes et les galères sont toujours entretenues, les troupes sont toutes sur pied ; il n'y a que le trajet d'Italie et de Flandres qui puisse coûter, qui n'est rien à l'égal de ce que le Roi d'Espagne retirera de la conquête du Roi de Portugal ; voilà ce que m'a dit Son Excellence Don Luis de Haro, néanmoins qu'il demeurera toujours dans les termes dont il étoit convenu avec Son Éminence sur le sujet du Portugal dans la dernière conférence, et que la suspension des armes avec le Portugal et l'Espagne qui ne doit finir que trois mois après la ratification du traité, donnera lieu à Monseigneur le Cardinal et Don Luis de Haro de s'entretenir de l'affaire de Portugal à leur entrevue au mois d'avril, et que cependant si Son Éminence juge qu'il y ait quelque accommodement avec le Portugal, Don Luis de Haro la supplie que cela se fasse avant qu'on ait assemblé les troupes [1].

1. *Correspondance de Portugal*, tome IV, folio 300.

V

LE MARQUIS DE SAINT-ROMAIN

1665 — 1671 [1]

Philippe IV, roi d'Espagne, venait de mourir le 7 septembre 1665, laissant pour héritier un enfant, le jeune Charles II, sous la régence de sa veuve Marie-Anne d'Autriche. Louis XIV, profitant de l'occasion que lui offrait cette minorité, se préparait à réclamer les Pays-Bas espagnols comme appartenant, en vertu du droit de *dévolution*, à sa femme Marie-Thérèse d'Autriche, fille du premier mariage de Philippe IV avec la princesse Isabelle de Bourbon.

D'un autre côté, quelques mois auparavant, le 17 juin de la même année, les Portugais, commandés par le comte de Schomberg [2], et le marquis de Marialva [3], avaient remporté sur les Castillans une victoire décisive à Villaviciosa. Le moment était donc bien choisi pour s'unir

---

1. Hugues de Lionne, marquis de Fresne, ministre des Affaires étrangères, né à Grenoble le 11 octobre 1611, mort à Paris, le 1er septembre 1671. — Voir sur ce personnage les études spéciales déjà citées de M. Valfrey : *Hugues de Lionne, ses ambassades en Italie (1642-1656)* et *Hugues de Lionne, ses ambassades en Espagne et en Allemagne*, 2 vol. in-8, Paris, 1877 et 1881.

2. Armand-Frédéric, comte de Schomberg, né vers 1619, servit d'abord sous Rantzau et le prince d'Orange, puis passa en France en 1650. Il eut une grande part à la victoire des Dunes (1658). Étant rentré en France après la paix entre l'Espagne et le Portugal (1668), il commanda l'armée de Catalogne, fut créé maréchal de France en 1675 et servit ensuite à l'armée des Pays-Bas. Protestant, il quitta la France à la révocation de l'édit de Nantes, s'attacha à la fortune de Guillaume III d'Orange et passa avec lui en Angleterre (1688). Il fut tué en 1690 à la bataille de La Boyne.

3. Dom Antoine-Louis de Ménésès, comte de Cantanhède, conseiller d'État, et général portugais, fut créé marquis de Marialva et gouverneur général de l'Estramadure en 1660, puis généralissime dans l'Alemtéjo en 1662 ; il fut, en 1668, un des commissaires pour la paix avec l'Espagne.

plus étroitement au cabinet de Lisbonne, qui venait de montrer une fois encore quelle était la vitalité de son peuple et de quelle utilité pouvait être son alliance.

Dans ces circonstances, le comte de Lionne, qui avait succédé comme ministre des affaires étrangères au cardinal Mazarin, mort le 9 mars 1661, crut nécessaire d'envoyer un ambassadeur en Portugal où séjournaient déjà, du reste, depuis quelque temps, comme chargés d'affaires[1], MM. Colbert du Terron[2] et Frémont d'Ablancourt[3], — et il choisit pour ce poste M. de Saint-Romain.

Melchior de Harod de Senevas, baron, puis marquis de Saint-Romain, d'une ancienne maison du Lyonnais, était abbé commandataire de Préaux et de Saint-Léonard de Corbigny, ce qui fait qu'on l'appelle souvent dans les documents officiels l'abbé de Saint-Romain. Il naquit vers l'année 1614, et mourut subitement à Paris, âgé de plus de 80 ans, le 14 juillet 1694[4].

C'est un des meilleurs diplomates qu'ait possédés la France au XVIIe siècle ; il se rendit, suivant l'expression de Moreri, « recommendable par ses négociations[5] ».

1. Le consul de France à Lisbonne était toujours le vieux M. de Saint-Pé, alors âgé de plus de 80 ans.
2. Charles Colbert du Terron, marquis de Bourbonne, intendant de la Marine et conseiller d'État, mort le 9 avril 1684.
3. Jean Frémont d'Ablancourt, né vers 1625, a publié sur sa mission des « Mémoires concernant l'histoire du Portugal, depuis le traité des Pyrénées (1659) jusqu'en 1668, avec les révolutions arrivées pendant ce temps-là à la cour de Lisbonne » (Paris, 1701, in-12). Il fut, à son retour, résident à Strasbourg, puis s'expatria à la révocation de l'édit de Nantes et entra au service du prince d'Orange. Il mourut à La Haye, en novembre 1693. Il était, par sa mère, le neveu du célèbre Perrot d'Ablancourt. — On a encore de lui : « Éclaircissements ou Mémoires sur les principaux points de l'histoire de ce siècle, » etc. (Voy. le P. Lelong, nos 30976 et 31689.)
4. « Durant la chasse (du Roi), écrit Dangeau dans son Journal à la date du jeudi 15 juillet, M. de Montchevreuil lui vint dire que M. de Saint-Romain mourut mercredi au soir à Paris en faisant des visites... » Madame de Sévigné écrit de son côté, en parlant de cette mort : « La mort de M. de Saint-Romain me fait peur : je n'y vois pas un moment entre sa vie dure et sèche pour la religion, et sa mort. Comment fait-on pour parler à Dieu en faveur d'un tel philosophe?... » Lettre du 20 juillet 1694. — Édit. Monmerqué, X, p. 171.
5. « Il commença à faire connaître le génie qu'il avoit pour cela pendant les guerres d'Allemagne, par le traité qu'il fit avec le chancelier Oxenstiern... Ensuite il fut résident pour la France à Hambourg, et s'y trouva dans le temps que l'on fit le traité préliminaire de la paix de Westphalie, et alla en la même qualité à Munster, pendant qu'on y faisait le traité. » Il fut ensuite employé en Suède et à son retour du Portugal, ambassadeur extraordinaire auprès des Cantons. « Il a servi utilement la France, en empêchant les Suisses de mettre des obstacles à la conquête de la Franche-Comté. Les différends qui survinrent entre la France et l'Empire après le traité de Nimègue, ayant donné lieu aux conférences de Francfort, le Roi y envoya M. de Saint-Romain en qualité de son ambassadeur et plénipotentiaire, l'an 1681. » (Moreri, *Dictionnaire*, édit. de 1759.)

On ne peut faire de M. de Saint-Romain un plus bel éloge que celui que nous rencontrons dans une lettre de Chapelain[1], adressée à M. Verjus[2] à Lisbonne, à la date du 9 octobre 1666 : « Pour vous consoler un peu de cette perte (celle de l'abbé de Bourzeys[3] qui venait de quitter le Portugal), vous aurez fait l'acquisition de M. l'abbé de Saint-Romain qui vous est demeuré à Lisbonne, et de qui vous n'aurez pas moins de lumières sur les choses de cette cour-là qui vous sont nécessaires à sçavoir, le cultivant comme vous ne manquerés pas de faire. Il n'y a point d'homme en Europe d'une prudence plus consommée ni par les mains de qui de plus délicats intérests ayent passé, et vous vous apercevrés du premier coup de la solidité de son sens, de sa pénétration d'esprit, de sa connoissance des affaires publiques, de sa richesse en expédiens, de sa facilité à s'exprimer, de son parler juste, et surtout de son attention à ne dire que ce qu'il faut dire, et à supprimer ce qu'il faut supprimer. Je vous aurois pu informer de luy en moins de paroles, vous apprenant que c'est la nourriture de M. de Saint-Chamont[4], et le second de M. d'Avaux dans leurs grandes négociations d'Allemagne. Peut-estre qu'en vous renommant de moy dans vos premières conférences, cela ne nuira pas à lui faire prendre d'abord la confiance en vous qu'il y aura lorsqu'il vous aura connu par lui-mesme, n'estant pas possible qu'il ait oublié l'estime que j'ay tousjours faitte de sa vertu et de son habileté, ni renoncé à l'amitié qu'il m'a autrefois promise. En tout cas, je vous prie de l'en faire souvenir et qu'en mesme temps que vous lui demanderés la sienne, vous l'assuriés qu'il peut autant faire fondement sur mon service que jamais. »

Ces éloges pourraient sembler quelque peu exagérés, si nous n'avions encore à citer le témoignage du sceptique Saint-Simon qui, tout en ne lui ménageant pas ses railleries ordinaires, rend pleine justice à M. de Saint-Romain. Il le traite en effet, d' « amphibie de

---

1. Lettres de Jean Chapelain, publiées par M. Tamisey de Larroque, correspondant de l'Institut (dans la Collection des Documents inédits), Paris, 1883, 2 vol. in-4, t. II, p. 486.
2. Louis Verjus, comte de Crécy, était alors secrétaire des commandements de la Reine de Portugal, Isabelle de Savoie-Nemours. Il revint en France en 1669, et fut employé ensuite dans plusieurs négociations diplomatiques.
3. L'abbé de Bourzeys, né en 1606, fut un des premiers membres de l'Académie française ; il s'appliqua à la controverse et à la conversion des protestants de son temps ; c'est même sous prétexte de convertir le comte de Schomberg, que l'on ne vouloit pas faire maréchal de France à moins qu'il ne passât au catholicisme, que l'abbé de Bourzeys accompagna M. de Saint-Romain à Lisbonne. Il mourut le 2 août 1672.
4. Melchior Mitte de Miolans, marquis de Saint-Chamont, seigneur de Chevrières, mort à Paris en septembre 1649 ; il avait acquis une grande réputation comme diplomate, en Allemagne et à Rome, où il fut ambassadeur extraordinaire en 1643.

beaucoup de mérite, et qui avoit manié beaucoup de négociations, conseiller d'État d'épée sans être d'épée, avec des abbayes sans être d'église[1] ». Et plus loin, à propos de la mort de cet ambassadeur, il écrit : « Saint-Romain et Courtin[2], tous deux conseillers d'État, l'un d'épée, l'autre de robe, l'un garçon, l'autre veuf, tous deux pleins d'honneur et de vertu, tous deux fort considérés et ayant beaucoup d'amis, tous deux fort employés dans les négociations avec capacité et réputation, étoient tellement amis qu'ils logeoient ensemble et qu'ils passèrent un grand nombre d'années dans cette union ; à la fin ils s'en lassèrent, et par leur séparation, quoique demeurés amis, ils firent honte à l'humanité. »

Tel était le diplomate à qui Louis XIV confiait le soin d'aller surveiller à Lisbonne les intérêts de la France.

M. de Saint-Romain emportait une instruction des plus complètes sur ce qu'il avait à faire en Portugal. Son voyage devant d'abord être secret, il partit directement et en toute hâte[3] de son abbaye de Saint-Léonard, en Poitou[4], le 18 janvier 1666. Au même moment, le marquis de Sande débarquait en France pour y représenter le Portugal comme ambassadeur.

M. de Saint-Romain arriva *incognito* à Lisbonne le 31 janvier 1666 ; mais il essayait en vain de s'entourer de mystère ; le but de son voyage fut bientôt connu des Espagnols et de tous ceux qui avaient intérêt à en être informés. A peine les négociations furent-elles entamées que l'envoyé français se heurta aux mêmes difficultés que ses prédécesseurs. La principale consistait en ce que les Portugais ne vouloient point promettre de ne pas traiter avec la Castille, soit avant, soit après la rupture avec la France, à moins que la France, de son côté, ne prît le même engagement[5]. De plus, ils trouvaient insuffisant le subside de 200 000 écus promis par la France. Quant au roi de Portugal, il se retranchait derrière la nécessité de consulter son ambassadeur à Paris, le marquis de Sande ; en outre, il voulait avoir communication des pouvoirs de M. de Saint-Romain. La vérité est que la Cour de Lisbonne appréhendait de froisser, en rendant impossible le traité avec l'Espagne, l'opinion fatiguée par

---

1. Saint-Simon, notes sur le *Journal* de Dangeau, t. V, p. 45.
2. Honoré Courtin, né en 1622, mort en 1703, fut employé dans d'importantes négociations en Allemagne et en Angleterre. (Voir Saint-Simon et Sévigné, passim.)
3. Il avait cependant à régler à cette époque des affaires importantes par suite de la mort récente de sa mère (*Correspondance du Portugal*, t. X, f. 102). Il emmena avec lui l'abbé de Bourzeis dont nous avons parlé plus haut.
4. « J'ay grande impatience d'apprendre le départ de M. de Saint-Romain et de l'abbé de Bourzeis, parce que le retardement peut causer beaucoup de préjudice au service du Roy... » Lettre de Colbert à Colbert du Terron, du 24 janvier 1666, publiée par M. P. Clément, t. III, p. 45.
5. *Correspondance du Portugal*, t. V, fol. 139 et suiv.

vingt-six ans de guerre, « tant était grande l'inclination publique à la paix ».

Néanmoins, après de laborieux pourparlers, dans lesquels l'habileté de M. de Saint-Romain put se donner carrière, la France prit l'engagement formel de rompre avec l'Espagne, aussitôt qu'elle aurait fait sa paix avec l'Angleterre[1], et le traité fut enfin signé le 31 mars 1667[2].

L'article VII de ce traité interdisait aux deux rois de faire aucune paix ou trêve « sans un commun, exprès et mutuel consentement », pendant l'espace de dix ans. Cet article continuait ainsi : « ...et agiront en ceci l'un et l'autre Roi, tellement de concert et d'union, qu'on ôte à l'ennemi toute l'espérance que les affaires des confédérez se puissent accommoder par traitéz différens, ni se diviser, ni se séparer par aucun artifice, et promettent mutuellement lesdits Rois de le déclarer en temps et lieux aux ministres du roi de Castille, et accordent entre eux qu'ils ne traiteront ni concluront aucune chose, sinon conjointement reciproque. »

Comme on le voit, l'engagement était clair et formel; mais les Portugais étaient tellement désireux de faire leur paix avec l'Espagne que, le traité à peine signé, ils commencèrent à le violer. Il est vrai de dire à leur décharge qu'ils y furent conviés par le roi d'Angleterre, qui, depuis quelque temps déjà, avait entamé des négociations et avait offert sa médiation pour arriver à faire conclure enfin la paix entre la cour de Madrid et celle de Lisbonne. A ce moment même, Charles II pressait vivement son beau-frère de Portugal de profiter des bonnes dispositions que paraissait montrer le gouvernement castillan. Les négociations furent donc reprises, avec plus d'activité que jamais[3], sous les auspices de l'Angleterre, et le ministre britannique à Lisbonne, lord Sandwich[4], aidé de son collègue de Madrid, Richard Fanchaw[5], travaillait sans relâche à les faire aboutir, en dépit des obstacles que leur suscitait M. de Saint-Romain. Bien que, de part et d'autre, les questions d'amour-propre, les plus difficiles à trancher, eussent été soulevées, on arriva enfin à régler entre les parties, sous la médiation anglaise, les difficultés de protocole et d'étiquette, et

1. *Correspondance du Portugal*, t. VI, fol. 87.
2. *Correspondance du Portugal*, t. VI, fol. 135. — Le texte du traité avec les annotations de M. de Saint-Romain est au fol. 148 et suiv. — Ce traité a été imprimé plusieurs fois, notamment par Dumont : *Corps diplomatique*, t. VII, part. I, p. 17, et par Frémont d'Ablancourt, dans ses *Mémoires*, p. 304.
3. Ces négociations avaient commencé dès 1665. «... L'accommodement entre le Portugal et l'Espagne, par le moyen de l'Angleterre, n'est pas si éloigné que vous le croyez; nous en avons nouvelles d'ailleurs... » Lettre de J.-B. Colbert à Colbert du Terron, du 24 janvier 1665, publ. par M. P. Clément, t. III, p. 45.
4. Édouard Montaigu, comte de Sandwich.
5. *Correspondance du Portugal*, V, 351, 362.

la paix fut signée le 13 février 1668[1]. M. de Saint-Romain essaya bien, conformément aux ordres qu'il avait reçus, de faire échouer ce traité par tous les moyens en son pouvoir ; il alla même jusqu'à indiquer la possibilité pour la France de mettre fin aux négociations en proposant à la Castille de lui reconnaître et de lui garantir la possession du Portugal en échange de la cession des Pays-Bas espagnols[2]. Mais rien n'y fit, et la crainte de cette solution qui eût été mortelle pour eux et qui n'avait, en fin de compte, rien d'absolument chimérique, ne put avoir raison de la lassitude des Portugais, désireux avant tout de voir se terminer cette guerre sanglante qui, depuis vingt-huit ans, désolait toutes leurs frontières.

Ce traité — qui était un peu pour le Portugal sa revanche de la paix des Pyrénées — porta un coup sérieux à la politique française[3] aussi les bruits les plus singuliers furent-ils mis immédiatement en circulation ; on alla jusqu'à prétendre que les menaces faites par M. de Saint-Romain au cours des négociations ne tarderaient pas à recevoir leur exécution, que la Castille allait rompre violemment la paix et que la France allait l'aider à remettre le Portugal sous son obéissance[4]. Ce qui donnait quelque vraisemblance à ces bruits, c'est que l'Espagne ne se hâtait pas de retirer ses troupes de la frontière de l'Alemtejo et qu'elle ne cachait pas le dépit que lui avait causé le mariage de la reine Isabelle avec son beau-frère, le prince de Portugal, mariage qui eut lieu le lundi de Pâques 1668. La cour de Madrid, en effet, avait jusque-là nourri l'espoir de reconquérir pacifiquement le Portugal, en donnant pour femme au régent Dom Pedro, héritier du trône de son frère, une princesse de la maison d'Autriche ; l'union de ce prince avec la reine sa belle-sœur venait brusquement détruire ces espérances. Néanmoins, l'orage s'apaisa encore une fois et le traité reçut sa dernière consécration par l'arrivée à Lisbonne d'un ambassadeur espagnol, le baron de Watteville.

C'est à cette occasion que M. de Saint-Romain reçut du roi le titre et les prérogatives d'ambassadeur ; il ne *déclara* cependant son caractère public que le 2 mars 1669, lors du baptême de l'infante Élisabeth-Marie-Louise qu'il tînt sur les fonts, comme parrain, au nom du roi de France.

Les deux années que passa M. de Saint-Romain à Lisbonne comme ambassadeur furent employées en luttes de préséance avec

1. C'est le marquis de Licho, fils de don Luis de Haro, qui, pendant ces négociations, représentait l'Espagne à Lisbonne.
2. *Correspondance du Portugal*, t. VII, fol. 21.
3. La reine Isabelle de Nemours le comprit bien ainsi, car à peine les signatures étaient-elles échangées, qu'elle écrivit directement le 16 février (1668) à Louis XIV pour s'excuser (*Correspondance du Portugal*, t. VII, f. 72).
4. *Correspondance du Portugal*, t. VII, fol. 268 ; VIII, fol. 46.

l'envoyé castillan[1], vis-à-vis duquel il sut constamment conserver la primauté traditionnelle accordée par la cour de Lisbonne aux ministres français. Il fut chargé aussi de négocier un traité particulier de commerce dans les Indes ou plutôt une sorte d'alliance coloniale de la France et du Portugal, alliance dirigée principalement contre les Hollandais[2]. Il prit de plus, grâce à l'influence qu'il exerçait sur la reine, restée Française de cœur, bien que devenue bonne Portugaise, une part active à tous les événements intérieurs de cette cour, et la dernière négociation importante à laquelle il s'employa fut (en 1671) celle d'un traité d'alliance positive du Portugal avec la France contre les États Généraux de Hollande.

Dès le mois de juillet précédent (1670), M. de Saint-Romain avait demandé son rappel[3], mais il ne fut autorisé à quitter Lisbonne qu'au mois de septembre 1671[4]. Il y laissait comme chargé d'affaires M. Desgranges, qui géra la légation de France jusqu'à l'arrivée de M. d'Aubeville.

MÉMOIRE POUR SERVIR D'INSTRUCTION AU SIEUR DE SAINT-ROMAIN S'EN ALLANT EN PORTUGAL.

Copie. —*Correspondance de Portugal*, t. V, fol. 6. — 4 novembre 1665.

Le Roi ayant estimé à propos pour le bien de son service dans la conjoncture de la mort du Roi Catholique, d'avoir une personne en Portugal en qui elle puisse prendre entière confiance pour y ménager divers intérêts de Sa Majesté, Elle a jeté pour

---

1. C'était le même baron de Watteville qui, ambassadeur d'Espagne à Londres le 10 octobre 1661, avait insulté l'ambassadeur de France, comte d'Estrades. On sait qu'il fut alors désavoué par son souverain et que le roi de Castille, en 1662, ordonna à tous ses ministres à l'étranger, de ne point disputer la préséance aux envoyés français dans les cérémonies publiques.
2. L'Instruction de Colbert relative à cette affaire a été publiée par M. P. Clément, *Lettres, instructions et mémoires de Colbert* (Paris, 1863), t. II, p. 45. Nous la donnons néanmoins, à cause de son importance, à la suite de l'Instruction proprement dite de cet ambassadeur.
3. Il comptait alors plus de 20 ans de services dans la diplomatie.
4. *Correspondance du Portugal*, t. X, 269.

cet effet les yeux sur le sieur de Saint-Romain qu'elle a jugé le plus capable de la bien servir dans cet emploi si important, pour les preuves qu'il lui a souvent données de sa suffisance, de son zèle et de sa fidélité en beaucoup de négociations et affaires considérables que Sa Majesté lui avoit commises.

L'intention de Sa Majesté est que ledit sieur de Saint-Romain, sans perdre un moment de temps, parte d'ici pour passer à Lisbonne avec plus de diligence qu'il pourra, sur un vaisseau que Sa Majesté a fait tenir prêt à La Rochelle de mettre à la voile pour l'y transporter.

Comme il importe beaucoup pour le bon succès des négociations dudit sieur de Saint-Romain, qu'il soit informé de quelle manière toutes choses se sont passées à l'égard du Portugal depuis la conclusion de la Paix, elle a estimé à propos d'en faire une brève récapitulation dans ce mémoire pour l'en bien instruire.

Quelque temps après la mort de feu Monsieur le Cardinal Mazarin, le Roi qui avoit si glorieusement pris en ses seules mains la direction de toutes les affaires de son État, reconnoissant avec beaucoup de prudence que rien ne pouvoit plus contribuer à la durée de la paix que le maintien du Royaume de Portugal, qui selon les apparences, sembloit devoir être aussitôt réduit qu'il seroit attaqué par toutes les forces de la Monarchie d'Espagne, lesquelles n'avoient alors aucune autre occupation en quelque endroit de la terre que ce fût, Sa Majesté qui se trouvoit les mains liées par le traité des Pyrénées à ne pouvoir agir ni ouvertement ni directement en faveur des Portugais, s'appliqua d'abord et fort heureusement à le faire par des voies secrètes et indirectes, et elle n'en trouva point de plus probablement efficace que celle d'engager par quelque moyen le Roi de la Grande-Bretagne à s'intéresser au soutien dudit Royaume.

L'occasion en naquit bientôt fort favorable, par le désir ou la nécessité qu'eut le Roi d'Angleterre, à la prière de son peuple, de songer à se marier; chacun lui proposa d'abord divers partis où il pouvoit trouver sa satisfaction et ses avantages. Il est incroyable combien les Espagnols témoignèrent prendre d'intérêt en cette affaire et ce qu'ils firent pour moyenner que le choix dudit Roi tombât sur quelque princesse qui fût de leur dépendance ; ils proposèrent d'abord une des sœurs du duc de Parme et obligèrent le Roi à envoyer le comte de Bristol sur les lieux sous d'autres prétextes, mais en effet pour voir la princesse et lui pouvoir faire à son retour un rapport fidèle de ses bonnes ou mauvaises qualités. Ils parlèrent même des princesses de Saxe et de Danemark, et d'Orange, et quoiqu'elles fussent toutes trois dans l'hérésie, ils offrirent au Roi de la Grande-Bretagne que le Roi leur maître adopteroit celle sur qui il voudroit jeter les yeux et la doteroit comme si elle étoit née Infante d'Espagne ; Sa Majesté, néanmoins, qui voyoit mieux que personne la conséquence de l'affaire, employa tant de soins et de moyens pour détourner ce coup qu'elle vint à bout non seulement de faire rappeler Bristol du milieu de son voyage, quoique l'ordre ne lui en pût être donné qu'à son arrivée à Milan, mais de faire pencher entièrement la balance vers la Princesse de Portugal qui fut enfin choisie par le Roi, après une offre que Sa Majesté lui fit fort à propos de lui fournir en trois ans jusqu'à deux millions de livres, à condition qu'il emploieroit utilement la même somme au soutien du Portugal, soit en armement de vaisseaux ou en levées et envoi de troupes.

Le Roi fit payer ponctuellement audit Roi deux cent mille écus pour la première année et cela servit, outre les vaisseaux qu'il envoya tenir la rivière de Lisbonne, à faire passer en Portugal trois mille hommes à pied et mille chevaux Anglois qui furent conduits par Morguan sous le milord Inchequin [1], en conformité de ce que le Roi avoit promis par les articles de son mariage, mais qui n'eussent pu avoir leur effet sans le déboursement de cette somme.

Depuis cela, les Portugais ayant témoigné à Sa Majesté quelque crainte qu'il ne demeurât toujours entre les mains des Ministres Anglois bonne partie des autres sommes qu'elle voudroit fournir pour leur soutien, et qu'il seroit bien plus sûr pour Sa Majesté et à eux plus utile, qu'ils les reçussent de la première main ou qu'elle prît soin elle-même de les employer à faire passer

---

1. Le comte d'Inchiquin, officier irlandais.

des corps de troupes françois en Portugal, Sa dite Majesté, les années suivantes, a fait l'un et l'autre jusqu'à la concurrence de deux cent mille écus par an, ou en argent comptant ou en dépenses de levées et passage de troupes, et par ce moyen on a retiré un vaisseau de guerre qui avoit beaucoup coûté, on a levé, transporté et payé continuellement la subsistance des troupes angloises, des régiments françois d'infanterie de Schomberg et de Chevry et de ceux de cavalerie de Schomberg, de Bricquemaud, de Marré et de Chauvet, et l'année dernière on employa cinquante mille francs pour une recrue de mille Anglois qui furent levés à Londres, et les bâtiments pour leur transport frêtés aux dépens du Roi.

Sa Majesté, outre l'ordinaire, a fourni cette année cent mille écus d'extraordinaires qui furent mis entre les mains du Marquis de Sande lorsqu'il repassa en Portugal, et qui ne sont point entrés dans la somme du payement des troupes.

Il n'a été fait aucun traité pour toutes les choses qu'on vient de dire à cause des obligations apparentes de la paix, et pour cette même considération, le nom de Sa Majesté n'y a jamais paru ni en aucune affaire; elle trouva bon seulement que Monsieur de Turenne envoyât à Lisbonne un secrétaire nommé Hasset, pour y faire la proposition du mariage de Mademoiselle avec le Roi de Portugal, sans néanmoins en avoir rien communiqué à Mademoiselle, dans la pensée qu'on eût qu'elle pourroit l'agréer ou qu'en tout cas cette ouverture romproit les mesures des autres mariages que les Espagnols tâchoient de promouvoir indirectement par leurs émissaires, comme celui de la Princesse de Parme, et feroit tourner la vue aux Portugais du côté de France pour marier leur Roi, comme à la fin la chose a réussi, car le mariage de Mademoiselle ayant été longtemps négocié sans pouvoir se conclure par la répugnance qu'elle y eût, le Marquis de Sande étant en Angleterre, traita ici ensuite de celui de Mademoiselle de Nemours et pour avancer la chose Sa Majesté agréa que le Marquis vint en France inconnu, où il a demeuré sept ou huit mois chez Monsieur de Turenne ou à une maison de campagne.

Mais s'étant rencontré beaucoup de difficultés dans l'affaire à cause de l'engagement qu'avoit cette Princesse avec le Prince Charles de Lorraine, sur lequel divers Ecclésiastiques ayant été consultés ne purent pas décider nettement que le prétendu mariage fût nul et invalide, Monsieur de Turenne voyant que la chose tiroit à de trop grandes longueurs que le Marquis de Sande attribuoit à des amusements volontaires, proposa par ordre du Roi le mariage de Mademoiselle d'Elbeuf, fille de Monsieur le Duc d'Elbeuf, après néanmoins avoir déclaré au sieur évêque de Laon, proche parent de Mademoiselle de Nemours, que le Marquis de Sande ne pouvoit plus attendre la rupture de celui du Prince Charles.

Les réponses de Portugal n'étant pas venues favorables sur cette dernière proposition du mariage de Mademoiselle d'Elbeuf, on remit sur le tapis celui de Mademoiselle de Nemours et on en avoit levé toutes les principales difficultés, lorsque Monsieur de Savoye songea à l'épouser et rompit de nouveau toutes les mesures qu'on avoit déjà prises, par l'autorité qu'il se trouva avoir sur cette Princesse qui est de sa Maison.

On ne dit pas néanmoins au Marquis de Sande la véritable raison de ce nouvel obstacle qui eut fort désobligé le Roi son Maître et tous les Portugais, s'il eût su que dans une pareille compétence on donnoit la préférence à un Prince bien moindre que lui en dignité, en possession et en étendue d'Etats, mais on tâcha de satisfaire ledit Marquis sous le prétexte de quelques nouveaux incidents de l'affaire du Prince Charles que l'on ne pouvoit surmonter, et on lui proposa ensuite le Mariage de Mademoiselle d'Aumale, comme étant incomparablement plus prompt et plus facile à se conclure et avec les mêmes avantages pour la dot que le Roi son Maître aurait eus de sa sœur aînée, c'est-à-dire quatre cent mille écus, dont un million seroit payé comptant par Sa Majesté en retirant le domaine de Gisors, et deux cent mille livres que la maison de Vandosme vouloit bien donner à cette Princesse, en faveur d'un mariage qui lui devoit acquérir tant d'honneur.

La proposition en fut très bien reçue en Portugal et aussitôt acceptée, et il fut résolu que le Marquis de Sande reviendroit en France pour achever ce mariage et amener la Princesse dans l'été dernier. Depuis cela l'affaire a été retardée, on ne sait pas bien par quels motifs, quoiqu'il ne soit peut-être pas trop malaisé d'en juger, et on n'apprend pas même que le Marquis se soit encore mis en chemin. Cependant dans cet intervalle de temps, la mort du Roi Catholique est arrivée, dont l'attente avoit vraisemblablement retardé le départ dudit Marquis.

Voilà à peu près tout ce qui s'est passé, tant sur le sujet de secours d'hommes et d'argent que sur l'affaire du mariage du Roi de Portugal. Pour ce qui regarde maintenant l'État de cette Cour-là, le plan en est assez difficile à poser et il y arrive chaque jour tant de petits changements que l'on se pourroit aisément tromper en voulant y asseoir un jugement bien certain.

Il est constant que le Roi de Portugal est entièrement gouverné par le comte de Castelmeglior[1], dont la conduite, quoique dans cet âge fort peu avancé, paroit très honnête, et qu'il sait assez bien ménager tous les esprits des grands seigneurs du Royaume ; on le tient bien uni avec le Marquis de Marialve[2], à qui il procure le plus souvent le commandement principal des armées, et on croit aussi que le Marquis de Sande a beaucoup de part dans sa confiance.

Pour celui-ci que l'on a plus connu que les autres, il est sans doute fort habile homme, patient quand il est nécessaire, quoiqu'assez prompt de son naturel, très affectionné à son pays, connoissant mieux qu'aucun autre les affaires étrangères, témoignant beaucoup d'inclination pour la France et haïssant mortellement la Hollande. S'il est encore à Lisbonne lorsque le sieur de Saint-Romain y arrivera, il y a apparence qu'il aura grande part en toutes ses négociations.

Le sieur de Saint-Romain, arrivant à Lisbonne, ira descendre chez le sieur Gravier qu'on envoya exprès d'ici il y a environ dix-huit mois, pour recevoir les remises d'argent qu'on lui feroit, prendre soin du payement des troupes et agir aussi auprès des Ministres du Portugal aux autres affaires où Sa Majesté devoit prendre part, tant pour son propre intérêt que pour le soutien du

---

1. D. Louis de Souza Vasconcellos, comte de Castelmelhor.
2. D. Antoine-Louis de Ménésés, comte de Cantanhède, puis marquis de Marialva.

Royaume et principalement pour l'union des chefs de troupes françoises, dont quelques-unes tenoient fort mal avec le sieur de Schomberg, et on craint bien que ces divisions ne durent encore.

Comme le sieur de Schomberg est un officier de grand mérite que Sa Majesté fut très aise de voir entrer dans ce service-là, et contribua ce qu'elle put pour l'y pousser, ce qui a depuis si bien réussi qu'il se peut dire que sa seule personne et son expérience au métier de la guerre a déjà sauvé en deux ou trois occasions le Portugal de sa ruine entière et lui a même fait remporter des avantages considérables sur ses ennemis, le sieur de Saint-Romain doit vivre avec lui dans la dernière intelligence et lui témoigner et par ses discours et par sa conduite, que le Roi ne fait pas seulement une singulière estime de sa personne, mais que les services qu'il rend dans l'emploi qu'il a, lui sont en plus grande considération que tous ceux qu'il pourroit lui rendre ici auprès de sa personne, afin que la connoissance qu'il aura de ces sentiments de Sa Majesté serve à adoucir dans son esprit tous les petits dégoûts que les Portugais lui donnent de temps en temps, soit par l'aversion naturelle qu'ils ont pour les étrangers, soit par un effet de jalousie de la gloire qu'il acquiert, ce qui a souvent excité en lui un tel dépit qu'il a eu de temps en temps grande peine à l'empêcher de prendre la résolution de se retirer; à quoi le sieur de Saint-Romain, s'il reprenoit de pareilles pensées, doit toujours s'opposer par tous les moyens et toutes les persuasions possibles, lui faisant connoître que ces petits déplaisirs lui sont en accroissement de mérite auprès du Roi qui en est très bien informé, et de la patience aussi avec laquelle il les souffre pour plaire à Sa Majesté, et s'employant d'un autre côté auprès des Ministres pour en faire cesser le sujet comme aussi auprès du colonel Chauvet pour le faire mieux unir qu'il ne fait avec le sieur de Schomberg; le sieur Chauvet, quoique d'ailleurs très bon officier de guerre et bien entendu au métier, étant celui qui lui donne le plus de peine par ses cabales auprès des Ministres, sur l'espérance qu'il a conçu du commandement en chef des troupes étrangères en cas que l'autre, par quelque motif que ce fut, prît la résolution de se retirer.

Comme le Roi n'a pas voulu depuis la paix que son nom parût jamais en Portugal en aucunes lettres ni ordres, Sa Majesté estime à propos pour plusieurs raisons de tenir encore la même conduite en ce rencontre. Mais pour autoriser le sieur de Saint-Romain auprès des Ministres, autant il est besoin qu'il le soit pour pouvoir agir utilement, Monsieur de Turenne écrit une lettre au comte de Castelmeglior par laquelle il le prie de prendre en toutes occasions entière créance en ce qu'il lui dira, comme à une personne en qui Sa Majesté a toute confiance et qui est expressément chargée de traiter à l'avenir avec lui toutes les affaires qu'il eschèra de négocier pour le bien et les intérêts communs de la France et du Portugal.

Le sieur Colbert écrit en même temps au sieur Gravier de laisser entièrement la direction de toutes sortes d'affaires au sieur de Saint-Romain, à la réserve du seul payement des troupes qui continuera de passer par ses mains, et de l'instruire bien particulièrement à son arrivée de l'état des choses, écrivant au reste avec lui comme il a fait avec le sieur Colbert du Terron lorsqu'il a été à Lisbonne.

Ledit sieur de Saint-Romain se fera introduire par le sieur Gravier chez le comte Castelmeglior auquel, après qu'il aura rendu la lettre de créance de Monsieur de Turenne, il pourra se contenter de dire dans la première entrevue que le Roi, ayant appris la mort du Roi Catholique, et ne doutant point qu'après un si grand changement de scène, il ne soit fait au Roi de Portugal diverses propositions de la part du jeune Roi et de ses nouveaux ministres, Sa Majesté l'a envoyé pour assurer le Roi son maître de son affection et de la disposition où il est de continuer à l'assister et le secourir dans les occasions, et pour lui témoigner qu'il prendra toujours grande part à tout ce qui pourra contribuer à la sûreté et aux avantages du Portugal dont il ne tiendra qu'au dit Roi de tirer des preuves en cette occurrence et en toute autre, et enfin qu'il attendra que ledit sieur comte lui fasse savoir le jour et l'heure de la commodité du Roi son maître, où pourra faire à lui-même toutes ces obligeantes avances de l'amitié de Sa Majesté et de sa singulière estime.

Pour venir maintenant aux affaires et pour les traiter dans ce mémoire avec méthode, Sa Majesté en premier lieu donne un ordre général audit sieur de Saint-Romain de s'opposer de tout son pouvoir et de traverser par tous les moyens qui lui tomberont dans l'esprit, l'effet et le bon succès de toutes les choses, généralement, que les Espagnols désireront et pourront proposer aux Portugais, de quelque nature qu'elles soient, quand elles viendront à sa connoissance ; en quoi, par la règle des contraires, on ne sauroit jamais se tromper, d'autant que tout ce que l'Espagne croira être de son avantage ne sauroit être qu'également préjudiciable à cette couronne et au Portugal ; c'est pourquoi ledit sieur de Saint-Romain ne peut apporter trop de soins, d'application et de vigilance à être continuellement informé bien au vrai de ce qui se passera entre les uns et les autres.

En second lieu, Sa Majesté donne un autre ordre général audit sieur de Saint-Romain, qu'en cas qu'il ne puisse à la fin venir à bout par tous les efforts qu'il aura faits, d'empêcher qu'ils ne fassent ensemble quelque ajustement, il ne soit au moins conclu qu'avec l'intervention de Sa Majesté et avec sa garantie, s'il est d'une nature que Sa Majesté y puisse entrer avec dignité, ce qui sera plus particulièrement expliqué ci-après dans les divers cas dont l'on parlera ; cependant, on peut dire touchant cet article que si les Portugais ont la moindre teinture de prudence, ils devront souhaiter la chose pour leur propre sûreté beaucoup plus que Sa Majesté aura intérêt de la désirer, et qu'ainsi ledit sieur de Saint-Romain selon les apparences ne devra pas trouver grandes difficultés à les persuader de ne se point relâcher de cette condition ; car quoiqu'il soit aisé à juger que les Espagnols y résisteront de tout leur pouvoir, il est, d'autre part, vrai de dire que si les Portugais tiennent ferme, les mêmes raisons qui auront obligé leurs ennemis à promouvoir le principal, les forceront aussi à consentir à l'accessoire plutôt que d'en rompre la négociation ; et si, contre toutes les apparences, les Espagnols ne le font pas, ledit sieur de Saint-Romain aura beau champ alors de faire comprendre aux ministres du Portugal, que l'on n'a autre dessein que de les surprendre et de les tromper puisque, si leurs parties prétendoient exécuter de bonne foi ce qu'elles auroient proposé, elles n'auroient aucun intérêt imaginable que cette couronne garantit aux uns et aux autres toutes les conditions de leur traité.

En troisième lieu, après ces ordres généraux, et à examiner

maintenant en détail quelles sortes de propositions les Espagnols en cette conjoncture de la mort de ce Roi, pourront faire aux Portugais, on ne trouve apparemment que trois diverses choses qui puissent faire négocier pour faire cesser le préjudice qu'ils pourront recevoir en toutes leurs autres affaires de la diversion de la guerre de Portugal, qui occupe leurs principales forces et consomme leur argent le plus comptant sans aucun fruit ; ces trois choses sont ou un mariage avec la paix, ou la paix sans aucun mariage, ou une trève et celle-ci se peut encore subdiviser en trève à longues années, comme de cinquante ans ou trente ans, et en une trève de moins de durée, comme de dix ans ou de six. Pour traiter maintenant chacun de ces points à part, prescrire audit sieur de Saint-Romain la conduite qu'il y devra tenir et lui suggérer brièvement une partie des raisons dont il pourra se servir pour traverser, comme il a été dit, les négociations des Espagnols, outre beaucoup d'autres considérations qui lui tomberont facilement dans l'esprit sur les lieux mêmes, et qu'il pourra prendre ou des circonstances que Sa Majesté ignore ou du naturel des Portugais ou des divers intérêts de ceux qui ont part aux affaires :

Premièrement, touchant le mariage de l'Infante avec le Roi de Portugal et par une conséquence nécessaire la paix entre leurs deux couronnes, Sa Majesté a considéré là-dessus que les Portugais qui sont les peuples du monde les plus vains et les plus présomptueux, se flattent de cette espérance, et elle croit même ne se pas tromper quand elle juge que le départ du Marquis de Sande pour venir achever celui de Mademoiselle d'Aumale, n'a été retardé que pour ne pas s'y engager plus avant tant qu'ils verront l'Infante encore dans Madrid ; mais le bon sens leur peut bien faire juger qu'en l'état où sont aujourd'hui les choses, c'est-à-dire pendant la vie du jeune Roi d'Espagne, pendant le gouvernement de la Reine sa Mère et tant que l'Empereur vivra, qui n'est guère plus âgé que le Roi de Portugal, non seulement ce mariage ne se fera pas, mais que par toutes les règles de la prudence et de la bonne politique, il est impossible qu'il se fasse et que la proposition qu'en jetteroient les Espagnols, à laquelle pourtant il n'y a aucune apparence, ne seroit qu'un faux prétexte pour amuser les Portugais, et par ce vain espoir en arrêter le progrès de leurs armes ou les engager dans quelque mauvais pas qui les fit désobliger leurs amis.

Quelle utilité (qui est la règle de la conduite des hommes) tireroient les Espagnols tant que leur Roi vivra, de proposer et de faire une alliance qui établiroit nécessairement la séparation du Royaume de Portugal du reste de leur Monarchie?

Le Roi Catholique, en mourant, a encore qualifié l'Infante dans son testament du nom d'Impératrice, et on tient pour certain à Madrid qu'il a laissé un ordre exprès de la faire partir pour aller à Vienne le plus tôt qu'il se pourra.

Tout le même pouvoir qu'avoit ledit Roi se trouvant aujourd'hui entre les mains de la Reine, sœur de l'Empereur, laquelle d'ailleurs, par les commencements de sa Régence, a fait assez connoître qu'elle voudra et saura user de ce pouvoir, il est aisé à juger qu'elle aura pour le moins autant d'impatience d'envoyer sa fille à son frère que lui de la recevoir, et qu'aucune considération ne sera capable de l'obliger à donner les mains à un second bien plus sanglant affront que l'Espagne feroit à l'Empereur, si après qu'il a déjà différé sept ans entiers depuis son élévation à l'Empire à se marier pour avoir l'une des infantes ses cousines, après les conditions du mariage stipulées, après le contrat mis en forme, après la qualification d'Impératrice et le titre de Majesté donné à l'Infante étant encore fille, et après qu'il lui a envoyé les joyaux par un seigneur de sa cour, il se voyoit frustré d'une si longue attente et de son désir, par la préférence qu'on auroit donné à celui que les uns et les autres n'appellent encore aujourd'hui qu'un sujet rebelle.

En outre, la Maison d'Autriche, tant qu'elle aura des sujets capables d'entretenir la maxime qu'elle a toujours eue de ne prendre quand elle le peut d'autres alliances que dans sa propre famille, ne s'en départira pas aisément et notamment en la conjoncture présente, où par le petit nombre de têtes auquel elle se trouve réduite, il ne lui est pas si libre de s'allier ailleurs, parce qu'il s'agit principalement de conserver le nom d'Autriche et la domination de cette maison sur tous les Etats qu'elle possède.

Le Conseil d'Espagne considérera encore que s'il avoit fait

cette seconde injure à l'Empereur, il n'auroit pas tant gagné par l'amitié du Roi de Portugal ni même par la réunion du Royaume de Portugal à leur couronne si la mort du Roi d'Espagne d'aujourd'hui arrivoit, qu'il auroit perdu par la séparation qui s'en ensuivroit infailliblement des deux branches de la maison d'Autriche, qui les rendroit incapables de soutenir longtemps les Pays-Bas et leurs autres Etats d'Italie, étant aisé à voir que comme l'Empereur n'auroit plus aucun intérêt de les conserver à la maison de Bragance, le ressentiment du traitement qu'il auroit reçu ne lui feroit prendre autre part dans l'attaque desdits Etats que pour en profiter lui-même s'il pouvoit de quelque portion, joignant pour cela ses forces avec celles du Roi.

Enfin tous les grands Seigneurs d'Espagne auront grande peine à voir et à souffrir ce qu'ils appellent la rébellion si hautement récompensée, qu'un homme né leur égal ou même inférieur à ce qu'ils croyent à plusieurs d'entre eux, pût un jour devenir le maître de tous tant qu'ils sont; et ce seroit peut-être en ce cas-là que le Roi de Portugal n'auroit pas tant gagné qu'il se seroit promis, parce qu'il n'y auroit aucun desdits Grands d'Espagne qui ne reconnut volontiers les droits légitimes de la Reine pour ne se pas soumettre à la domination des Portugais.

Si néanmoins, contre toutes les apparences et contre tout ce qu'on vient de dire, les Espagnols prenoient la résolution pour d'autres fins qu'ils pourront avoir, de faire quelque ouverture du mariage de ladite Infante, ledit sieur de Saint-Romain, après avoir présenté aux ministres toutes les considérations qu'on vient de dire pour leur faire connoître que ce ne peut être qu'un vain amusement, ne manquera pas d'autres bonnes raisons pour les dissuader d'entendre à la chose, quand même les Espagnols y agiroient de bonne foi.

Et là-dessus, il est bon que ledit sieur de Saint-Romain sache que le Marquis de Sande, étant ici, a souvent dit à M. de Turenne que les plus sensés d'entre eux n'auroient garde de donner dans un pareil piège et qu'ils reconnoîtroient bien que le mariage de l'Infante pourroit être avantageux à la personne de leur Roi, mais qu'il ne pourroit être que d'un extrême préjudice à tous les Portugais, parce que leur Maître et son successeur deviendroient eux-mêmes Castillans, qu'ils en perdroient leur présence, qu'ils n'en attendroient plus de grâces, qu'ils seroient gouvernés par des vice-rois intéressés et qui auroient peut-être encore de pires qualités, et qu'enfin leur Royaume seroit réduit en Province sans aucune considération auprès des autres Potentats, n'étant qu'une petite portion de la Monarchie de leurs éternels et irréconciliables ennemis.

Le second cas est celui de la paix que les Espagnols pourront offrir sans proposer aucun mariage ; comme celui-ci est plus à craindre que tous les autres, il requiert aussi que le sieur de Saint-Romain s'y conduise avec plus de délicatesse ; le meilleur moyen pour découvrir ce qui s'y passera et empêcher qu'on ne lui en cache la négociation, c'est de leur témoigner par avance que le Roi ne souhaite que leurs avantages et leur sûreté en quelque manière ils puissent rencontrer l'un et l'autre, et il a ordre de Sa Majesté d'entrer dans tous leurs sentiments ; leur disant seulement ce qu'il croira être de leur bien, dont ils pourront après user comme ils voudront, et leur faisant néanmoins connaître que même étant en paix, l'amitié du Roi et la considération que les autres princes en feront, leur peut toujours être fort utile.

Cependant la vraie pierre de touche pour s'assurer s'il y a quelque négociation secrète qu'on ne découvre point au dit sieur de Saint-Romain, sera la conduite que les ministres de Portugal tiendront avec lui sur le mariage de Mademoiselle d'Aumale, et les réponses qu'ils lui feront lorsqu'il leur en parlera, par lesquelles il pourra facilement connoître si l'on a dessein ou de l'achever et le hâter ou de le reculer encore. Une autre preuve certaine des négociations secrètes sera si le sieur de Saint-Romain voit arriver de Madrid quelques envoyés du sieur Funchaw, ambassadeur d'Angleterre, les Espagnols s'étant déjà servis de ce canal pour faire porter avec plus de dignité des propositions d'accommodement au Roi de Portugal.

Pour pouvoir parler de quelle manière et par quelles meilleures raisons le dit sieur de Saint-Romain pourra adroitement traiter ces sortes d'ouvertures sans qu'il paraisse qu'il en eût le dessein, il seroit nécessaire qu'on fût informé de quelle nature elles seront et il ne devra rien omettre pour tâcher d'en avoir communication après qu'il aura bien établi le fondement dont il a été parlé ci-dessus, s'il veut entrer sincèrement dans tous leurs intérêts.

En général, on peut dire que le moyen qui paroît le plus certain pour éluder l'effet de toutes pareilles négociations, c'est de prendre les Portugais du côté de leur faible qui est la vanité, leur inspirant délicatement qu'il se feroient un tort irréparable auprès de tous les autres potentats, s'ils étoient capables de traiter jamais avec l'Espagne, sinon à des conditions égales comme l'état des affaires de part et d'autre rend la chose fort juste, du moins avec des titres égaux et comme de Roi à Roi, sans aucune marque ou de dépendance ou d'infériorité. Il pourra leur remontrer là-dessus qu'ils ont déjà acquis tant de gloire dans le monde de n'avoir jamais voulu entendre avec la cour de Rome touchant les Évêchés du Portugal au moindre tempérament où les droits du Royaume et la dignité Royale ne fussent pleinement conservés à leur entier, et où le Pape ne pourroit pourvoir à la nomination de leur Roi comme les autres Papes l'avoient fait à la nomination des Rois ses ancêtres; que si aujourd'hui dans une minorité d'un Roi d'Espagne et dans la foiblesse et le mauvais état où sont ses affaires, ils se relâchoient en quelque chose, pour médiocre qu'elle fût, d'un point si jaloux et si important et si fort considéré par tous les étrangers, ils se feroient un préjudice à ne pouvoir plus être réparé et encourroient le blâme de toutes les autres nations qui concevroient même quelque mépris de leur gouvernement et de sa prudence ou de sa vigueur; et comme les Espagnols, d'autre côté, souffriront des peines indicibles à se voir forcés d'abaisser leur orgueil et la réputation de leur monarchie jusqu'à traiter d'égal un de ses sujets rebelles, il y a apparence que cette pomme de discorde, étant délicatement jetée et bien ménagée, pourra seule produire la rupture de toutes négociations ou au moins apporter de si grands obstacles à leur conclusion, que comme les affaires du monde ne demeurent jamais longtemps en un même état, tel incident peut aisément arriver qui rompoit aux uns et aux autres toutes les mesures généralement déjà prises.

Un autre moyen qui n'est guère moins plausible et qui sera

pour être plus efficace parce qu'il est plus solide, c'est celui de la garantie de Sa Majesté du traité qui se pourra conclure, dont on a déjà dit quelque chose ci-dessus. Ce discours aura toujours bonne grâce dans la bouche dudit sieur de Saint-Romain, puisque si le Roi n'avoit beaucoup d'affection pour le Roi de Portugal et un sincère désir que son Royaume se puisse conserver, il n'auroit que faire de leur donner ce conseil et d'offrir lui-même une chose qui pourra l'obliger avec le temps à de grandes dépenses, si le cas de la prestation de cette garantie arrive par le manquement des Espagnols aux choses qu'ils auront promises par un traité, et ces sortes d'engagements sont toujours embarrassantes, d'autant que les occasions en peuvent naître en des conjonctures où il faut abandonner ses propres affaires pour celles d'autrui. Et si les Portugais vouloient dire que Sa Majesté ne fait cette offre que pour l'intérêt particulier qu'elle a au soutien du Portugal, et que quand il n'auroit rien promis, il ne laissera pas de les assister, ledit sieur de Saint-Romain ne désavouera pas la vérité de cet intérêt, mais devra faire connoître qu'il y a grande différence entre l'obligation formelle d'un traité et ce qui se fait par pure grâce, dont on peut faire cesser l'effet à son bon plaisir, selon ses propres besoins, outre que sans cette sincère affection dont on vient de parler, Sa Majesté en toutes façons auroit bien plus d'avantage de se tenir libre et sans obligation d'aucune garantie, tant à cause que les secours qu'elle voudroit donner selon les occurrences, ne dépendroient que de sa seule volonté, que par ce aussi que le Portugal auroit incomparablement plus d'obligation lorsqu'il les recevroit de sa pure grâce.

Il pourra ensuite représenter fortement tout ce qui a été ci-devant dit dans l'article du second ordre général que Sa Majesté lui a donné et qu'il seroit superflu de répéter en ce lieu, touchant la nécessité de cette garantie pour la sûreté du Portugal, et pour faire voir que l'acquiescement des Espagnols ou leur refus d'y consentir sera la véritable marque qui fera connoître s'ils agissent de bonne ou de mauvaise foi en cette négociation, et s'ils ont intention ou non d'accomplir ce qu'ils promettront.

Il pourra encore faire remarquer que les Portugais se tenant fermes et inflexibles à ne se relâcher point de cette prétention en laquelle consistera toute leur sûreté, les mêmes fortes raisons qui auront obligé les Espagnols à désirer la paix pendant la minorité de leur Roi, les forceront aussi à passer ce point quand ils reconnoîtront que sans cela, ils ne pourront pas avoir cette paix dont ils ont tant besoin.

Ce à quoi principalement ledit sieur de Saint-Romain doit viser et appliquer toute son industrie, c'est d'être informé s'il est possible, de la qualité des conditions qui pourront être mises sur le tapis. Toutes les apparences sont que si les Espagnols, par la nécessité de leurs affaires, se réduisent à vouloir bien traiter la paix comme de Roi à Roi, ils voudront que les Portugais achètent chèrement cette reconnoissance de la Royauté, par d'autres conditions fort dures au Portugal et fort avantageuses à l'Espagne. Ces conditions pourront être, ou que le Portugal leur fournisse annuellement une somme d'argent, ce qu'il ne sera pas probablement difficile au sieur de Saint-Romain de détourner, en faisant remarquer aux Portugais qu'ils dégénéreroient bien de la vertu de leurs ancêtres, si sans aucune pressante nécessité ils consentoient à rendre de cette sorte leur couronne tributaire de celle de Castille, à quoi ils ne devroient pas donner leur main après avoir perdu dix batailles, et à plus forte raison après en avoir gagné trois consécutives contre les Castillans ; ou l'Espagne désirera, sous le spécieux prétexte d'une ligue offensive et défensive, ce qui paroît égal quoiqu'il ne le soit pas en ce fait-ci, que le Portugal assiste l'Espagne en tous les besoins, d'un certain nombre de vaisseaux et d'un corps réglé de troupes levées et payées à ses dépens, comme de six à huit mille hommes de pied et de quinze cents ou deux mille chevaux.

En ce cas, ledit sieur de Saint-Romain fera remarquer premièrement comme il a été dit, qu'encore que la condition paroisse égale, elle ne l'est pourtant pas en ce fait-ci, d'autant que le Portugal n'a à se précautionner que contre l'Espagne seule et ne peut être attaqué par aucune autre puissance, et qu'ainsi l'assistance que les Espagnols lui promettroient comme réciproque ne peut être qu'illusoire et qu'une pure moquerie, au lieu que la monarchie d'Espagne qui possède tant de divers États et séparés les uns des autres dans l'Europe seule, ne pouvant presque jamais être sans quelque guerre, le Portugal, sans en tirer aucune utilité pour ce qui regarde sa sûreté, se chargeroit d'une dépense, et grande et perpétuelle, pour soutenir à ses frais toutes les querelles de ses ennemis.

En second lieu, il pourra faire remarquer que cette obligation de fournir et d'entretenir des vaisseaux et des troupes, de quelque belle couleur qu'on la puisse déguiser, seroit à bien prendre et comme il sera regardé par le reste du monde, un vrai tribut et un prix sinon plus honteux, beaucoup plus à charge au Portugal et plus intolérable que celui d'en être quitte annuellement pour une somme d'argent qui seroit une fois fixée.

En troisième lieu, combien d'occasions de dissensions et peut-être de ruptures ne pourroient pas naître de cette stipulation de secours perpétuels, tantôt pour n'avoir pas été donnés en la quantité ou en la qualité qu'ils auroient été promis, d'autres fois pour n'être pas bien clair si les Espagnols n'auroient été véritablement attaqués ou s'ils seroient les agresseurs; enfin, ce qui dans l'intention des parties auroit été un sujet de réunion, deviendroit dans son exécution une fertile matière de continuelles divisions, avec même cet autre désavantage pour les Portugais qu'ayant désobligé tous leurs véritables amis pour satisfaire des ennemis réconciliés auxquels ils ne peuvent jamais prendre confiance, ils courroient grand risque, si ces divisions se poussoient aux extrémités, de ne trouver plus les mêmes appuis étrangers qui les ont jusqu'à présent soutenus.

L'objet donc que ledit sieur de Saint-Romain se doit proposer dans le cas d'une pareille négociation de paix sans aucun mariage, c'est de la faire conclure si elle ne se peut éviter à des conditions entièrement égales sans aucune stipulation d'assistance réciproque, c'est-à-dire une simple paix par laquelle chacun retienne ce qu'il possède, avec déclaration que l'autre partie n'y prétend et n'y prétendra jamais rien et en tant que besoin seroit, lui en cède tous ses droits; tout le reste ne seroit pas tant une paix qu'une ligue, laquelle se peut bien faire entre des amis qui ont des intérêts ou communs ou approchants, mais qui ne se fait jamais, si ce n'est à la ruine du plus foible, entre des ennemis que la nature et des intérêts opposés ont rendu irréconciliables.

Si néanmoins ledit sieur de Saint-Romain reconnoît que toutes les raisons dont il se sera servi, et toutes les remontrances qu'il aura faites en conformité de ce qui vient d'être dit, ne soient pas suffisantes pour empêcher la conclusion de la dite Ligue, qui est le parti de tous qui seroit le plus préjudiciable aux intérêts de Sa Majesté, car pour une simple paix il y auroit quelque lieu de s'en consoler en ce qu'elle assureroit au moins la subsistance du Portugal et son entière séparation de la couronne d'Espagne, au lieu que la Ligue lui en donneroit toutes les forces comme si elle l'avoit continué à le posséder; en ce cas-là, mais seulement à la dernière extrémité, Sa Majesté trouve bon que ledit sieur de Saint-Romain puisse employer, s'il le juge à propos, un dernier remède plus efficace, pour arrêter le torrent. Ce remède seroit, non pas de promettre positivement la rupture de Sa Majesté avec l'Espagne, mais d'en faire entrevoir des espérances, disant au comte Castelmeglior ou au marquis de Sande que pourvu qu'ils ne se pressent pas de rien conclure et qu'on lui veuille donner le temps de dépêcher un courrier en France pour faire entendre à Sa Majesté l'état des choses, qu'il croit savoir assez des intentions de Sa Majesté pour les assurer que ce même courrier rapportera des résolutions qui leur seront d'un si grand avantage qu'ils n'auroient eux-mêmes osé l'espérer, mêlant là-dedans quelques mots de rupture, par lesquels ils puissent comprendre que c'est d'une déclaration ouverte de guerre à la France contre l'Espagne qu'il entend parler.

La troisième chose que les Espagnols peuvent faire proposer en cette conjoncture et qu'il est plus vraisemblable qu'ils proposeront, selon même les divers avis que Sa Majesté a de Madrid, est une trêve ou à longues années ou plus courtes.

Tous les moyens qu'on a déjà suggérés audit sieur de Saint-Romain pour détourner la conclusion de la paix ou de la Ligue lui peuvent aussi servir pour embarrasser cette ouverture et il seroit inutile de les répliquer.

Ce qui se peut ajouter, c'est que dans ce cas-ci, il doit faire remarquer aux Portugais que cette proposition, au lieu de la paix dont l'Espagne a besoin, ne leur peut être faite que pour trois fins principales : l'une, pour éviter de traiter avec le Roi de

Portugal comme avec un Roi souverain et légitime; à quoi ils ne peuvent condescendre sans honte et sans se faire un extrême préjudice.

La seconde, pour se réserver à perpétuité les droits qu'ils prétendent sur le Portugal dans le dessein de les faire bientôt revivre, selon les occasions favorables qui s'en présenteront.

Et la troisième, pour avoir le temps de prendre haleine et le moyen de remettre les affaires en tel état qu'ils puissent, avec plus d'espérance de bon succès, revenir à la charge pour leur prétendue conquête du Portugal.

Ces trois considérations qui auront mis les Espagnols à proposer cette trêve, sont justement celles qui doivent obliger les Portugais à n'y pas donner les mains, et notamment après la mort du Roi Catholique qui a rendu l'Espagne tout à fait impuissante à leur faire aucun mal; de sorte que sans qu'ils aient aucune nécessité de convenir de cette suspension, longue ou courte, ils peuvent s'assurer de jouir de son effet quand et aussi longtemps qu'ils le voudront; cependant ils n'auront pas désobligé les amis et se seront conservés la liberté d'incommoder leurs ennemis et de faire même des progrès considérables sur eux sans qu'ils y trouvent aucune résistance, et quand ils n'auroient que la visée de reprendre Olivença, Jurumen, et les autres pierres de la couronne de Portugal dont les Espagnols se sont emparés, ce seroit toujours un grand avantage et pour leur honneur et pour leur sûreté, dont ils ne devroient pas laisser échapper l'occasion ni se lier les mains, par la conclusion d'une trêve nullement nécessaire et qui ne peut être utile qu'à leurs ennemis.

Des deux questions de la trêve, si elle ne se peut éviter, la plus courte à l'égard des intérêts du Roi sera préférable à la longue, parce que sa fin redonnera plus promptement de l'occupation à l'Espagne.

Voilà ce qui s'est pu suggérer audit sieur de Saint-Romain dans une si grande distance et sans doute dans l'ignorance de plusieurs faits, intérêts particuliers et circonstances qui lui donneront de bien plus grandes lumières pour sa conduite, et lui fourniront aussi de plus puissantes raisons lorsqu'il sera sur les lieux et qu'il verra toutes choses de plus près pour diriger les affaires, à ce que Sa Majesté lui a fait connaître de ses intentions et de ses intérêts.

Il reste à parler du cas, quoique peu probable, que les Espagnols ne fissent proposer au Portugal aucune sorte d'accommodement, et si cela arrivoit qui est tout ce qui seroit à souhaiter, ledit sieur de Saint-Romain devra parler positivement de la continuation de la guerre et assurer les ministres que le Roi est disposé à leur fournir annuellement et avec une grande ponctualité la même somme que Sa Majesté avoit à coutume de donner, faisant valoir qu'outre cela ils toucheront présentement les quatre cent mille écus du mariage; on verra alors s'ils répondront comme des gens qui veulent tirer plus d'argent pour continuer la guerre ou comme en étant déjà lassés, ne songeant qu'à la paix et ne pressant pas, sous[1] matière d'argent, de crainte de s'engager trop avant. Leur conduite aussi sur le mariage de Mademoiselle d'Aumale donnera encore audit sieur de Saint-Romain de grandes lumières de leurs véritables desseins, car s'ils ont quelque négociation secrète, les Espagnols la commenceront par les engager à rompre toute alliance en France.

Si, au contraire, ils négocient avec ledit sieur de Saint-Romain comme ne faisant point de difficultés au mariage et comme voulant demeurer en rupture avec les Espagnols, il les pressera de ne plus perdre de temps à envoyer quérir la Princesse, observera tous leurs mouvements, avertira le Roi des projets qu'ils feront pour la campagne prochaine, leur fera toujours connoître qu'il n'y a que la seule faiblesse des Espagnols qui les pût obliger à les rechercher et qu'ils ne peuvent jamais trouver de sûreté plus grande que de demeurer inséparablement unis avec la France, soit en guerre, soit en paix, et qu'ils auront grand sujet de soupçonner de mauvaise foi les Espagnols, quand ils voudront les en séparer.

S'il arrivoit que les ministres proposassent eux-mêmes audit sieur de Saint-Romain qu'ils continueront la guerre, si Sa Majesté leur veut donner assurance de faire agir ses armées en Flandre ou ailleurs pour les droits et prétentions de la Reine,

---

1. Il y a ici une maculature qui cache un mot du texte.

en ce cas il devra avertir Sa Majesté de leurs propositions et cependant tenir la chose en négociation jusqu'à la réponse, ayant toujours néanmoins pour but de leur ôter la pensée qui pourroit leur tomber dans l'esprit, que Sa Majesté veuille, à quelque prix que ce soit, leur faire continuer la guerre, de crainte que cette impression ne les obligeât à cacher audit sieur de Saint-Romain leurs négociations avec les Espagnols.

Si l'ambassadeur d'Angleterre qui est à Madrid s'immisce dans l'affaire de leur accommodement, ledit sieur de Saint-Romain leur fera connoître qu'ils n'en doivent pas inférer que l'Angleterre soit entièrement unie avec l'Espagne et que ce ministre ne se conduit de cette sorte que par quelque ressentiment qu'a le Roi son maître de ce que Sa Majesté, dans la guerre que les Anglois font aux États, semble être plus favorable à ceux-ci; mais qu'aussitôt que ce différend sera accommodé, Sadite Majesté et le Roi d'Angleterre rentreront à l'instant même et facilement dans leurs anciennes liaisons, parce que, en dehors de la proximité de sang, l'intérêt de l'un et de l'autre le requiert, et qu'alors, si le Portugal s'est ajusté avec l'Espagne, il demeurera sans aucune assurance du côté de France et d'Angleterre et n'aura plus d'amis que les Espagnols, auxquels les Ministres connoissent assez s'ils se peuvent jamais fier.

Enfin, ledit sieur de Saint-Romain leur représentera vivement qu'ils ne peuvent avoir de sûreté ni dans la guerre ni dans la paix, qu'en ne se séparant point d'avec la France qui a bien plus de moyens et de toutes manières de les soutenir, que n'en peut avoir l'Angleterre, et que Sa Majesté prendra toujours grand intérêt en leur conservation et ne peut là-dessus changer de maximes, à moins qu'eux-mêmes ne l'y forcent par quelque action qui l'eût sensiblement désobligée. Ils ont vu et éprouvé qu'encore que par l'obligation du traité des Pyrénées, il semblât que cette couronne ne dût plus les assister, avec combien de chaleur néanmoins et d'affection le Roi s'est porté à le faire dans un temps où ils devoient le moins attendre de secours et où ils en avoient pourtant le plus de besoin; que les choses changent maintenant de face et qu'ils peuvent bien juger qu'à l'avenir les assistances seront plus grandes, soit par celles que le Roi leur donnera réellement, soit par les diversions que les affaires de Sa Majesté l'obligeront peut-être de faire et qui donneront au Portugal tant de moyens faciles de s'agrandir par la diminution de la puissance des Espagnols, qui doit être toujours si suspecte à cette couronne et à leur État.

Comme les affaires de cette importance se communiqueront sans doute à dix ou douze personnes du Conseil d'État, il sera bien à propos que le dit sieur de Saint-Romain les voie tous ou quelques-uns comme le comte de la Touguie[1], après avoir néanmoins pressenti du comte de Castelmeglior sur la manière dont il en doit user pour ne rien faire qu'il n'approuve et qui ne lui soit agréable, lui faisant entendre qu'il a ordre de Sa Majesté de n'avoir principalement recours qu'à lui en toutes les occasions qui seront de quelque considération.

Il y a aussi un secrétaire d'État nommé Macedo[2], que ledit sieur de Saint-Romain pourra voir, plutôt pour ménager son esprit et pour l'empêcher de nuire que pour en tirer de grands avantages, car c'est un homme fort emporté, fort contraire au service des troupes étrangères qui ont néanmoins sauvé seules le Portugal depuis la conclusion de la paix, et qui ne connaît guères d'autres intérêts que ceux de son pays, quoiqu'à dire vrai il les connoisse mal, parce qu'il est persuadé que le Portugal seul est capable de résister à toutes les autres puissances de la terre, qu'un Portugais battra toujours deux Castillans, et qu'à l'extrémité un miracle ne peut leur manquer.

Il y a encore un homme, député du peuple de Lisbonne, que l'on peut faire agir utilement auprès du Roi de Portugal et qui est même appelé dans les conseils quand on veut y résoudre des affaires importantes; il sera bon que ledit sieur de Saint-Romain s'applique à le ménager et à le bien persuader de tout ce qui convient aux intérêts du Roi.

Comme il pourra arriver que le conseil de Portugal n'oppose aucune considération plus pressante à la durée de la guerre, que celle de l'incommodité qu'ils ont de faire subsister les troupes du

---

1. Le comte d'Atouguia, général portugais, un des favoris d'Alphonse VI.
2. Édouard Ribeiro de Macedo, d'abord secrétaire de l'ambassade du comte de Soure.

pays, lesquelles voyant les étrangers bien payés, ont grande peine à s'accommoder à cette inégalité de traitement, si les ministres allèguent audit sieur de Saint-Romain cet inconvénient et qu'ils en viennent à quelques demandes pour y remédier, il pourra se charger de les faire savoir à Sa Majesté, parce que l'attente de la réponse éloignera toujours leur traité d'accommodement avec les Espagnols et donnera le temps à Sa Majesté de voir ce qu'elle jugera à propos de leur faire entreprendre.

Dans le même temps qu'on a traité ici des mariages de Mademoiselle de Nemours et de Mademoiselle d'Aumale, on a auss parlé de celui de Mademoiselle de Bouillon, nièce de Monsieur de Turenne, avec le Prince frère du Roi de Portugal, et les conditions en furent comme ajustées avec le Marquis de Sande ; mais la réponse ne vint pas si favorable de Lisbonne sur ce mariage du Prince que sur celui du Roi. La conduite que les Ministres ont tenue là-dessus a été que le Roi leur Maître le souhaitoit et eux aussi, qu'ils travailloient tous les jours à y disposer le Prince, mais jusqu'à présent inutilement, à cause de la grande répugnance qu'il a à se marier ; ils ont même, dit-on, feint des contestations et des querelles entre le Roi et son frère sur cette matière-là. Si ledit sieur de Saint-Romain trouve quelque jour à faire résoudre et conclure aussi le second mariage, Sa Majesté en sera très aise et estimera beaucoup ce service qui lui aura été rendu ; car outre qu'elle fait grande considération de la personne de Monsieur de Turenne et souhaite fort toutes ses satisfactions et ses avantages, elle a encore grand intérêt pour que cette double alliance réussisse, pour être assurée contre le cas qui pourroit arriver de la mort du Roi de Portugal. Monsieur de Turenne partant, a chargé le sieur de Ruvigny d'entretenir ledit sieur de Saint-Romain de cette affaire et de lui dire ses sentiments sur la meilleure manière de la conduire à sa perfection ; à quoi il devra avoir grand égard et y appliquer toute son industrie.

INSTRUCTION A M. DE SAINT-ROMAIN, AMBASSADEUR A LISBONNE, RELATIVE AUX COLONIES PORTUGAISES[1].

Paris, 16 mars 1669.

Le sieur de Saint-Romain est bien informé des soins que Sa Majesté a pris de former la Compagnie des Indes orientales, de la protection puissante qu'elle lui donne, et des grandes sommes de deniers qu'elle lui a fait fournir de son trésor royal pour son établissement et pour supporter les grandes pertes qu'elle a déjà faites et qu'elle continuera de faire, jusqu'à ce que les directeurs qui sont à présent dans les Indes ayent formé le commerce et surmonté les difficultés que reçoivent dans leurs commencements toutes les entreprises de cette qualité.

Et quoique ledit sieur de Saint-Romain puisse savoir à Lisbonne plus certainement l'état de toutes les Indes et les différentes nations de l'Europe qui y sont établies, en sorte qu'il ne seroit pas nécessaire d'en déduire le détail dans ce mémoire, Sa Majesté estime toutefois nécessaire de lui donner part des connoissances qu'elle en a, sur lesquelles les ordres qu'elle veut lui donner par ce mémoire sont fondés, sauf à lui à en tirer une connoissance plus parfaite qui pourra lui servir dans sa négociation.

Il est donc certain que des quatre nations considérables de l'Europe qui trafiquent à présent dans les Indes, savoir : les François, les Anglois, les Portugais et les Hollandois, les Portugais ont été fort longtemps seuls en possession de ce commerce, après avoir soumis à leur domination toutes les îles de l'Asie et établi diverses places et postes considérables sur toutes les côtes d'Afrique, de Perse, des Indes, de la Chine et du Japon, mais que cette grande puissance a notablement diminué depuis que les Hollandois ont introduit leur commerce dans ces mêmes

---

1. Voir plus haut, p. 93.

pays et qu'elle se trouve à présent réduite aux seules places de Goa, Diu, et quelques autres moins considérables sur la côte de Coromandel.

Les Hollandois sont à présent maîtres de toutes îles les, et même de tous les pays qui produisent les épiceries; et leur application à se conserver ce commerce est telle qu'ils détruisent et dépeuplent tous les pays qui en peuvent produire, soit par la difficulté de s'y rendre les maîtres absolus, soit parce qu'ils estiment que l'avantage de leur commerce ne veut pas qu'il y en ait une si grande abondance. Et si leur application va jusqu'à ce point, elle passe bien au delà quand elle agit pour chasser, s'ils pouvoient, toutes les autres nations et se rendre maîtres de tout. Les mauvais traitements qu'ils ont faits aux Anglois, qui leur ont attiré la dernière guerre dont les dépenses et le risque ne leur sont d'aucune considération, puisqu'ils sont parvenus à les chasser de l'île de Poulo-Ron[1], dans laquelle ils étoient établis; tous les moyens dont ils se sont servis pour conquérir sur les Portugais l'île de Ceylan et toutes les autres îles, même pour prendre contre la foi des traités, les villes de Cochin et de Cananore[2]; et généralement tout ce qu'ils ont fait dans ces pays depuis qu'ils y ont porté leur avarice et leur tyrannie, dont les Portugais ne sont que trop instruits, sont des preuves concluantes qu'ils ne doivent attendre d'eux que leur entière destruction, dès lors que par la force ou par d'autres moyens encore plus dangereux, ils croiront y pouvoir parvenir. Et si l'on considère l'état auquel ils sont et les avantages que le général et les particuliers de leur État retirent de ce commerce, ensemble l'état des Portugais, l'on jugera facilement que le temps de leur expulsion entière de tous ces pays peut être proche, s'ils n'y apportent un prompt et suffisant remède.

Il est certain que les flottes qui arrivent tous les ans en Hollande apportent des marchandises de valeur de 10 à 12 millions de livres, qu'ils distribuent ensuite dans tous les royaumes de l'Europe, et en tirent l'argent qui cause leur puissance;

---

1. Ile située dans le groupe de Banda, de l'archipel des Moluques, cédée par les Anglais aux Hollandais en 1666.
2. Port de l'Indoustan où les Portugais avaient élevé un fort en 1501.

Que la compagnie qui produit cet avantage au général du pays a mis en mer, à ses propres dépens, jusqu'à 30 vaisseaux pendant la dernière guerre d'Angleterre ;

Que cette même compagnie a plus de 150 vaisseaux dans les Indes, qu'elle a fait et soutenu la guerre contre les Portugais avec les avantages ci-dessus marqués, qu'elle l'a continuée contre divers rois du même pays, et toujours avec avantage ;

Qu'elle met sur pied, dans les mêmes Indes, des armées de terre de 10 à 12 000 hommes, et de mer de 40 à 50 vaisseaux ;

Qu'elle est maîtresse de toutes les îles, et a seule son commerce établi dans la Chine et dans le Japon, et pour mieux dire dans toutes les Indes, vu que les marchandises qui sont apportées par les Anglois ne sont pas considérables.

Et au contraire, les Portugais n'ont ni vaisseaux, ni troupes, et il ne leur reste que les seules places de Goa, Diu, et quelques autres de peu de considération.

Cette prodigieuse différence des deux puissances, et l'application des Hollandois à se conserver et s'accroître, font connoître clairement la nécessité d'un remède puissant et efficace aux Portugais pour éviter leur entière ruine.

Le seul remède consiste : à appeler en société de ce commerce, et même en partage des pays qui leur sont encore soumis et des places qu'ils possèdent, quelqu'une des autres nations, qui, ayant les mêmes intérêts, joigne sa puissance avec la leur; à se rendre par ce moyen plus redoutables aux Hollandois, et se mettre même en état, par leur application, non seulement de les contenir dans les bornes de leur puissance, mais même de prendre sur eux une partie du commerce et des places qu'ils ont usurpées par force.

Les seuls François sont capables de procurer ce grand avantage aux Portugais, en leur donnant, par des traités solides qui pourroient être faits entre les rois, part des établissements et du commerce qui leur reste, vu que la religion des Anglois ne permet pas aux Portugais de les appeler dans cette société.

Pour cet effet, Sa Majesté veut que ledit sieur de Saint-Romain, instruit de toutes les raisons contenues dans ce mémoire, ensemble de toutes celles que sa capacité, son expérience et les connoissances qu'il pourra tirer des Portugais lui fourniront, les insinue en toutes occasions dans les esprits du Prince, de la Reine et de tous leurs ministres, et travaille incessamment à les porter à traiter avec Sa Majesté de quelqu'une de leurs places dans les Indes, ensemble à faire une union de commerce entre les François et les Portugais, aux conditions dont on pourra convenir pour l'avantage commun des deux nations. Dès lors que, par les avis qu'il donnera à Sa Majesté de l'état de cette négociation, il y aura apparence d'y pouvoir réussir, elle lui enverra les pouvoirs nécessaires.

Cependant Sadite Majesté veut qu'en rendant au prince la lettre ci-jointe du vice-roi de Goa, il lui fasse les remerciements du bon traitement que ledit vice-roi a fait aux Directeurs de la Compagnie françoise, et lui demande en même temps, au nom de Sa Majesté, des ordres au même vice-roi et à tous les gouverneurs de ses places à ce qu'ils ayent à recevoir les vaisseaux, directeurs et commis de ladite compagnie, leur permettre d'établir des magasins dans toutes ces places, leur faire donner les bâtimens nécessaires pour cela en payant raisonnablement, et les décharger de toutes sortes d'impositions, de quelque nature et qualité qu'elles puissent être.

Sa Majesté veut de plus que le sieur de Saint-Romain demande audit prince la faculté de pouvoir établir un magasin pour tenir dans la rivière de Lisbonne, en tel lieu qu'il sera estimé le plus commode, toutes sortes d'agrès et marchandises nécessaires, tant pour les radoubs des vaisseaux de Sa Majesté que pour ses sujets, en cas qu'ils fussent obligés de relâcher dans ladite rivière, ainsi qu'il arrive très souvent, ce qui tourne même à l'avantage du Portugal, et ce sans payer aucuns droits.

Bibl. Nat. Ms. 500, Colbert, vol. CCIV, Dépêches concernant le commerce, 1669, fol. 6. — Publié par Depping, *Correspondance administrative sous Louis XIV*, III, 419; et par P. Clément, *Lettres, Instructions et Mémoires de Colbert*, II, 456. — M. Depping publie un court supplément d'instruction, daté du 21 novembre, et que l'on trouvera à la page 423 de son ouvrage précité, lequel contient plusieurs autres documents intéresssant le Portugal.

VI

M. D'AUBEVILLE

1671 — 1675[1].

Au moment même où le marquis de Saint-Romain recevait l'autorisation de quitter Lisbonne, Louis XIV, sur les conseils de Louvois, se décidait à déclarer la guerre aux Hollandais, dont il croyait avoir intérêt à amoindrir la puissance et dont il redoutait, d'ailleurs, la fierté républicaine pour la réalisation de ses rêves d'hégémonie universelle. Sentant le besoin de grouper pour cette lutte dangereuse toutes les forces dont il pouvait disposer, il avait expédié en hâte à son ambassadeur à Lisbonne, un courrier porteur de l'ordre de signer au plus vite le traité d'alliance qu'il avait négocié et d'attacher ainsi définitivement le Portugal à la cause française. Malheureusement, ce courrier arriva trop tard et ne trouva plus M. de Saint-Romain à son poste. Le Roi résolut donc de l'y remplacer immédiatement et désigna comme son envoyé extraordinaire à la cour de Lisbonne M. d'Aubeville, conseiller d'État, dont il avait déjà pu apprécier les services[2].

1. Ministre des Affaires étrangères : Hugues de Lionne, remplacé le 1er septembre 1671, par Simon Arnauld, marquis de Pomponne.
2. M. d'Aubeville appartenait à une noble famille provençale d'origine italienne, la maison de Sève ou de Scève qui s'était subdivisée en plusieurs branches: celles des Stainville, des Rochechouart, des Fléchères et des Aubeville (voir le P. Anselme, la Chenaye des Bois et Maynier : *Histoire de la Noblesse de Provence*, Aix, 1719, in-4). M. d'Aubeville, né en 1610, était, depuis 1647, gentilhomme ordinaire de la maison du Roi. Il avait été envoyé successivement en mission à Rome de 1661 à juin 1662, à Mantoue en 1663, et en Savoie en 1666. Au mois d'avril 1667, il alla auprès du duc de Lorraine dont il obtint un secours de 1 500 chevaux et 1 200 fantassins, commandés par le comte de Lillebonne. Il retourna près du même duc en 1669 et de là à la cour de l'Électeur palatin. En 1685, il fut accrédité auprès de la République de Gênes et mourut à Nove, petite ville de cet État, le 12 juin 1687, à l'âge de soixante-dix-sept ans.

Le départ du nouvel ambassadeur fut retardé pendant quelque temps, ainsi que nous l'apprend son Instruction, par des difficultés qui s'élevèrent au même moment à Londres pour la réception de l'agent portugais; mais dès que ces difficultés eurent été levées par l'intervention de la France, M. d'Aubeville partit et il arriva à Lisbonne le 7 avril 1672.

Il avait pour mission de faire aboutir les négociations commencées par M. de Saint-Romain, au sujet de l'entrée du Portugal dans la ligue contre les Hollandais[1], à qui la France et l'Angleterre venaient de déclarer la guerre le 10 avril 1672. Le roi Charles II négociait de son côté avec la cour de Lisbonne pour arriver au même résultat; aussi l'envoyé français reçut-il l'ordre de rester dans une grande réserve et de laisser toute l'initiative aux plénipotentiaires anglais[2]. Bientôt même, le siège des négociations fut déplacé et le Roi résolut de les laisser se poursuivre exclusivement à Londres où il dépêcha Colbert (le 6 octobre 1672) pour traiter directement avec l'ambassadeur portugais dans cette ville, Don Francisco de Melo, « d'un commun concert » avec les ministres britanniques[3]. Il eût semblé naturel que le gouvernement de Lisbonne saisît avec empressement l'occasion qui lui était offerte de se venger des Hollandais, ses rivaux coloniaux, lesquels, malgré la paix qui régnait entre eux et les Portugais en Europe, n'avaient jamais cessé d'être en hostilité contre le Portugal dans ses Indes orientales et occidentales. Néanmoins, les Portugais, suivant leur constante habitude, perdirent beaucoup de temps en vaines hésitations, et, les événements se précipitant tout à coup, ils manquèrent de nouveau l'occasion qui leur était offerte. En effet, dans les premiers mois de 1673, les Espagnols firent une tentative sur Charleroy, au mépris du traité d'Aix-la-Chapelle; puis, au mois d'octobre de la même année, la cour de Madrid déclara officiellement la guerre à la France; au même moment, l'ambassadeur portugais était insulté à Madrid[4] et l'on découvrait à Lisbonne la main des Castillans dans une conspiration contre la maison de Bragance. Et cependant les ministres de Portugal ne parvenaient pas à sortir d'indécision, si bien que les succès des armées françaises dans les Pays-Bas les surprirent avant qu'ils eussent arrêté leur parti; c'était rendre leur alliance à peu près inutile.

La mission de M. d'Aubeville ne put donc atteindre le but désiré. Si la paresseuse méfiance des Portugais eut la plus grande part à cet échec, le caractère de l'envoyé du roi de France et ses querelles avec

---

1. *Correspondance de Portugal*, t. XI, 4.
2. *Ibid.*, 33.
3. *Ibid.*, 35, 36.
4. *Ibid.*, 95.

le Père de Ville, religieux français qui était le confesseur de la reine Isabelle et qui exerçait sur elle le plus grand empire, y contribuèrent aussi beaucoup. « C'est un bonhomme à ses méfiances près, » écrivait la régente le 11 mars 1672[1], en parlant de l'ambassadeur français; « il est toujours de la même manière avec le Père de Ville et c'est un mal sans remède, car leurs deux humeurs sont incompatibles... »

Le rappel de M. d'Aubeville, motivé sans doute par cette situation difficile avec le principal conseiller de la reine-régente — bien que l'Instruction de son successeur le justifie seulement par des raisons de santé, — eut lieu au mois de mai de l'année 1675.

MÉMOIRE DU ROI POUR SERVIR D'INSTRUCTION AU SIEUR D'AUBEVILLE, S'EN ALLANT EN PORTUGAL EN QUALITÉ D'ENVOYÉ EXTRAORDINAIRE.

Correspondance de Portugal, t. XII, t. 1. — A St-Germain, 20 décembre 1671.

Sa Majesté aiant été informée de la proposition qui a été faite au sieur de Saint-Romain par le comte d'Atorre, mentionnée en la dépêche dudit sieur de Saint-Romain qui accompagnera ce mémoire, envoya ordre audit sieur de Saint-Romain par un courrier exprès de ne point partir de Lisbonne, et de conclure au plus tôt le traité qui lui avoit été proposé aux conditions portées par la dépêche que Sa Majesté écrivit alors audit sieur de Saint-Romain, laquelle sera encore ci-jointe; mais comme le courrier qui fut chargé de ladite dépêche ne trouva plus ledit sieur de Saint-Romain à Lisbonne, Sa Majesté résolut en même temps d'y envoyer quelqu'un, et jeta les yeux sur le sieur d'Aubeville, conseiller en son conseil d'Etat, comme sur un sujet très capable de

---

1. *Correspondance de Portugal*, t. XI, 3.

se bien acquitter de cet emploi, pour en qualité de son envoyé extraordinaire aller à Lisbonne, et y demeurer jusqu'à nouvel ordre.

Et parce qu'Elle fut alors informée que le Roi d'Angleterre avoit refusé audience publique à l'ambassadeur de Portugal, et que Sa Majesté jugea que jusqu'à ce que cette difficulté fut terminée, ledit sieur d'Aubeville auroit de la peine à persuader au Prince de Portugal d'entrer dans une étroite liaison avec l'Angleterre, dans un temps où il pourroit prétendre que son ambassadeur y auroit reçu une injure, Sa Majesté surcit (*sic*) le départ dudit d'Aubeville, et envoya des ordres à son ambassadeur en Angleterre de solliciter vivement le Roi de la Grande-Bretagne de donner à l'ambassadeur de Portugal toute la satisfaction qu'il seroit possible, lui ordonnant de lui remontrer tout ce qu'elle a cru de plus propre pour le persuader ; mais Sa Majesté venant d'apprendre que les offices de son ambassadeur ont fait tout l'effet pour le Prince de Portugal que Sa Majesté pouvoit désirer, Don Antonio de Melo aiant reçu toute satisfaction, Sa Majesté n'a pas voulu retarder plus longtemps le départ dudit d'Aubeville, auquel elle ordonne de se rendre avec la plus grande diligence qui lui sera possible à Lisbonne, où étant, il donnera avis de son arrivée à l'introducteur des ambassadeurs en la manière ordinaire en cette cour-là, et après avoir rendu au Prince et à la Reine les lettres de Sa Majesté qui lui seront remises avec le présent mémoire, il expliquera au susdit Prince et à la Reine que Sa Majesté aiant été informée de la disposition où ledit Prince étoit de prendre part en la guerre que Sa Majesté a résolu de faire aux Hollandois, Sa Majesté l'a chargé en partant d'auprès d'Elle du pouvoir nécessaire pour conclure le traité, les priant pour cet effet de lui faire donner des commissaires avec lesquels il puisse travailler à en mettre les conditions par écrit ; et comme les susdites dépêches du sieur de Saint-Romain, et les réponses de Sa Majesté qui seront ci-jointes expliqueront bien particulièrement audit sieur d'Aubeville les intentions de Sa Majesté à cet égard, elle ne lui en répétera rien ici.

Ledit sieur d'Aubeville tâchera de pénétrer quels seroient les sentimens du Prince de Portugal en cas que les Espagnols donnassent du secours aux Hollandois et si ledit Prince ne pourroit point être porté à s'engager de rompre avec les Espagnols moyennant un secours d'argent et de troupes que Sa Majesté lui donneroit; et il lui offrira pour cet effet un secours de mille cavaliers à pied, et de quatre mille hommes de pied, lesquels Sa Majesté s'obligeroit d'entretenir à ses frais et dépens pendant que la guerre dureroit et en outre de faire payer audit Prince de Portugal une somme de deux à trois cens mille livres par an, moyennant quoi Sa Majesté s'engageroit de ne point faire la paix ni avec les Hollandois ni avec les Espagnols sans y comprendre le Portugal, et sans y stipuler non seulement la restitution de ce que les Espagnols auroient pris sur le Portugal, mais encore la cession de tout ce que le Portugal auroit conquis sur l'Espagne, même de quelqu'autres placés voisines dont on pourroit convenir qui seroient le plus à la bienséance des Portugais.

Et Sa Majesté se contenteroit que le Portugal s'obligeât à rompre avec les Espagnols après que les Espagnols auroient envoyé du secours aux Hollandois, et que Sa Majesté aiant ensuite commencé la guerre contre lesdit Espagnols, auroit requis le Portugal de rompre contre eux.

Mais en cas que le sieur d'Aubeville ne trouve pas le Prince ni les ministres de Portugal disposés à entendre à une pareille proposition, il fera ses efforts au moins pour que ces articles soient toujours insérés dans le traité, et consentira que par un article secret ledit Prince de Portugal soit dispensé de les exécuter, en cas que lorsque Sa Majesté l'en requèrera, il ne juge pas ses affaires en état de le pouvoir faire, moyennant quoi (quoique le Prince de Portugal ne soit engagé à rien de plus qu'à ce qu'effectivement le comte d'Attorre a proposé), Sa Majesté aura de quoi faire appréhender aux Espagnols une guerre contre le Portugal s'ils s'engagent à secourir les Hollandois, ce qu'Elle ne doute point qui ne serve beaucoup à les persuader de demeurer neutres et de ne les assister en aucune manière.

Ledit sieur d'Aubeville prendra sur toute sa négociation les avis de la Reine, entretiendra avec Elle une fort particulière intelligence, et fera tout ce qui lui sera possible pour maintenir et augmenter sa considération, informant Sa Majesté le plus souvent qu'il lui sera possible du succès de sa négociation, et de tout ce qui se passera, et se servant pour cet effet du chiffre que Sa Majesté lui fait remettre présentement.

Fait à Saint-Germain en Laye, le 20e jour de décembre 1671.

VII

M. DE GUÉNÉGAUD

1675 — 1681[1]

La mission de M. de Guénégaud[2] ne fut à proprement parler que la continuation de celle de M. d'Aubeville; les mauvaises relations que cet envoyé s'était créées avec le Père de Ville, confesseur de la Reine, relations qu'une apparente réconciliation n'avait pu rétablir sur le pied d'une confiance réciproque, motivèrent très probablement son rappel, ainsi que nous l'avons vu plus haut, et le désir de substituer à un ancien ennemi une personne plus agréable à ce moine tout-puissant sur l'esprit de sa pénitente, fut très certainement la principale cause de ce changement d'ambassadeur.

Les victoires de Condé dans les Pays-Bas et celles de Turenne sur le Rhin suggéraient d'ailleurs au roi Louis XIV le désir de profiter de ses succès pour tenter un dernier effort; il voulait obtenir enfin une diversion sérieuse des Portugais contre l'Espagne et avancer ainsi le moment où il espérait dicter à tous ses ennemis une paix avantageuse.

Malheureusement, comme son prédécesseur, M. de Guénégaud échoua dans sa mission : les Portugais lui reprochèrent quelques indiscrétions dans ses rapports avec la Reine et ses ministres; mais, en réalité, ils furent trop heureux de colorer d'un prétexte plus ou moins plausible leur résolution très arrêtée de rester le plus longtemps possible dans leur apathique expectative.

---

1. Ministre des Affaires étrangères : le marquis de Pomponne, remplacé en novembre 1681 par Charles Colbert, marquis de Croissy.

2. Claude de Guénégaud des Brosses, conseiller au parlement, puis maître des requêtes et commissaire du Roi aux États de Languedoc en 1672. Il mourut le 22 mai 1720.

M. de Guénégaud quitta donc Lisbonne en 1681 et son rappel ressembla, comme celui de M. d'Aubeville, à une sorte de demi-disgrâce.

MÉMOIRE DU ROI POUR SERVIR D'INSTRUCTION AU SIEUR DE GUÉNÉGAUD, MAÎTRE DES REQUÊTES, ALLANT EN PORTUGAL EN QUALITÉ D'ENVOYÉ EXTRAORDINAIRE.

3 juillet 1675. — *Correspondance du Portugal*, t. XIII, f. 229.
Copie. — La minute est à la suite de cette copie, p. 238.

L'affection que le Roi a toujours témoignée pour les intérêts du Portugal depuis que cette couronne s'est séparée de l'Espagne, et qu'elle est rentrée sous ses Rois légitimes, a obligé Sa Majesté de tenir en tout temps ses ministres à Lisbonne, non seulement pour entretenir encore plus étroitement cette alliance, mais pour disposer cette cour selon les occurrences aux avantages que Sa Majesté en pourroit tirer pour ses intérêts.

Ce fut dans cette pensée que lors de la conjoncture de la guerre que Sa Majesté étoit sur le point de déclarer à la Hollande en 1672, Elle jugea à propos de faire passer le sieur d'Aubeville en qualité de son envoyé extraordinaire en Portugal, et qu'Elle le chargea de ses pleins pouvoirs pour faire entrer le Prince de Portugal dans son parti; à quoi Elle croioit qu'il se porteroit d'autant plus aisément, qu'il avoit plus de sujets de se venger des offenses qu'il avoit reçues des Etats Généraux dans les Indes Orientales.

Cette négociation toutefois n'ayant pas eu le succès que Sa Majesté s'en étoit promis, ledit sieur d'Aubeville a veillé jusqu'à cette heure à ménager les intérêts du Roi à Lisbonne; mais se sentant obligé par sa santé à repasser en France, il a supplié Sa Majesté de vouloir lui en donner la permission.

Comme ce poste est trop important pour le laisser sans être rempli, Sa Majesté en accordant audit sieur d'Aubeville la grâce qu'il lui a demandée, a résolu de lui nommer incessamment un successeur qui arrivât même à Lisbonne avant son départ. Et parce que les affaires qui sont toujours considérables par elles-mêmes, et qui peuvent le devenir de jour en jour davantage dans la disposition présente de l'Europe, demandent une personne capable de les conduire avec toute la suffisance nécessaire, Sa Majesté a jeté les yeux sur le sieur de Guénégaud, conseiller en ses Conseils et maître des Requêtes ordinaire de son hôtel, dont elle connoît la capacité et dont elle a déjà éprouvé le zèle et la fidélité pour son service.

C'est dans cette vue qu'Elle lui a fait remettre le présent mémoire pour lui faire connoître ses intentions et pour régler sa conduite dans l'emploi qu'Elle lui confie.

L'intention de Sa Majesté est que ledit sieur de Guénégaud se mette en chemin soit par mer, soit par terre, suivant les commodités plus grandes qu'il en trouvera, aussi tôt qu'il aura reçu les passeports que Sa Majesté a donné ordre qui fussent demandés à Madrid par le Nonce de Sa Sainteté qui est auprès d'Elle.

Lorsqu'il sera arrivé à Lisbonne, il fera donner part de son arrivée au Roi et à la Reine de Portugal par le Maître des cérémonies, selon les formes qu'il trouvera établies en cette Cour, et dont, comme de toutes les autres affaires, il sera particulièrement informé par le sieur d'Aubeville. Il fera ensuite demander l'audience de ce Prince et de cette Princesse, et lorsqu'il y sera admis, il leur rendra les lettres de créance de Sa Majesté dont il est chargé.

Il accompagnera celle qu'il rendra à ce Prince de toutes les assurances de l'amitié de Sa Majesté et de la considération qu'elle a pour ses intérêts, et du plaisir qu'Elle trouvera toujours à lui en donner des marques. Il y ajoutera la confiance qu'il a en son affection pour tout ce qui la regarde; et combien Elle se promet qu'il embrassera avec plaisir les occasions qui le mettroient en état de lui en donner des preuves. Il pourra y mêler quelques considérations sur les intérêts communs qui doivent tenir davantage le Portugal uni à la France, puisqu'ils se trouvent avoir aujourd'hui les mêmes ennemis, avec cette seule différence que l'Espagne a rompu la première avec la France dans cette guerre, et qu'on ne peut douter qu'Elle attend seulement une occasion favorable pour se venger du Portugal. Enfin il pourra témoigner à ce Prince que dans l'ordre qu'il a reçu de Sa Majesté pour séjourner à sa Cour, il en a un exprès de ne rien oublier de tout ce qui sera capable de contribuer à sa satisfaction et à ses avantages.

Il pourra parler en ce même sens à la Reine de Portugal lorsqu'il sera admis à son audience ; mais il devra y renfermer des assurances plus particulières de la confiance de Sa Majesté pour Elle. Elle a paru jusqu'à cette heure par toute sa conduite, très reconnoissante des grâces qu'elle a reçues de Sa Majesté, et très portée à lui en donner des marques ; et Elle a fait voir diverses fois au sieur d'Aubeville quelle étoit sa peine que la disposition des affaires de Portugal ne fut pas telle qu'Elle put répondre à ce que Sa Majesté en souhaitoit.

Pour faire entendre au sieur de Guénégaud quel usage le Roi avoit cru tirer de l'alliance de Portugal, il est besoin de lui rappeler l'instruction que Sa Majesté donna au sieur d'Aubeville à son départ, et les ordres qu'il a reçus depuis.

Comme il ne s'agissoit en 1672 que de la guerre que la France et l'Angleterre étoient sur le point de déclarer aux Hollandois, Sa Majesté chargea ledit sieur d'Aubeville d'inviter le Portugal à entrer dans ce parti. Elle lui fit envisager les avantages qui pourroient lui en revenir soit en faisant des progrès sur les Etats Généraux dans les Indes Orientales, soit en se délivrant du payement en sel que cette couronne est obligée de leur faire durant un grand nombre d'années pour Cochin et Cananor[1].

Sa Majesté commanda au sieur d'Aubeville de pénétrer quels seroient les sentiments du Prince de Portugal, en cas que les Espagnols donnassent du secours aux Hollandois, et si ce Prince seroit capable de rompre alors avec le Roi Catholique. Pour lui en faciliter les moyens, le Roi vouloit bien lui offrir un subside par an, et un secours de mille chevaux et de quatre mille hommes de pied que Sa Majesté s'obligeroit d'entretenir.

Quelqu'avantageuses que parussent ces propositions et quelque

---

[1]. Voir plus haut p. 171.

sûreté que le Portugal dût trouver dans une guerre où il devoit être joint à la France et à l'Angleterre, la crainte qu'il fit paroître des forces des Hollandois à la mer, particulièrement dans les Indes Orientales, empêcha qu'elles ne fussent reçues, bien que le sieur d'Aubeville apportât tous ses soins pour en faire connoître l'utilité.

Mais depuis que l'Espagne rompit la première avec la France en 1673, Sa Majesté envoya de nouveaux ordres et de nouveaux pouvoirs au sieur d'Aubeville pour disposer le Portugal à déclarer la guerre à cette couronne. Elle augmenta notablement le subside qu'il avoit eu pouvoir de lui offrir, et le fit monter presque aux mêmes sommes et aux mêmes conditions qui avoient été promises par le traité conclu en 1667 entre Sa Majesté et le Roi Dom Alphonse.

Le sieur d'Aubeville fut chargé de faire reconnoître au Prince et à la Reine de Portugal combien il étoit de leur intérêt et de la prudence de profiter contre un ennemi caché mais irréconciliable, de l'occasion qui se présentoit de l'attaquer dans un temps que toutes ses forces étoient occupées en Flandres ou en Catalogne ; et que l'argent des Indes ne suffisoit pas à l'entretien des armées et au payement des subsides qu'il est obligé de donner à l'Empereur et à ses autres alliés.

Il devoit lui représenter encore le besoin qu'il avoit de se délivrer par une résolution vigoureuse des sourdes pratiques qu'il avoit toujours à craindre de la Cour de Madrid ; et il y avoit apparence qu'il devoit d'autant plus réussir à l'en persuader, que l'on venoit dans ce temps de découvrir à Lisbonne la conjuration qui y avoit été faite contre le Prince et contre la Reine.

Ces propositions furent faites par le S^r d'Aubeville, mais quoi que l'on lui témoignât dessein d'y entrer, que même il en ait eu diverses conférences avec les Ministres, il a toujours paru tant d'éloignement à Lisbonne pour se brouiller avec l'Espagne et tant de crainte des Hollandois, que toute cette négociation s'est trouvée jusques ici sans effet.

Le Roi a commandé toutefois au sieur d'Aubeville de ne la point discontinuer tout à fait, mais de faire connoître au Prince et à la Reine de Portugal quel est leur intérêt de se déclarer contre l'Espagne, et de témoigner leur affection pour la France.

La Reine de Portugal avec qui il s'est ouvert plus particulièrement sur toute cette affaire, l'a toujours assuré des bonnes intentions du Prince, en même temps qu'elle a fait valoir son impuissance de les exécuter, et est toujours convenue du sujet que le Portugal a de craindre les artifices et les cabales de la Cour de Madrid, autant que des raisons qu'auroit cette Couronne, si elle le pouvoit sans trop hazarder, de se mettre en état de ne plus appréhender.

Cette situation faible et dont il y a peu à se promettre sera apparemment la même dans laquelle le sieur de Guénégaud trouvera cette Cour. Comme on ne la peut toucher que par les mêmes considérations de sa propre conservation et par les mêmes offres des assistances de Sa Majesté, il employera les mêmes moyens pour la déterminer.

Bien que l'exemple du passé fasse voir qu'on ne peut guères s'en promettre un effet bien prompt, le sieur de Guénégaud prendra soin toutefois de faire toujours connoître au Prince et à la Reine de Portugal que le Roi s'attend qu'ils entreront un jour dans des propositions qui leur sont si avantageuses, et il veillera à toutes les occasions qu'il jugera plus capables de les y disposer.

Mais quand bien même il ne verroit pas jour à la conclusion d'un traité tel que Sa Majesté pourroit le désirer, il s'appliquera à maintenir tellement cette Cour dans l'amitié de la France que toute l'Europe continue à la regarder comme ayant un attachement principal pour Elle, et que l'Espagne ne cesse point d'en avoir une telle jalousie que l'obligation qu'elle aura de veiller aux liaisons de la France de ce côté tienne lieu en quelque sorte d'une diversion pour Sa Majesté.

Par le compte que le sieur d'Aubeville a rendu, il semble que par le peu d'application que donne le Portugal à se précautionner contre les cabales de la Cour de Madrid, et par l'application que l'Espagne donne continuellement à acquérir des amis et des créatures dans ce Royaume, la faction espagnole s'augmente de jour en jour à Lisbonne ; que le ministre même de cette Couronne s'y acquiert un fort grand crédit, et qu'il est à appréhender que le Prince et la Reine de Portugal ne s'exposent à un grand péril en ne donnant pas tous les soins qui seroient en eux pour aller au-devant de ces cabales, ou en ne les réprimant pas avec assez de force, lorsqu'elles y sont formées.

Le sieur de Guénégaud travaillera autant qu'il sera en lui à découvrir non seulement les progrès que peut faire la faction d'Espagne, mais à représenter encore à la Reine de Portugal combien il lui importe de la détruire, et de prévenir un mal qui en se nourrissant sous main, pourroit un jour en le négligeant, causer la ruine de son État.

Le sieur de Guénégaud connoît assez qu'en agissant de cette sorte pour l'intérêt du Portugal, il agit véritablement pour celui de Sa Majesté, puisque comme rien ne seroit plus avantageux pour l'Espagne que de se remettre en possession de cette couronne qu'elle a perdue, rien ne seroit plus contraire à Sa Majesté.

Le Sr Duc de Cadaval[1] tient par sa qualité et par sa naissance un si grand rang dans ce Royaume et professe un si grand attachement pour le Roi, que le sieur de Guénégaud ne le peut trop assurer de la bienveillance de Sa Majesté et de la confiance qu'Elle prend en son affection. Il contracte même en quelque sorte un nouveau lien avec la France par son mariage avec Mademoiselle d'Armagnac, et si cette princesse avoit le même âge et les mêmes lumières, comme elle aura sans doute le même zèle de la feue duchesse de Cadaval[2], le sieur de Guénégaud pourroit profiter de ses avis, comme le sieur d'Aubeville tiroit beaucoup de connoissances de ce qui lui étoit dit par cette duchesse. Il y a apparence qu'elle sera fort bien auprès de la Reine de Portugal, et il la portera de bonne heure à en profiter pour le service de Sa Majesté.

Bien que sa principale confiance soit avec la Reine de Portugal, et qu'il doive même lui témoigner qu'il a ordre de Sa Majesté de régler particulièrement sa conduite sur ses avis, il prendra soin toutefois d'acquérir le plus de créance qu'il lui sera possible auprès des Ministres dont les principaux sont le comte d'Atore et le secrétaire d'Etat Dom Francisco Correa. Il sera plus parti-

---

1. D. Nuño Alvarès Péreira, duc de Cadaval, marquis de Féreira, comte de Tentugal, marié en secondes noces à Mlle d'Armagnac, de la maison d'Harcourt.
2. La première duchesse de Cadaval était la fille unique de D. François de Faro, comte d'Odémira, dont nous avons parlé p. 30

culièrement instruit de leurs sentiments par le sieur d'Aubeville qui a témoigné depuis peu assez de défiance qu'ils nous fussent favorables.

Outre ce qui est porté par cette instruction, il prendra du sieur d'Aubeville des lumières plus particulières sur tout l'état de cette Cour, sur les habitudes qu'il y a contractées, et sur les affaires qu'il y a négociées dans tout le cours de son emploi.

Le Père de Ville, confesseur de la Reine de Portugal, a toujours eu une part principale dans sa confiance, et par là même il en a eu souvent dans les affaires. Le crédit qu'il a sur l'esprit de cette Princesse le rend capable de servir ou de nuire, et il importe de le ménager. Le sieur d'Aubeville n'avoit pas été satisfait de sa conduite, et la chose en avoit été jusqu'au point qu'il s'en étoit plaint à la Reine et qu'ils ne se voyoient plus. Les choses se sont rapprochées depuis. L'honnêteté et l'intelligence apparente sont revenues, mais la confiance ne s'est jamais rétablie.

Le Père même a pris soin de se justifier auprès de Sa Majesté du peu de zèle que l'on lui attribuoit pour son service, et il en écrivit une fort longue lettre au Père Février, confesseur de Sa Majesté, à qui Elle avoit donné ordre de lui témoigner le peu de satisfaction qu'Elle avoit de sa conduite.

Il sera de la prudence du sieur de Guénégaud de ne point entrer dans la connoissance de tout le passé, de témoigner même l'ignorer, de s'appliquer autant qu'il le pourra à gagner l'esprit de ce Père, de l'assurer de la bienveillance de Sa Majesté et de le mettre en état de la mériter de plus en plus par ses services.

Fait au camp de Straten, près St-Tron, le 3e juillet 1675.

VIII

LE MARQUIS D'OPPÈDE

1681 — 1683[1]

Les traités de Nimègue, signés en 1678 et 1679, avaient laissé à la France toutes ses conquêtes en Flandre et en Franche-Comté. Bien que ces avantages n'aient pas donné une complète satisfaction à l'ambition de Louis XIV, il crut nécessaire de laisser un peu de repos à son royaume fatigué par tant de luttes. Il profita néanmoins de la paix pour étendre autant que possible, au moyen des Chambres dites de *réunion*, les *dépendances* de ses nouvelles conquêtes — que les négociateurs de Nimègue avaient insuffisamment désignées, — ce qui lui permit d'occuper Strasbourg, Luxembourg, Montbéliard, Sarrebrück et Deux-Ponts. Il acheta de plus Casal au duc de Mantoue, acquisition qui, avec Pignerol, le rendit maître de toute l'Italie du Nord (1681).

Dans ces circonstances, l'alliance portugaise était bien moins utile au cabinet français et pouvait même, dans certaines éventualités, devenir compromettante. Le marquis d'Oppède[2], que le Roi envoya en 1681 pour

1. Ministre des Affaires étrangères : Charles-Colbert, marquis de Croissy.
2. Jean-Baptiste de Forbin-Maynier, marquis d'Oppède, seigneur de la Fare, Saint-Julien, la Verdière, Bézaudun, Peyrolles, Varages et le Rouvet, était né le 5 février 1648 et avait épousé, en 1674, Marie-Charlotte Marin, fille de Denis Marin de la Chasteigneraie et de Marguerite Colbert du Terron, sa troisième femme; le père de celle-ci était Charles Colbert du Terron, intendant de la Marine et conseiller d'État, et son grand-père Jean Colbert du Terron, frère aîné de Nicolas Colbert, père du grand ministre. Le marquis d'Oppède était, dès 1672, président à mortier au Parlement de Provence; il fut envoyé à Messine, comme intendant de la flotte, en remplacement de Colbert du Terron, au mois de mai 1676, et il devint, après son ambassade, premier président au Parlement de Provence, comme l'avaient été son père et son grand-père.

remplacer M. de Guénégaud, eut donc l'ordre de montrer moins d'empressement que ses prédécesseurs auprès de la Cour de Lisbonne. Il devait cependant s'appliquer avec soin à combattre les intrigues castillanes qui présentaient de jour en jour, plus de danger pour le Portugal. Depuis la paix de 1668, en effet, les Portugais s'endormaient de plus en plus dans une fausse sécurité et laissaient l'influence espagnole gagner sans cesse du terrain parmi eux. Au moment où le marquis d'Oppède allait être envoyé à Lisbonne, on était fort préoccupé dans le monde politique du mariage de l'Infante, fille unique de D. Pedro et de la Reine-régente, et héritière présomptive de la Couronne ; ce mariage fournit un nouvel aliment à la rivalité de la France et de l'Espagne à la Cour de Lisbonne.

Parmi les princes qui pouvaient prétendre à cette royale alliance, Louis XIV avait fait choix du duc de Savoie, son parent et son protégé, et M. d'Oppède avait reçu l'ordre de travailler activement à la réalisation de cette union.

Incidemment, l'envoyé français devait obtenir satisfaction au sujet d'une affaire de salut refusé, qui s'était terminée par un véritable combat entre un vaisseau de S. M. et deux navires de guerre portugais : sur ce point le roi prétendait n' « entrer dans aucun tempérament [1] ».

Le marquis d'Oppède arriva à Lisbonne au mois d'avril 1681. Exagérant encore la portée de ses instructions qui étaient sur ce point, il faut bien l'avouer, d'une raideur extraordinaire, il traita avec une telle âpreté les questions de préséance qu'il lui était ordonné de sauvegarder, « même au péril de sa vie », qu'il en arriva presque à des luttes armées avec l'ambassadeur d'Espagne, duc de Giovinazzo [2], et qu'il s'attira un désaveu du Roi.

Cependant, le mariage de Savoie vint à manquer sur ces entrefaites, au milieu de circonstances jusqu'alors sans exemple dans les relations entre maisons souveraines. Bien qu'il fût contraire à la constitution du royaume de Portugal que l'Infante héritière présomptive épousât un souverain étranger, les Cortès avaient approuvé le mariage de Savoie, sur les instances de D. Pedro et de la Reine [3], désireuse de

---

1. Louis XIV exigeait que ses navires fussent salués les premiers par les vaisseaux de toutes les autres puissances. L'affaire dont il est ici question eut lieu le mardi 10 septembre 1680. (*Correspondance de Portugal*, XVIII, 146.)

2. *Correspondance de Portugal*, XIX, 210, 211, 225. — Dominique Giudice, duc de Giovinazzo, d'une maison originaire de Gênes, mais établie à Naples. Il fut envoyé en 1675 comme ambassadeur en Savoie où il combattit avec succès l'influence française ; puis il vint en Portugal en 1680 pour régler un différend qui s'était élevé à la Plata entre les deux couronnes. (V. Moréri.)

3. La princesse douairière de Savoie était, en effet, la sœur aînée de la Reine de Portugal.

voir réaliser l'union de sa fille et de son neveu. Tout étant ainsi réglé, on équipa à Lisbonne une flotte de douze navires peints et ornés avec beaucoup de soin pour aller chercher le jeune fiancé à Villefranche, près de Nice. Le duc de Cadaval avait le commandement de cette escadre et il était accompagné de l'élite de la jeune noblesse portugaise. On juge de la stupéfaction des Portugais quand ils apprirent que leur amiral, en arrivant à Villefranche, avait été avisé de la rupture de l'union projetée et du refus du jeune duc Victor-Amédée, conseillé par sa mère, de quitter ses sujets et d'abandonner sa patrie.

Quelles que fussent les raisons, plus ou moins plausibles, d'une pareille résolution, au point où en étaient les choses, les Portugais ressentirent vivement l'injure qui leur était faite, et il est certain que l'influence française à Lisbonne en éprouva le contre-coup. Néanmoins M. d'Oppède reçut l'ordre de ne pas abandonner la partie et de soutenir désormais la candidature du prince de la Roche-sur-Yon[1] à la main de la Princesse. Mais bientôt, les intrigues occasionnées par le mariage de l'infante ayant pris un caractère de gravité exceptionnelle et l'intérêt de maintenir la prépondérance française en Portugal s'augmentant de jour en jour, par suite des menaces de coalition qui devaient aboutir en 1686 à la ligue d'Augsbourg, le Roi crut nécessaire d'envoyer à Lisbonne un ministre possédant une plus parfaite connaissance de ce pays et qui y fut déjà *persona grata ;* il fit donc choix de nouveau pour ce poste de M. de Saint-Romain.

MÉMOIRE DU ROI POUR SERVIR D'INSTRUCTION AU Sʳ MARQUIS D'OPPÈDE ALLANT EN PORTUGAL EN QUALITÉ D'AMBASSADEUR ORDINAIRE.

Minute. — *Correspondance de Portugal*, t. XIV, ad fin. Copie, XIX, fol. 1. — 16 janvier 1681.

Sa Majesté ayant résolu de rappeler le Sʳ de Guénégaud, son envoyé extraordinaire en Portugal, elle a jugé à propos de remplir cet emploi d'un ministre qui ait toutes les qualités nécessaires

---

1. Voir plus loin, p. 148.

pour soutenir celle d'ambassadeur ; Sa Majesté voulant témoigner d'autant mieux par cette marque éclatante de son estime envers cette couronne, à quel point les intérêts de la Reine et du Prince de Portugal lui sont chers, et combien elle s'intéresse dans l'accomplissement du mariage de l'infante leur fille avec le duc de Savoie, c'est pour ce sujet qu'elle a jeté les yeux sur ledit sieur marquis d'Oppède, et Sa Majesté est persuadée que comme il lui a rendu de bons et agréables services dans la direction des affaires qu'elle lui a confiées ensuite, elle se doit encore promettre de plus grandes preuves de son zèle et de sa fidélité et de son application dans l'exécution des ordres dont elle voudra bien l'honorer.

Sa Majesté a ordonné qu'on équipât un de ses vaisseaux en Provence pour porter ledit sieur d'Oppède à Lisbonne[1], et comme il sera prêt à se mettre à la voile dans la fin de ce mois, ou au plus tard dans le huitième février prochain, Sa Majesté veut que ledit sieur d'Oppède s'embarque dans le même temps pour n'apporter aucun retardement au départ de ce vaisseau qui doit aussi servir au retour du marquis de Drosnes en Savoie.

Pour instruire ledit sieur d'Oppède de ce que Sa Majesté désire de ses soins, il est nécessaire de l'informer succinctement de ce qui s'est négocié de sa part en Portugal depuis quelques années, et des intérêts généraux et particuliers qui donnent le principal mouvement aux plus importantes affaires de cette couronne.

Personne n'ignore que la plus rude secousse dont la Monarchie d'Espagne ait été affaiblie depuis plus d'un siècle, a été le détachement du Portugal, et que depuis cette séparation, les Ministres du Roi Catholique n'ont rien eu de plus à cœur que de réunir ou par la force ou par la négociation un royaume si considérable à la couronne d'Espagne.

Ils firent les derniers efforts pour y réussir par la guerre, après que le traité des Pyrénées les eut délivrés de ce qu'ils avaient à soutenir contre la France. Mais les Portugais appuyés par des secours secrets de Sa Majesté, s'étant vigoureusement défendus jusques en l'année 1667, et reconnoissant bien qu'ils ne pou-

---

1. M. d'Oppède s'embarqua en mars 1681 à Toulon sur le vaisseau *le Vaillant*, commandé par le chevalier du Méné.

voient pas espérer que jamais les Espagnols renonçassent au dessein de reconquérir ce Royaume et de le réunir à leur Etat, ils estimèrent avec raison que le meilleur moyen de s'en garantir étoit de s'assurer complètement la protection ouverte et déclarée de Sa Majesté par un traité de Ligue offensive et défensive, qui fut signé de la part de Sa Majesté par le sieur de Saint-Romain et dont la copie sera donnée au sieur marquis d'Oppède pour son instruction particulière.

Le conseil d'Espagne jugeant bien que cette étroite union de la France avec le Portugal assuroit pour toujours la séparation de cette couronne d'avec celle d'Espagne, et non-seulement rendroit inutile tous les efforts que celle-ci pourroit faire dans la suite pour conquérir ce Royaume par la force, mais même leur ôterait tous moyens d'y former des intrigues et des cabales, ils résolurent à quelque prix que ce fût de donner atteinte à ce traité, et comme les Portugais n'avoient rien plus à cœur que de faire reconnoître par tous les États de la Chrétienté la Couronne de Portugal indépendante de celle de la Castille, le Conseil de Madrid résolut d'autant plus facilement de leur accorder cette apparence d'indépendance, que la minorité du Roi d'Espagne et l'emprisonnement du Roi Alphonse qui arriva un peu avant le traité de 1668, y apportoit une nullité essentielle et que cette paix avec le Portugal, le désunissant d'avec la France, leur en rendroit la conquête beaucoup plus facile. Ils considérèrent d'ailleurs qu'elle augmenteroit la communication de la Castille et du Portugal, et donneroit lieu à des intelligences nouvelles, et à entreprendre les choses les plus difficiles, que la nation portugaise s'abandonneroit à l'oisiveté, et que le Royaume demeureroit enfin absolument énervé et destitué de tout ce qui pourroit empêcher la conquête.

La suite a fait voir aussi que les Espagnols ne s'étoient pas trompés dans leur raisonnement. Les Portugais ont été tellement aveuglés de cette apparence de paix, que non-seulement ils ont laissé un libre cours à toutes les intrigues et cabales des ministres d'Espagne, mais même à toutes les entreprises que ceux-ci ont voulu former pour bouleverser le gouvernement. En sorte que, les tentatives mêmes de l'emprisonnement sont demeurées impunies, et que le Baron de Batteville[1], et le Marquis Vinanès se sont trouvés suivis et honorés de toute la noblesse du Portugal comme s'ils eussent été les véritables restaurateurs de cette Couronne.

Voilà l'état où étoient les affaires du Portugal lorsque Sa Majesté y envoya le sieur d'Aubeville, et quelque soin qu'il ait apporté pendant son séjour à Lisbonne, pour faire reconnoître à la Reine et au Prince de Portugal combien il leur importoit de se précautionner contre les desseins des Espagnols et de profiter du mauvais état des affaires de cette Monarchie pour l'obliger à renoncer entièrement à toutes prétentions sur la couronne de Portugal, il n'a jamais pu obliger ce gouvernement à prendre les mesures les plus convenables à ses intérêts.

Le sieur de Guénégaud qui a succédé au sieur d'Aubeville, a été plus facile à se flatter de l'espérance de succès dans sa négociation, et elles étoient d'autant mieux fondées que les victoires, les conquêtes de Sa Majesté et la continuelle prospérité de ses armes devoient assez inviter les Portugais à en profiter en entrant dans une Ligue offensive avec Sa Majesté, qui leur auroit produit par la paix une renonciation formelle de la part de l'Espagne, à tout ce qui peut faire renaître quelque jour la guerre entre ces deux couronnes. Mais, non-seulement le peuple, après s'être accoutumé au repos, a témoigné une répugnance invincible à reprendre les armes, la principale noblesse est entrée aussi dans ce même sentiment et ceux qui ont eu le plus de part au gouvernement, trouvant leur intérêt particulier dans la continuation de la paix, y ont sacrifié celui du public et ont retenu seulement le faible penchant qu'avoit le Prince au parti qui lui convenoit le mieux, quoique fortifié des conseils de la Reine qui véritablement n'a rien omis pour le bien et l'avantage du Portugal, non plus que pour marquer sa parfaite reconnoissance envers le Roi. Il semble aussi que le trop d'empressement et le trop d'activité qu'a eu le sieur de Guénégaud à vouloir persuader la guerre aux Portugais, non-seulement par ses discours, mais aussi par ses écrits, les en a encore davantage éloignés et son indiscrétion à révéler

---

1. Pour Vatteville, v. plus haut, p. 93.

tout ce que la Reine lui confioit de plus secret et à entrer trop ouvertement dans des intrigues opposées aux Ministres lui a fait perdre l'estime de cette Princesse et le plus solide moyen de réussir dans sa négociation. Mais, comme ce mauvais succès n'a tourné qu'au désavantage des Portugais, et que la paix glorieuse que sans leur secours le Roi a forcé les grandes puissances de l'Europe d'accepter, a dû faire reconnoître à ceux qui gouvernent la faute qu'ils ont faite de ne se pas unir étroitement aux intérêts de Sa Majesté, et qu'ils peuvent bien juger que comme sa puissante protection est seule capable de les maintenir contre toutes les entreprises de la maison d'Autriche, leur perte seroit aussi infaillible si elle ne préféroit pas leur conservation aux avantages qu'elle pourroit trouver en les abandonnant, pour être plus solides et plus convenables au bien de sa couronne, il y a quelque apparence qu'ils seront mieux disposés qu'ils n'ont été dans la dernière guerre à entrer dans de nouveaux engagements avec Sa Majesté, d'autant plus que la consommation du mariage de l'infante de Portugal avec le duc de Savoie ne laisse plus d'autre ressource à la maison d'Autriche contre le Portugal que d'y exciter des troubles et y faire naître quelque occasion de guerre plus favorable et plus heureuse pour une maison, que celle que le traité de 1668 a plutôt suspendue que finie.

Lorsque le sieur d'Oppède sera arrivé à Lisbonne, il fera donner part de son arrivée au Roi et à la Reine de Portugal par le Ministre des cérémonies, selon les formes qu'il trouvera établies en cette cour, et dont, comme de toutes les autres affaires, il sera particulièrement informé par le sieur de Guénégaud; il fera ensuite demander l'audience de ce Prince et de cette Princesse, et lorsqu'il y sera admis, il leur rendra les lettres de créance de Sa Majesté dont il est chargé.

Il accompagnera celle qu'il rendra au Prince de toutes les assurances de l'amitié de Sa Majesté, de la considération qu'elle a pour ses intérêts, et du plaisir qu'elle trouvera toujours à lui en donner des marques. Il y ajoutera la confiance qu'elle a en son affection pour tout ce qui la regarde, et lui fera entendre sur ce sujet comme de lui-même, que les preuves éclatantes qu'elle a données de sa fermeté et fidélité pour ses alliés, même la préférence que trouvent leurs intérêts auprès d'elle sur les siens propres, a fait avouer à toute l'Europe qu'il n'y a point d'alliance plus sûre et plus avantageuse que celle de Sa Majesté. Il ajoutera qu'elle lui ordonne expressément de ne rien oublier de tout ce qui sera capable de contribuer à la satisfaction du Prince et à ses avantages.

Il pourra parler en ce même sens à la Reine de Portugal lorsqu'il sera admis à son audience. Il y doit même employer des expressions plus vives et des assurances plus particulières de la confiance de Sa Majesté pour elle, que cette Princesse a toujours paru jusques à présent par toute sa conduite très-reconnoissante des grâces qu'elle a reçues de Sa Majesté, et fort portée à en donner des preuves effectives. Elle a fait voir aussi diverses fois au sieur d'Aubeville et au sieur de Guénégaud le déplaisir qu'elle avoit de ce que la disposition des affaires de Portugal ne fût pas telle qu'elle pût répondre à ce que Sa Majesté en souhaitoit, mais comme les raisons que Sa Majesté avoit pour lors de désirer que le Portugal entrât dans cette étroite union avec elle ne sont plus si pressantes aujourd'hui, ledit sieur d'Oppède se gardera bien de se donner trop de mouvement ni d'activité pour persuader aux Portugais l'utilité de l'alliance de Sa Majesté, et il se contentera de faire connoître au Prince de Portugal et à la Reine que le principal ordre qu'il a de Sa Majesté est de s'appliquer à tout ce qui peut être de leur avantage, assurant même cette Princesse que Sa Majesté veut qu'il se conduise par ses conseils et ne fasse rien qu'elle ne l'ait approuvé; qu'elle lui ordonne pareillement comme elle fait de ne révéler à qui que ce puisse être les secrets qu'elle aura bien voulu lui confier, et de régler sa conduite en sorte qu'elle puisse mériter l'estime de cette Princesse.

Par le compte que les ministres de Sa Majesté qui ont précédé ledit sieur d'Oppède, ont rendu de l'état de la cour de Portugal, il semble que par le peu d'application qu'on y donne à se précautionner contre les cabales de la cour de Madrid et par le soin que l'Espagne prend continuellement d'acquérir des amis et des créatures dans ce Royaume, la faction espagnole s'augmente de jour en jour à Lisbonne, et qu'il est à appréhender que le Prince et la Princesse de Portugal ne s'exposent à un grand péril en ne

donnant pas tous les soins qui seroient en eux pour aller au-
devant de ces cabales, ou en ne les réprimant pas avec assez de
force lorsqu'elles y sont formées.

Ledit sieur d'Oppède travaillera autant qu'il sera en lui de découvrir non-seulement les progrès que peut faire la faction d'Espagne, mais à représenter encore à la Reine de Portugal combien
il lui importe de la détruire, et à prévenir un mal qui en se nourrissant sous main pourrait un jour, étant négligé, causer la
ruine de son État.

Il doit aussi contribuer tout ce qui peut dépendre de ses soins
à l'accomplissement du mariage de l'infante de Portugal avec le
duc de Savoie, et suivre encore en cela plus particulièrement les
avis et ordres de la Reine de Portugal.

Ledit sieur d'Oppède connoît assez qu'en agissant de cette sorte
pour l'intérêt du Portugal, il agit véritablement pour celui de Sa
Majesté, puisque comme rien ne seroit plus avantageux pour
l'Espagne que de se remettre en possession de cette couronne
qu'elle a perdue, rien ne seroit aussi plus contraire à Sa Majesté.

Le sieur duc de Cadaval tient par sa qualité et par sa naissance
un si grand rang dans ce royaume et fait profession d'un si grand
attachement pour le Roi, que le sieur d'Oppède ne le peut trop assurer de la bienveillance de Sa Majesté et de la confiance qu'elle
prend en son affection. Il a contracté même en quelque sorte par
son mariage[1] un nouveau lien avec la France, et si la duchesse
sa femme a quelque crédit auprès de la Reine de Portugal, il y a
lieu de croire qu'elle en profitera pour le service de Sa Majesté.
Toutes ces raisons doivent obliger le sieur d'Oppède de marquer
en toutes occasions la distinction et l'estime que le Roi fait de cette
maison, quoique sa principale confiance soit avec la Reine de
Portugal, et qu'il doive même lui témoigner qu'il a ordre de Sa
Majesté de régler particulièrement sa conduite sur ses avis. Il
prendra soin tout à fait d'acquérir le plus de créance qu'il lui sera
possible auprès des Ministres dont les principaux sont le marquis
d'Affrontera[2], le comte de Vilars-Major, et le secrétaire d'État;
et, comme ce dernier a été changé depuis peu de temps, le sieur de

---

1. Nous avons vu plus haut qu'il avait épousé Mlle d'Armagnac.
2. Le marquis de Fronteira.

Guénégaud lui en fera connoître les bonnes et les mauvaises qualités, comme aussi de tous les autres qui ont le plus de part dans l'administration des affaires.

Outre ce qui est porté par cette instruction, il prendra dudit sieur de Guénégaud des lumières encore plus particulières sur tout ce qui peut regarder cette cour, sur les habitudes qu'il y a contractées, et sur les affaires qu'il y a négociées dans tout le cours de son emploi ; mais ledit sieur d'Oppède ne se reposera pas si fort sur ces éclaircissements qu'il n'employe tous ses soins et toute son application à en reconnoître les défauts et à les rectifier par une meilleure et plus sage conduite.

L'affaire qui donne à présent le plus d'inquiétude au Prince et aux Ministres de Portugal est celle que leur a attirée l'imprudence du capitaine Jean Rodriguez, commandant deux vaisseaux de guerre portugais, lequel ayant refusé de saluer le vaisseau de Sa Majesté nommé l'*Entreprenant* et commandé par le Chevalier de l'Héry, fut attaqué par ce Chevalier avec tant de vigueur qu'il se vit contraint après deux heures de combat de demander quartier, et de saluer le vaisseau de Sa Majesté de onze coups de canon, auxquels il ne fut répondu que par trois coups.

Ledit sieur d'Oppède sera informé de toutes les particularités de cette rencontre par la relation du sieur de l'Héry et il verra aussi quelles ont été les réponses et les résolutions du Prince de Portugal sur les plaintes que le sieur de Guénégaud lui a portées, au nom de Sa Majesté, contre le commandant portugais.

Comme Elle ne prétend pas entrer dans aucun tempérament sur cette affaire, il fera seulement connoître, si on lui en parle, qu'il n'a aucun ordre de Sa Majesté de s'en mêler, et qu'elle ne peut pas s'imaginer que le Portugal veuille entrer dans des contestations avec elle, qui paroîtroient aussi nouvelles à toute l'Europe que les préséances et prérogatives de la Couronne de France sont anciennes et établies par tant de preuves et actes authentiques qu'elles ne laissent plus de lieu à de semblables disputes : que Sa Majesté ne croit pas aussi qu'il puisse rien arriver qui lui fasse changer les sentiments d'estime et d'amitié qu'elle a toujours eus pour le Prince et pour la Reine de Portugal, sur le désir qu'elle a aussi de procurer les avantages d'une couronne dont les intérêts lui ont toujours été aussi chers que les siens propres.

Ledit sieur d'Oppède fera pendant son séjour à Lisbonne des relations fidèles de tout ce qu'il apprendra, tant des Indes d'Angola, du Mozambique et autres pays d'Afrique dans lesquels les Portugais sont établis, aussi bien que de ce qui regarde le Brésil.

Il conservera avec toute la fermeté nécessaire dans toutes les assemblées générales et particulières, et en toutes sortes de rencontres, la préséance qui est due aux ambassadeurs de Sa Majesté, même au péril de sa vie, et n'admettra aucun expédient qui y puisse donner la moindre atteinte.

Après cet éclaircissement général sur tout ce qui regarde l'emploi que Sa Majesté confie audit sieur marquis d'Oppède, il doit attendre ses instructions particulières des réponses que Sa Majesté fera à toutes ses dépêches, et comme c'est à elle seule qu'il doit rendre compte directement de l'exécution de ses ordres, et que les informations qu'elle reçoit de ses ministres dans les pays étrangers doivent servir de fondement aux résolutions les plus importantes qu'elle prend, la principale partie de leur devoir et la preuve la plus essentielle de leur fidélité, est de ne rien ajouter à la vérité, de l'informer mot pour mot de tout ce qui a été dit de part et d'autre dans les conférences qu'ils ont eues avec le Prince, ou avec ses Ministres et tous autres avec lesquels ils traitent, en sorte que s'il échappe quelque terme à leur mémoire, au moins elle ne change rien à la substance. Ils doivent bien peser aussi les avis qui leur sont donnés, pénétrer quelles peuvent être les vues et les intérêts de ceux dont ils les tiennent, les nommer à Sa Majesté, et enfin au lieu de se flatter d'une vaine espérance d'acquérir du mérite auprès d'elle en embellissant leur récit ou leurs avis aux dépens de la vérité, ils doivent être persuadés que ce n'est qu'en s'y attachant exactement, qu'ils peuvent mériter l'honneur de son estime ; ainsi elle se promet que ledit sieur marquis d'Oppède ne se départira jamais de cette règle qu'elle lui prescrit comme la plus inviolable.

Outre ce qui est contenu dans la présente Instruction des avis ordinaires que le Roi veut que le dit marquis d'Oppède lui donne de tout ce qui se passera dans la dite cour de Portugal, l'intention de Sa Majesté est que tous ses ambassadeurs et ministres au dehors lui apportent au retour de leur emploi une relation exacte de ce qui se sera passé de plus important dans les négociations qu'ils auront conduites, de l'état des cours et des pays où ils auront servi, des cérémonies qui s'y observent soit dans les entrées, soit dans les audiences ou dans toute autre rencontre, du génie et des inclinations des Princes et de leurs Ministres ; et enfin, de tout ce qui peut donner une connoissance particulière des lieux où ils auront été employés et des personnes avec lesquelles ils auront négocié.

Ainsi ledit sieur marquis d'Oppède aura soin de préparer un mémoire de cette sorte en forme de Relation de l'emploi que Sa Majesté lui confie, pour le mettre à son retour entre les mains de Sa Majesté.

Fait à Saint-Germain en Laye, le 19e jour de janvier 1681.

IX

LE MARQUIS DE SAINT-ROMAIN

1683 — 1685 [1].

M. de Saint-Romain arriva à Lisbonne le 5 octobre 1683. Il revenait du congrès de Francfort, où il avait eu l'habileté de conjurer la coalition de l'Allemagne et de la Suède, irritées des annexions accomplies par la France, en pleine paix, à la suite des *chambres de réunion;* ces négociations avaient retardé pendant un certain temps son départ pour le Portugal [2].

L'affaire qui devait, avant toute autre, préoccuper le nouvel ambassadeur, était celle du mariage de l'infante héritière du Portugal; il s'agissait pour la France de réparer l'échec que son influence avait subi à Lisbonne par suite du refus injurieux du duc de Savoie de réaliser l'union arrêtée entre lui et l'infante, et de contrecarrer les visées de l'Espagne, toujours habile à profiter de nos fautes et de celles de nos amis. La décision qui pouvait être prise d'un jour à l'autre était grave, en effet, et de nature à exercer une influence considérable sur les événements ultérieurs; les deux puissances qui se disputaient la main de la princesse pour quelques-uns de leurs protégés sentaient bien que le choix qui allait se faire trancherait définitivement en faveur de l'une d'entre elles, au détriment de l'autre, la question de prépondérance, pendante depuis la paix de 1668 entre les deux couronnes.

Du côté de l'Espagne, les candidats possibles étaient le prince de Neubourg [3], prince besogneux et tout à fait inféodé à la maison

---

1. Ministre des Affaires étrangères : Charles-Colbert, marquis de Croissy.
2. Le marquis et la marquise d'Oppède eurent leur audience de congé et s'embarquèrent le 28 du même mois d'octobre.
3. La famille de Neubourg était une branche cadette de la maison de Bavière

d'Autriche, le prince de Bavière dont le jeune âge semblait laisser beau jeu à ses rivaux, le prince de Parme[1] qui faisait valoir des prétentions à la couronne de Portugal, et enfin les princes fils du frère du grand-duc de Toscane[2].

De son côté, la cour de France présentait en première ligne le prince de la Roche-sur-Yon[3], cadet de la maison de Bourbon-Conti, et en seconde ligne le comte de Vermandois[4], fils légitimé de Louis XIV et de la duchesse de la Vallière, lequel fut bientôt mis hors de cause, car il mourut quelques semaines après l'arrivée de M. de Saint-Romain à Lisbonne.

L'ambassadeur reçut alors l'ordre de travailler de tout son pouvoir en faveur du prince de la Roche-sur-Yon; il devait, en même temps, s'efforcer de détourner la Reine du projet d'unir sa fille au duc de Bourbon[5], dont l'extrême jeunesse — il n'avait encore que quinze ans, — et peut-être d'autres visées de Louis XIV, devaient faire écarter complètement la candidature.

Nous ne parlons ici que pour mémoire d'un dernier projet

Elle avait alors le comte de Mansfeldt comme agent à Lisbonne. — Charles-Philippe, duc de Bavière, de Neubourg, de Juliers, de Bergue, comte palatin du Rhin, devenu électeur en 1685, était né le 4 novembre 1661. Il épousa en 1688 une princesse Radzivill, veuve du marquis de Brandebourg et en secondes noces (1701) une princesse Lubomirski.

1. Édouard Farnèse, prince de Parme, marié en 1690 à Dorothée-Sophie de Neubourg, mort le 6 septembre 1693. — Ses prétentions venaient du mariage de son aïeul Alexandre, duc de Parme, avec Marie, fille de don Duarte, quatrième fils du roi Emmanuel de Portugal.

2. Il s'agit ici de : 1° Ferdinand de Médicis, fils aîné de Cosme III, grand-duc de Toscane, et de Marguerite-Louise d'Orléans, né le 9 août 1663, marié le 21 novembre 1688 à Yolande-Béatrix de Bavière; 2° François-Marie de Médicis, frère de Cosme III, né le 15 novembre 1660, nommé cardinal le 2 septembre 1686, puis marié le 14 juillet 1709 à Éléonore de Gonzague, fille de Vincent, duc de Guastalla.

3. François-Louis de Bourbon, prince de La Roche-sur-Yon, puis prince de Conti, second fils du frère cadet du grand Condé, Armand de Bourbon, prince de Conti et d'Anne Martinozzi, nièce de Mazarin. Il naquit le 30 avril 1664 et mourut à Paris le 22 février 1709, après avoir mené une vie aventureuse, ayant même été élu, en 1697, au trône de Pologne dont il ne put prendre possession. Saint-Simon fait de lui un charmant portrait. Il épousa le 29 juin 1688 Marie-Thérèse de Bourbon, fille aînée de Henri-Jules, prince de Condé, morte à Paris en 1732.

4. Louis de Bourbon, comte de Vermandois, légitimé de France, né à Paris le 2 octobre 1667, mort à Courtray le 18 novembre 1683.

5. Louis III, duc de Bourbon, né le 11 octobre 1668, mort subitement à Paris le 4 mars 1710. Il épousa, en 1685, Mademoiselle de Nantes, fille légitimée de Louis XIV et de Madame de Montespan, et il est probable que, dès cette époque, le Roi, toujours préoccupé de belles alliances pour ses bâtards, et le destinant à Mademoiselle de Nantes, refusait pour lui le mariage portugais. C'était d'ailleurs un époux peu enviable : « Sa férocité, dit de lui Saint-Simon, était extrême et se montrait en tout. Elle le rendit terrible comme ces animaux qui ne semblent nés que pour dévorer et faire la guerre au genre humain. »

d'union dont il était vaguement question alors, au moins parmi les familiers de la cour de Portugal, celui du roi Louis XIV lui-même, veuf depuis le 30 juillet 1683 de l'archiduchesse Marie-Thérèse d'Autriche, fille de Philippe IV. La reine Isabelle de Nemours, restée tout à fait Française de cœur, ainsi que nous avons déjà eu occasion de le dire, aurait vivement désiré — quelle que fût la disproportion d'âge — voir sa fille épouser le grand Roi, alors à l'apogée de sa puissance, et consolider ainsi, d'une manière indissoluble, avec l'alliance française, l'indépendance et la sécurité de son pays d'adoption. Dès le 31 août de cette année, elle avait fait des ouvertures à ce sujet au marquis d'Oppède[1], et bien que l'Instruction de M. de Saint-Romain, rédigée antérieurement à la mort de Marie-Thérèse, ne puisse faire mention d'un tel projet — qui d'ailleurs, il faut bien le dire, ne fut jamais pris au sérieux par Louis XIV — nous savons, par la correspondance officielle, qu'il reçut plus tard l'ordre de laisser miroiter aux yeux de la cour de Portugal la possibilité de cette brillante union. Mais, par contre, M. de Saint-Romain devait faire craindre à la maison de Bragance, pour le cas où le mariage de l'infante ne donnerait pas satisfaction à la France, de voir son souverain épouser la princesse impériale, archiduchesse d'Autriche, « avec des conditions de paix, justes et convenables à une telle alliance [2] ». C'était donner clairement à entendre aux Portugais que, dans cette hypothèse, leur existence même, comme peuple indépendant, serait sacrifiée.

Pendant le cours de ces négociations, la santé de la reine de Portugal, atteinte depuis longtemps d'une cruelle maladie, déclinait de jour en jour, et sa mort survenue le 27 décembre 1683, n'enleva pas seulement à la France un point d'appui précieux, elle introduisit encore une complication pour elle dans le jeu de toutes ces intrigues matrimoniales. En effet, ce n'était plus uniquement du mariage de l'infante qu'avaient à se préoccuper les cours rivales de Versailles et de Madrid, mais aussi de celui de son père Don Pedro, qui avait réuni peu de temps auparavant, par suite de la mort de son frère Alphonse VI arrivée le 12 septembre 1683, le titre royal à l'autorité qu'il exerçait depuis longtemps.

Le mariage du nouveau roi, âgé seulement de trente-cinq ans, avait une importance d'autant plus grande que, si cette seconde union lui donnait un fils, ce fils serait alors, suivant la constitution portugaise, l'héritier de la couronne, et retirerait ainsi beaucoup de l'importance qu'avait eue jusque-là le mariage de sa sœur aînée, l'infante Isabelle.

La France ne pouvait se désintéresser de cette nouvelle phase de

---

1. *Correspondance de Portugal*, t. XX, 374.
2. *Ibid.*, t. XXI, 61.

la question des mariages portugais et M. de Saint-Romain reçut l'ordre de favoriser l'union du roi D. Pedro avec Mademoiselle de Bourbon, fille aînée du duc d'Anguien[1].

L'Espagne, de son côté, ne restait pas inactive : ses agents parlaient beaucoup à Lisbonne du mariage du roi avec l'archiduchesse ou encore d'une double alliance du père et de la fille dans la maison de Toscane. Une combinaison hostile à la France avait malheureusement alors beaucoup de chances d'être préférée; la mort de la reine Isabelle de Savoie, de *la Française*, ainsi que l'appelait avec une nuance de haine son premier époux Alphonse VI, — avait été suivie, comme il arrive souvent en pareil cas, d'une réaction[2]; d'ailleurs, les Portugais ne dissimulaient pas la crainte que leur inspiraient les mariages français, en raison même de la puissance alors prépondérante de Louis XIV; ils préféraient des alliances plus modestes, — Neubourg[3] ou Médicis, par exemple, — mais qui, dans leur opinion, ne les exposaient pas à perdre, pour ainsi dire, leur indépendance, en devenant de simples satellites de la grande monarchie du Roi-Soleil.

Dans ces circonstances, la situation nouvelle créée par la mort de la reine Isabelle de Savoie pouvant se prolonger assez longtemps, M. de Saint-Romain crut devoir demander l'autorisation de rentrer en France, où le rappelait, d'ailleurs, le règlement d'affaires importantes[4]. Il désirait profiter, pour son retour, du vaisseau qui devait ramener le marquis de Torcy, ambassadeur extraordinaire, de la mission duquel nous nous occuperons bientôt. Mais le cabinet français n'avait garde de renoncer aussi facilement aux services d'un homme dont il avait pu apprécier depuis plus d'un demi-siècle la haute intelligence et la grande sagacité, et ce n'est que deux ans après, en 1685, que M. de Saint-Romain fut remplacé par le marquis de Gournay.

1. *Correspondance de Portugal*, XXI, 83. — Marie-Thérèse de Bourbon, née le 1er février 1666, mariée le 29 juin 1688 à François-Louis de Bourbon, prince de Conti.
2. *Correspondance de Portugal*, XXI, 102, 107.
3. En fin de compte, c'est ce parti qui l'emporta, car D. Pedro épousa, en 1687, Marie-Sophie-Isabelle de Neubourg, fille de l'Électeur Palatin du Rhin, Philippe-Guillaume.
4. *Correspondance de Portugal*, XXI, 168.

MÉMOIRE DU ROI POUR SERVIR D'INSTRUCTION AU SIEUR DE SAINT-ROMAIN,
CONSEILLER DU ROI EN SES CONSEILS, S'EN ALLANT EN PORTUGAL EN
QUALITÉ D'AMBASSADEUR EXTRAORDINAIRE DE SA MAJESTÉ.

Minute. — *Correspondance de Portugal*, t. XXI, fol. 1. — 25 mai 1683.

Comme Sa Majesté ne pouvoit point jeter les yeux pour remplir l'ambassade extraordinaire de Portugal sur aucun de ses sujets qui ait une plus parfaite connoissance de l'état des affaires dudit pays que le sieur de Saint-Romain qu'elle a choisi pour cet effet, et que les services qu'il lui a déjà rendus dans cette cour, ne laissent à Sa Majesté aucun lieu de douter qu'il joint à une fidélité inviolable et à une affection très zélée pour le service de Sa Majesté, toute l'expérience, l'adresse et l'insinuation nécessaire pour le bon succès de l'importante négociation qu'elle lui confie, Elle a cru qu'il seroit fort inutile de l'informer de l'intérêt qu'elle a toujours pris et qu'elle continue de prendre à tout ce qui peut affermir cette couronne, et ôter aux Espagnols l'espérance qu'ils conservent encore d'y mettre par leurs intrigues tant de trouble et de division, qu'il leur soit enfin facile de s'en rendre les maîtres et de les réunir à la Monarchie d'Espagne.

Ledit sieur de Saint-Romain sait que depuis la paix des Pyrénées, ils ont inutilement employé et la force et les cabales pour venir à bout de leurs desseins, et il peut bien juger que dans l'occasion présente du mariage de l'infante de Portugal, ils n'omettront rien pour fixer le choix de l'Infante, de la Reine, du Prince Régent et de tous ceux qui ont le plus de part au gouvernement de cet État sur un Prince attaché aux intérêts de la maison d'Autriche.

Celui qu'ils ont appuyé jusqu'à présent avec le plus de chaleur est le Prince de Neubourg, qui ne pouvant subsister que de ce qu'ils voudront bien lui accorder et étant d'ailleurs attaché avec toute sa maison par beaucoup d'autres liens aux intérêts de l'Empereur, sera entièrement soumis aux ordres du Conseil de Madrid et de la cour de Vienne.

Au refus de ce premier, ils ont assez fait connoître qu'ils seroient bien aises que le Prince de Bavière leur fut redevable de son établissement en Portugal, mais comme il est trop jeune pour être marié, il n'y a aucune apparence qu'il soit préféré.

Pour ce qui regarde les Princes de Toscane, on sait l'attachement que les Grands Ducs ont toujours eu à l'Espagne depuis que Philippe Second leur a donné l'investiture de Sienne, et qu'ils se sont obligés d'assister cette monarchie dans ses besoins de 400 chevaux et de 4000 hommes de pied à leurs frais, au cas qu'elle soit attaquée ou dans le Royaume de Naples ou dans le Duché de Milan; ainsi il ne faut pas douter que le Ministre d'Espagne ne seconde de ses offices les offres que le Grand Duc a faites avant le traité du mariage avec le duc de Savoie et qu'il renouvelle à présent.

Le quatrième des prétendants qui pouvoit être aussi au gré des Espagnols est le Prince de Parme, et il y a présentement à Lisbonne un envoyé du duc son père, appelé le comte Simonetti, qui tâche de faire valoir les droits que la maison de Parme a sur la couronne de Portugal; mais quoiqu'il soit appuyé du confesseur du Prince Régent, ses prétentions n'ont pas été bien reçues des Portugais et apparemment n'auront aucun succès.

Comme tous ces Princes auront leur principal attachement à la maison d'Autriche, il est très important au service de Sa Majesté de leur faire donner l'exclusion et de faire enfin tourner le choix de la cour de Portugal sur M. le Prince de la Roche-sur-Yon ou sur M. le Comte de Vermandois.

L'intérêt qu'a la Reine de se conserver l'amitié de Sa Majesté, la doit porter à recevoir de sa main un mari pour la Princesse sa fille; c'est aussi ce qui fait que cette Princesse a empêché jusqu'à présent qu'on n'ait pris aucune résolution en faveur d'aucun des Princes suspects à Sa Majesté, et quoy qu'elle n'ait osé faire aucune démarche ni opposition qui lui puisse attirer le ressentiment d'aucun d'entre eux, au cas que malgré elle il vienne à être choisi, néanmoins elle a toujours fait assurer Sa Majesté de ses bonnes intentions, et après avoir représenté toutes les difficultés qu'elle prévoyoit à porter les Portugais au choix d'un des deux Princes qui sont proposés par Sa Majesté, elle a promis d'employer sincèrement ses soins et son crédit auprès du Prince Régent, pour faire préférer le Prince de la Roche-sur-Yon à tout autre.

C'est dans cette confiance que Sa Majesté ayant résolu d'envoyer incessamment auprès de cette Princesse un Ministre qui lui soit agréable, et dont les sages conseils lui puissent faciliter le bon acheminement et l'heureuse conclusion de cette affaire, elle ordonne audit sieur de Saint-Romain de se rendre à La Rochelle dans la fin de ce mois, pour s'embarquer sur le vaisseau que Sa Majesté a fait équiper tant pour son passage que pour celui de la comtesse de Ribera[1] et en partir au premier bon vent.

Aussitôt que ledit sieur de Saint-Romain sera arrivé à Lisbonne et qu'il aura été informé par le marquis d'Oppède, suivant l'ordre que Sa Majesté en a donné à cet ambassadeur, de la disposition présente des affaires de Portugal, il fera ses diligences pour obtenir ses audiences particulières tant du Prince Régent que de la Reine; dans la première, ledit sieur de Saint-Romain accompagnera de toutes les expressions qu'il sait devoir être les plus agréables à ce Prince, les assurances que Sa Majesté lui donne par sa lettre de créance, de la continuation de son amitié. Il lui fera connoître que Sa Majesté s'intéresse toujours très sincèrement à tout ce qui le regarde et la couronne de Portugal, qu'elle n'ordonne rien aussi plus expressément audit sieur de Saint-Romain, que de contribuer par ses soins et son application à tout ce qui en peut procurer les avantages et éloigner le dommage, et qu'il sait bien ne pouvoir rien faire qui soit plus agréable à Sa Majesté, que de bien persuader ce Prince de cette vérité par la conduite qu'il prétend tenir pendant son ambassade et partout ce qu'une longue expérience des affaires de Portugal accompagnée de beaucoup de zèle pour le service de ce Prince et de la Reine de Portugal, lui pourra inspirer de plus utile et de plus convenable au bien du dit Royaume et au maintien d'une parfaite intelligence entre Sa Majesté et ledit Prince.

Il pourra parler dans ce même sens à la Reine de Portugal

1. La comtesse de Ribeira n'était autre que Mlle de Soubise, qui venait d'épouser un neveu du marquis d'Aronches et de l'archevéque de Lisbonne.

lorsqu'il sera admis à son audience; il doit même se servir d'expressions encore plus vives et des assurances d'autant plus particulières de la confiance de Sa Majesté pour elle, que cette Princesse y a toujours très bien répondu; et comme elle ne peut jamais avoir d'occasion plus favorable de donner des marques effectives de sa reconnoissance que celle qui se présente aujourd'hui du mariage de la Princesse sa fille, ledit sieur de Saint-Romain lui doit faire connoître dès la première audience, que Sa Majesté ne peut douter que son inclination et son intérêt ne la portent à employer efficacement ses soins et son crédit pour faire préférer à tous les Princes qui ont quelque attachement directement ou indirectement à la maison d'Autriche, ceux que Sa Majesté veut proposer et qui ayant l'honneur d'être de son sang, ne peuvent jamais avoir de sentiments qui ne soient conformes aux véritables intérêts de la couronne de Portugal et à ceux de cette Princesse, qui ne soient aussi par conséquent soumis à ses volontés et qui ne tendent non seulement à maintenir son autorité, mais aussi à augmenter son crédit auprès du Prince et auprès de la Nation Portugaise, en sorte qu'il ne puisse rien arriver qui puisse troubler son règne; qu'aussi Sa Majesté étant pleinement persuadée de ses bonnes intentions, elle a jugé que pour les faire réussir heureusement, elle devoit faire choix d'un ministre qui lui fût agréable et en qui elle pût prendre une entière confiance. Ledit sieur de Saint-Romain pourra y ajouter tout ce qui peut porter cette Princesse à lui communiquer ses pensées, et la confirmer dans la bonne opinion qu'elle a toujours eue de sa discrétion.

Après ces premières audiences, il doit s'appliquer à bien ménager et à se concilier parfaitement l'amitié du Père Pomereau, confesseur de cette Princesse; car comme elle est fort dans la dévotion et que ce religieux s'est acquis un grand crédit auprès d'elle, il est bon qu'outre le devoir de bon sujet que son caractère ne peut effacer, ledit sieur de Saint-Romain lui donne encore lieu de se pouvoir flatter du principal mérite du succès de cette affaire. Après ces premiers pas, ledit sieur de Saint-Romain doit concerter secrètement, tant avec la Reine qu'avec ledit Père Pomereau, ceux qu'il conviendra de faire pour disposer les principaux du gouvernement à ce que Sa Majesté désire; et comme il y est arrivé quelque changement depuis que ledit sieur de Saint-Romain en est revenu, Sa Majesté a estimé qu'il ne seroit pas inutile de lui donner une connaissance succincte de la situation présente des affaires de cette Cour et des intérêts et attachements de ceux qui ont part au gouvernement.

Le Conseil d'État dont le Prince prend les avis dans les affaires importantes, est composé de dix seigneurs titrés qui sont le Marquis de Govea [1], l'Archevêque de Braga, le Comte d'Ericeira [2], le Comte de Valdereys, le Grand Inquisiteur, le Viscomte de Ponte de Lima, le Marquis d'Aronches, l'Archevêque de Lisbonne son frère, le Comte de Villarmayor et le Duc de Cadaval [3].

Le Marquis de Govea est Grand Maître de Portugal et ses avis ont été d'autant plus suspects qu'on a eu raison de le croire attaché à l'Espagne.

L'Archevêque de Braga a été fait conseiller d'État au retour de son Ambassade de Rome et sa famille a toujours été soupçonnée de conserver des liaisons avec les Espagnols.

Le Comte d'Ericeira a témoigné ci-devant être dans les intérêts de Sa Majesté, mais on croit présentement qu'il pourroit bien s'opposer au choix d'un Prince français.

Le Comte de Valdereys a été nommé Grand Maître de la maison de l'Infante, et comme il est selon son devoir entièrement dévoué à la Cour de Portugal, il n'y a pas lieu de douter qu'il ne se conforme aux sentiments du Prince Régent et de la Reine.

Il en sera de même du Grand Inquisiteur qui est encore plus attaché aux intérêts de cette Princesse.

Le Viscomte de Ponte de Lima a toujours fait profession d'avoir les inclinations françaises; il y a bien de l'apparence que pour peu qu'il soit ménagé, il sera bien aise de voir qu'un Prince du sang de Sa Majesté épouse l'Infante.

Le Marquis d'Aronches et l'archevêque de Lisbonne son frère qui est Grand Aumonier et encore plus considérable par sa dignité d'Archevêque de Lisbonne, sont fort unis ensemble et ont fait paraître leur inclination pour la France par le mariage de leur

1. D. Juan de Silva, marquis de Govea.
2. D. Fernand Ménésès, comte d'Ericeira.
3. Nuno Alvarès Pereira, duc de Cadaval, etc. (Voir la note de la p. 133.)

neveu avec Mlle de Soubize[1], en sorte qu'il y a lieu de croire qu'ils se conformeront aux intentions de la Reine qui a fait ce mariage, et qui a même disposé ledit marquis à marier à un sujet de Sa Majesté sa petite fille qui est son unique héritière, en sorte qu'il y a lieu de se promettre qu'ils emploieront sincèrement tous deux leurs conseils et leur crédit en faveur d'un des Princes que Sa Majesté appuie de sa protection.

Le Comte de Villarmayor qui est Cameriste ou premier gentilhomme de la chambre du Prince, a aussi son entière confiance, et quoiqu'il ait affecté une espèce de neutralité entre les intérêts de la France et ceux d'Espagne, il est soupçonné de pencher d'avantage pour ce dernier parti.

On ne peut rien dire du Duc de Cadaval dont le sieur de Saint-Romain ne soit déjà informé, sinon que comme il a rompu le mariage du duc de Savoie, il a donné lieu de croire que le dessein qu'il peut avoir de marier sa fille avec le second fils du duc d'Arcos, grand d'Espagne, l'obligeoit d'avoir des égards pour les Espagnols; mais comme il est facile de lui faire connaître qu'un Prince français convient mieux à la couronne de Portugal qu'aucun autre de ceux qui se présentent, il a d'assez bonnes intentions pour appuyer le bon parti, surtout quand on le flattera du principal mérite du succès.

Cette succincte information de la disposition présente des Ministres de Portugal servira au sieur de Saint-Romain à se mieux éclaircir sur les lieux de leurs sentiments, et à se faire un plan de la manière qu'il doit parler et se conduire tant envers les bien intentionnés pour les confirmer dans le parti que Sa Majesté désire, qu'envers les autres pour les y ramener; mais quoiqu'il n'y ait pas lieu de douter que le Prince ne prenne les avis de son Conseil d'État pour le mariage, et qu'ils ne soient tous consultés, néanmoins, il y a bien de l'apparence que la résolution ne se prendra qu'avec la Reine, le Duc de Cadaval et quelques autres des plus confidents Ministres entre lesquels pourroit bien être le Comte de Villarmayor; en un mot l'inclination et la détermination de la Reine auront la plus grande part à ce choix.

1. Voir plus haut la note, p. 153.

Ainsi la principale application du sieur de Saint-Romain doit être à bien persuader cette Princesse qu'elle doit préférer le Prince de la Roche-sur-Yon à tout autre et qu'elle y réussira infailliblement, si elle l'entreprend avec toute la chaleur et la fermeté que Sa Majesté attend d'elle. Cette première partie peut être facilement soutenue, tant par les raisons générales et particulières d'exclusion contre ceux que la maison d'Autriche propose, que par les avantages de la naissance du Prince de la Roche-sur-Yon, les qualités de l'esprit et du corps et les moyens qu'il a tant de son patrimoine que des grâces de Sa Majesté, de soutenir par lui-même une dépense convenant à sa dignité.

Quant aux raisons générales d'exclusion contre les princes ci-dessus nommés, et principalement contre ceux de Neubourg, il n'y a point de bon Portugais qui ne tombe facilement d'accord que comme les Espagnols attribuent entièrement l'affaiblissement de leur Monarchie au détachement du Portugal, il n'y aura jamais de ministre d'Espagne habile et zélé pour les intérêts de son maître, qui n'ait en vue de réunir cet État par quelque moyen que ce puisse être à ceux du Roi Catholique, et que le conseil d'Espagne ne laissera rien d'intenté pour parvenir à l'exécution de ce dessein ; qu'ainsi rien ne peut être plus contraire à la sûreté du Portugal, que de vouloir donner pour mari à l'Infante un Prince cadet de Neubourg qui n'a pour tout bien qu'un entier dévouement à la maison d'Autriche ; et si la proposition de se donner au Roi Catholique doit passer à Lisbonne pour une trahison contre le Prince et contre la patrie, on peut dire que celle du mariage d'un Prince de Neubourg avec l'Infante ne doit pas être autrement qualifiée, puisque ce seroit un acheminement fort prochain à faire subir aux Portugais le joug de la domination espagnole ; et quelque intérêt qu'ait Sa Majesté de l'empêcher tant que les Portugais répondront aux bons sentiments qu'elle a pour eux, il est bon d'insinuer adroitement à la Reine et même à quelques-uns des ministres les mieux intentionnés et qui en peuvent faire un bon usage, qu'ils peuvent bien juger que s'ils faisoient assez peu de cas de la continuation de son affection pour ne pas préférer dans cette occasion un Prince de son sang à ceux qui sont attachés aux intérêts de la maison d'Autriche, Sa Majesté pourroit avec honneur et de très grands avantages pour sa couronne, entrer dans les accommodements que celle d'Espagne lui proposeroit indubitablement si elle voyoit jour à pouvoir détacher complètement Sa Majesté des intérêts de la couronne de Portugal; enfin quand on fera bien considérer au Prince Régent et à son conseil qu'ils ne doivent rien appréhender que du côté de l'Espagne, et qu'ils ne peuvent espérer de solides assistances dans leurs plus pressants besoins que du côté de la France qui ne leur manquera pas, tant qu'ils voudront entretenir une bonne intelligence avec elle, il n'y a pas d'apparence qu'ils puissent balancer entre le parti de plaire aux Espagnols en offensant Sa Majesté, et celui de la contenter sans avoir égard à ce qu'on désire à Madrid, qui ne tend qu'à la ruine du Portugal.

Ces raisons générales d'exclusion serviront non seulement contre un Prince de Neubourg, mais aussi contre tous les autres qui sont appuyés directement ou indirectement par la maison d'Autriche.

Les raisons particulières qu'il y a contre ce premier ont aussi déjà fait beaucoup d'impression sur les Portugais, et les derniers avis qu'on a reçus de Lisbonne portent qu'on y a bien considéré qu'un cadet de cette maison en attireroit plusieurs autres d'Allemagne, qui n'ayant aucun bien viendroient chercher de quoi subsister en Portugal, et qu'ils seroient sans doute préférés dans la distribution des grâces; que celui même qui épouseroit l'Infante n'ayant aucun établissement, seroit fort à charge au Royaume surtout si la Reine venoit à mourir et que le Prince eut des enfants d'un second mariage; on y a ajouté même la raison générale que la maison de Neubourg ayant des alliances si étroites avec celle d'Autriche, ce seroit choquer directement la France que de préférer un Prince opposé à ses intérêts. D'ailleurs la protection de la Reine mère d'Espagne qu'on a su qui faisoit solliciter fortement pour ce Prince, a dessillé les yeux aux Ministres de Portugal qui ont seulement dit que si les Princes de Neubourg passoient à Lisbonne pendant qu'ils voyagent, on auroit le temps de les examiner de près. Cependant ledit sieur de Saint-Romain ne doit rien négliger pour les faire entièrement exclure, et comme le Nonce du Pape est fort dans leur intérêt, il doit être fort en garde contre ce Ministre et bien observer quelle est sa conduite sur ce sujet pour la traverser.

Ledit sieur de Saint-Romain doit être aussi averti que le fils aîné du Grand Duc a les vœux du peuple qui s'est persuadé que ce Prince feroit passer ses richesses en Portugal; et on croit même que la Reine le préféreroit aux autres pour créer un établissement sûr à l'Infante sa fille, si elle ne pouvoit pas faire agréer un Prince français. Cependant le Grand Duc a seulement fait dire par un négociant florentin, agent des affaires de ce Prince à Lisbonne, qu'on savoit les propositions qu'il avoit faites avant le traité du mariage avec le duc de Savoie; mais outre qu'on ne lui a encore rien répondu, Sa Majesté est informée que la plupart des ministres donnent des appréhensions au Prince Régent de la politique des florentins, et disent que s'ils étoient une fois en Portugal, de quelque manière que les affaires tournassent, ils s'assureroient de la couronne, et qu'un Prince souverain ne convient pas au Portugal parce qu'il y attireroit ses sujets naturels qui auroient tout le crédit, les principaux emplois et les bienfaits, à l'exclusion de la noblesse portugaise, et engageroit les Portugais dans de fâcheux démêlés pour les intérêts des États de ce Prince; c'est aussi cette dernière raison qui a obligé les partisans du Grand Duc de proposer son frère ou son second fils, si on ne vouloit pas l'aîné, et comme il ne fait aucune offre qui puisse contenter les Portugais, il n'y a pas lieu de croire que cette cour veuille préférer un Prince de Toscane à ceux que Sa Majesté propose.

Ceux de Bavière et de Parme feront encore moins d'obstacles selon toutes les apparences, aux désirs de Sa Majesté, par les raisons qui ont été ci-dessus dites, et parce que ce dernier ne s'appuie que sur ses droits à la succession de Portugal, qui sont fort contraires à ceux du Prince Régent et à l'esprit des Portugais.

Enfin, quoique chacun de ces Princes ait ses partisans dans le conseil de Portugal, ils se sont détruits l'un par l'autre en publiant réciproquement tout ce qui pouvoit être désavantageux à leurs concurrents, en sorte qu'il y a lieu de croire que ledit sieur de Saint-Romain n'aura pas de peine à leur faire donner l'exclusion par le Prince et par la Reine de Portugal. Mais comme ce qui pouvoit apporter le plus difficulté au choix du Prince de la

Roche-sur-Yon est l'alliance des Martinozzi, qui déplaît aux Portugais, ledit sieur de Saint-Romain doit s'étudier à leur faire voir qu'une possession de plus de huit cents ans de royauté incontestable dans la maison dont le Prince de la Roche-sur-Yon est sorti, rend sa naissance si illustre, que l'éclat n'en peut être terni par le mélange d'une famille dont on n'auroit pas de peine à prouver la noblesse, et qui pourroit bien même donner des rois à l'Angleterre.

Ledit sieur de Saint-Romain est assez informé de toutes les bonnes qualités de l'esprit et du corps que ce Prince possède, et il les fera valoir autant qu'elles le méritent; mais il doit sur toutes choses, lorsqu'il en parlera aux Portugais, lui donner dans son discours un caractère de douceur et de modération que les Portugais souhaitent, leur faire même connoître qu'ils ne peuvent pas faire un choix qui assure davantage le repos et la paix dont la couronne de Portugal jouit à présent, et que comme Sa Majesté ne souhaite rien d'eux, sinon qu'ils veuillent ôter aux Espagnols toute espérance de se pouvoir jamais rendre maîtres de ce Royaume, elle sera satisfaite quand ils leur en auront entièrement fermé la porte par ce mariage, et sera bien aise qu'ils demeurent toujours dans une parfaite tranquillité.

Outre ce qui a été dit ci-dessus des moyens que ledit Prince aura de s'entretenir selon ce qu'il convient à la grandeur de sa naissance, tant par son patrimoine dont il pourra librement disposer et en faire passer le provenu en Portugal lorsqu'il y sera entièrement établi, que par la grâce que Sa Majesté lui fera d'augmenter sa pension jusqu'à quarante mille écus, ledit sieur de Saint-Romain pourra aussi faire entendre aux Portugais qu'ils doivent être bien éloignés d'appréhender la même chose de lui que d'un cadet de Princes d'Allemagne, et qu'au contraire celui-ci n'aura jamais de parents en France qui n'y trouvent par la qualité de Prince du sang de Sa Majesté, des avantages et des établissements beaucoup plus considérables qu'ils n'en pourroient jamais trouver dans quelque cour que ce soit de l'Europe, quelque désir qu'on put avoir de les y bien traiter.

Toutes ces considérations doivent faire beaucoup d'impression sur l'esprit des Ministres de Portugal, mais ce qui doit être encore plus puissant auprès de la Reine, c'est qu'elle ne peut rien faire qui soit plus agréable au Roi et qui assure davantage à cette Princesse l'amitié constante et sincère de Sa Majesté et son puissant appui dans tous les besoins qu'elle en aura;

Que d'ailleurs, Elle ne sauroit choisir pour la Princesse sa fille un Prince mieux fait et d'esprit et de corps et d'un sang si illustre, puisqu'il a l'honneur d'être de celui de Sa Majesté.

A l'égard de sa déférence aux volontés de la Reine, de son attachement à lui plaire et de sa parfaite reconnaissance des obligations qu'il lui aura, Sa Majesté veut bien en être garant, et qu'ainsi elle rencontrera dans ce choix tout ce qui peut faire sa véritable satisfaction; au lieu que si par faiblesse ou par mauvaise volonté, ce qu'on ne peut croire, elle souffre que les Espagnols viennent à bout de leurs desseins, et que le Portugal préfère un Prince de leur faction à ceux que Sa Majesté désire, on ne doit pas croire qu'elle considère fort à l'avenir les intérêts de la couronne de Portugal, ni ceux d'une Princesse qui aura si peu fait pour la satisfaction de Sa Majesté.

Ledit sieur de Saint-Romain ajoutera dans les entretiens particuliers qu'il aura avec ladite Reine, tout ce qu'il jugera être le plus capable de la disposer à ce que Sa Majesté désire, et comme cette Princesse s'est laissée entendre que son inclination la porteroit plutôt à attendre que M. le Duc de Bourbon fût en âge, qu'à se déterminer au choix de M. le Prince de la Roche-sur-Yon, il doit la détourner de songer au premier par les raisons de la foiblesse de son âge, qui même est encore plus avancée que sa taille et ses forces. Enfin il ne doit laisser aucune espérance de ce mariage.

Mais si contre l'opinion de Sa Majesté; il trouvoit une impossibilité manifeste à faire réussir celui du Prince de la Roche-sur-Yon et qu'au contraire la Reine de Portugal se conformât aux sentiments des Portugais qui commencent à témoigner plus d'inclination pour M. le Comte de Vermandois, Sa Majesté veut bien dans ce cas, qu'après que ledit sieur de Saint-Romain aura fait inutilement tout ce qui lui sera possible en faveur du Prince de la Roche-sur-Yon, il tâche de faire agréer le Comte de Vermandois. Il y a même lieu de croire qu'il y trouvera d'autant plus de facilité qu'outre tout ce qu'il peut dire d'avantageux de ce Prince, les Portugais savent assez par leur histoire, que ce Royaume n'a pas été moins bien gouverné par des Princes bâtards lorsqu'ils sont parvenus à la couronne, que par ceux qui sont venus d'un légitime mariage, et qu'ainsi ils auront d'autant moins de répugnance à en recevoir un qui a l'honneur d'être fils du plus grand Roi de la Chrétienté.

Sa Majesté se réserve à donner encore des instructions plus précises audit sieur de Saint-Romain, après qu'il aura informé Sa Majesté des dispositions où il aura trouvé la Reine de Portugal, le Prince Régent et les principaux Ministres et que par les entretiens qu'il aura eus avec cette Princesse, il aura pu concerter avec elle la conduite qu'il y aura à tenir pour faire réussir cette importante affaire à la satisfaction de Sa Majesté.

Fait à (Versailles, le 25 mai 1683).

X

LE MARQUIS DE TORCY

1684[1]

Le roi Alphonse VI étant mort d'une attaque d'apoplexie, le 12 septembre 1683, à l'âge de quarante ans, et son frère Don Pedro ayant pris la couronne, la cour de Versailles crut devoir saisir cette occasion de resserrer les liens d'amitié qui l'unissaient à la maison de Bragance, en envoyant à Lisbonne un ambassadeur extraordinaire, chargé de porter tout spécialement au nouveau souverain les félicitations du roi de France. Cette démonstration amicale était aussi destinée bien certainement à aider au succès des négociations engagées à propos du mariage de l'infante Isabelle.

Le marquis de Croissy, frère de Jean-Baptiste Colbert, et alors ministre des affaires étrangères, fit choix pour cette mission, toute de courtoisie, de son fils, le marquis de Torcy[2], âgé à peine de vingt ans, et qu'il faisait ainsi entrer dans la carrière diplomatique de la manière la plus brillante et en même temps la plus sûre.

Le marquis de Torcy devait, en effet, trouver à Lisbonne, où il résidait, ainsi que nous l'avons vu, comme ambassadeur ordinaire, le vieux marquis de Saint-Romain, alors plus que septuagénaire, et l'habile agent Desgranges[3], sous l'égide desquels il était certain, tout au moins, de ne commettre aucune inconséquence.

---

1. Ministre des Affaires étrangères : Charles-Colbert, marquis de Croissy.
2. Jean-Baptiste Colbert, marquis de Torcy, né à Paris le 14 septembre 1665, mort le 2 septembre 1746.
3. Avant d'être consul et commissaire de la marine de France à Lisbonne, Louis Desgranges avait servi pendant plusieurs années en qualité de commissaire général de la cavalerie dans l'armée portugaise. (*Correspondance de Portugal*, XXI, 101, v°.)

Il se disposait donc à partir et son père s'occupait de faire rédiger ses instructions, lorsqu'on apprit à Versailles la mort de la reine Isabelle de Savoie. La mission du jeune marquis de Torcy tirait de cet incident une nouvelle utilité, et il s'embarqua bientôt pour Lisbonne. Il y arriva le 21 mars 1684 et n'en partit qu'à la fin du mois de septembre de la même année.

INSTRUCTION DONNÉE PAR LE ROI AU SIEUR COLBERT DE TORCY, S'EN ALLANT A LISBONNE EN QUALITÉ D'ENVOYÉ EXTRAORDINAIRE DE SA MAJESTÉ.

Minute. — *Correspondance de Portugal*, t. XXI, f. 77. — 25 janvier 1684.

Le sieur Taborda[1], envoyé de Portugal en France, ayant donné part au Roi de la mort de Dom Alphonse, Roi de Portugal, et de l'avènement de Dom Pedro, son frère, à cette couronne, Sa Majesté qui ne veut laisser passer aucune occasion de témoigner à ce Prince et à la Reine de Portugal combien elle s'intéresse à tout ce qui les touche, a bien voulu jeter les yeux sur ledit sieur de Torcy et l'honorer de ses ordres et commandements, ne doutant point que les obligations infinies dont sa famille est redevable aux bontés de Sa Majesté ne lui inspirent tout le zèle, toute l'application et même l'adresse nécessaire non seulement pour se bien acquitter de ce premier emploi, mais aussi pour tâcher de mériter qu'elle lui en confie d'autres dans la suite du temps, qui lui donnent plus de moyens de bien répondre à ce que Sa Majesté doit attendre d'une parfaite reconnoissance et d'une résignation tout entière à ses volontés.

Ledit sieur de Torcy partira incessamment en poste pour se

---

1. D. Salvador Taborda, résident de Portugal en France depuis 1677. Il mourut à Paris le 8 décembre 1690. Il a laissé des Mémoires dont les manuscrits sont conservés à la Bibliothèque royale de Lisbonne et à la bibliothèque de l'Académie des Sciences de la même ville.

rendre à La Rochelle où il s'embarquera sur le vaisseau [1]..... qui doit passer incessamment en Portugal, et aussitôt qu'il sera arrivé à Lisbonne il ira descendre chez le sieur de Saint-Romain, ambassadeur ordinaire de Sa Majesté, l'informera du sujet de son envoi et prendra les mesures que ledit sieur de Saint-Romain jugera nécessaires pour lui procurer les audiences du Roi, de la Reine et de l'Infante de Portugal.

Ledit sieur de Torcy sait bien qu'au jour qui lui sera marqué pour ces audiences, il doit suivre immédiatement l'ambassadeur de Sa Majesté qui le présentera tant audit Roi de Portugal, qu'à la Reine et à l'Infante ; et après que ledit sieur de Torcy aura donné audit Roi la lettre de créance, il lui dira que Sa Majesté ne voulant omettre aucune occasion de lui faire connoître à quel point elle s'intéresse à tout ce qui le regarde et la couronne de Portugal, Elle n'a pas plus tôt été informée par le sieur Taborda, envoyé de ce Prince auprès d'elle, de la mort du Roi Dom Alphonse son frère, et de l'avènement dudit Prince à la couronne de Portugal, qu'elle l'a dépêché pour le venir assurer qu'on ne peut entrer plus sincèrement qu'elle fait dans tous les sentiments que lui doit donner l'un et l'autre de ces évènements ; qu'encore que la sagesse avec laquelle il a depuis longtemps gouverné ce Royaume ait accoutumé les peuples à lui obéir avec une parfaite soumission, néanmoins, comme Sa Majesté souhaite passionnément que cette couronne puisse toujours conserver le repos et le bonheur dont elle jouit à présent, elle considère l'accession du juste titre de Roi à toutes les autres principales qualités qu'il possédoit déjà, comme le plus solide fondement de la tranquillité de ce Royaume et le plus capable de faire perdre toute espérance à ceux qui ne la voient qu'avec regret si bien établie, et qui ne perdront jamais l'envie de la troubler ; que Sa Majesté ne doute point que ledit Prince ne leur en ôte encore les moyens, non seulement par la continuation d'une bonne correspondance avec elle, mais aussi en l'augmentant et la fortifiant par tous les liens les plus indissolubles ;

Qu'il ne doit pas douter aussi que Sa Majesté n'ait toujours

---

[1]. Le nom est resté en blanc dans la Minute que nous publions.

pour lui et pour la couronne de Portugal tous les sentiments d'estime et d'amitié qu'il peut désirer et qu'elle ne soit bien aise de lui en donner de véritables preuves;

Qu'en son particulier, il s'estimeroit très heureux si dans le fidèle rapport que son devoir l'oblige de faire à Sa Majesté de ce qui lui paroîtra de la disposition présente de ce Prince, il pouvoit encore contribuer quelque chose à une plus parfaite union. Il ajoutera à ces expressions tout ce que ledit sieur de Saint-Romain croira devoir être le plus agréable audit Roi.

Les dernières lettres dudit sieur de Saint-Romain faisant voir quelque amendement dans la santé de la Reine de Portugal, Sa Majesté espère que ledit sieur de Torcy la trouvera encore mieux rétablie à son arrivée et qu'il pourra être admis à l'audience de cette Princesse.

En ce cas, après lui avoir rendu la lettre de Sa Majesté, il lui dira que Sa Majesté l'a dépêché pour venir témoigner à ladite Reine et au Roi de Portugal, à l'occasion de la mort du Roi Dom Alphonse, la part qu'elle prend à tout ce qui les regarde, mais qu'elle s'intéresse encore bien plus sensiblement dans la conservation et dans le rétablissement de la santé de ladite Reine; que la sagesse de sa conduite et son application continuelle à maintenir une bonne intelligence entre la France et la couronne de Portugal, ont toujours donné pour elle à Sa Majesté toute l'estime qu'elle a si justement mérité, et un désir très sincère de procurer sa satisfaction dans toutes les choses qu'elle affectionne le plus; qu'elle peut bien juger par les assurances qu'il a ordre de lui en donner, que Sa Majesté aura une très grande inquiétude de sa maladie jusqu'à ce qu'elle apprenne sa guérison; qu'il sait bien que ce seroit la plus agréable nouvelle qu'il pourroit donner à Sa Majesté et qu'il espère aussi qu'une vertu aussi accomplie que celle de cette Reine, obtiendra de la bonté divine une aussi longue vie que Sa Majesté lui souhaite, et qu'elle est à désirer pour le bien de la couronne de Portugal.

Comme l'Infante est ordinairement près de la personne de la Reine sa mère dans ces audiences, ledit sieur de Torcy lui témoignera que Sa Majesté apprend avec plaisir qu'elle ne se rend pas moins considérable par toutes les belles qualités de l'esprit et du corps qui augmentent en elle de jour à autre, qu'elle l'est par sa naissance et par la bonne éducation qu'elle doit à la sagesse de la Reine sa mère, que c'est aussi ce qui donne pour elle à Sa Majesté toute l'estime et toute l'affection qu'elle mérite et que Sa Majesté sera très aise de lui en donner des marques effective dans les occasions qui s'en présenteront.

Après ces premiers compliments, ledit sieur de Torcy se conduira envers les principaux de cette Cour de la manière que ledit sieur de Saint-Romain croira devoir être la plus convenable au service du Roi, parlant à chacun selon que sa qualité ou son affection aux intérêts de la France le demandent.

Outre ce qui est contenu dans la présente Instruction, ledit sieur de Torcy doit s'appliquer, pendant le séjour qu'il fera à Lisbonne, à bien connoître quel est le caractère et quelles sont les inclinations et le génie du Roi de Portugal, même de tous ceux qui ont le plus de crédit dans cette cour, en savoir toutes les alliances, les raisons d'amitié ou d'inimitié qu'il y a entre eux, les intérêts qui les attachent à la France ou à l'Espagne.

Ledit sieur de Torcy doit aussi s'informer exactement de toutes les cérémonies qui s'observent dans cette cour, tant à l'égard du couronnement du Roi que dans les réceptions et audiences des ministres étrangers et dans toute autre rencontre. Il s'instruira aussi des raisons qui ont pu retarder jusqu'à présent ce couronnement, tant de la part du Roi de Portugal que de ses sujets.

Il s'attachera aussi particulièrement à bien reconnoître quelles sont les principales forteresses qui défendent les frontières de Portugal des entreprises des Espagnols, combien de troupes entretient ce royaume à présent, tant de cavalerie que d'infanterie, quel nombre de vaisseaux, combien il y en a d'armés et de quelle manière ils le sont, quels sont les revenus de cette Couronne tant ordinaires qu'extraordinaires, quelles sont les grâces que le Roi peut faire, quels sont les bénéfices, commanderies ou fiefs qu'il peut donner tant aux gens d'épée qu'aux ecclésiastiques, quelles sont les places et habitations que les Portugais possèdent tant dans l'Afrique qu'aux Indes Orientales et dans le Brésil et partout ailleurs, quel est le trafic qu'ils y font et quel peut être le profit qu'ils en tirent.

Il doit savoir aussi en quel temps ou pour quel cas se tient l'assemblée des États appelée Cortès, de quelle manière et par quels principes elle se gouverne. Il doit aussi s'informer parfaitement de tous les tribunaux qu'il y a dans le Royaume, du pouvoir qu'ils ont et de quelle manière la justice s'y exerce, et enfin il doit prendre une si parfaite et si exacte connaissance de tout ce qui regarde l'état du Royaume de Portugal, qu'il n'y ait rien concernant cette couronne dont il ne soit capable de rendre compte à Sa Majesté.

Depuis que Sa Majesté a donné ses derniers ordres, elle a appris avec un très vif déplaisir par les nouvelles publiques la mort de la Reine de Portugal, et quoique Sa Majesté doive attendre que le Roi de Portugal lui en ait donné part dans les formes ordinaires, néanmoins, après que ledit sieur de Torcy aura parlé à ce Prince en la manière qui lui est prescrite par la présente Instruction, elle veut qu'il ajoute que sur le point de son départ, Sa Majesté ayant appris cette funeste nouvelle, elle y a été d'autant plus sensible qu'elle n'a pas douté que ce Prince ne soit extrêmement touché de la perte d'une si grande Princesse, qu'elle doit être en effet infiniment regrettée tant par sa vertu exemplaire qui jointe à tant d'autres excellentes qualités la faisoient estimer et honorer de toute l'Europe, que par son fidèle attachement à la personne et intérêts dudit Roi et de la couronne de Portugal et par ses soins continuels et son zèle infatigable à en procurer les avantages ;

Que Sa Majesté souhaite que Dieu donne à ce Prince dans cette triste occasion toute la consolation que demande une si vive affliction, et qu'il récompense cette disgrâce de toutes sortes de prospérités.

Si on permet audit sieur de Torcy de voir la Princesse, il l'assurera que Sa Majesté prend beaucoup de part à la trop juste affliction que lui cause la mort de la Reine sa mère, que Sa Majesté conservera toujours le souvenir de l'application qu'elle a eue pendant toute sa vie à empêcher que la bonne intelligence qui a toujours été entre la France et le Portugal ne pût être troublée, et que Sa Majesté sera bien aise de donner en la personne de la Princesse sa fille, des marques de l'estime très sincère et de l'affection singulière qu'elle a toujours eue pour ladite Reine, que Sa Majesté y est aussi d'autant plus portée qu'elle apprend avec plaisir qu'elle ne se rend pas moins considérable par toutes les belles qualités de l'esprit et du corps qui augmentent en elle de jour en jour, qu'elle l'est par sa naissance et par la bonne éducation qu'elle doit à la sagesse de la Reine sa mère, que c'est aussi ce qui donne pour elle à Sa Majesté toute l'estime et l'affection qu'elle mérite, et qu'elle en recevra toujours des preuves effectives dans les occasions qui s'en présenteront.

Fait etc.[1] etc.

---

1. Une note du manuscrit nous indique que cette Instruction fut donnée à Versailles, le 25 janvier 1684.

XI

MICHEL AMELOT, MARQUIS DE GOURNAY

1685 — 1688 [1].

La mission du marquis de Gournay[2] ne fut, à proprement parler, que la suite de celle de M. de Saint-Romain ; en dehors de la continuation des bons rapports à entretenir avec la cour de Portugal, cette mission avait pour but, comme celle de son prédécesseur, de surveiller avec soin l'affaire des mariages du roi Don Pedro et de l'infante Isabelle, sa fille.

En ce qui concerne le premier de ces mariages, l'ambassadeur français eut ordre de proposer, à défaut de Mademoiselle de Bourbon, une des princesses de Lillebonne[3] ou l'une des filles de la princesse douairière de Hanovre[4]. Louis XIV s'engageait, dans le cas où les

---

1. Ministre des Affaires étrangères : Charles Colbert, marquis de Croissy.
2. Michel Amelot, marquis de Gournay, baron de Brunelles, conseiller ordinaire du roi en ses conseils d'État et privé, et président du bureau du Conseil de Commerce. Reçu conseiller au Parlement de Paris le 14 décembre 1674, puis maître des requêtes de l'Hôtel du Roi en 1677, il fut envoyé comme ambassadeur extraordinaire en janvier 1682 à Venise, d'où il alla en Portugal. Il fut ambassadeur en Suisse, de 1688 à 1697, et ambassadeur extraordinaire en Espagne, de mars 1705 à 1709. Il avait été nommé conseiller d'État en 1695 et mourut à Paris le 25 octobre 1722.
3. Ces princesses de Lillebonne étaient filles de François-Marie de Lorraine, comte de Lillebonne, et d'Anne, fille du duc de Lorraine Charles IV et de Béatrix de Cusance, princesse de Cantecroix ; l'aînée, Béatrix-Hiéronyme, née le 1er juillet 1662, devint abbesse de Remiremont en 1701 ; la cadette, Élisabeth, née le 5 avril 1664, épousa, le 8 octobre 1691, Louis de Melun, prince d'Épinoy.
4. Bénédicte-Henriette-Philippine de Bavière, fille de la célèbre princesse palatine et femme de Jean-Frédéric de Brunswick Lunebourg Zell, duc de Hanovre, était sœur de Madame la princesse de Condé. C'est par suite de cette circonstance qu'ayant perdu son mari le 27 décembre 1679, elle vint s'établir à Paris où le Roi

vues du roi se porteraient sur quelqu'une de ces princesses, à assurer à la future reine de Portugal une pension considérable.

Pour l'Infante, s'il était impossible de faire choisir le prince de la Roche-sur-Yon, M. de Gournay devait appuyer les prétentions du prince de Parme, puis en seconde ligne celles du prince de Toscane et combattre jusqu'au bout la candidature du prince de Neubourg, comme particulièrement attaché aux intérêts de la maison d'Autriche.

Ces négociations allaient se poursuivre tout d'abord avec le concours de M. de Saint-Romain que l'on consentait bien à remplacer, sur sa demande tant de fois réitérée depuis deux ans, mais que l'on priait néanmoins de ne pas revenir précipitamment, afin, nous dit Dangeau dans son *Journal*[1], de « laisser les affaires de ce pays-là en bon train ».

Cependant, M. Amelot étant arrivé à Lisbonne au mois d'août 1685, M. de Saint-Romain eut son audience de congé le 2 septembre, et il s'embarqua le 6 du même mois. Nous ne le voyons néanmoins reparaître à la cour[2] que dans le courant de novembre.

Le marquis de Gournay fit son entrée solennelle et eut sa première audience du roi Don Pedro le 19 décembre 1685. Il put bientôt s'apercevoir que l'influence française avait sensiblement diminué depuis la mort de la reine et que le départ de M. de Saint-Romain, personnellement très aimé et très estimé à la cour de Lisbonne, rendait la position de son successeur plus difficile encore. La coterie espagnole gagnait, en effet, visiblement du terrain[3]; bientôt M. de Gournay eut le chagrin de voir Don Pedro, malgré tous ses efforts, épouser Marie-Sophie-Isabelle de Neubourg, fille de Philippe-Guillaume, électeur palatin du Rhin, et donner ainsi un gage éclatant de sa bonne volonté à la maison d'Autriche et à la politique la moins favorable à la France[4]. C'était un cruel échec, qui pouvait avoir de graves conséquences, au moment où allait commencer la guerre dite de la Ligue d'Augsbourg. Aussi Louis XIV jugea-t-il à propos de remplacer son ambassadeur à Lisbonne, et le marquis de Gournay fut rappelé au mois de juillet 1688.

---

lui fit, en 1685, une pension de 12 000 livres. Quoiqu'elle fût sans biens, ses filles firent de grands établissements : l'aînée épousa le duc de Modène et la troisième fut mariée à Joseph, roi des Romains, qui devint empereur d'Allemagne en 1705. La duchesse douairière de Hanovre mourut à Asnières, près de Paris, le 12 août 1730.

1. *Journal de Dangeau*, I, p. 62.
2. *Ibid.*, I, 244.
3. Une des causes de refroidissement du Portugal à l'égard de la France venait probablement d'une somme de 8 millions que la couronne de Portugal devait au Roi et qui lui faisait craindre des réclamations gênantes. (*Correspondance de Portugal*, t. XXIII, fol. 23 v°.)
4. Ce mariage eut lieu vers la fin de l'année 1687.

MÉMOIRE POUR SERVIR D'INSTRUCTION AU SIEUR AMELOT, CONSEILLER DU ROI EN SES CONSEILS, MAÎTRE DES REQUÊTES ORDINAIRE DE SON HÔTEL, S'EN ALLANT EN PORTUGAL EN QUALITÉ D'AMBASSADEUR ORDINAIRE DE SA MAJESTÉ.

Minute et Copie. — *Correspondance de Portugal*, t. XXIII, pp. 1 et 9. — 15 mai 1685.

Le Roi ayant permis au sieur de Saint-Romain, son ambassadeur extraordinaire en Portugal, de revenir en France, et Sa Majesté voyant bien qu'il est d'une très grande conséquence pour le bien de son service, que dans la conjoncture des mariages du Roi et de l'Infante de Portugal, cette couronne ne prenne point d'engagements contraires à ses véritables intérêts qui ne se peuvent jamais trouver que dans une parfaite correspondance avec la France, Sa Majesté a jugé à propos de remplir cette ambassade d'un sujet qui ait toutes les qualités nécessaires pour s'acquitter dignement d'un si important emploi ; et comme le sieur Amelot a déjà donné des preuves de sa capacité, de son zèle et de son affection pour le service de Sa Majesté, aussi bien que de sa bonne conduite dans l'ambassade qu'il vient d'exercer à Venise, Elle l'a nommé pour son ambassadeur ordinaire en Portugal, et Elle lui ordonne de partir incessamment pour se rendre à La Rochelle où il s'embarquera sur le vaisseau que Sa Majesté a fait équiper, tant pour son passage que pour le retour dudit sieur de Saint-Romain ;

Et pour informer ledit sieur Amelot des principales affaires qu'il aura à traiter, et de la conduite qu'il aura à tenir dans l'exécution des ordres de Sa Majesté, Elle lui fait premièrement remettre entre les mains la copie de l'Instruction qui fut donnée au sieur de Saint-Romain lorsqu'il partit pour aller à Lisbonne ; mais comme la feue Reine de Portugal vivoit pour lors, et qu'il ne s'y agissoit que du mariage de l'Infante de Portugal, Sa Majesté fait encore ajouter à cette première Instruction la copie des dépêches qu'elle a écrites au sieur de Saint-Romain, le 16 juillet, et le 10ᵉ mars[1] pour l'informer de ses intentions au sujet du mariage du Roi de Portugal.

Et par toutes ces pièces, ledit sieur Amelot reconnoîtra que l'intention de Sa Majesté a toujours été et est encore de faire préférer le Prince de la Roche-sur-Yon à tous les autres partis qui se présentent pour l'Infante; et au cas qu'on ne puisse réussir à ce mariage, et qu'il ne soit plus question que de choisir entre les Princes de Neubourg, de Toscane et de Parme, appuyer plutôt le choix de ce dernier que d'aucun des deux autres. Si celui-ci ne peut encore réussir, faire connoître à toute extrémité que celui de Florence sera moins désagréable à Sa Majesté que d'un prince de Neubourg ou de quelque autre aussi dévoué aux intérêts de la Maison d'Autriche.

Ledit sieur Amelot sera aussi informé par les susdites lettres que le Père Pommereau, confesseur de la feue Reine de Portugal, a longtemps flatté l'Infante de l'espérance d'épouser Sa Majesté; mais comme elle en doit être à présent désabusée par tout ce qui

---

[1]. Les deux dépêches dont il est ici question sont du 16 juillet 1684 et du 11 (et non du 10) mars 1685. Dans la première (*Correspondance de Portugal*, t. XXI, fol. 276), faisant allusion à la nouvelle que lui avait donnée M. de Saint-Romain par une dépêche précédente, savoir : que l'ambassadeur d'Espagne à Lisbonne avait offert à la cour de Portugal une pension de 300 000 cruzades dans le cas d'un double mariage avec la maison de Neubourg, le Roi montre l'impossibilité pour l'Espagne de tenir cette promesse, « surtout lorsqu'il sera question d'assister une couronne qu'il est de son intérêt d'affoiblir par tous les moyens possibles ». Par contre, le Roi renouvelle sa promesse d'ajouter cent mille livres de pension aux cent mille écus de dot que donne le duc d'Anguien à sa fille, Mademoiselle de Bourbon, et s'engage à faire la même faveur aux princesses de Lillebonne, si le choix de Don Pedro se portait sur l'une d'entre elles.

Dans la seconde dépêche citée (*Correspondance de Portugal*, t. XXII, f. 156), le Roi s'exprime ainsi : « Il n'y a pas d'apparence que quand mesme le Roy de Portugal auroit effectivement dessein d'espouser l'archiduchesse, cette affaire puisse réussir et que la maison d'Autriche veuille rompre en faveur du Roi de Portugal les engagemens qu'elle a desjà pris pour le mariage de cette princesse avec l'Électeur de Bavière; ainsy, vous avez raison de croire que cette proposition pouvoit bien tomber à celle de faire espouser audit Roy de Portugal une princesse de Neubourg; vous sçavez bien que si vous ne pouvez pas disposer la cour où vous estes à préférer les princes et princesses de mon sang ou celles auxquelles je vous ay permis de consentir, à tous les autres partis qui sont proposés, vous devez témoigner moins de répugnance à celuy de Florence qu'aux princes et princesses de Neubourg; mais il y a si peu d'avantage dans l'un et dans l'autre pour la couronne de Portugal et elle a, au contraire, tant d'intérêt de se conserver mon amitié, que j'ay encore lieu de croire que vos insinuations et remonstrances ne seront pas inutiles. »

a été écrit sur ce sujet audit sieur de Saint-Romain, il y a bien de l'apparence que le Roi son père et ses ministres se détermineront bientôt à quelqu'un des Princes dont il vient d'être parlé, et il sera de la prudence et de l'adresse dudit sieur Amelot de bien ménager les esprits de cette cour pour les porter à ce que Sa Majesté désire.

Il se servira pour cet effet, non seulement des connoissances qu'il pourra prendre dans un Mémoire qu'elle lui fait donner des qualités, inclinations, génies et différents intérêts des ministres de cette cour, mais aussi des lumières qu'il pourra tirer de l'expérience consommée dudit sieur de Saint-Romain, principalement dans les affaires de Portugal, et il concertera avec lui la conduite qu'il aura à tenir pour réussir dans ses négociations, tant en ce qui regarde le mariage de l'Infante de Portugal, qu'au sujet de celui du Roi son père.

Quant à ce dernier, il verra aussi par la copie des lettres de de Sa Majesté, que son intention seroit de disposer le Roi de Portugal à prendre la résolution de se marier, et celle de préférer Mademoiselle de Bourbon à tous les autres partis qu'on lui pourroit proposer; auquel cas Sa Majesté ajouteroit à la somme de cent mille écus, à laquelle Monsieur le Duc veut borner la dot de la Princesse sa fille, une pension de cent mille livres, que Sa Majesté s'est néanmoins déclarée ne vouloir donner qu'en cas qu'elle épouse le Roi de Portugal, et seulement en faveur de ce mariage et non d'autres.

Que si néanmoins l'inclination dudit Roi de Portugal le portoit au choix d'une princesse de Lillebonne, soit l'aînée ou la cadette, Sa Majesté veut bien encore en faveur de ce mariage, accorder à celle des deux qui épousera ledit Roi la même pension de cent mille livres.

Et en troisième lieu, si le choix de ce Prince se déterminoit à une des filles de la Princesse douairière d'Hannover, Sa Majesté y consentiroit pareillement, mais sans donner aucune pension pour ce sujet.

Ledit sieur Amelot concertera ainsi qu'il a été dit, avec ledit sieur de Saint-Romain, tout ce qu'il y aura à faire pour le succès de l'une ou de l'autre de ces propositions, et se servira pour les faire réussir de toutes les connoissances que ledit sieur de Saint-Romain a acquises, et des correspondances qu'il a établies tant auprès du Roi de Portugal que de l'Infante, en sorte que, s'il ne peut disposer la cour de Portugal à ce qui convient le plus aux intérêts de Sa Majesté, il la détourne au moins de prendre les résolutions qui lui seroient les plus désagréables.

Il assurera le Roi et l'Infante de Portugal de la continuation de l'estime et de l'affection de Sa Majesté, par les expressions les plus obligeantes et les plus capables de les en persuader, en ajoutant à ce que contient sur ce sujet l'Instruction dudit sieur de Saint-Romain, tout ce qu'ils croiront ensemble le plus convenable à la disposition présente de la cour de Portugal, et le plus propre à inspirer aux Princes et Princesses les sentiments que Sa Majesté désire d'eux.

Ledit sieur Amelot sait bien qu'il doit maintenir en toutes rencontres la préséance qui est due aux ambassadeurs de Sa Majesté, et maintenir cet avantage même au péril de sa vie, sans admettre aucun expédient qui y puisse donner la moindre atteinte.

Il est aussi informé de toutes les cérémonies qui se pratiquent entre les ambassadeurs et ministres étrangers; et à l'égard des visites qu'il pourra recevoir ou rendre aux conseillers d'État et aux personnes titrées ou fidalgues, il sera pareillement instruit par ledit sieur de Saint-Romain de l'usage de la cour de Portugal et se conformera à ce que ledit sieur de Saint-Romain a fait.

Ledit sieur Amelot entretiendra une bonne correspondance avec les ambassadeurs et autres ministres dans les cours étrangères et principalement avec le marquis de Feuquières[1], ambassadeur du Roi à Madrid, afin de se pouvoir informer réciproquement de tout ce qu'il est nécessaire qu'ils sachent pour bien régler la conduite qu'ils ont à tenir, et prendre de justes mesures pour le succès des affaires que Sa Majesté leur confie.

Sa Majesté fait remettre deux tables de chiffres entre les mains dudit sieur Amelot, dont il pourra remettre l'une entre les mains de son secrétaire pour s'en servir ordinairement; mais il

---

1. Isaac de Pas, marquis de Feuquières, était depuis quelques semaines nommé ambassadeur à Madrid, où il mourut le 6 mars 1688.

gardera l'autre lui-même et ne s'en servira que pour des matières importantes et qui demanderont un grand secret pour les déchiffrer lui-même.

Ledit sieur Amelot fera pendant son séjour à Lisbonne des relations fidèles de tout ce qu'il apprendra, tant des Indes que d'Angola, du Mozanbicq et autres païs d'Afrique dans lesquels les Portugais sont établis, aussi bien que de ce qui regarde le Brésil.

Outre ce qui est contenu dans la présente instruction des avis ordinaires que le Roi veut que ledit sieur Amelot lui donne de tout ce qui se passera dans la Cour de Portugal, l'intention de Sa Majesté est que tous ses Ambassadeurs et Ministres au dehors lui rapportent au retour de leurs emplois une relation exacte de tout ce qui sera passé de plus important dans les négociations qu'ils auront conduites, de l'état des Cours et des païs où ils auront servi, des cérémonies qui s'y observent soit dans les entrées, soit dans les audiences, ou dans toute autre rencontre, du génie et des inclinations des Princes et de leurs Ministres; et enfin de tout ce qui peut donner une connoissance particulière des lieux où ils auront été employés et des personnes avec lesquelles ils auront négocié.

Ainsi ledit sieur Amelot aura soin de préparer un mémoire de cette sorte, en forme de relation de l'emploi que Sa Majesté lui confie, pour le mettre à son retour entre les mains de Sa Majesté.

Fait à Versailles le 15e may 1685.

XII

LE VIDAME D'ESNEVAL

1688 — 1691[1]

Le roi D. Pedro marié, il ne restait au vidame d'Esneval[2], successeur du marquis de Gournay à Lisbonne, qu'à surveiller attentivement les intrigues qui se poursuivaient à l'occasion de l'union de l'infante Isabelle. Il n'était plus alors question du prince de la Roche-sur-Yon qui avait épousé sa cousine Marie-Thérèse de Bourbon, le 29 juin 1688; les négociations engagées entre le gouvernement portugais et les princes de Toscane avaient été rompues par l'influence du duc de Cadaval. Le prince de Parme, le duc de Modène et le prince de Neubourg se trouvaient donc seuls en présence. Le roi Louis XIV patronnait en première ligne le duc de Modène[3], à la prière de la Reine d'Angleterre. Quant au prince de Neubourg, le vidame avait l'ordre de combattre d'autant plus vivement ses prétentions que le mariage de D. Pedro avec une princesse de sa famille le rendait plus dangereux; il était, en effet, fort à craindre qu'une double

---

1. Ministre des Affaires étrangères : Charles Colbert, marquis de Croissy.
2. Robert Le Roux d'Esneval, chevalier, baron d'Esneval, vidame de Normandie, sire de Pavilly, baron d'Acquigny, etc., appartenait à une vieille famille normande, à laquelle était attachée la qualité de Vidame de Normandie. Il avait épousé Anne-Marie-Madeleine de Canouville. M. d'Esneval fit son entrée solennelle à Lisbonne et eut sa première audience le 13 décembre 1688. Il remplaça en 1691 comme ambassadeur en Pologne le marquis de Béthune et alla droit de Lisbonne à Dantzig sans revenir en France (voir *Journal de Dangeau*, 28 décembre 1691). Il mourut subitement en Pologne en 1693. (*Journal de Dangeau*, t. IV, p. 243).
3. François d'Este, IIe du nom, duc de Modène, né le 6 mars 1660, mort le 6 septembre 1694, sans enfants de sa cousine germaine Marguerite-Marie-Françoise Farnèse, fille de Rainuce II, duc de Parme, qu'il avait épousée le 14 juillet 1692.

alliance avec des princes clients de la Maison d'Autriche n'inféodât complètement le Portugal aux ennemis de la France.

A côté de cette affaire, qui bientôt du reste n'eut plus d'objet, par suite de la mort prématurée de l'Infante, survenue à la fin de 1690, M. d'Esneval devait porter son attention sur une autre intrigue plus nuisible encore aux intérêts français. En effet, un des ministres du roi d'Espagne Charles II, le comte d'Oropeza, appartenant à une branche cadette de la maison de Bragance et le plus proche héritier de la couronne à défaut des enfants de D. Pedro, faisait, disait-on, de grands efforts pour décider le faible Charles II à tester en faveur du roi de Portugal, comme descendant en ligne directe de l'infante Dona Maria, fille des rois catholiques Ferdinand et Isabelle, et possédant par conséquent un droit plus ancien que ses concurrents de France ou d'Autriche. Le but du comte d'Oropeza était, dans le cas où D. Pedro monterait sur le trône d'Espagne, de le remplacer lui-même, comme héritier de la maison de Bragance, sur celui de Portugal[1]. Ces prétentions allant directement à l'encontre de celles de Louis XIV, qui comptait bien faire valoir les droits qu'il tenait de sa femme et de sa mère sur la succession d'Espagne, l'envoyé français avait l'ordre de les surveiller de près et de les contre-carrer par tous les moyens en son pouvoir.

A l'instruction purement politique que reçut le vidame d'Esneval, en était jointe une autre d'un caractère exclusivement commercial, mais que nous donnons cependant à la suite de la première, en raison de son importance. Elle constate, en effet, les efforts tentés par le gouvernement de Louis XIV pour soutenir le négoce français qui commençait dès lors à diminuer beaucoup en Portugal; cette décadence avait pour cause, non seulement la concurrence que faisaient déjà à notre commerce les autres nations maritimes, mais encore la politique étroite, surannée et imprévoyante de D. Pedro, politique qui devait aboutir plus tard, en 1703, au désastreux traité dit de Methuen, lequel ruina complètement le Portugal en le mettant commercialement et par suite diplomatiquement à la merci de l'Angleterre. La seconde instruction du vidame d'Esneval fournit d'intéressants détails sur les points principaux dont l'envoyé français avait à se préoccuper.

Enfin, le dernier paragraphe signale un incident de la lutte déjà engagée entre les traitants français et les Portugais dans les Guyanes, lutte motivée de part et d'autre sur des réclamations territoriales qui ne sont pas encore complètement réglées aujourd'hui.

1. Voir au sujet de ces intrigues les « *Mémoires pour servir à l'histoire des négociations depuis la paix de Ryswick* », par le marquis de Torcy, t. I, p. 26.

MÉMOIRE POUR SERVIR D'INSTRUCTION AU SIEUR VIDAME D'ESNEVAL, S'EN ALLANT A LISBONNE EN QUALITÉ D'AMBASSADEUR ORDINAIRE DE SA MAJESTÉ.

Copie. — *Correspondance de Portugal*, t. XXVI, f° 1. — 7 juillet 1688.

Le Roi ayant accordé au sieur Amelot, son ambassadeur ordinaire en Portugal, la permission de revenir en France, et Sa Majesté voulant remplir le poste qu'il occupe d'un ministre qui ait la capacité, l'adresse et le zèle nécessaires pour se bien acquitter de cet emploi, elle a jeté les yeux pour cet effet sur le sieur Vidame d'Esneval, et comme elle est bien informée qu'il a toutes ces qualités, elle ne doute pas qu'il n'exécute à son entière satisfaction les ordres dont elle voudra bien l'honorer. L'intention de Sa Majesté est que ledit sieur d'Esneval parte incessamment pour se rendre à La Rochelle, où il s'embarquera sur les vaisseaux qu'elle a destinés tant pour son passage que pour le retour du sieur Amelot.

Il sera particulièrement informé par ledit sieur Amelot lorsqu'il arrivera à Lisbonne, de ce qu'il devra observer pour obtenir les audiences du Roi, de la Reine et de l'Infante de Portugal, et lorsqu'il y sera admis, il leur rendra les lettres de créance de Sa Majesté dont il sera chargé.

Il assurera le roi Dom Pedro de la considération que Sa Majesté continue d'avoir pour ce qui regarde ses intérêts et ceux du Royaume de Portugal, et il lui fera connaître que comme elle ne doute pas qu'il ne souhaite d'entretenir toujours la bonne correspondance qui est entre Sa Majesté et lui, il doit croire aussi qu'elle sera bien aise de lui donner des marques de son amitié dans les circonstances qui s'en présenteront.

Il témoignera à la Reine de Portugal l'estime que Sa Majesté a pour son mérite et pour sa vertu, dont elle est parfaitement informée, et il l'assurera qu'elle trouveroit avec plaisir les occasions de lui en donner des marques.

Il dira à l'Infante que le Roi lui a expressément ordonné de se servir des expressions les plus fortes pour lui renouveler les assurances de l'amitié qu'il a pour elle, et du désir sincère qu'il a de contribuer à ce qui lui peut être de plus avantageux.

Il ajoutera que cette Princesse doit être persuadée que Sa Majesté, s'intéressant autant qu'elle fait à tout ce qui la regarde, ne laissera passer aucune occasion sans lui en donner des marques effectives.

La destinée de cette Princesse sera fort douteuse jusqu'à ce que la Reine de Portugal soit accouchée, et si elle a un fils qui puisse vivre, il y a beaucoup d'apparence que les Portugais s'opposeront au mariage de l'Infante, dans la vue d'empêcher que les biens considérables qui lui appartiennent ne soient séparés de la couronne en passant à ses enfants. Mais si les couches de la Reine de Portugal n'apportent aucun changement à l'état auquel est présentement l'Infante, le sieur d'Esneval s'appliquera particulièrement à découvrir si les Portugais seront assez aveuglés dans ce qui regarde leurs véritables intérêts, pour donner l'Infante à un Prince dont le choix puisse déplaire à Sa Majesté.

Il ne reste présentement à marier de ceux qui avoient été proposés, que le Duc de Modène, le Prince de Parme et celui de Neubourg.

Ce dernier ne seroit pas sur les rangs si les Portugais faisoient d'aussi sérieuses réflexions qu'ils le devroient, sur l'intérêt qu'ils ont d'empêcher que la maison d'Autriche n'ait aucun crédit chez eux, et s'ils considéroient que les Espagnols ayant toujours eu à cœur de réunir le Royaume de Portugal à leur Monarchie, ont eu recours aux intrigues, lorsqu'ils se sont trouvés trop faibles pour le reconquérir par la force.

Mais les Portugais, bien loin de s'opposer à leurs artifices, s'y sont tellement laissés gagner, qu'au lieu que c'étoit autrefois un crime à Lisbonne d'être seulement soupçonné d'avoir de l'inclination pour l'Espagne, plusieurs regardent présentement la maison d'Autriche comme le plus ferme appui du Portugal et suivant ces mauvaises maximes, ils en ont recherché l'alliance dans le mariage du Roi Don Pedro, avec un empressement qui peut faire croire qu'ils choisiront le Prince de Neubourg pour l'Infante.

Comme Sa Majesté a déjà donné au sieur Amelot les ordres nécessaires pour représenter au Roi de Portugal et à ses Ministres le juste sujet qu'elle auroit de se plaindre d'un pareil choix, Elle ne juge pas à propos que le sieur d'Esneval leur en parle davantage, mais il doit faire connoître aux Portugais comme de lui-même, et dans les occasions qui s'en présenteront naturellement, combien il leur importe de ne point entrer dans des liaisons aussi étroites avec la maison d'Autriche et qui sont les plus capables de ruiner leur État.

A l'égard des mariages de Modène et de Parme, Sa Majesté ayant déjà ordonné au sieur Amelot, à la prière de la Reine d'Angleterre, d'interposer ses offices pour faire réussir celui du Duc de Modène, elle continue les mêmes ordres audit sieur d'Esneval, et il appuiera enfin les intérêts du Prince de Parme en cas qu'il ne puisse réussir en faveur du Duc de Modène.

Il se servira pour faciliter le succès de l'un des deux mariages, de toutes les connoissances particulières qu'a ledit sieur Amelot tant auprès du Roi de Portugal que de l'Infante, et s'il n'y peut réussir, il se mettra au moins en état de détourner cette Cour de prendre des résolutions qui soient désagréables à Sa Majesté.

Ledit sieur Amelot l'informera aussi de l'état présent auquel elle se trouve, du crédit des principaux Ministres, de leurs talents et de leurs différents intérêts.

Il paroît par les relations qui en sont venues à Sa Majesté, que le Duc de Cadaval y a toujours la principale autorité et que le Comte de Villarmayor ne conserve la sienne qu'en se conformant à tous ses sentiments.

Le Duc de Cadaval passe pour un homme qui en change aisément et qui a peu de fermeté. Il en a donné des marques dans la négociation du mariage qui avoit été proposé de l'Infante avec le Prince de Toscane qu'il a rompu sur de légères difficultés, quoiqu'il l'eut toujours appuyé préférablement aux autres. Il est encore plus intéressé qu'aucun autre Portugais par les établissements considérables qu'il a dans son pays, à empêcher que ce

Royaume ne retourne sous la domination d'Espagne. Il ne s'applique pas cependant aussi fortement qu'il devroit à dissiper les cabales des Espagnols à Lisbonne, et il y a même lieu de douter si cette négligence vient du peu d'étendue de son génie ou de quelque intelligence qu'il pourroit avoir avec la Cour de Madrid et qui l'obligeroit aussi à traverser ainsi qu'il a fait jusqu'à présent, tous les mariages qui sont proposés pour l'Infante.

Le Comte de Villarmayor se maintient par l'appui du Duc de Cadaval plutôt que par son propre crédit; il a peu d'esprit et les moindres difficultés l'embarrassent. Comme il a été choisi pour amener la Reine de Portugal, il y a lieu de croire qu'il favorisera autant qu'il dépendra de lui le mariage de l'Infante avec le Prince de Neubourg.

Les autres conseillers d'Etat n'ayant point de part aux affaires sont ennemis de ces deux Ministres et mécontents du gouvernement.

Les principaux par leurs alliances et par leurs richesses sont le Marquis d'Aronches et son frère l'Archevêque de Lisbonne. Tous deux ont peu de capacité; l'Archevêque de Lisbonne a plus d'esprit que son frère. Le Marquis d'Aronches passe pour être fourbe, grand menteur et fort attaché à l'Espagne, où il a été élevé. Il a favorisé dans tous les temps le mariage du Prince de Neubourg.

Le confesseur du Roi de Portugal a fait des démarches pour faire réussir le mariage du Prince de Parme, mais il a peu de crédit sur l'esprit du Roi Don Pedro. Le sieur d'Esneval saura du sieur Amelot de quelle utilité ce religieux lui aura été pendant le cours de son ambassade, et il pourra le ménager par le moyen du père Pommereau confesseur de l'Infante, qui a témoigné son zèle pour le service de Sa Majesté, principalement depuis que ledit sieur Amelot est en Portugal, et comme ledit père Pommereau connoît parfaitement cette Cour, le sieur d'Esneval pourra se servir de ses lumières en beaucoup d'occasions.

L'affaire à laquelle il apportera le plus d'application pendant qu'il sera en Portugal, doit être à tâcher de pénétrer quelles sont les mesures que l'on est persuadé que le Comte d'Oropeza prend à Lisbonne, pour s'assurer la couronne de Portugal en faisant reconnoître le Roi Don Pedro Roi d'Espagne, en cas que le Roi d'Espagne vînt à mourir.

Le sieur d'Esneval sait que la branche des Comtes d'Oropeza descend aussi bien que celle du Roi de Portugal, de Jean Ier du nom, 6e Duc de Bragance, qui par son mariage avec Catherine fille de l'Infant Dom Edouard, acquit à ses successeurs le droit à la couronne de Portugal. Il sait aussi que le Duc de Cadaval n'y peut avoir aucun droit par sa naissance, la branche dont il descend ayant été séparée de cette maison longtemps avant que le droit au Royaume de Portugal y fut entré. Ainsi, comme le Comte d'Oropeza est, au défaut des enfants du Roi de Portugal, le plus proche héritier de cette couronne, et que depuis qu'il est à la tête des affaires d'Espagne, il entretient avec les Portugais des commerces qu'il n'avoit point avec eux avant que d'être dans le Ministère, ledit sieur d'Esneval ne peut apporter trop d'attention à être bien éclairé des intrigues qu'il peut avoir à Lisbonne, afin d'en rendre un compte exact à Sa Majesté qui lui fera savoir ensuite ses intentions.

Il sera bon même que s'il découvre quelque chose de considérable, il fasse voir aux Portugais qu'il aura pu reconnoître zélés pour le bien de leur pays, le danger qu'il y a pour eux de se laisser amuser aux propositions des Espagnols qui n'entendent qu'à réunir la couronne de Portugal à celle de Castille et gouverner cette principauté en Province.

Ledit sieur d'Esneval entretiendra une bonne correspondance avec les Ambassadeurs et autres Ministres du Roi dans les Cours étrangères et particulièrement avec le Comte de Rebenac[1], ambassadeur de Sa Majesté à Madrid, afin de se pouvoir informer réciproquement de tout ce qu'il est nécessaire qu'ils sachent pour bien régler la conduite qu'ils ont à tenir et prendre des mesures justes pour le succès des affaires que Sa Majesté leur a confiées.

Après cet éclaircissement général sur tout ce qui regarde l'emploi que Sa Majesté confie audit sieur Vidame d'Esneval, il doit

---

1. François de Pas de Feuquières prit le nom de comte de Rébenac après son mariage avec l'héritière de la maison de ce nom, en Béarn; il fut successivement envoyé auprès des cours de Danemarck, Zell, Brandebourg, Espagne et Savoie. Il mourut à 45 ans en 1694.

attendre ses instructions particulières des réponses que Sa Majesté fera à toutes ses dépêches, et comme c'est à Elle seule qu'il doit rendre compte directement de l'exécution de ses ordres et que les informations qu'Elle reçoit de ses Ministres dans les pays étrangers doivent servir de fondement aux résolutions les plus importantes qu'Elle prend, la principale partie de leur devoir, et la preuve la plus essentielle de leur fidélité, est de ne rien ajouter à la vérité, de l'informer mot pour mot de tout ce qui a été dit de part et d'autre dans les conférences qu'ils ont eues avec le Prince ou avec ses Ministres et tous autres avec lesquels ils traitent, en sorte que s'il échappe quelque terme à leur mémoire, au moins elle ne change rien à la substance; ils doivent bien peser aussi les avis qui leur sont donnés, pénétrer quelles peuvent être les vues et les intérêts de ceux dont ils les tiennent, les nommer à Sa Majesté et enfin au lieu de se flatter d'une vaine espérance d'acquérir du mérite auprès d'Elle en embellissant leur récit ou leurs avis aux dépens de la vérité, ils doivent être persuadés que ce n'est qu'en s'y attachant exactement qu'ils peuvent mériter l'honneur de son estime. Ainsi, Elle se promet que ledit sieur d'Esneval ne se départira jamais de cette règle qu'elle lui prescrit comme la plus inviolable.

« Outre ce qui est contenu dans la présente instruction, des avis ordinaires que le Roi veut que le dit sieur d'Esneval lui donne de tout ce qui se passera dans ladite Cour de Portugal, l'intention de Sa Majesté est que tous ses Ambassadeurs et Ministres au dehors lui apportent au retour de leurs emplois une relation exacte de ce qui se sera passé de plus important dans les négociations qu'ils auront conduites, de l'état des Cours et des Pays où ils auront servi, des cérémonies qui s'y observent, soit dans les entrées, soit dans les audiences ou dans toute autre rencontre, du génie et des inclinations des Princes et de leurs Ministres, et enfin de tout ce qui peut donner une connoissance particulière des lieux où ils auront été employés et des personnes avec lesquelles ils auront négocié. Ainsi ledit sieur d'Esneval aura soin de préparer un mémoire de cette sorte en forme de relation de l'emploi que Sa Majesté lui confie pour le mettre à son retour entre les mains de Sa Majesté.

INSTRUCTION QUE LE ROI VEUT ÊTRE REMISE AU SIEUR VIDAME D'ESNEVAL, SON AMBASSADEUR EXTRAORDINAIRE AUPRÈS DU ROI DE PORTUGAL.

Copie. — *Correspondance de Portugal*, t. XXVI, f° 13. — 21 août 1688.

Les Français des villes maritimes de Levant et de Ponant faisoient ci-devant plus de commerce à Lisbonne qu'aucune autre nation de l'Europe; ils y occupoient un grand nombre de bâtiments et ils y débitoient une quantité considérable de marchandises et denrées du cru du Royaume de toutes sortes et particulièrement des étoffes, rubans, dentelles, galons de laine, soie, or, argent et fil, des chapeaux de castor et autres, des toiles de toutes sortes, des merceries, de la quincaillerie, des poissons salés de leur pêche et du brai de Bayonne, toutes sortes de grains et de légumes, de l'eau-de-vie et du papier; ils faisoient leurs retours, partie en laines, huiles et fruits du pays, en cassonades, tabacs et bois de Brésil, en morfil, et peu de leur commerce des Indes Orientales, et partie en espèces ou matières d'or et d'argent.

Les bâtiments français trouvoient encore à se fréter pour le transport des marchandises que les étrangers et particulièrement les Italiens et ceux de la côte d'Espagne de Levant tirent nécessairement du Portugal, et plusieurs petits bâtiments de Provence portoient continuellement à ladite côte pour leur compte, du sucre et du tabac de Brésil qu'ils négocioient de port en port et revenoient en France avec leurs retours en argent.

Ces grands commerces ont diminué en la plus grande partie par deux raisons principales :

Parce que les grands établissements que le Roi a procurés pour la culture des sucres dans les îles Françaises de l'Amérique et des raffineries en France, ayant rendu le sucre de Brésil inutile dans le Royaume, les Français n'ont plus eu la commodité des retours en cassonades du Brésil qui en faisoient le plus grand capital.

Mais l'édit que le Roi de Portugal a fait en l'année 1686 a presque achevé de ruiner le commerce des Français dans les États de ce Royaume; il défend l'entrée dans ses États de toutes sortes de dentelles, passements, galons, étoffes d'or et d'argent, de toute sorte de rubannerie de soie or ou argent, toutes sortes de chapeaux castors et autres, des points de fil de relief, des droguets et des draps à la réserve des draps rouges; il défend aussi l'entrée de plusieurs choses ouvragées comme merceries fines du Palais;

De sorte que les Français ne peuvent plus porter présentement que des serges et autres petites étoffes de laine de St-Maixant, d'Amiens et autres, des taffetas et autres étoffes de pure soie, des picottes et camelots, baracan et autres petites étoffes de Lille, des toiles, peu d'eau-de-vie et des grains dans les besoins.

Les bâtiments français de Ponant continuent à tirer les fruits et le tabac de Brésil nécessaires pour France, et ceux de Marseille et des autres lieux de Provence continuent leur commerce à la côte de levant d'Espagne. Les Français font encore commerce aux îles des Açores et de Madère d'où ils tirent des écorces de citron pour France et des vins pour les îles de l'Amérique; ils s'y frètent aussi quelques fois pour les pays étrangers.

Le Roi veut que ledit sieur d'Esneval l'informe de l'état auquel est à présent le commerce de Portugal, qu'il donne une application très particulière pour savoir tout ce qui se passe, en quoi les sujets du Roi ont intérêt, pour les faire jouir, dans les occasions, des privilèges accordés à la nation et pour empêcher les vexations et avanies et les surexactions de droits, faciliter leurs expéditions et s'employer généralement pour tout ce qui peut leur être avantageux.

Il doit savoir que par le 10e article du traité fait par ledit sieur de Saint-Romain, il est expressément porté que les Français jouiront dans toute l'étendue des États de Portugal des mêmes privilèges, franchises, exemptions et généralement de toutes les conditions convenues par les Anglois, par le traité fait avec le protecteur Cromwell, même aux conditions stipulées en faveur des autres nations et à celles qui leur pourroient être accordées à l'avenir.

C'est pourquoi ledit sieur d'Esneval fera dans les occasions et dans les cas de contravention, toutes les instances auprès du Roi de Portugal et de ses Ministres pour les faire réparer et de retirer pour cet effet les ordres nécessaires afin de les faire exécuter;

Et comme par lesdits traités, les Rois de Portugal se sont obligés de ne point prohiber l'entrée des marchandises des nations avec lesquelles ils les ont faits ni la liberté du débit, Sa Majesté désire qu'il fasse ses remontrances audit Roi de Portugal et à ses Ministres sur les prohibitions ordonnées par l'édit ou pragmatique de l'année 1686, et des instances pour les faire lever à l'égard des marchandises de France, et qu'il rende compte à Sa Majesté de l'effet desdites remontrances, même qu'il agisse de concert avec les Ambassadeurs ou envoyés d'Angleterre et de Hollande quand ils feront des instances pour la liberté du commerce en général.

Les sujets du Roi étant dans la possession actuelle de la faculté d'envoyer au Brésil sous le pavillon français des vaisseaux hors de flotte, en vertu des traités généraux et par l'accommodement fait en particulier par ordre du Roi de Portugal entre le sieur de Saint-Romain et les sieurs Duc de Cadaval et Marquis de Frontière au sujet du navire appelé *la Marguerite* qui avoit été confisqué au Brésil et qui fut restitué, il doit tenir la main à ce que cela s'exécute et maintenir les Français dans ce privilège dont les Anglois ni les Hollandois ne jouissent pas, et pour cet effet il doit se faire rendre compte par le consul français établi à la Baie de Tous les Saints[1] de ce qui se passera à cet égard et assister tous les Français qui y vont négocier.

Il doit se faire informer par le Consul de Lisbonne de ce qui se passe dans le commerce et se faire rendre compte par les consuls de Porto, de Madère et des îles Açores de ce qui regarde les Français dans lesdits lieux, afin de leur procurer dans les occasions les secours dont ils peuvent avoir besoin.

Sa Majesté étant aussi informée que le commerce des Français en Portugal se trouve encore beaucoup diminué et devient tous les jours plus infructueux aux sujets du Roi, à cause de la mau-

---

1. Appelée aujourd'hui communément Bahia, sur la côte du Brésil.

vaise foi des commissionnaires français résidant à Lisbonne et par leur mauvaise conduite et la mésintelligence qui est entre eux, Sa Majesté veut qu'il entre dans le détail de leur commerce pour empêcher les fraudes qu'ils peuvent faire à leurs commettants, afin de les obliger de leur rendre bon compte des choses qui leur ont été commises et faire payer ce que les commissionnaires doivent par la vente des marchandises qui leur ont été adressées, suivant qu'il en sera requis par les marchands des villes de France, et pour terminer par son autorité les procès et différends qui sont entre eux pour cet effet et pour toute autre chose.

Il doit aussi savoir que Sa Majesté, ayant ci-devant obtenu du Roi de Portugal la faculté de nommer par la nation française un juge pour les affaires des Français en qualité de conservateur de leurs privilèges, et pour toutes leurs causes civiles et criminelles, comme les Anglois l'avoient auparavant obtenu, Sa Majesté a été informée que le sieur docteur Antoine de Freitte-Branco, conseiller au Parlement de Lisbonne, pourvu de cette charge, a donné en plusieurs rencontres des marques de mauvaise volonté contre la nation même, qu'il fait exercer cette charge par un autre et qu'il a été créé Conseiller des finances, n'assistant plus au Parlement où les jugements qu'il rend en qualité de conservateur des affaires des Français doivent être portés par appel, c'est pourquoi ledit sieur d'Esneval agira auprès du Roi de Portugal et de ses Ministres pour faire agréer un autre sujet pour remplir cette charge sur la nomination de la nation, en se servant pour cet effet des raisons qui viennent d'être dites; il saura aussi que les appointements dudit juge conservateur se prennent sur le tribut des deux vingtains par tonneau des bâtiments français ci-devant attribués à la chapelle de Saint-Louis sur le pied de cent cinquante mille reïs par an, qui font environ sept cent cinquante livres.

Il prendra garde aussi que la distribution des deniers dudit tribut soit faite suivant l'arrêt du conseil qui en a réglé l'emploi, afin qu'il ne s'en fasse aucun divertissement à d'autres usages que pour le secours des soldats et matelots français naufragés.

Et comme il a été proposé à Sa Majesté de prendre sur le fond dudit tribut la somme de trois cents livres par an pour l'entretien d'un chirurgien pour les soldats et matelots français, ledit sieur d'Esneval, après avoir examiné la chose, en fera savoir son sentiment à Sa Majesté et sur le sujet de Pierre Perronnet, maître chirurgien résidant à Lisbonne, qui a été proposé pour cet effet.

Comme les négociants français ont fait des remontrances à Sa Majesté à ce qu'il lui plaise d'établir un consul à l'île Saint-Michel pour assister les capitaines et maîtres des bâtiments qu'ils y envoient souvent, il s'informera pareillement de la capacité et probité du sieur Pierre Tabarit, Français résidant en ladite île, qui a été proposé à Sa Majesté pour ce consulat, afin d'y être pourvu sur l'avis qu'il en donnera à Sadite Majesté.

Elle désire encore être informée par ledit sieur d'Esneval des changements et nouveautés qui arriveront en Portugal dans toutes les choses qui regardent le commerce tant du dedans du Royaume que des colonies d'Afrique, de l'Amérique méridionale et des Indes, même des entreprises extraordinaires et des mouvements dans lesdites colonies et des avis qui en reviendront.

Il doit être averti qu'il est passé autrefois des banqueroutiers et vagabonds français en Portugal qui y ont établi des manufactures qui nuisent aujourd'hui au débit de celles de France ; il est nécessaire qu'il ait une attention particulière à se faire informer de l'arrivée de ces sortes de gens, et quand il en arrivera, il doit se servir de toutes sortes de moyens pour les faire repasser en France et rendre compte à Sa Majesté de tout ce qui se passera sur ce sujet, afin de recevoir sur cela les ordres qu'elle estimera nécessaire de lui donner.

Il doit savoir aussi qu'il arrive souvent que les Français établis en Portugal font armer des bâtiments en France, qu'ils font ensuite désarmer en Portugal, où les matelots se trouvant sans emploi et souvent sans argent ni aucun moyen de revenir en France, sont obligés de s'engager avec des étrangers ; l'intention de Sa Majesté est qu'il oblige ces marchands de payer le retour de ces matelots après le désarmement de leurs vaisseaux et qu'ils les remettent aux consuls qui auront soin de leur faire trouver passage pour rentrer en France.

Sa Majesté fut informée en l'année 1686 qu'il arrivoit souvent que des matelots français étant dans les ports de Portugal faisoient des procès aux maîtres de leurs navires, que les officiers de justice de ce Royaume en prenoient connaissance et que sans avoir aucun égard aux ordonnances ni aux coutumes de France, ils déchargeoient les matelots de l'obligation d'achever leur voyage, et causoient par là la perte de ces matelots qui prenoient parti avec les étrangers et souvent celle des navires qui ne pouvoient revenir en France faute de monde ; Sa Majesté donna ordre au sieur Amelot de faire des plaintes de cet abus, mais n'ayant pu obtenir aucune réponse, elle rendit une ordonnance le 28 février 1687 dont il trouvera copie ci-jointe, pour défendre auxdits maîtres et matelots de se pourvoir devant ces juges et leur enjoindre de s'adresser aux Consuls. Elle veut bien qu'il tienne la main à ce que cette ordonnance soit exécutée et qu'il en fasse avertir les marchands français qui sont dans les ports du Portugal, afin qu'ils en informent les maîtres et les équipages des navires français qu'ils y feront venir.

Sa Majesté ayant été informée que quelques Français étant allés en traite comme ils avoient accoutumé, sur la terre ferme qui est entre l'île de Cayenne et la rivière des Amazones, les Portugais y étoient venus à main armée pour les en chasser, et en avoient même arrêté quatre, Elle donna ordre audit sieur Amelot de faire des plaintes de cette violence et de demander que ces quatre Français fussent incessamment renvoyés, que les pertes qu'ils ont souffert en cette occasion fussent réparées et qu'il fût donné de si bons ordres que pareille chose n'arrivât plus à l'avenir ; Sa Majesté veut que ledit sieur d'Esneval s'informe dudit sieur Amelot de l'état auquel sera cette affaire et qu'il la suive jusqu'à ce que tous les ordres que ledit sieur Amelot a eu ordre de demander soient donnés ; et pour le mettre en état de soutenir ces demandes, Sa Majesté lui a fait remettre un mémoire qui explique les droits qu'Elle a sur cette partie de l'Amérique, par le commerce que ses sujets y ont fait successivement depuis l'année 1596 et par les établissements qu'ils y ont dès l'année 1626.

Fait à Versailles le 21 août 1688.

XIII

L'ABBÉ D'ESTRÉES

1692 — 1697[1].

La guerre dite de la Ligue d'Augsbourg, commencée en 1688, continuait avec des chances diverses. Mais, malgré les succès de Tourville, de Jean Bart et de Duguay-Trouin sur mer et ceux de Luxembourg et de Catinat dans les Pays-Bas et en Piémont, la formidable coalition qui avait réuni contre l'ambition de Louis XIV l'Angleterre, l'Empire, l'Espagne, la Hollande, la Suède et même la Savoie, menaçait de ruiner la France, en prolongeant indéfiniment une lutte sans merci. C'est au moment où la lassitude des adversaires commençait à faire entrevoir de sérieuses chances de paix, que l'abbé d'Estrées[2] fut désigné par le roi pour aller remplacer le vidame d'Esneval, comme ambassadeur en Portugal.

Il y avait tout lieu de croire que ce choix serait agréable au roi Don Pedro. L'abbé d'Estrées était, en effet, allié d'assez près à la défunte reine Isabelle de Nemours, et son oncle, le cardinal d'Estrées[3], exerçait à la cour de Rome, depuis l'année 1676, la charge de

---

1. Ministre des Affaires étrangères : Charles Colbert, marquis de Croissy, remplacé à sa mort, le 28 juillet 1696, par son fils J.-B. Colbert, marquis de Torcy.
2. Jean d'Estrées, abbé de Saint-Claude, était le second fils de l'amiral du même nom. Né en 1666, il mourut le 3 mars 1718. En 1703, quelque temps après son retour de Portugal, il alla en Espagne comme ambassadeur. En janvier 1716, il fut nommé à l'archevêché de Cambrai, mais il mourut avant d'être sacré. Sans aucun titre littéraire, mais homme d'excellente compagnie, il remplaça Boileau à l'Académie française en 1711.
3. Le cardinal d'Estrées garda le protectorat des affaires du Portugal jusqu'à sa mort, qui eut lieu en 1714. Il avait pris une grande part au mariage d'Isabelle de Nemours avec D. Pedro; c'est lui aussi qui, en 1665, avait mené à bien le mariage de la sœur aînée d'Isabelle avec le duc de Savoie, Charles-Emmanuel.

protecteur des affaires du Portugal. De plus, le nouvel ambassadeur était un fin courtisan, et il était permis d'espérer que son esprit habile et insinuant parviendrait tout au moins à adoucir les sentiments peu favorables que nourrissait contre la France la nouvelle reine Marie-Sophie-Isabelle de Neubourg[1].

Les relations de la cour de Versailles et de celle de Lisbonne étaient devenues, en effet, beaucoup plus difficiles, depuis qu'une princesse allemande dont les armées françaises venaient de dévaster le pays, avait succédé à une princesse, Française de cœur aussi bien que de naissance; et bien que la reine Isabelle de Neubourg n'eût pas su prendre sur son époux le même ascendant que sa première femme, il y avait certainement là un élément contraire à notre diplomatie, et dont il était nécessaire de tenir le plus grand compte.

En outre, le parti pris de neutralité et d'inaction du gouvernement portugais au milieu des complications européennes qui paraissaient les plus favorables à sa cause, avait fini par blesser profondément le roi Louis XIV, abandonné ainsi par un souverain qui devait sa couronne à la France et dont les intérêts lui semblaient toujours devoir être confondus avec les siens.

Enfin, l'influence anglaise grandissait chaque jour à Lisbonne, et le caractère de Don Pedro, « peu décisif et arrêté aux bagatelles », s'accommodait fort bien d'une inertie qui ne troublait en rien le repos auquel il tenait par-dessus tout.

L'abbé d'Estrées avait été nommé au mois de février 1692; son Instruction porte la date du 25 avril suivant. Il n'est pas difficile de constater dans ce document les traces de cette lassitude et de ce désir de la paix que nous signalons plus haut. Le Portugal étant la seule nation qui n'eût pas pris part à la guerre, il était question de la médiation de son gouvernement pour arriver à pacifier l'Europe; ce rôle convenait bien à Don Pedro, à qui il procurerait à peu de frais un enviable prestige. M. d'Estrées reçut donc l'ordre de ne pas s'opposer à ce que le Portugal envoyât des ambassadeurs extraordinaires à la fois à Vienne et à Paris, avec mission d'offrir leurs bons offices pour le rétablissement de la paix. Les négociations commencèrent bientôt, mais elles traînèrent en longueur, et c'est seulement en juin 1695 que le marquis de Cascaïs arriva à Paris avec le titre

[1]. Les alliés faisaient à ce moment les plus grands efforts pour décider Don Pedro à prendre parti contre la France, et ils espéraient y réussir en se servant de l'influence que pouvait avoir sur son epoux la reine, exaspérée de la dévastation par les armées françaises du Palatinat ainsi que des autres possessions de son père; mais ils se faisaient illusion sur le crédit dont la reine Isabelle de Neubourg disposait sur son mari, et surtout sur la bonne volonté des « grands de Portugal ». (*Mercure historique*, t. X, p. 308.)

d'ambassadeur extraordinaire, porteur d'une offre formelle de médiation de la part de son souverain.

A côté de cette affaire spéciale, l'abbé d'Estrées devait aussi s'efforcer d'obtenir du roi de Portugal qu'il assurât, sur mer, la liberté et la neutralité de sa bannière. Les navires de commerce anglais et hollandais prenaient, en effet, pour se couvrir, le pavillon portugais, ce qui n'empêchait pas les corsaires français de leur courir sus quand ils parvenaient à les reconnaître; la marine des confédérés profitait de cette circonstance pour arrêter sans aucune distinction les navires réellement portugais sous prétexte qu'ils trafiquaient avec les ports français, mais en réalité pour ruiner la concurrence du commerce portugais; le roi demandait donc à Don Pedro de faire cesser cet état de choses, et d'y mettre ordre en exerçant à l'occasion, dans ses ports, des représailles contre les vaisseaux anglais et hollandais.

Mais la grande préoccupation du nouvel ambassadeur devait être, d'après ses instructions, de profiter de ce que sa résidence était voisine de l'Espagne pour surveiller avec soin ce qui se passait à la cour de Madrid où la France n'était plus représentée par suite de la guerre : il avait ordre de s'informer exactement des dispositions dans lesquelles se trouveraient les Portugais, si, le roi Charles II venant à mourir sans enfants, Louis XIV, comme il y était dès lors parfaitement décidé, faisait valoir les droits du Dauphin son fils, ou de quelqu'un de ses petits-fils, à la couronne d'Espagne. Dans le cas où Don Pedro renoncerait à ses prétentions personnelles et s'engagerait à soutenir les revendications de la maison de Bourbon contre celles de l'Empereur ou de l'électeur de Bavière, l'abbé d'Estrées était autorisé, non seulement à prendre vis-à-vis de lui, de la part du Roi, l'engagement formel de combattre toutes les prétentions de la couronne d'Espagne sur le Portugal et ses dépendances, mais encore de lui faciliter une augmentation de territoire dans la Galice et l'Estramadure, ainsi qu'aux Indes.

Charles II étant mort seulement le 1er novembre de l'année 1700, l'abbé d'Estrées ne put que préparer la voie à son successeur; il fut, en effet, remplacé au mois de mai 1697 par le président de Rouillé[1], au moment même où se réunissait, an château de Ryswick, entre Delft et La Haye, le Congrès qui devait mettre fin à la guerre de la ligue d'Augsbourg.

1. L'abbé d'Estrées eut son audience de congé du roi Don Pedro, de la reine et de la reine douairière d'Angleterre (l'Infante Catherine de Portugal) le 30 juin 1697.

MÉMOIRE DU ROI POUR SERVIR D'INSTRUCTION AU SIEUR ABBÉ D'ESTRÉES, ALLANT EN PORTUGAL EN QUALITÉ D'AMBASSADEUR POUR SA MAJESTÉ.

Copie. — *Correspondance de Portugal*, t. XXIX. folio 4. — 27 avril 1692.

Le Roi voulant continuer de donner au Roi de Portugal des marques de sa considération pour ce Prince, et de l'attention que Sa Majesté a toujours pour ce qui peut regarder les intérêts d'un Royaume qui n'a trouvé d'assistance solide que dans son alliance, Sa Majesté n'a pas plutôt retiré de Lisbonne le sieur vidame d'Esneval, son ambassadeur auprès du Roi Don Pedro, pour l'envoyer en Pologne, qu'elle a jeté les yeux sur le sieur abbé d'Estrées pour le faire passer en cette Cour en la même qualité; et comme elle ne doute pas qu'il ne joigne au zèle pour son service dont il a tant d'exemples domestiques, toute la capacité nécessaire pour se bien acquitter des ordres qu'elle voudra bien lui confier, elle est aussi persuadée que le choix qu'elle fait de sa personne sera très agréable à la Cour de Lisbonne, tant par l'alliance qu'il avoit l'honneur d'avoir avec la feue Reine et l'Infante de Portugal, que par l'estime particulière que le Roi Don Pedro et cette Cour font du mérite du cardinal d'Estrées son oncle, et Sa Majesté est persuadée que ledit sieur abbé d'Estrées a toute l'adresse nécessaire pour se servir utilement de tous ces avantages, au bon succès des affaires qu'il aura à traiter en Portugal.

L'intention du Roi est qu'il parte au plus tard dans la fin de ce mois pour s'aller embarquer à Saint-Malo sur une frégate de cette ville, armée en guerre, qui le portera à Lisbonne.

Il n'y trouvera plus le sieur d'Esneval; ainsi comme il ne pourra savoir de lui toutes les cérémonies qui s'observent à l'arrivée des ambassadeurs de Sa Majesté dans la rivière de Lisbonne, à leur entrée et à la première audience qu'ils ont du Roi et de la Reine de Portugal, on en fait joindre un mémoire à cette instruction, sur lequel ledit sieur abbé d'Estrées pourra se régler, et s'il se trouve quelque difficulté qui n'y soit pas prévue, il pourra consulter le Consul de la nation françoise [1] qui, y ayant longtemps résidé, sera en état de l'en éclaircir.

Il ne perdra point de temps lorsqu'il sera arrivé, pour avoir ses premières audiences du Roi et de la Reine de Portugal, et après avoir rendu à ce Prince les lettres de créance dont il sera chargé, il l'assurera que ses intérêts particuliers et ceux du Royaume de Portugal sont toujours aussi à cœur à Sa Majesté qu'ils l'étoient lorsqu'il en a reçu les marques les plus effectives ; que c'est pour le lui faire connoître qu'elle a nommé le sieur abbé d'Estrées pour remplir cette ambassade aussitôt qu'elle en a retiré le sieur d'Esneval, Sa Majesté voulant toujours avoir auprès de ce Prince un Ministre qui puisse faire voir les bonnes intentions qu'elle a d'entretenir l'union qui règne depuis tant d'années entre sa couronne et celle du Portugal ; que comme elle ne doute pas que le Roi Don Pedro n'apporte de son côté toutes les dispositions nécessaires pour la maintenir, elle s'assure que rien ne pourra troubler une correspondance également avantageuse à ses sujets et à ceux du Roi de Portugal ; qu'enfin ce prince doit être persuadé que Sa Majesté sera fort aise de lui donner des marques de son amitié dans les circonstances qui s'en présenteront.

Quelque aversion que la Reine de Portugal ait témoigné contre la France dans les premiers temps de son arrivée à Lisbonne, il a paru cependant dans la suite, que les véritables intérêts du Portugal qui lui doivent être bien plus à cœur depuis la naissance de ses deux fils, ont prévalu sur les préventions que lui donnoient les malheurs que sa maison s'est attirée par sa mauvaise conduite et son ingratitude à l'égard de Sa Majesté [2].

Le sieur abbé d'Estrées témoignera à cette Princesse, dans l'audience qu'il en aura, combien Sa Majesté a été sensible à la naissance des deux Princes qu'elle a donnés au Portugal et qui assurent si bien la succession de cette couronne dans la maison de Bragance, l'estime particulière que Sa Majesté fait de son mérite

---

1. Ce consul était toujours M. Des Granges, dont nous avons parlé page 163. Il eut bientôt après pour successeur M. de l'Escolle.
2. Allusion à la célèbre dévastation du Palatinat dont nous parlons plus haut.

et de sa vertu, et le plaisir qu'elle se feroit de trouver les occasions de lui en donner des marques.

Comme le sieur abbé d'Estrées ne se trouvera peut être pas, en arrivant à Lisbonne, en état de faire si tôt son entrée publique et d'avoir par conséquent sa première audience du Roi et de la Reine de Portugal, Sa Majesté veut bien qu'en attendant que son équipage soit prêt, il en demande une particulière au Roi Don Pedro, ainsi que le sieur d'Esneval l'eut de ce Prince lorsqu'il arriva en Portugal, à laquelle il alla sans cérémonie, sans être conduit par personne, et trouva seulement les hallebardiers qui sont les seuls gardes du corps de ce Prince, rangés sous les armes dans la salle où il passa. Il lui rendra dans cette audience la lettre que Sa Majesté lui écrit de sa main.

Le sieur abbé d'Estrées s'informera cependant de tout ce qui pourra avoir quelque rapport au service du Roi et prendra toutes les connoissances qui lui seront nécessaires pour se bien acquitter des ordres de Sa Majesté.

Les premières et les principales qu'il doit tâcher d'acquérir pour faire réussir les affaires dont il sera chargé pendant le cours de son ambassade, sont celles qui regardent le génie, les talents, les différents intérêts et le crédit des Ministres qui composent le conseil d'État et des autres personnes en qui le Roi de Portugal prend confiance et qui ont le plus d'accès auprès de lui, et pour lui donner une idée générale de cette Cour, Sa Majesté veut bien qu'on lui communique les relations que ses ambassadeurs et en dernier lieu le sieur d'Esneval lui en ont faites.

Il y verra les qualités personnelles, les inclinations et les occupations du Roi Don Pedro, à quoi il donne sa principale application, son génie peu décisif arrêté aux bagatelles et appesanti pour ainsi dire par un repos de vingt-quatre années de paix, duquel il craint tellement de sortir, qu'il souffre tranquillement tous les affronts que les Anglois et les Hollandois font à son pavillon, dans l'appréhension que les démarches qu'il pourroit faire pour en conserver la liberté, ne l'obligeassent à prendre part à une guerre dans laquelle il est bien éloigné de vouloir entrer, quelques avantages certains qu'il en dût espérer, s'il vouloit profiter des conjonctures favorables que lui donne la faiblesse de la

Monarchie d'Espagne, d'étendre ses frontières si resserrées par les États du Roi Catholique que la perte d'une bataille seroit celle de tout le Royaume de Portugal, s'il avoit guerre avec les Espagnols dans un temps où ils auroient moins d'affaires à soutenir.

Le sieur abbé d'Estrées trouvera les Ministres du Roi de Portugal a peu près dans les mêmes sentiments que le Roi leur maître et songeant bien plus à leurs intérêts particuliers qu'à celui de l'État.

Le duc de Cadaval qui tient le premier rang dans le conseil par sa dignité, n'a jamais paru occupé que de se conserver le crédit qu'il avoit auprès de ce Prince, qui semble néanmoins diminuer à présent et passer entièrement au marquis d'Allegrette; il passe pour être dissimulé, artificieux, changeant de sentiments selon qu'ils conviennent à ses vues particulières et ne songeant uniquement qu'à ses intérêts; il avoit dessein de marier son fils à la seconde fille du comte d'Oropeza pendant qu'il étoit premier Ministre du Roi d'Espagne, ne croyant pas qu'on voulût lui accorder l'aînée; comme elle est morte et que la disgrâce du comte d'Oropeza est survenue, Sa Majesté n'a pas été informée si le duc de Cadaval a conservé depuis quelque commerce avec lui; c'est ce que le sieur abbé d'Estrées tâchera de pénétrer aussi bien que les liaisons que ce duc peut avoir avec la Cour de Madrid ayant toujours extrêmement menagé cette Cour, quoique par les grands établissements qu'il a en son pays, il doit craindre plus qu'un autre les desseins qu'elle pourroit former contre le Portugal et qu'elle a plus d'une fois essayé de faire réussir depuis la paix faite entre ces deux couronnes.

Le marquis d'Allegrette [1] n'a eu ce titre que depuis le voyage qu'il fit en Allemagne pour le mariage de la Reine de Portugal, n'ayant, avant que d'y aller, que celui de comte de Villarmayor; le crédit qu'il a auprès du Roi son maître ne lui est venu qu'après ce voyage, n'étant soutenu avant que de le faire que par le duc

---

1. Le marquis d'Allegrette, comte de Villarmayor, né en 1633, gentilhomme de la Chambre, directeur des Douanes, conseiller d'État, etc. Il devait sa fortune à la reine mère de Jean V, qu'il avait été chercher en Allemagne. Une de ses filles était mariée au comte de Vimioso, la seconde au comte de Villadar et la troisième à D. Philippe de Caillery. Son petit-fils, le comte de Tellez, fils du comte de Villarmayor, avait épousé une fille du duc de Cadaval.

de Cadaval et rarement consulté par le Roi de Portugal; il passe pour être assez appliqué aux affaires, d'une très médiocre capacité, assez zélé pour le bien de son pays, n'aimant pas cependant les avantages de la France.

Ce ministre est encore soutenu auprès de son maître par le secrétaire du Conseil d'État nommé Mendès de Foyos et par Roc Monteiro. Ce premier a résidé longtemps à Madrid en qualité d'envoyé et avoit des liaisons très étroites avec le comte d'Oropeza, quoi qu'on l'ait cru cependant fort partial pour cette cour. Le sieur d'Esneval s'est loué de lui pendant le cours de son ambassade et est même persuadé que si ses avis eussent été suivis, la liberté du commerce sous le pavillon de Portugal auroit été soutenue avec plus de hauteur. Il a beaucoup de crédit sur l'esprit du Roi Don Pedro, expédiant plusieurs affaires avec ce Prince sans qu'elles passent devant les conseillers d'État, et il ne manque pas de capacité.

Roc Monteiro passe pour en avoir beaucoup; la feue Reine de Portugal l'avoit introduit auprès du Roi son mari qui le consulte sur toutes choses et qui témoigne prendre beaucoup de confiance en lui; il a affecté de ne prendre aucun parti, de ne s'intéresser qu'à ce qui est de plus avantageux à son pays et d'avoir peu de commerce avec les Ministres étrangers; il n'a point de charge qui lui donne entrée dans le Ministère.

Le marquis d'Aronches[1] et son frère l'archevêque de Lisbonne, tous deux conseillers d'État, ont peu de crédit auprès du Roi de Portugal; le premier n'a nulle capacité, grand menteur et peu d'esprit. L'archevêque en a davantage, et quoique on les eut toujours regardés comme chefs d'un parti par leur rang et par leurs richesses, le sieur d'Esneval a marqué depuis qu'ils n'avoient plus personne qui s'y attachât; ils paroissent avoir quelque liaison avec la Reine de Portugal, mais elle n'a aucun crédit; ils ont toujours passé pour être fort attachés à l'Espagne où le marquis d'Aronches avoit été élevé.

Les autres conseillers d'État ont peu de part au gouvernement et à l'égard des particuliers qui ont des accès auprès du Roi

---

1. Le marquis d'Aronches, prince de Ligny, était d'origine allemande.

Don Pedro, le sieur abbé d'Estrées en sera informé par les mémoires qui lui seront communiqués.

Il trouvera à son arrivée une difficulté que les conseillers d'État ont formée depuis quelque temps sur les visites qu'ils doivent rendre aux ambassadeurs; quoiqu'ils eussent été les premiers chez le sieur de Saint-Romain, lorsqu'il retourna pour la seconde fois ambassadeur à Lisbonne, ils prétendirent, quand le sieur Amelot y arriva, devoir se conformer à l'usage de la Cour d'Espagne où les conseillers d'État veulent exiger ce devoir des ambassadeurs; cette prétention a été cause que le sieur Amelot ni le sieur d'Esneval ensuite ne les ont point vus à l'exception du duc de Cadaval, qui, bien loin d'avoir cette prétention, est toujours venu voir les ambassadeurs de Sa Majesté aussitôt qu'ils ont été arrivés. Cet exemple de celui qui tient le premier rang dans le Conseil et dans le Royaume devroit obliger les autres à faire cesser une difficulté qui doit être détruite par l'usage qui y est contraire. Comme il y a cependant assez d'apparence qu'ils continueront de la former, l'intention de Sa Majesté est que le sieur abbé d'Estrées ne leur rende point de visite, s'ils ne lui font la première; et outre qu'il ne seroit pas de sa dignité que son ambassadeur changeât en cette occasion un usage établi depuis si longtemps, l'avantage qu'elle retireroit de cette condescendance seroit encore très médiocre, car il est certain qu'après les premières visites, les conseillers d'État verroient rarement le sieur abbé d'Estrées, n'ayant point d'affaires à traiter avec lui; que s'il en survient pendant le cours de son ambassade, il verra ceux qui lui seront nommés pour commissaires et les insinuations qu'il pourroit faire aux autres n'avanceroient guères sa négociation, par le peu de part que la plus grande partie d'entre eux ont au gouvernement[1]. Il verra de plus le duc de Cadaval qui n'a

1. Une note en marge, effacée ensuite, porte ce qui suit : « Si le Sr abbé d'Estrées ne peut obtenir qu'ils s'en désistent, il se conformera plustôt à ce qu'ils souhoitent que de se priver, par une contestation où la dignité du Roi n'est point intéressée, de tout le commerce qu'il peut avoir avec des gens qui ont le plus de part au Gouvernement; et S. M. est persuadée que leur faisant bien valoir cette condescendance qu'elle veut bien avoir pour eux, il en retirera plus d'utilité pour le bien de son service, que ce qu'il obtiendroit, quand même il pourroit les obliger à se relâcher de cette prétention, ne lui seroit avantageux... » On voit que la raideur l'emporte dans la rédaction définitive.

pas fait la même difficulté que les autres conseillers d'État, et il pourroit encore arriver que le désir que le marquis d'Aronches a de faire envoyer son gendre en qualité d'ambassadeur auprès de Sa Majesté, lui feroit surmonter les difficultés qu'il a faites pendant les ambassades des sieurs Amelot et d'Esneval.

A l'égard de cette vue du marquis d'Aronches, il est nécessaire que le sieur abbé d'Estrées soit informé que depuis que la Reine de Portugal est arrivée à Lisbonne, elle a fait ce qu'elle a pu pour obliger le Roi son mari à envoyer un ambassadeur à Vienne et que l'on comptoit en même temps, pour empêcher que Sa Majesté ne put se plaindre de la partialité que la Cour de Portugal témoignoit, d'en envoyer aussi un en France; que l'on jetoit les yeux pour l'Allemagne sur le marquis d'Allegrette et les Aronches faisoient leur possible pour faire tomber le choix du Roi Don Pedro sur le jeune marquis d'Aronches pour l'envoyer auprès de Sa Majesté; il semble néanmoins que ces projets se soient à présent évanouis, et si on en parloit encore lorsque le sieur abbé d'Estrées sera arrivé à Lisbonne, l'intention de Sa Majesté est qu'il ne fasse aucune instance pour l'empêcher et qu'il laisse au contraire à cette Cour une entière liberté d'envoyer des ambassadeurs en France et à Vienne et d'offrir sa médiation pour la paix, si elle est assez touchée pour se déterminer à ces envois d'ambassadeurs, de l'honneur qu'elle retireroit d'avoir part à un traité qui rendroit le repos à toute l'Europe.

A l'égard des autres affaires dont il pourroit être chargé pendant le cours de son ambassade, les Portugais ont paru jusqu'à présent si peu disposés à profiter des avantages qu'ils pourroient espérer de la foiblesse des Espagnols, qu'il n'y a pas lieu de croire que le Roi Dom Pedro ni son Conseil songent à sortir de l'inaction où ils ont demeuré depuis le commencement de la guerre, pour se servir des conjonctures favorables qu'ils ont d'étendre les frontières du Portugal, et par conséquent qu'ils veuillent entrer dans aucun traité avec Sa Majesté pour faire quelque diversion. Cependant, comme le comte d'Ericeira[1] en avoit fait quelques ouvertures au sieur d'Esneval et que d'autres lui en avoient aussi

---

1. D. Fernand de Ménésès, comte d'Ericeira. C'était un lettré et un savant.

parlé, Sa Majesté trouva bon sur le compte qu'il lui en rendit, de lui envoyer un pouvoir qu'il demanda pour traiter, dont elle remit à sa prudence de se servir lorsqu'il le jugeroit à propos; et quoique ces premières ouvertures n'aient pas été suivies, qu'il n'y ait pas même d'apparence qu'elles le soient, Sa Majesté fait aussi remettre un pareil pouvoir au sieur abbé d'Estrées, étant bien persuadée qu'il se conduira de manière qu'il ne donnera aucun sujet à la Cour de Portugal de croire que Sa Majesté souhaite de la faire entrer dans des engagements contraires au repos où cette Cour veut demeurer, ni de s'imaginer que la France puisse avoir besoin de la diversion du Portugal, quand les armes de Sa Majesté font tous les ans de nouvelles conquêtes, malgré un si grand nombre d'ennemis ligués contre sa puissance.

Ainsi le sieur abbé d'Estrées se contentera seulement de tâcher de découvrir si les dispositions des Portugais sur les affaires présentes sont toujours les mêmes, et principalement, s'ils ne songent point à prendre de parti plus ferme pour assurer la liberté du commerce de leurs vaisseaux, que les démarches qu'ils ont faites jusqu'à présent, et comme Sa Majesté s'est déjà expliquée tant à l'envoyé de Portugal qui est auprès d'elle que par le sieur d'Esneval à Lisbonne, que tous les vaisseaux portugais pris par ses armateurs sortant ou entrant dans les ports de ses ennemis, seroient déclarés de bonne prise ainsi que les Anglois et les Hollandois arrêtent ceux qu'ils rencontrent allant vers les ports de France ou en sortant, le sieur abbé d'Estrées parlera dans le même sens, les Portugais convenant eux-mêmes qu'il ne seroit pas juste que les ennemis de Sa Majesté pussent se servir librement de la bannière de Portugal, pendant qu'elle ne pourroit être d'aucune utilité aux sujets de Sa Majesté ; il fera voir en même temps, comme de lui-même, à ceux avec qui il en parlera, l'avantage que les Portugais auroient trouvé à faire le commerce dans un temps où les Anglois et les Hollandois ne le peuvent faire; la jalousie que ces deux nations en ont eue qui les oblige à le troubler en arrêtant les vaisseaux de Portugal; le profit que les sujets des deux couronnes du Nord retirent de la fermeté que les Rois leurs maîtres ont témoignée pour l'assurer et enfin la facilité que le Roi Don Pedro auroit eu de les imiter, en faisant dans ses ports les représailles qu'il lui seroit aisé de faire sur les Anglois et les Hollandois qui, ne pouvant se passer du commerce de Portugal, accorderoient tout ce que cette couronne leur demanderoit, s'ils voyoient qu'elle prît la résolution de le leur interdire.

Mais comme des raisons si conformes aux véritables intérêts du Portugal n'ont pu jusqu'à présent lui faire prendre des résolutions qui y répondissent; qu'au contraire le Roi Don Pedro a donné aux Hollandois la mainlevée de l'argent qu'il leur avoit fait saisir à Sétuval, quoi qu'ils ne lui aient donné aucune satisfaction, il n'y a pas lieu de croire qu'il fasse beaucoup de démarches pour assurer la liberté de sa bannière et encore moins qu'il songe à faire aucune entreprise contre eux dans les Indes, ainsi qu'on l'avoit proposé, et en effet les forces du Portugal y paroissent si médiocres par les relations qui en sont venues à Sa Majesté, qu'il n'y a pas d'apparence qu'ils y puissent former aucune entreprise, le sieur abbé d'Estrées s'informera de quelle sorte elle pourroit être et des facilités que les Portugais y pourroient trouver et il en rendra un compte exact à Sa Majesté aussi bien que de ce qu'ils pourroient entreprendre contre les Espagnols dans les Indes occidentales.

Il doit prendre garde dans les conversations particulières qu'il aura pendant le séjour qu'il fera à Lisbonne, de ne point augmenter le trop de confiance que les secours considérables que les Portugais ont reçu de la France leur ont donné, que quoi qu'ils fissent contre elle, son intérêt propre l'obligera toujours de soutenir le Portugal, et comme il y a eu des temps où la Cour d'Espagne auroit accordé des avantages bien plus considérables au Roi que ne lui peut être la séparation de cette couronne d'avec celle de Castille, le sieur abbé d'Estrées peut aisément faire connoître sans affectation, que le refus que Sa Majesté a toujours fait d'écouter les propositions d'abandonner les Portugais, leur dito bien persuader qu'ils ne peuvent sans une extrême ingratitude, s'imaginer que le seul intérêt de Sa Majesté l'ait obligée à leur donner les secours qu'ils en ont reçu; on voit assez, en effet, quelle différence il y auroit pour les intérêts de la France de la cession des Pays-Bas dont les Espagnols faisoient parler, ou du maintien d'une Couronne qui ne donne aucune inquiétude à l'Espagne, dans les seules conjonctures où son alliance pourroit être de quelque utilité à Sa Majesté, par la diversion qu'elle feroit d'une partie des forces de ses ennemis.

Le sieur abbé d'Estrées doit être fort attentif pendant le cours de son ambassade à toutes les nouvelles qu'il pourra recevoir de la Cour de Madrid. Et comme le Roi d'Espagne n'a point d'enfants jusqu'à présent, il est bon qu'il tâche de pénétrer quel seroit le penchant des Portugais si Dieu disposoit de ce Prince.

Il est certain que s'ils se régloient pour prendre un parti sur le droit des prétendants à cette couronne, celui de Monseigneur le Dauphin étant reconnu incontestable même par les Espagnols, si le Roi de Portugal n'entroit pas en action pour l'appuyer, Sa Majesté auroit au moins de justes raisons de croire qu'il ne favoriseroit pas de contraires.

Mais comme on doit bien s'attendre que si ce cas arrivoit, le conseil du Roi examineroit avant que de se déterminer la résolution qu'il seroit le plus avantageux à cette couronne de suivre, le sieur abbé d'Estrées pourroit faire connaître en cette occasion qu'il n'y a rien de plus conforme aux véritables intérêts du Portugal que l'heureux succès des prétentions du légitime successeur.

C'est ce qu'il ne seroit pas difficile de faire voir en examinant les partis qui se pourroient former pour la succession de la Monarchie d'Espagne. On en peut compter trois, outre celui de Monseigneur le Dauphin. Le premier du Roi de Portugal, s'il y pensoit lui-même, le second de l'Empereur pour un de ses fils, le troisième de l'Électeur de Bavière.

A l'égard du premier, il y a peu d'apparence que le Roi de Portugal en puisse former le projet, connoissant bien la haine qu'il y a depuis un temps immémorial entre les Espagnols et les Portugais, et que ces premiers ne souffriroient jamais pour Roi un Prince de cette nation, en sorte que cette haine seroit assez forte pour l'empêcher de parvenir à cette couronne, quand même il n'y trouveroit pas des oppositions aussi puissantes que celles de toutes les forces dont le Roi appuieroit les droits de Monseigneur le Dauphin; et comme le Portugal, après plusieurs années d'une profonde paix, n'en auroit aucune pour soutenir cette entreprise, il n'y a pas lieu de croire qu'il voulut s'engager, pour la faire, dans une guerre dont le bon succès, bien loin de lui être d'aucun avantage, remettroit ce Royaume en Province dépendante de la Monarchie d'Espagne. Il n'y a nulle apparence aussi que les grands seigneurs d'Espagne, jaloux de leur rang, voulussent renoncer aux prétentions que la plus grande partie d'entre eux ont sur différentes Provinces de cette Monarchie, pour se soumettre au Roi de Portugal qui n'y a nul droit, et si ce Prince s'en est laissé flatter par le comte d'Oropeza[1], on peut bien voir à Lisbonne que lorsqu'il faisoit la proposition de faire monter le Roi de Portugal sur le trône d'Espagne, il n'avoit en vue que de parvenir à celui de Portugal, et qu'il espéroit que son poste de premier Ministre lui donneroit assez de crédit pour y parvenir. Mais il y a beaucoup d'apparence qu'il se seroit trompé et que quand même sa disgrâce ne seroit pas survenue, il ne se seroit jamais trouvé assez autorisé en Espagne pour y faire recevoir aux Espagnols un Roi d'une nation aussi opposée à la leur et qui n'a aucun droit de prétendre à leur Couronne. Enfin comme le Roi de Portugal ne pourroit envisager que des suites très fâcheuses pour lui et pour son Royaume, de la guerre où il seroit obligé d'entrer pour cet effet, Sa Majesté est persuadée qu'il préféreroit le repos dont il jouit, et les avantages qu'elle pourroit même lui faire, au peu de solidité qu'il y auroit dans le projet de vouloir se rendre maître de la Monarchie d'Espagne.

Ce Prince peut bien voir aussi de quel préjudice il lui seroit que l'Empereur se rendît maître de ce Royaume, y faisant régner un de ses fils; et quand même ce qui se passe à présent en Italie ne lui apprendroit pas que la Cour de Vienne ne songe qu'à s'emparer de tous les États qui peuvent être à sa bienséance, il n'auroit pas sujet que l'Empereur, étant maître de l'Espagne, abandonnât les prétentions de la maison d'Autriche sur le Portugal, et que la considération de la paix faite entre ces deux couronnes put l'empêcher de les faire valoir, cette paix ayant été faite sans qu'il ait paru que l'Empereur ait été consulté par la Reine mère d'Espagne, sa sœur, alors régente, et ayant été conclue avec un Roi mineur, sans aucune sûreté pour le Portugal.

1. Voir ce que nous disons plus haut, p. 180.

Le Roi Don Pedro se souvient d'ailleurs de tous les outrages que sa maison a reçus de la Cour de Vienne, et bien loin qu'elle ait témoigné vouloir les réparer dans la suite, Elle n'a jamais donné aucune marque de considération à celle de Lisbonne, pas même depuis que le mariage de ce Prince avec la sœur de l'Impératrice[1] devoit selon les apparences lui en faire attendre quelques-unes.

A l'égard de l'Électeur de Bavière[2], les Portugais peuvent facilement voir s'il leur conviendroit d'avoir pour voisin un Prince ambitieux, qui, ayant ruiné son pays par le seul désir qu'il a eu de faire la guerre, ne demeureroit pas en repos quand les prétentions qu'il auroit sur le Portugal lui donneroient des prétextes de l'attaquer.

Mais quoique le Roi n'ait aucunes prétentions sur le Portugal, comme il peut arriver cependant que les Portugais craignent que s'il étoit maître de l'Espagne, il ne voulut faire valoir celles de la maison d'Autriche sur leur pays et les appuyer même de toutes ses forces, Sa Majesté permet au sieur abbé d'Estrées de leur faire connoître que si ce cas arrivoit, non seulement le Portugal ne trouveroit point de plus ferme appui que dans son amitié et qu'elle ne feroit rien qui fût contraire à l'union qui règne depuis longtemps entre sa couronne et ce Royaume; mais Elle veut bien même qu'il s'engage de convenir alors en son nom ou en celui de Monseigneur le Dauphin ou de celui des Princes ses enfants qu'il destineroit à la succession d'Espagne, de céder au Roi de Portugal, soit dans la Galice ou dans l'Estramadure, même aux Indes, ce qui pourra servir à étendre davantage les frontières de ce Royaume. Enfin Sa Majesté désire que le sieur abbé d'Estrées tâche de pénétrer pendant le séjour qu'il fera à Lisbonne quelles seroient les propositions les plus agréables qu'elle pourroit faire aux Portugais pour les engager à entrer en cette occasion dans ses intérêts, et qu'il lui en rende un compte fort exact.

---

1. La reine de Portugal était sœur d'Éléonore de Neubourg, femme de l'Empereur Léopold II, et de Marie-Anne de Neubourg, femme de Charles II d'Espagne.
2. L'Électeur de Bavière avait épousé une fille de l'Empereur Léopold, dont il avait eu un fils du nom de Ferdinand-Joseph.

Le sieur abbé d'Estrées tentera de découvrir si depuis la disgrâce du comte d'Oropeza, la Cour de Portugal entretient encore des liaisons avec celle de Madrid, soit par le canal du secrétaire d'État qui y a conservé beaucoup d'habitudes ou par le moyen de la Reine de Portugal, et même si le comte d'Oropeza continue d'avoir avec la Cour de Portugal le même commerce quoique éloigné des affaires et de l'espérance de la succession de Portugal, par la naissance des deux fils du Roi Don Pedro.

Enfin, comme il n'y a point à présent d'affaires plus importantes à Lisbonne pour le service de Sa Majesté que celles qui peuvent regarder en quelque manière la succession des Royaumes d'Espagne en cas qu'elle vint à être ouverte, le sieur abbé d'Estrées n'oubliera rien pour être informé de tout ce qui y aura quelque rapport, dont il rendra un compte exact à Sa Majesté aussi bien que de toutes les vues que son séjour à Lisbonne lui donnera sur ce sujet pour son service.

On peut ajouter à cette Instruction que quoique le comte de Castelmelhor[1] paraisse présentement hors des affaires et n'ait plus d'entrée dans le Conseil, ayant même eu beaucoup de peine à obtenir la permission de revenir à Lisbonne après un exil de plusieurs années, on commence néanmoins à croire qu'il pourroit par ses amis et par son mérite se rapprocher du gouvernement et de la confiance du Roi Don Pedro; et comme il passe pour avoir beaucoup d'esprit et beaucoup de zèle pour le bien de son pays, que le temps de sa disgrâce qu'il a passé dans les pays étrangers lui a acquis des lumières et des connoissances que les autres Portugais n'ont pas, on est persuadé qu'il seroit plus capable que personne de donner au Roi son maître des conseils convenables à la gloire et aux intérêts de la nation et Sa Majesté veut bien que le sieur abbé d'Estrées le ménage autant qu'il le pourra, sans donner d'ombrage au duc de Cadaval qui lui a toujours été le plus opposé et qu'il lui fasse même connoître l'estime qu'elle fait de son mérite dont elle a été informée par les Ministres qu'elle a eus, tant en Angleterre qu'en Portugal.

Sa Majesté ayant toujours accordé sa protection aux jésuites

---

1. On peut consulter sur ce personnage le Dictionnaire de Moréri.

français qui vont en mission dans les Indes Orientales, elle veut que le sieur abbé d'Estrées continue de leur en faire ressentir les effets pendant le temps de son ambassade à Lisbonne.

Elle veut bien aussi, conformément à la très humble prière qui lui en a été faite par l'évêque de Babylone, qu'il témoigne au duc de Cadaval et au secrétaire d'État la satisfaction qu'elle a des bons traitements que ses sujets en particulier et tous les catholiques en général reçoivent en Orient du colonel Masciado, général de Bandar Congo.

L'intention de Sa Majesté est que le sieur abbé d'Estrées entretienne avec les Ministres qu'elle a dans les Cours étrangères le commerce qu'il croira nécessaire pour le bien de son service, et comme la guerre l'empêche d'en avoir à Madrid, il tâchera d'y établir des correspondances assez fidèles et assez exactes pour l'informer régulièrement de tout ce qui se passera de plus considérable dans cette Cour, dont il rendra compte à Sa Majesté.

Outre ce qui est contenu dans, etc., etc. [1]

---

1. La copie que nous publions ne donne pas la fin de l'instruction qui s'occupait des chiffres, etc., et que l'on retrouve plusieurs fois dans nos documents, notamment pp. 177, 186, 223, etc.

XIV

LE PRÉSIDENT DE ROUILLÉ

1697 — 1703[1].

L'affaire de la succession d'Espagne en était toujours au même point, lorsque M. de Rouillé[2] fut envoyé à Lisbonne, au mois de mai 1697[3], en remplacement de l'abbé d'Estrées, qui, sur sa demande, venait de recevoir ses lettres de rappel. Les instructions du nouvel ambassadeur ne pouvaient donc être au fond, et sauf quelques modifications de détail, que la reproduction de celles de son prédécesseur. Des événements inattendus allaient du reste modifier, d'une manière tout au moins provisoire, les premières visées du roi de France.

En effet, le débile successeur de Philippe IV s'acheminait lentement vers la tombe, abandonné de plus en plus aux compétitions de ses successeurs éventuels. D'un autre côté, la paix de Ryswick était signée depuis les 20 septembre et 30 octobre 1697, et Louis XIV, délivré ainsi de la coalition qui avait pendant près de dix ans absorbé son attention ou du moins paralysé l'influence prépondérante qu'il prétendait exercer sur la question de la succession d'Espagne,

---

1. Ministre des Affaires étrangères : J.-B. Colbert, marquis de Torcy.
2. Pierre Rouillé, seigneur de Marbeuf et de Saint-Seine, né à Pàris le 5 août 1657, y mourut subitement le 30 mai 1712. Il était fils de Jean Rouillé, comte de Meslay et conseiller d'État ordinaire. Conseiller au Châtelet en 1680, lieutenant général des eaux et forêts en 1683, président au grand conseil en 1694, il revint de Portugal en France au mois de novembre 1703. Il fut ensuite chargé des affaires du Roi auprès de l'Électeur de Bavière. Il alla, dès 1705, en Hollande pour y négocier avec le grand pensionnaire Heinsius. Puis, il prit une part prépondérante aux négociations de paix de l'année 1709, négociations qui aboutirent à un échec par suite des exigences exorbitantes des membres de la *Grande Alliance* contre la France. (Voir Garden : *Histoire générale des traités de paix*, II, 267.)
3. Nommé le 18 mai, il n'arriva à Lisbonne que dans le courant de septembre.

venait de recouvrer toute sa liberté d'action. Il en profita pour engager avec les diverses puissances, sous les auspices de Guillaume III, roi d'Angleterre, des négociations dans le but d'arriver à un partage anticipé des domaines composant la monarchie espagnole[1]. Ces négociations aboutirent au traité du 11 octobre 1698 et ce traité sembla d'abord donner satisfaction aux trois rivaux qui se disputaient la succession, non encore ouverte, de l'arrière-petit-fils de Charles-Quint. Malheureusement pour le repos de l'Europe, le jeune prince électoral de Bavière, l'un des trois co-partageants éventuels, mourut moins de quatre mois après, le 8 février 1699, et rendit ainsi caduc l'accord dans lequel il jouait un des rôles principaux[2].

Il fallait donc procéder à un second partage, et c'est ce que réalisa le traité qui fut signé à Londres le 13, et à la Haye le 25 mars 1700, par la France, l'Angleterre et la Hollande. Le marquis de Villars, ambassadeur de France à Vienne, eut l'ordre d'obtenir l'acquiescement de l'empereur Léopold; mais ce prince, après quelques hésitations, refusa formellement de donner son adhésion.

Il n'en fut pas de même de D. Pedro, roi de Portugal. M. de Rouillé lui ayant communiqué l'acte de partage, il lui accorda sa complète approbation, renonçant ainsi implicitement aux droits qu'il aurait pu lui-même faire valoir et dont il a été question plus haut.

D'autre part, le traité de mars 1700, dès qu'il parvint à la connaissance du roi d'Espagne, le jeta dans les plus vives inquiétudes. « Le partage de ses États lui paraissait le plus grand malheur qui pût arriver à sa monarchie, parce qu'il croyait qu'en le proposant les puissances maritimes avaient des vues préjudiciables à la religion catholique et aux intérêts commerciaux des Espagnols. Ses ministres dans les principales cours de l'Europe se récrièrent contre la conduite arbitraire des auteurs du traité. Pour se décider sur le parti qu'il lui convenait de prendre, afin d'empêcher le démembrement de la monarchie, il consulta le Pape, les théologiens et les jurisconsultes espagnols les plus célèbres. Le souverain pontife et la plupart des docteurs, influencés par le cardinal Janson, et craignant la prépondérance de l'Autriche en Italie, décidèrent que la renonciation de Marie-Thérèse étant nulle à l'égard de ses enfants, il serait juste que le roi catholique nommât pour son successeur un des fils du Dauphin de France. Le cardinal Portocarrero, archevêque de Tolède, s'étant prononcé pour le même avis, Charles II, vingt-huit jours avant sa mort, signa le fameux testament par lequel il reconnut les droits

---

1. Mignet, *Introduction à l'Histoire de la succession d'Espagne*. — Voir aussi le *Recueil des Instructions... Autriche*, par Albert Sorel, p. 126.
2. Voir le comte de Garden, *Histoire des traités de paix*, t. II, p. 224.

de Marie-Thérèse, sa sœur, à la monarchie d'Espagne. Il déclara que la renonciation de cette princesse, de même que celle de la princesse Anne, mère de Louis XIV, aux royaumes d'Espagne, ayant eu pour unique motif d'empêcher la réunion de ces royaumes à la couronne de France, ce motif cessait, si la succession était transférée à un fils puîné de France ; qu'en cette considération il nommait Philippe, duc d'Anjou, second fils du Dauphin, héritier légitime de tous ses États. Il substitua à ce prince, dans le cas où il mourrait sans enfants ou qu'il fût élevé au trône de France, le duc de Berry, troisième fils du Dauphin, et à celui-ci il substitua l'archiduc Charles, à l'exclusion de l'archiduc Joseph, fils aîné de l'Empereur. Enfin, au défaut de l'archiduc, il appela à la succession le duc de Savoie et ses enfants, comme descendants de Catherine, fille de Philippe II; mais, dans tous les cas, ce testament interdit tout démembrement ou diminution de la monarchie [1]. »

Charles II s'éteignit le 1ᵉʳ novembre de l'année 1700, et Louis XIV, après avoir hésité un instant à maintenir le traité de partage du mois de mars précédent, accepta le testament rédigé par le roi défunt en faveur de Philippe, duc d'Anjou, second fils du Dauphin. Il refusait ainsi pour la France un considérable accroissement de territoire, tout en plaçant son petit-fils sur le trône du plus vaste royaume de l'Europe. La maison de Bourbon augmentait sa richesse et son prestige, et les relations internationales allaient évidemment être considérablement modifiées ; mais du moins l'Espagne continuait à former un État séparé et indépendant et l'équilibre européen était ainsi sauvegardé pour l'avenir.

C'est probablement par suite de ces considérations qui n'échappèrent pas aux diverses cours, que fut retardée l'explosion qui devait bientôt se produire ; et ce grand déplacement de puissance en faveur de la maison de Bourbon parut d'abord acceptable aux gouvernements intéressés. Il est même probable, dit le comte de Garden [2], que vu la situation générale de l'Europe, « et les alliances que Louis XIV et son petit-fils avaient formées, le premier aurait évité la guerre sanglante qui faillit perdre la France, s'il avait donné aux puissances maritimes une garantie suffisante pour les rassurer contre l'appréhension qu'elles avaient conçue qu'en acceptant le testament de Charles II, Louis XIV n'eût eu en vue que son propre intérêt, et qu'il ne préparât la réunion des deux monarchies d'Espagne et de France. Loin d'écarter ce soupçon par une conduite sage et modérée, il prit des mesures qui devaient augmenter la défiance et aigrir les esprits agités, au point de soulever contre lui une grande partie de

---

1. Garden, *Histoire des traités de paix*, II, 227.
2. *Op. cit.*, p. 236.

l'Europe. En effet, immédiatement après le départ du duc d'Anjou pour l'Espagne, Louis XIV lui envoya des lettres patentes qui réservaient à ce prince ses droits à la couronne de France, au défaut du duc de Bourgogne et de sa descendance mâle. » Cette mesure aussi inutile qu'impolitique, suivie d'empiétements militaires dans les Pays-Bas espagnols, devait, en exaspérant les susceptibilités de la Hollande et de l'Empire, provoquer contre Louis XIV la formation de la *Grande Alliance* qui mit la France à deux doigts de sa perte.

Quoi qu'il en soit, le Portugal fut un des premiers à reconnaître le nouvel ordre de choses, et M. de Rouillé eut l'habileté et la bonne fortune de faire signer au roi D. Pedro, dès le 18 juin 1701, un traité d'alliance entre la France, l'Espagne et le Portugal, traité par lequel D. Pedro garantissait à Philippe V la succession de Charles II. Cette convention ne pouvait manquer d'être vivement combattue par l'Angleterre et la Hollande dont elle devait, en cas de guerre, paralyser les forces maritimes et ruiner le commerce. Aussi leurs agents à Lisbonne se livrèrent immédiatement à mille intrigues dangereuses, et en particulier l'ambassadeur anglais, sir John Methuen, bien que Guillaume III, son souverain, eût tout d'abord reconnu l'avènement de Philippe V. Enfin, dès que la *Grande Alliance* contre Louis XIV eut été conclue à la Haye le 7 septembre de cette même année 1701, et surtout après la déclaration de guerre officielle adressée à la France au mois de mars 1702 par l'Empereur, les Pays-Bas et la Grande-Bretagne, sir Methuen et le représentant de la Hollande à Lisbonne, von Schonemberg, ne gardèrent plus aucune mesure. L'Amirante de Castille, qui, fidèle à la maison d'Autriche, s'était réfugié à Lisbonne après l'avènement de Philippe V, les aidait de tout son pouvoir. Prières, menaces, objurgations de toutes sortes furent employées contre le malheureux D. Pedro pour lui faire abandonner l'alliance de la maison de Bourbon et l'entraîner dans la coalition formée contre elle. Tout ce que put obtenir M. de Rouillé, malgré son habileté, fut l'espérance d'un traité de neutralité qui maintiendrait le Portugal en dehors de la lutte et ne le laisserait pas ainsi devenir une précieuse base d'opérations pour les alliés. Dans ces conjonctures, Louis XIV jugea prudent de ne pas se montrer difficile, et il expédia, le 22 avril 1703, des pleins pouvoirs à son ambassadeur pour modifier en ce sens l'accord de 1701. Malheureusement, et par une étrange méprise, la lettre du Roi et ses pouvoirs furent adressés au cardinal d'Estrées, ambassadeur à Madrid, qui, ignorant l'importance du pli dans lequel ils étaient contenus, en différa l'envoi à Lisbonne; puis, par une maladresse encore plus inexplicable, ce pli fut réexpédié de Madrid à Paris d'où on l'adressa enfin directement en Portugal. Ces retards, en obligeant le président de Rouillé à une fâcheuse inaction, laissèrent le champ libre aux ennemis de la France. Aussi lorsque,

Le Roi fait aussi remettre au sieur Rouillé une lettre de sa main pour la Reine de Portugal, et quoique Sa Majesté soit assez informée que les sentiments de cette Princesse sont tels qu'on le doit attendre d'une sœur de l'Impératrice et de la Reine d'Espagne, Elle veut cependant que le sieur Rouillé se serve de tous les termes qu'il jugera le plus convenable pour faire connoître l'estime particulière que Sa Majesté fait de son mérite et de sa vertu. Il y ajoutera qu'Elle voit avec un sensible plaisir la succession de la maison royale de Portugal aussi bien établie, et que l'amitié qu'Elle a toujours eue pour le Roi de Portugal lui fait souhaiter très sincèrement que les Princes ses enfants répondent à ce qu'il doit espérer de leur éducation.

Les sentiments que la Reine douairière[1] d'Angleterre a toujours témoignés pour les intérêts du Roi, principalement depuis qu'elle est retirée en Portugal, obligent Sa Majesté à donner ordre au sieur Rouillé de bien faire connoître à cette Princesse que Sa Majesté voit avec une satisfaction particulière, qu'elle réponde aussi parfaitement à l'amitié que le Roi a toujours eue pour elle; qu'elle ne doit pas douter que cette amitié ne soit encore augmentée par toutes les relations que Sa Majesté a eues de la manière dont cette Princesse se conduisoit à son égard, depuis qu'elle est sortie d'Angleterre, et qu'elle peut s'assurer d'en recevoir des marques dans toutes les occasions qui s'en présenteront.

Sa Majesté instruiroit le sieur Rouillé de ce qu'elle sait du génie, des inclinations différentes et du crédit des Ministres du Roi de Portugal sur l'esprit de ce Prince, si l'abbé d'Estrées ne se trouvoit encore à Lisbonne, et comme c'est par lui que Sa Majesté a été informée de l'état présent du Conseil de Portugal, et des changements qui y sont arrivés depuis quelques années, Elle s'en remet entièrement à l'exacte relation qu'il en fera au sieur Rouillé.

Il y a beaucoup d'apparence qu'il aura très peu de commerce avec ces Ministres, par la prétention qu'ils ont formée depuis la dernière ambassade du sieur de Saint-Romain, d'être visités les premiers par l'ambassadeur de Sa Majesté. Elle n'a pas voulu

---

[1] L'Infante Catherine de Portugal, veuve du roi d'Angleterre, Charles II, retirée en Portugal depuis la mort de son époux.

permettre ce changement de l'ancien usage, et le duc de Cadaval n'a jamais fait de difficulté de s'y conformer.

Comme il tient le premier rang en Portugal, son exemple devroit faire cesser la prétention mal fondée des autres ministres. Mais il y a lieu de croire qu'ils la maintiendront et Sa Majesté persiste aussi à donner au sieur de Rouillé les mêmes ordres de ne pas visiter ceux des conseillers d'État qui refuseront de lui rendre la première visite.

Cette contestation ne peut porter aucun préjudice au service de Sa Majesté. Ces premières visites, quand même elles se feroient, ne formeroient aucune liaison entre son ambassadeur et les ministres du Roi de Portugal; ils ont peu de commerce avec les étrangers, et ils verroient très rarement le sieur Rouillé après les premières cérémonies; ainsi ce seroit se relâcher inutilement de ce qui est dû au caractère dont le Roi l'honore que de les voir les premiers, contre l'usage établi de tout temps.

S'il survient quelque affaire à traiter pendant son séjour à Lisbonne, le Roi de Portugal nommera des conseillers d'État pour commissaires, et il pourra les voir alors, mais jusqu'à ce que cette occasion se présente, il verra seulement le duc de Cadaval, et ceux qui à son exemple rendroient la première visite au sieur Rouillé, en cas qu'il y en eût quelqu'un qui voulût présentement le faire.

Il paroît par les avis que Sa Majesté reçoit de la disposition présente des Portugais, aussi bien que par le jugement que l'on peut faire de leurs sentiments sur l'état des affaires générales, que leurs conversations les plus ordinaires avec l'ambassadeur de Sa Majesté rouleront sur les nouvelles de la santé du Roi d'Espagne; qu'ils tâcheront de pénétrer quelles seroient les vues de Sa Majesté si ce Prince venoit à mourir, et que la juste crainte qu'ils doivent avoir de la maison d'Autriche ne les touche pas assez sensiblement, pour les empêcher de craindre encore davantage l'augmentation de la puissance du Roi.

Depuis les conquêtes de Sa Majesté, les Portugais ne regardent plus la France comme la seule couronne qui puisse les secourir contre leurs ennemis naturels; ils se sont au contraire laissé persuader par les Espagnols que le plus grand malheur qui pût arriver au Portugal seroit que le Roi devînt voisin de ce Royaume, en faisant valoir un jour les droits de Monseigneur le Dauphin sur la succession du Roi Catholique.

Quoique Sa Majesté souhaite très sincèrement que l'ouverture en soit encore très éloignée, et même qu'il plût à Dieu de donner des enfants au Roi d'Espagne, Elle veut cependant que dans toutes les occasions qui s'en présenteront, le sieur Rouillé fasse connoître aux Portugais combien il est à craindre pour eux que l'Empereur ne devienne maître de tant d'États soumis à la Monarchie d'Espagne.

Il peut aisément leur faire voir par les exemples récents de ce qui s'est passé depuis cette guerre, que ce Prince n'est occupé que de son agrandissement. Ses entreprises en Italie, la peine qu'il a d'en retirer ses troupes après que la paix faite avec le duc de Savoie les rendoit inutiles, ses prétentions au préjudice de la souveraineté des Princes d'Italie, même de celle du Pape, ont assez découvert ses desseins, et l'Allemagne ne fournit pas de preuves moins claires de ceux qu'il forme au préjudice des droits des Princes de l'Empire.

Le sieur Rouillé peut se servir utilement de ces différents événements pour faire voir dans les occasions qui s'en présenteront que si la réunion de tant d'États donnoit un jour à l'Empereur autant de moyens d'étendre sa puissance, les prétextes ne lui manqueroient pas pour le faire; que comme il sait mettre en usage les droits abolis de la Couronne impériale en Italie, il lui seroit plus facile encore de faire revivre les prétentions d'Espagne sur la Couronne de Portugal; qu'un traité de paix conclu avec un Roi mineur deviendroit alors une faible raison à faire valoir contre un Prince qui auroit en sa disposition toutes les forces de la Monarchie d'Espagne et des États héréditaires de la maison d'Autriche en Allemagne; qu'on sait de plus à Lisbonne la haine particulière de cette branche de la maison d'Autriche contre la maison régnante en Portugal, que le Roi de Portugal en a des exemples domestiques dans la personne de son oncle[1]; que les conjonctures différentes arrivées depuis la paix faite avec l'Es-

---

1. Allusion à la captivité de D. Duarte, frère du roi Jean IV, arrêté en 1641 contre le droit des gens et gardé dans une étroite prison jusqu'à sa mort.

pagne, le mariage du Roi de Portugal avec la belle-sœur de l'Empereur[1], n'ont encore pu obliger ce Prince à marquer aucune considération particulière pour cette Couronne; que ses ambassadeurs n'ont jamais paru à Lisbonne; qu'à la vérité, on parle présentement d'y en envoyer un, mais que cette ambassade n'est que pour endormir les Portugais sur leurs véritables intérêts et pour les porter à souffrir tranquillement que le second fils de l'Empereur s'établisse en Espagne, dans l'espérance de recueillir toute la succession du Roi Catholique.

Le sieur Rouillé se servira de toutes ces raisons selon les différentes occasions qu'il trouvera propres pour les employer toutes ou séparément, mais il le doit faire sans empressement et d'une manière qui laisse lieu de croire que l'intérêt du Portugal est le seul motif qui le fasse parler; enfin, comme les Portugais sont persuadés que leur alliance est très utile à la France, il est bon de les en désabuser sans affectation, de leur faire connoître au contraire qu'il est essentiel pour eux de ménager l'amitié de Sa Majesté dont ils ont éprouvé la solidité, et sans user de menaces, il n'y auroit pas de danger de les faire quelques fois souvenir que les Pays-Bas ont été souvent offerts à Sa Majesté si elle vouloit abandonner le Portugal, et que les mêmes offres pourroient bien être renouvelées si l'Empereur devenoit un jour maître de l'Espagne.

Le sieur Rouillé observera en général de s'ouvrir peu avec les Portugais, de les persuader par cette conduite que le Roi ne prétend leur faire aucune proposition qui puisse les engager à la guerre, et cependant il se servira de toutes les voies qu'il croira les plus propres pour porter le Roi de Portugal à ne pas souffrir que l'Empereur devienne maître de la succession d'Espagne.

Il y a beaucoup d'apparence que la Reine de Portugal secondera de tout son pouvoir les desseins de l'Impératrice et de la Reine d'Espagne ses sœurs, en faveur de l'archiduc; le sieur Rouillé sera informé par l'abbé d'Estrées de ceux qu'il pourra employer secrètement pour faire connoître au Roi de Portugal les véritables intérêts de sa couronne en cette occasion et pour com-

---

1. Voir la note p. 207.

battre les fortes instances de la Reine sa femme; Sa Majesté est aussi persuadée qu'il acquerra bientôt par lui-même la connoissance de ceux qui pourront lui être utiles auprès de ce Prince; elle ne doute pas qu'il ne l'informe exactement de tout ce qu'il apprendra, des moyens dont il se servira pour réussir à ce qu'Elle lui ordonne, et Elle veut qu'il lui rende un compte fidèle et régulier de toutes les circonstances dans les lettres qu'il lui écrira, marquant toujours expressément ceux dont il recevra les avis qui lui seront donnés.

Ledit sieur Rouillé se servira des mêmes voies pour fortifier le Roi de Portugal contre les menaces des Anglois et des Hollandois. Comme ils ont vu que ce Prince vouloit éviter la guerre à quelque prix que ce soit, ils ont cru devoir profiter de la crainte qu'il a de voir troubler la paix dont il jouit, pour lui faire des demandes mal fondées, et pour tirer sous de vains prétextes de l'argent du Portugal.

Il sera nécessaire de faire connoître au Roi de Portugal que sa fermeté seule peut le délivrer des différentes demandes que ces deux nations ne cesseront pas de lui faire, si elles reconnoissent qu'il soit facile de l'intimider; qu'elles ne peuvent se passer du commerce de Portugal, encore moins de l'entrée des ports de ce Royaume; que lorsque ce Prince les menacera de leur interdire l'un et l'autre, elles se désisteront aussi de leurs demandes.

Il sera même à propos que le sieur Rouillé fasse remarquer la conduite désintéressée de Sa Majesté qui n'a jamais rien demandé au Portugal pour les grands secours qu'Elle lui a donnés, et le procédé différent de l'Angleterre qui veut présentement exiger de cette couronne le prix des vaisseaux enlevés à des sujets rebelles du Roi d'Angleterre, pendant l'administration de Cromwell. Cette réflexion peut aussi donner lieu de craindre aux Portugais que le Roi ne leur demande des sommes plus considérables et plus justement dues [1], s'ils paient celles que les Anglois leur demandent sans aucun droit et même au préjudice de la cession que le feu Roi d'Angleterre a faite à l'occasion de son mariage.

L'intention du Roi est que le sieur Rouillé appuie de ses offices

---

1. Voir ce que nous disons p. 172, note 3.

les intérêts des marchands français établis à Lisbonne pour leur commerce, mais il doit auparavant bien examiner leurs raisons, et ne pas exposer le crédit que son caractère lui donnera, en commettant inutilement le nom de Sa Majesté; il ne le doit employer que lorsqu'il sera comme assuré d'obtenir ce qu'il demandera ou bien que la justice ne lui permettra pas de refuser cette protection aux Français qui auront recours à lui.

Il est déjà informé des ordres que le Roi a donnés à l'abbé d'Estrées de solliciter la grâce du comte de Prades[1]; si elle n'est point encore accordée avant le départ de l'abbé d'Estrées, l'intention de Sa Majesté est que le sieur Rouillé la sollicite avec la précaution qui vient d'être marquée, sans commettre le nom de Sa Majesté et de la manière que ces deux ambassadeurs en conviendront ensemble avant que de se séparer.

Le sieur Rouillé doit être fort attentif à découvrir autant qu'il lui sera possible, les liaisons de la Cour de Portugal avec celles d'Espagne et d'Angleterre, et à rendre à Sa Majesté un compte exact de ce qu'il apprendra de Madrid.

La suite du temps et le changement des affaires pourront donner lieu à Sa Majesté de lui envoyer des ordres plus particuliers, mais dans les conjonctures présentes, elle n'a rien de plus précis à lui ordonner que ce qui est marqué par cette instruction.

Elle veut cependant qu'il s'informe avec soin de l'état des affaires des Portugais dans les Indes Orientales et dans le Brésil, de leur commerce et des particularités qui regardent le nouvel établissement des deux compagnies qu'ils ont formées depuis quelque temps, l'une pour les Indes Orientales, l'autre pour le commerce des nègres. Comme on prétend qu'elles seront toutes deux fort utiles au Portugal, le sieur Rouillé rendra compte au Roi de toutes les circonstances qu'il lui sera possible d'en apprendre; il examinera l'utilité qui pourroit revenir aux sujets de Sa Majesté d'y être admis, et les moyens que l'on pourroit mettre en usage pour y réussir.

Il entretiendra un commerce régulier avec les Ministres de Sa Majesté qui sont dans les Cours étrangères, et s'il peut établir

---

1. Le comte de Prado, fils du marquis das Minas, avait épousé la fille du maréchal de Villeroy.

des correspondances assez fidèles à Madrid, pour apprendre ce qui s'y passera de plus considérable, il en rendra compte à Sa Majesté.

Outre ce qui est contenu dans la présente instruction des avis ordinaires que le Roi veut que le sieur Rouillé lui donne de tout ce qui se passera en Portugal, l'intention de Sa Majesté est que tous ses Ministres au dehors lui rapportent au retour de leurs emplois une relation exacte de tout ce qui s'y sera passé dans les négociations qu'ils auront conduites, de l'état des pays où ils auront servi, des cérémonies qui s'y observent, soit dans les entrées, soit dans les audiences, ou dans toute autre rencontre, et enfin, dans tout ce qui peut donner une connoissance particulière des lieux où ils auront été employés, et des personnes avec lesquelles ils auront négocié. Aussi le sieur Rouillé aura soin de préparer un mémoire de cette sorte en forme de relation de l'emploi que le Roi lui confie, pour le remettre à son retour entre les mains de Sa Majesté.

Fait à Marly, le 6 août 1697.

XV

LE MARQUIS DE CHATEAUNEUF

1703[1].

Les Anglais et les Hollandais — surtout les premiers — s'étaient peu à peu emparés de tout le commerce du Portugal. La découverte de l'or au Brésil avait, quelques années auparavant, affolé les Portugais qui délaissèrent alors l'agriculture et l'industrie pour s'occuper exclusivement de leurs mines : « ... Le travail, disaient-ils, ne convenait pas aux riches, et il fallait s'en tenir au partage que Dieu a voulu faire de ses bienfaits, en donnant aux uns l'industrie, aux autres les métaux précieux[2]. » Ces maximes ridicules, mises en pratique par un peuple naturellement assez peu laborieux, n'avaient pas tardé à produire des résultats déplorables; le Portugal ne se nourrissait plus, ne s'habillait plus que de ce que lui apportaient, en échange de son or, les nations maritimes. Celles-ci avaient donc tout intérêt à rompre le traité d'alliance du Portugal avec la France et l'Espagne, avant de commencer la lutte contre ces deux puissances. L'Angleterre, surtout, déjà représentée à Lisbonne par sir John Methuen, ne songeait plus qu'à consolider cette magnifique situation commerciale, en obtenant du Portugal une convention qui assurerait aux intérêts anglais des privilèges exclusifs. Elle arriva à son but, le 27 décembre 1703, par la signature du traité dit de Methuen, du nom de son négociateur anglais, traité qui mit pour un siècle le Portugal à la merci de la Grande-Bretagne[3]. Mais cette convention commerciale avait été précédée le 16 mai, ainsi que nous l'avons vu plus haut, d'un acte formel d'alliance offensive et défensive avec

1. Ministre des Affaires étrangères : J.-B. Colbert, marquis de Torcy.
2. Cité dans le *Portugal* de M. F. Denis (*Univers Pittoresque*, 1846, p. 343).
3. V. Martens, VIII, p. 3. — Garden, II, p. 246.

l'Angleterre et la Hollande ; et ces trois puissances avaient contracté le même jour avec l'Empereur un engagement de même nature.

Aux termes de ces diverses conventions, D. Pedro devait ouvrir ses ports aux vaisseaux de la Grande-Bretagne et des Pays-Bas, mettre sur pied vingt-sept mille hommes, dont douze à la charge de ses alliés, et reconnaître l'archiduc Charles comme roi d'Espagne, mais seulement lorsqu'il aurait débarqué dans la péninsule ; en échange de ces promesses, on lui garantissait en Europe les villes de Badajoz, d'Albuquerqne, de Valence, d'Alcantara, à l'est ; celles de Tuy, de Guarda, de Bayona, de Vigo au nord ; en Amérique, la Guyane du Nord ; en Asie, l'île de Main, près de Bombay, que le Portugal réclamait depuis longtemps comme n'étant pas comprise dans la dot de l'infante Catherine, veuve de Charles II d'Angleterre. Le Portugal était définitivement entré dans la Grande Alliance contre Louis XIV.

Bien que les traités du 16 mai 1703 eussent été tenus secrets, M. de Rouillé était un esprit trop perspicace et un trop fin diplomate pour ne pas en avoir deviné le sens et la portée ; nous avons vu plus haut comment, mis dans l'impossibilité de s'y opposer par suite d'une incroyable négligence dans l'envoi des pleins pouvoirs qu'il avait réclamés pour assurer au moins la neutralité du Portugal, il avait demandé et obtenu son rappel.

En toute autre circonstance, il est vraisemblable que Louis XIV ne lui aurait pas donné de successeur et aurait rompu les relations avec don Pedro ; mais l'orage qui s'amoncelait était trop menaçant pour qu'il fût prudent, même pour obéir à de trop justes susceptibilités, de perdre la dernière occasion d'annihiler l'action du Portugal et de supprimer ainsi les chances d'une diversion dangereuse sur les flancs du domaine de la Maison de Bourbon. Il y avait donc un effort suprême à tenter, et le roi fit choix pour aller à Lisbonne, en qualité d'ambassadeur, d'un diplomate expérimenté, le marquis de Châteauneuf[1], qui arriva à son poste le 4 septembre 1703[2].

Nous devons croire que, bien que la guerre, commencée en 1701, fût devenue générale dès l'année 1702, Louis XIV conservait toujours l'espoir de maintenir D. Pedro dans une stricte neutralité, qu'il savait d'ailleurs convenir à son tempérament nonchalant et pacifique ; c'est

---

1. Pierre-Antoine de Castagnères, marquis de Châteauneuf, né en 1644 ; conseiller au Parlement, il fut envoyé comme ambassadeur à Constantinople le 14 mai 1689 ; après sa mission en Portugal, il alla comme ambassadeur en Hollande en 1713 ; puis il fut nommé conseiller d'État de semestre en 1719, et élu prévôt des marchands le 4 juillet 1720. Il mourut à Paris, âgé de quatre-vingt-quatre ans, le 12 mars 1728.

2. D'après le *Mercure historique et politique*, t. XXXIV, p. 302, c'est sur le refus de M. des Alleurs, d'abord désigné pour aller à Lisbonne, que M. de Châteauneuf fut nommé.

ce qui explique pourquoi M. de Châteauneuf prolongea son séjour à Lisbonne, et donna pendant plusieurs mois ce spectacle au moins singulier d'un ambassadeur régulièrement accrédité auprès d'un souverain allié aux ennemis de son Roi. Peut-être aussi le gouvernement français pensait-il que les succès de ses armées en Italie et en Allemagne feraient réfléchir D. Pedro et le ramèneraient à de meilleurs sentiments à l'égard de la France.

Mais la campagne de 1704 vit la fortune changer et inaugura pour nos armes une série de désastres presque sans précédents. Enfin, le fils puîné de l'empereur Léopold, l'archiduc Charles, déclaré roi d'Espagne sous le nom de Charles III, débarqua à Lisbonne, conduit par une flotte anglaise, le 7 mars de cette même année. Il fallait renoncer à toutes les illusions qu'on avait pu se faire jusqu'alors. Le lendemain même du jour où le compétiteur de Philippe V avait mis le pied sur le sol portugais en qualité de roi d'Espagne reconnu comme tel, le marquis de Châteauneuf demanda ses passeports et quitta Lisbonne pour revenir par l'Espagne en France, où il arriva au mois de mai suivant[1]. Au même moment, D. Pedro lançait un manifeste pour justifier « la résolution qu'il avait prise d'aider la nation espagnole à secouer le joug français et de placer sur le trône de cette monarchie le roi catholique Charles III[2]. »

La rupture était consommée, et la diplomatie n'avait plus qu'à s'effacer.

MÉMOIRE DU ROI POUR SERVIR D'INSTRUCTION AU SIEUR DE CASTAGNÈRES, MARQUIS DE CHATEAUNEUF, ALLANT PAR ORDRE DU ROI A LISBONNE, EN QUALITÉ D'AMBASSADEUR DE SA MAJESTÉ AUPRÈS DU ROI DE PORTUGAL.

Copie. — France et divers États : *Mémoires et Instructions*, t. CDXXXIV.
Versailles, 2 juin 1703.

Depuis la conclusion de la paix faite entre les Espagnols et les Portugais, le principal soin du Roi de Portugal a été de conserver le repos dont ce royaume jouissoit, après la guerre qu'il

---

1. Il eut audience de Louis XIV le 9 mai 1704.
2. *Mercure historique*, t. XXXVI, p. 643.

avoit soutenue pour se soustraire à la domination d'Espagne. Ce Prince, préférant le maintien de cette tranquillité aux avantages qu'il pouvoit espérer en reprenant les armes, n'a jamais été tenté de recommencer la guerre et d'attaquer l'Espagne en des temps où la faiblesse de cette couronne ne lui permettoit pas de s'opposer aux entreprises que le Roi de Portugal auroit voulu faire ; ainsi n'ayant pris aucun parti pendant les dernières guerres dont l'Europe a été agitée, il faisoit assez connoître qu'il n'abandonneroit jamais volontairement celui de la neutralité, qu'il avoit toujours regardé comme le bien le plus utile à son royaume.

Toutefois, depuis la paix de Ryswick, les affaires se disposèrent de manière que le Roi de Portugal se crut obligé de suivre de nouveaux projets et d'accepter les propositions avantageuses que le Roi lui fit, de concert avec l'Angleterre et les États généraux des Provinces Unies. La santé du feu Roi d'Espagne devenant tous les jours plus mauvaise, et Sa Majesté prévoyant la guerre générale que sa mort a excitée depuis, Elle convint avec le feu Roi d'Angleterre et avec les Hollandois du traité de partage qu'elle regardoit alors comme le seul moyen de conserver la paix dans l'Europe ; il convenoit de faire entrer le Portugal dans ce traité ; l'exécution en était avantageuse à ce Prince, car outre les conquêtes qu'il pouvoit espérer de faire sans beaucoup de peine et que le Roi lui garantissoit, il étoit de son intérêt qu'un Prince de la maison d'Autriche, naturellement ennemie de celle de Bragance, devenant Roi d'Espagne, fut moins puissant que ses prédécesseurs ne l'avoient été. Le président Rouillé sut exécuter si à propos les ordres du Roi sur ce sujet, que le Roi de Portugal promit par un traité d'intervenir comme garant dans celui de partage, à condition que le traité qu'il signoit seroit ratifié par le Roi d'Angleterre et les États Généraux. Ils l'avoient promis, mais les suites ont fait voir que dès lors ils avoient d'autres vues ; ils refusèrent donc de ratifier un traité conclu de concert avec eux, dont toute la négociation leur avoit été communiquée, et sans alléguer aucune cause légitime de ce refus, ils prétendirent substituer à la ratification demandée par le Roi de Portugal, des actes dont ce Prince ne voulut pas se contenter ; mais comme l'expérience lui a fait connoître la véritable affection du Roi pour lui, et la confiance entière qu'il devoit prendre aux promesses de Sa Majesté, il aima mieux traiter seulement avec Elle que d'y joindre le Roi d'Angleterre et les États Généraux dont la bonne foi lui paraissoit suspecte depuis ce refus. On signa un nouveau traité entre le Roi et le Roi de Portugal. Le Roi d'Espagne mourut immédiatement après la disposition qu'il avoit faite par son testament, et les nouvelles preuves que l'on découvroit tous les jours de la mauvaise foi du Roi d'Angleterre et des États Généraux ayant changé toutes les mesures prises pour le partage de la Monarchie d'Espagne, il fallut aussi proposer un nouveau traité au Roi de Portugal et l'engager à garantir le testament du feu Roi Catholique.

Quoique la mémoire des secours que le Portugal avoit reçus de la France ne fût pas encore effacée, la reconnoissance n'étoit plus assez forte pour empêcher que ce Prince ne fut sensible à la crainte qu'on lui inspiroit depuis longtemps de la puissance de Sa Majesté. Et comme il jugeoit que cette même puissance seroit considérablement augmentée par l'union avec l'Espagne, il avoit beaucoup de peine à contribuer lui-même à cette union en signant le traité qu'on lui proposoit. La négociation fut cependant si bien conduite et avec tant de secret, que le président Rouillé ayant mis dans les intérêts de la France le feu cardinal de Souza, le marquis d'Haronchée[1] son frère et le secrétaire d'État, fort opposés autrefois aux intérêts de Sa Majesté, et d'ailleurs étant secondé par le duc de Cadaval. Ce traité fut signé au mois de juin de l'année 1701. La copie que le Roi fait joindre à ce mémoire en contient toutes les conditions dont les principales étaient de traiter comme ennemis du Portugal les puissances ennemies de la France et de l'Espagne, et de donner au Roi de Portugal tous les secours dont il avoit besoin pour la défense de ses États ; le même traité fut aussi conclu par le président Rouillé au nom du Roi d'Espagne et en vertu du pouvoir dont Sa Majesté lui permit de se charger ; la copie en sera jointe aussi à cette instruction.

La guerre n'étoit point encore déclarée lorsque ce traité fut conclu. Le Roi de Portugal, en le signant, suivoit l'inclination qu'il a toujours fait paroître, plus portée pour les intérêts du Roi,

---

1. Le marquis d'Aronches, voir la note de la p. 200.

que favorable à ceux d'aucune autre puissance. Il espéroit s'assu rer sans danger la continuation de l'amitié de Sa Majesté et celle du Roi d'Espagne pendant tout le cours de son règne ; il se flattoit enfin que son union avec la France et l'Espagne pourroit détourner les Anglois et les Hollandois d'entreprendre une guerre dont ils jugeroient les suites fort désavantageuses pour eux, ayant pour ennemie la couronne de Portugal, tous les ports de ce royaume interdits à leurs vaisseaux, et prévoyant par conséquent de grands embarras à la continuation de leur commerce. Ainsi ce Prince découvroit tous les jours de nouveaux avantages dans le parti qu'il avoit pris, et le principal pour lui étoit de conserver la paix et la tranquillité de son royaume.

Les ennemis du Roi sentirent vivement le préjudice que cette alliance leur causeroit : non seulement elle leur ôtoit les moyens d'attaquer l'Espagne, mais encore elle ruinait absolument leur commerce ; et comme il n'y a point de coup plus sensible à l'Angleterre et à la Hollande, ces deux puissances résolurent de mettre tout en usage pour rompre les ménagements que le Roi de Portugal avoit pris avec la France et avec l'Espagne ; et de commencer une négociation pour engager dans leurs intérêts un Prince qu'ils auroient regardé comme ennemi, s'il n'avoit pas été pour eux de la dernière importance de le ménager.

Mais avant que de négocier, leurs Ministres firent précéder la crainte comme le moyen le plus capable de persuader le Roi de Portugal. Ils excitèrent les plaintes de ses sujets, ils représentèrent leur ruine entière lorsque les Anglois et les Hollandois ne viendroient plus acheter les fruits du pays ; ils exagérèrent les périls où ils seroient exposés si ces deux nations puissantes en vaisseaux étoient obligées de regarder le Roi de Portugal comme ennemi. La guerre étoit alors sur le point d'être déclarée, les Ministres qui avoient conseillé le traité étoient ou morts ou hors d'état par leurs infirmités d'agir et d'être consultés ; la crainte seule faisoit impression, et elle fut si vive sur le Roi de Portugal que ce Prince convint secrètement avec l'envoyé d'Angleterre de laisser ses ports ouverts, et de déclarer qu'il vouloit demeurer neutre pourvu qu'il parût forcé par l'approche d'une flotte considérable de vaisseaux anglois et hollandois.

Il vouloit avoir un prétexte pour se justifier à l'égard du Roi au sujet du parti qu'il se croyoit obligé de prendre ; il demanda pour cet effet à Sa Majesté un secours de vaisseaux et de troupes, mais si excessif et si peu proportionné aux besoins qu'il en pouvoit avoir, qu'il fut aisé de juger qu'il comptoit bien de ne le point obtenir, et même qu'il seroit fâché qu'en le lui envoyant on lui ôtât tout prétexte de demeurer neutre comme il le souhaitoit. Sa Majesté répondit à ses demandes que son intention étoit de secourir le Portugal conformément aux besoins qu'il en auroit, qu'elle n'oublieroit rien pour cet effet. Elle envoya dans le même temps quatre galères demeurées jusqu'à présent dans la rivière de Lisbonne, et depuis huit vaisseaux de guerre [1]. Elle avoit envoyé dès auparavant plusieurs officiers, des ingénieurs, des canonniers, tous ceux enfin que le Roi de Portugal avoit demandés, ou pour discipliner ses troupes, ou pour fortifier les postes que l'on jugeoit les plus nécessaires pour défendre l'entrée de la rivière de Lisbonne.

Cependant la flotte ennemie parut. Quoiqu'elle eût déjà passé la hauteur de la rivière de Lisbonne sans faire aucun acte d'hostilité et que par conséquent il n'y avoit pas lieu de croire qu'elle venoit en intention d'attaquer le Roi de Portugal, toutefois ce Prince fit déclarer à l'Ambassadeur du Roi que n'étant point en état de résister aux Anglois et aux Hollandois, et Sa Majesté ne lui ayant point envoyé les secours qu'il avoit demandés, son intention étoit de demeurer neutre. On vit pour lors l'effet de la convention secrète faite quelque temps auparavant avec l'envoyé d'Angleterre et les Ministres des ennemis du Roi en furent si contents qu'ils ne demandèrent rien de plus au Roi de Portugal que cette neutralité verbale. Le Roi crut qu'il étoit de son intérêt de garder le silence, de se réserver aussi bien qu'au Roi d'Espagne un juste sujet de se plaindre suivant les conjonctures de la manière dont le Roi de Portugal avoit manqué à l'exécution du traité et cependant d'accorder à ce Prince la neutralité, si quelque jour il étoit le premier à la demander. Elle envoya même un pouvoir au sieur Rouillé pour en convenir par un traité, lorsque le Roi de Portugal lui proposeroit de le faire.

1. Ces huit vaisseaux étaient partis pour le Portugal au mois de juillet 1701, sous le commandement du marquis de Villette.

Il paroît que ce Prince a jugé qu'en faisant les premiers pas il perdroit les avantages acquis par le traité d'alliance, et qu'il se flatte encore d'obtenir, quoiqu'il n'en ait pas accompli les conditions ; ainsi jusqu'à présent, il n'a pas été question de traité de neutralité, il n'y en a point d'autre déclaration que celle que le Roi de Portugal fit verbalement l'année dernière, et ce Prince est toujours obligé aux engagements du traité d'alliance. Il avoit cru contenter les Anglois et les Hollandois en demeurant neutre. Les Ministres d'Angleterre et de Hollande avoient paru satisfaits de cette résolution, mais ils ont fait voir depuis par leurs pressantes instances que leurs maîtres n'en étoient pas contents, et rien n'a été épargné, promesses ni menaces, pour forcer le Roi de Portugal à déclarer la guerre au Roi d'Espagne. Les offres qu'ils lui ont faites ont été si excessives qu'on a publié longtemps en Angleterre et en Hollande qu'elles étoient acceptées sur le seul fondement que ce Prince ne refuseroit pas les avantages qu'on lui faisoit espérer et les secours qu'on lui promettoit pour en assurer l'effet. Cette alliance paraissoit si nécessaire aux deux nations pour continuer la guerre et pour la porter dans le centre de l'Espagne, qu'on a pris un soin particulier en Angleterre et en Hollande de flatter les peuples de la conclusion prochaine d'un traité. On tâche encore de les entretenir de cette espérance, quoique le sieur Methuin, chancelier d'Irlande et envoyé d'Angleterre à Lisbonne, en soit parti, et que les Ministres de l'Empereur et des États Généraux se disposent aussi à s'embarquer après les déclarations positives que le Roi de Portugal a faites, que rien ne seroit capable de l'obliger à rompre la neutralité.

Les assurances qu'il leur a déjà données sont confirmées par les dernières lettres que le Roi a reçues de Lisbonne ; Sa Majesté ne voit donc aucun lieu de douter que le Roi de Portugal ne suive constamment le parti de la neutralité, le plus conforme à son inclination, et qu'il a cru le plus convenable aussi aux intérêts de son royaume.

Les affaires ainsi disposées, et toute apparence de rupture de la part du Portugal étant entièrement levée, Sa Majesté a jugé que nulle raison ne devoit plus retarder le départ du sieur de Castagnère, marquis de Châteauneuf, qu'elle a choisi pour succéder au président Rouillé. La mauvaise santé de ce dernier l'ayant obligé depuis longtemps à demander à Sa Majesté la permission de revenir en France, Elle a cru que le sieur de Castagnère seroit très capable de la bien servir dans le même emploi, étant déjà fort satisfaite de la manière dont il a exécuté ses ordres pendant dix ans qu'il a été ambassadeur à Constantinople, et persuadée par cette expérience qu'il ne la servira pas avec moins de zèle et moins de capacité qu'il en a fait paroître pendant son séjour à la Porte.

L'intention de Sa Majesté est qu'il parte incessamment pour se rendre à Lisbonne. Il lui seroit plus facile de faire le voyage par mer que de traverser l'Espagne, mais la guerre présente l'oblige à prendre cette route pour la sûreté de son passage, et les passeports qu'il avoit demandés seulement pour ses équipages lui ayant été refusés, il ne lui reste point à choisir de la route qu'il doit prendre.

Il sera même du service du Roi qu'il prenne des mesures avec le cardinal d'Estrées[1] par rapport aux affaires dont il sera chargé pendant le cours de son ambassade. Elles auront tant de liaisons avec celles de l'Espagne, qu'il est très à propos que le sieur de Castagnère convienne avec ce cardinal de la conduite que tous deux jugeront à propos de tenir, principalement pour maintenir la bonne intelligence entre les royaumes d'Espagne et de Portugal. Quoiqu'il soit de l'intérêt des deux nations de l'entretenir, elle est souvent altérée par l'antipathie que de tout temps on a vue entre elles, et les soins qu'on devoit prendre d'empêcher les mauvais effets de cette opposition mutuelle au commencement du règne du Roi d'Espagne ayant été négligés, il s'en est peu fallu que de part et d'autre on ne soit venu aux extrémités, dans le temps que les ennemis n'oublioient rien de leur part pour engager le Roi de Portugal dans leurs intérêts. Le Roi Catholique a donné depuis des ordres dans les Provinces de son Royaume, frontières du Portugal, pour empêcher toute occasion de rupture. Il sera bon que le sieur de Castagnère puisse assurer le Roi de Portugal, en arrivant, que ces ordres seront ponctuellement exécutés, qu'il

---

1. César, cardinal d'Estrées, membre de l'Académie française, etc., né le 5 février 1628, mort le 19 décembre 1714. Il était à ce moment ambassadeur à Madrid.

puisse dire à ce Prince que le Roi d'Espagne veut sincèrement maintenir avec lui une parfaite intelligence, qu'il le regardera toujours comme un bon allié et que leurs États étant aussi voisins, il est de leur intérêt commun d'en éloigner toutes sortes de troubles et d'ôter à leurs ennemis les moyens de les attaquer.

Le Roi veut bien permettre au sieur de Castagnère de donner au Roi de Portugal ces assurances de la part du Roi Catholique, après qu'il les aura reçues de ce Prince. Le cardinal d'Estrées lui procurera pour cet effet une audience particulière du Roi d'Espagne et sans aucune cérémonie à son passage à Madrid. Sa Majesté lui fera remettre deux lettres de sa main pour le Roi d'Espagne et pour la Reine, qu'il leur remettra à l'un et à l'autre dans les audiences qu'il en obtiendra. Il les assurera de la tendresse que Sa Majesté a pour eux.

Elle veut qu'il s'informe exactement à Madrid de la conduite que tient l'envoyé de Portugal auprès du Roi d'Espagne. Plusieurs avis solides l'ont rendue fort suspecte. On prétend qu'il entretient des liaisons fort étroites avec ceux que l'on regarde comme mécontents du gouvernement, que c'est par lui que les ennemis du Roi d'Espagne reçoivent les avis, qu'enfin il a fort contribué à exciter la division entre les deux nations, et qu'il n'a rien oublié pour aigrir le Roi de Portugal par les fausses relations qu'il lui a faites. Le sieur de Castagnère sera instruit par le cardinal d'Estrées des sujets qu'il aura pour lors de se plaindre ou d'être content de la conduite de cet envoyé et ils concerteront ensemble s'il y a lieu de travailler à le faire révoquer lorsque le sieur de Castagnère sera arrivé à Lisbonne.

Ils conviendront aussi de la manière dont il devra se conduire à l'égard de l'Amirante de Castille[1]; son séjour en Portugal lui donne des moyens faciles d'entretenir des commerces en Espagne, et quoique déclaré désobéissant aux ordres du Roi son maître, les Espagnols ont peine à le regarder comme coupable, pendant qu'il ne prend point ouvertement de parti avec les ennemis de l'État. Ses intrigues en sont plus dangereuses, mais il n'y a pas lieu de demander au Roi de Portugal de le remettre comme cri-

---

1. L'Amiral de Castille.

minel entre les mains du Roi d'Espagne, en vertu des traités faits entre les deux couronnes. Quand même on l'obtiendroit, peut-être ne conviendroit-il pas de le faire transférer présentement en Espagne. Le Roi avoit pensé que l'expédient le plus convenable seroit d'insinuer au Roi de Portugal d'obliger l'Amirante à sortir de son royaume, et véritablement ce prince voulant demeurer neutre, il ne lui convient guères de voir former sous ses yeux et dans sa capitale tous les projets qu'on imagine pour porter la guerre au milieu de l'Espagne et pour faire révolter les peuples contre le roi leur maître. Les discours que les ministres et les partisans de l'Empereur et de ses alliés ont répandus étoient même dangereux pour le repos d'une ville dont ils accoutumoient les habitants à entendre parler tous les jours de soulèvements et de trahisons, et le roi de Portugal devoit voir avec peine l'impression que de pareils discours pouvoient faire sur l'esprit de ses sujets, quoique les desseins dont il étoit question regardassent un autre royaume. Le président Rouillé lui a fait connoître les inconvénients qu'il en pouvoit craindre pour lui-même, mais il ne lui a point encore parlé de l'intérêt que ce prince auroit d'obliger l'Amirante à chercher une retraite ailleurs qu'en Portugal. Comme Sa Majesté avoit laissé à la prudence de son ambassadeur de suspendre cette démarche autant qu'il le jugeroit à propos, il informera le sieur Castagnère des raisons qui l'ont empêché de la faire, et elles lui serviront de règle pour sa conduite, jusqu'à ce qu'il ait reçu de nouveaux ordres de Sa Majesté sur le compte qu'il lui en rendra.

Elle ne prescrit point au sieur de Castagnère le séjour qu'il doit faire à Madrid, mais il doit seulement durer autant que le cardinal d'Estrées le jugera nécessaire pour lui donner connoissance des affaires dont il conviendra qu'il soit instruit par rapport à l'ambassade de Portugal, et par conséquent il sera peu de jours. Il continuera son voyage ensuite jusqu'à Lisbonne. Comme les ambassadeurs que le Roi a jusqu'à présent envoyés à cette cour y sont arrivés par mer, le sieur de Castagnère venant par terre et passant la rivière à un endroit différent de ceux où l'on arrive ordinairement, ce changement en apportera quelqu'un au cérémonial et pour éviter autant qu'il sera possible les embarras, il aura soin d'avertir le président Rouillé du temps de son départ de Madrid, afin qu'il puisse régler toute chose avant que le sieur de Castagnère arrive au bord de la rivière de Lisbonne. Le comte de Walestein, ambassadeur de l'Empereur, est venu par l'Espagne; ainsi la manière dont il a été reçu doit servir d'exemple pour la réception de celui de Sa Majesté. Le seul ordre qu'Elle ait à lui donner est de ne pas souffrir qu'il y ait la moindre différence entre les cérémonies pratiquées à l'égard de l'ambassadeur de l'Empereur et ce que l'on fera pour lui.

Comme il ne peut mener présentement aucun équipage avec lui, et qu'il y a lieu de croire par conséquent qu'il sera longtemps sans pouvoir paroître en public, il demandera une audience particulière au roi de Portugal aussitôt qu'il lui sera possible de l'obtenir; elle ne lui sera pas refusée, l'usage en étant établi depuis longtemps. Il lui rendra dans cette audience la lettre que Sa Majesté lui écrit de sa main; ensuite il l'assurera qu'Elle a toujours pour lui les mêmes sentiments d'estime et d'amitié dont Elle lui a donné de fréquentes marques. Il lui dira que les intérêts de la France et du Portugal ayant toujours été inviolablement unis pendant que ce royaume a été gouverné par ses propres rois, les liaisons doivent être encore plus étroites et même plus avantageuses pour le Portugal depuis qu'un prince de France, petit-fils de Sa Majesté, est assis sur le trône d'Espagne, qu'il a été élevé dans les mêmes maximes que le Roi a toujours suivies à l'égard de cette couronne, qu'il sait que le penchant du roi de Portugal pour la maison de France répond au sentiment que lui doit inspirer le souvenir de l'origine de sa maison et des secours qu'elle a reçus du Roi pour rentrer en possession de ses droits légitimes. Qu'à l'égard de Sa Majesté, Elle a toujours compté d'avoir un allié fidèle en la personne de ce prince; qu'Elle n'a jamais cru qu'il pût être ébranlé par les offres captieuses que les ennemis de la France et de l'Espagne lui ont faites, qu'il suffisoit pour juger que le succès ne répondroit pas à leurs espérances, de savoir qu'ils s'adressoient à un prince sage, instruit par une longue expérience de l'opposition de la maison d'Autriche pour la sienne, du peu de fondement qu'il devoit faire sur les promesses des Anglois et des Hollandois et de leur mauvaise foi dans l'exécution des traités. Il finira en assurant le roi de Portugal que l'ordre le plus précis que Sa Majesté lui ait donné en partant, est de se conduire de manière qu'il se rende agréable à ce prince et qu'il sait qu'il ne peut mieux réussir à plaire à Sa Majesté qu'en exécutant ponctuellement cet ordre.

Quant aux affaires qui doivent faire le sujet de l'attention du sieur de Castagnère, la principale, et pour ainsi dire l'unique, est de maintenir le roi de Portugal dans la résolution qu'il paroît avoir prise de conserver une exacte neutralité pendant le cours de la guerre, quoique ses peuples aient assez fait connoître, avant et depuis sa décision, le désir qu'ils avoient de voir la tranquillité du royaume maintenue et le commerce établi par cette neutralité. Les Anglois et les Hollandois connoissent tellement l'importance dont il seroit pour eux d'attirer le roi de Portugal dans leurs intérêts, ils emploient tant de moyens différents pour l'ébranler, qu'il sera toujours nécessaire d'apporter une extrême application à découvrir leurs démarches. Il n'y a pas lieu de croire qu'ils réussissent par les espérances qu'ils donneront au roi de Portugal, mais il est dangereux que la crainte ne fasse plus d'effet sur son esprit. On a tâché de lui en inspirer une très vive de la vengeance que la France et l'Espagne prendroient un jour de l'inexécution du traité d'alliance. On a voulu lui faire croire qu'après la paix elles se réuniroient contre le Portugal, qu'il ne pouvoit attendre de secours que de l'Angleterre et de la Hollande, qu'il les perdroit pour toujours, s'il refusoit les offres avantageuses que ces deux puissances lui faisoient pour entrer dans leur alliance.

C'est pour dissiper cette crainte, que le Roi a permis au président Rouillé d'offrir au roi de Portugal de conclure après la paix un traité d'alliance défensive avec Sa Majesté et le Roi Catholique et de garantir réciproquement son exécution. Elle donne encore le même pouvoir au sieur de Castagnère, et si le roi de Portugal souhaite qu'on lui promette de le comprendre dans le traité de la paix générale, elle lui permet de donner à ce prince toutes les assurances qu'il désirera à ce sujet.

Une des conditions que les alliés proposoient au roi de Portugal pour un traité, étoit le mariage du Prince son fils aîné avec une des archiduchesses fille de l'Empereur. On a déjà vu par expérience l'effet que de telles alliances avec la maison d'Autriche font à la Cour de Portugal. Le mariage du Roi de Portugal avec la sœur de l'Impératrice avoit entièrement changé les sentiments de reconnoissance que cette Cour avoit longtemps conservés des secours que le Roi lui avoit donnés. Comme il y a lieu de croire que de nouvelles alliances avec l'Empereur produiroient le même changement, le Roi avait ordonné au président Rouillé de faire connoître au Roi de Portugal, que s'il pensoit à marier le Prince son fils, qu'il y avoit en France des Princesses du sang, et que cette alliance conviendroit mieux de toutes manières au Roi de Portugal que d'en prendre une dans une maison naturellement ennemie de la sienne. Comme il a paru depuis qu'il ne songeoit point à marier le Prince son fils, il n'a pas été question de cette proposition. Sa Majesté confirme encore les mêmes ordres qu'Elle avoit donnés sur ce sujet, et s'il est nécessaire, le sieur de Castagnère pourra parler suivant ce qu'Elle avoit fait savoir au président Rouillé. Il paroissoit par ses lettres qu'on auroit pu songer en Portugal à la Princesse d'Angleterre; quelques Anglois même attachés au Roi leur maître souhaiteroient ce mariage. Mais comme il n'est pas du goût de la Reine sa mère, le sieur de Castagnère n'en parlera pas.

Sa Majesté remet au président Rouillé le soin d'instruire le sieur Castagnère du génie et des inclinations de ceux dont le Conseil du Roi de Portugal est composé, ou que ce Prince consulte davantage, quoiqu'ils n'aient pas le titre de ses Ministres. Elle lui marquera seulement en général que le nombre des conseillers d'État est présentement réduit à trois : savoir, le duc de Cadaval, le marquis d'Alegrette et le comte d'Alvor; que le premier a toujours paru porté pour la France et s'est bien conduit dans les dernières affaires; que l'on croit le second plus porté pour la maison d'Autriche et que cette inclination qu'il n'avoit pas autrefois, est née en lui depuis que le Roi son maître l'envoya en Allemagne en qualité de son Ambassadeur auprès de l'Électeur Palatin pour son mariage avec la feue Reine de Portugal, sœur de cet Électeur.

On prétend que le génie et la capacité du troisième sont médiocres et l'on ne dit rien de son inclination ou pour la France ou pour ses ennemis.

Le président Rouillé s'étoit servi utilement de la capacité et des bonnes intentions du secrétaire d'Etat, autrefois l'un des plus opposés aux intérêts de la France[1]. Il avoit changé de sentiment dans les derniers temps, mais quelques accidents d'apoplexie l'ont mis hors d'état de continuer les fonctions de sa charge.

Lorsque le Roi de Portugal a pris sa dernière résolution sur les efforts des Anglois et des Hollandois, il a fait appeler les conseillers de guerre pour suppléer au petit nombre des conseillers d'État. Il y en a cinq de ces derniers; la plus grande partie des voix étoit pour la conclusion du traité que les Ministres de l'Empereur et de ses alliés proposoient. Le Roi de Portugal, contre sa coutume, suivit ses propres lumières et décida conformément à ses intérêts, pour le plus petit nombre contre le plus grand.

Ce Prince a une extrême confiance en son confesseur nommé le père Magaillans[2] Jésuite; il le consulte généralement sur toutes les affaires, et son avis fait plus d'impression que tout autre sur l'esprit de ce Prince. Il avoit un commerce intime avec le sieur Methuin, chancelier d'Irlande et envoyé d'Angleterre à Lisbonne, et l'on prétend qu'il l'avoit servi utilement pour le succès de sa négociation. Il seroit fort important pour le bien des affaires dont le sieur de Castagnère sera chargé, qu'il pût entrer en quelque liaison avec ce religieux, mais il sera difficile qu'il y réussisse; il en cherchera cependant les moyens et Sa Majesté est persuadée qu'il ne négligera rien de tout ce qui pourra contribuer au bien de son service.

Elle fait joindre à cette instruction un mémoire contenant le détail du cérémonial qu'il doit observer dans ses audiences publiques, mais il se réglera principalement sur ce que lui dira le président Rouillé.

Outre ce qui est contenu dans la présente instruction, etc.

Fait à Versailles le 2º juin 1703.

1. D. José de Faria, secrétaire d'État.
2. Manuel de Magalhaëns de Ménesès.

XVI

L'ABBÉ DE MORNAY-MONTCHEVREUIL

1713 — 1720[1].

Les relations de la France et du Portugal, interrompues depuis l'accession de ce dernier royaume à la Grande Alliance contre Louis XIV, en 1704, ne furent reprises qu'après la signature des traités d'Utrecht en 1714.

Mais si les rapports officiels avaient cessé entre les deux gouvernements, les communications de pure courtoisie avaient continué entre les deux familles royales; elles se faisaient part réciproquement de tous les événements, naissances, morts ou mariages, qui survenaient dans chacune d'entre elles[2].

Parmi ces événements, le plus intéressant pour le Portugal fut la mort du roi D. Pedro, survenue le jeudi 9 octobre 1706[3], quelques mois après celle de sa sœur Catherine, veuve de Charles II d'Angleterre[4].

Au moment de ses plus cruelles défaites, Louis XIV, renseigné par les agents secrets qu'il entretenait constamment à Lisbonne[5],

---

1. Ministre des Affaires étrangères : J.-B. Colbert, marquis de Torcy, jusqu'au 24 septembre 1718, puis le cardinal Dubois.
2. Nous en avons trouvé des preuves nombreuses dans le tome XLV de la *Correspondance de Portugal*, notamment aux folios 19, 27, 57, 60, 94, 151, 166, 182, 195, 202, 220, etc., etc.
3. Jean V fait part au roi de France de la mort de son père le 12 décembre 1706 (*Correspondance de Portugal*, XLV, fol. 89). La réponse de Louis XIV est du 15 février 1707 (*ibid.*, fol. 93).
4. Cette princesse mourut le 8 janvier 1706.
5. A côté de ces agents secrets, la France eut même, pendant une partie de la durée de la guerre, soit au commencement, soit à la fin, des consuls, d'abord M. de Lescolle, puis M. Antoine du Verger.

n'avait jamais désespéré de détacher le Portugal de ses ennemis et de le faire revenir à sa politique traditionnelle[1]; de leur côté, malgré l'enivrement des succès militaires qui leur avaient permis un instant de dicter la loi à Madrid même, les princes de la maison de Bragance tournaient volontiers les yeux vers la France, dans la persuasion de voir bientôt se terminer cette guerre purement politique, à laquelle n'avait aucune part l'animosité personnelle[2].

Le jeune successeur de D. Pedro, D. Jean, cinquième du nom, n'était alors âgé que de 18 ans. Au moment où il monta sur le trône, il n'avait pas encore contracté d'alliance personnelle avec la maison d'Autriche[3], et il paraissait mieux disposé que son père envers la France. Mais l'animosité de ses sujets contre les Espagnols, et d'autre part, les hésitations de son caractère irrésolu, qui en fit pendant tout son règne le jouet des Anglais et des ordres monastiques, l'empêchèrent toujours de consentir à la paix séparée, vers laquelle le faisaient pencher ses inclinations et sa nature peu belliqueuse.

C'est donc seulement le 7 novembre 1712 que fut conclue à Utrecht la suspension d'armes entre la France et l'Espagne, d'une part, et le Portugal, d'autre part. Cette suspension d'armes fut prorogée, le 1er mars 1713, pour quatre mois, et la paix fut enfin signée le 13 avril suivant. Elle stipulait seulement en faveur du Portugal la renonciation de la France à quelques territoires en litige sur la rive nord de l'Amazone et rétablissait les bonnes relations entre les deux gouvernements.

Près d'une année se passa néanmoins, avant que Louis XIV accréditât un ambassadeur à Lisbonne; il est même à croire que le grand monarque vaincu aurait plus longtemps encore fait attendre la reprise des rapports diplomatiques à un jeune prince qu'il accusait, non sans quelque raison, d'une noire ingratitude, si le désir de terminer la pacification générale en aidant à la conclusion d'un traité définitif entre le Portugal et l'Espagne ne l'avait emporté chez lui sur une mauvaise humeur bien excusable.

Il désigna donc, à l'automne de l'année 1713, l'abbé de Mornay[4]

---

1. Nous trouvons une trace non équivoque de ces espérances dans la minute d'un pouvoir en blanc pour traiter avec le roi de Portugal, minute conservée dans la *Correspondance de Portugal* (t. XLV, fol. 41). Ce pouvoir est daté du 11 août 1705.

2. En 1706, l'année même de l'occupation de Madrid par les Portugais, le prince de Brésil demandait en grand secret qu'on lui envoyât les portraits de la princesse d'Angleterre, de Mademoiselle et de Mademoiselle de Conti. (*Id.*, *ibid.*, fol. 72.)

3. Il épousa, le 30 août 1708, l'archiduchesse Marie-Anne d'Autriche, sœur de l'empereur Joseph Ier et de l'archiduc Charles, le rival de Philippe V. Le premier enfant de ce mariage fut une fille née le 4 décembre 1710; le second, un prince, né le 5 juillet 1712.

4. René de Mornay-Montchevreuil, abbé de Moutier-la-Celle, en Champagne,

pour aller le représenter à Lisbonne ; et au même moment Jean V nommait ambassadeur près Louis XIV le comte de Ribeira Grande. Mais ce personnage ayant reculé son départ, celui de M. de Mornay fut retardé d'autant, et il n'arriva à Lisbonne qu'à la fin du mois de juillet 1714.

Ses instructions sont datées du 22 mars de cette année. Le marquis de Torcy, leur rédacteur, y laisse voir le chagrin que causaient au gouvernement français les énormes concessions qu'il avait dû faire pour acheter la paix à Utrecht. Il y perce également un certain dépit contre le Portugal qui, par l'abandon de l'alliance française à laquelle il devait la restauration de son indépendance, avait sa grande part de responsabilité dans les désastres qui assombrissaient les derniers jours du grand règne. Ce dépit se montre surtout dans la menace faite aux Portugais de leur retirer la bienveillance du Roi qui seule, d'après M. de Torcy, empêche les Espagnols de conquérir de nouveau leur pays. La menace était, d'ailleurs, des plus sérieuses.

En effet, depuis la belle victoire d'Almanza remportée le 25 avril 1707 par le duc de Berwick sur les Anglo-Portugais, — victoire dans laquelle les Portugais seuls perdirent treize de leurs meilleurs régiments, — les progrès de Philippe V avaient été des plus inquiétants. Vainqueur à Badajoz, puis à Villaviciosa, il franchit à son tour la frontière ennemie ; et si la suspension d'armes du 7 novembre 1712 n'était venue l'arrêter, le Portugal courait le plus grand risque de voir sa capitale bientôt occupée.

La paix s'imposait donc aux deux adversaires : d'une part, le Portugal, pressé de tous côtés et abandonné par l'Angleterre qui s'était empressée de faire son accommodement particulier, dès que ses convoitises avaient reçu satisfaction, ne pouvait songer à continuer la lutte ; d'autre part, l'Espagne n'avait aucun intérêt à poursuivre une guerre qui ne pouvait lui donner que des avantages d'amour-propre, Louis XIV étant parfaitement décidé, malgré toutes ses menaces contraires, à ne pas permettre à son petit-fils de toucher à l'indépendance du Portugal.

L'abbé de Mornay allait à Lisbonne pour aider à la conclusion de cette paix nécessaire ; c'était là, avec le rétablissement des relations commerciales, l'objet principal de sa mission. Mais rien n'était moins facile que d'arriver à apaiser deux peuples, dont les haines héréditaires avaient encore été ravivées par les dernières luttes ; pour leur part, les Castillans vainqueurs se décidaient difficilement à traiter

puis d'Ourscamp. Il fut nommé archevêque de Besançon en 1717, pendant son ambassade, et en reçut les bulles. Revenant en France par Madrid en 1720, il y fut frappé d'une insolation qui lui fit perdre la vue, et mourut aux eaux de Bagnères l'année suivante 1721. Il était fils de Henri de Mornay, marquis de Montchevreuil, et de Marie Boucher d'Orsay.

avant d'avoir vengé dans Lisbonne même l'affront que leur avait fait subir en 1706 l'occupation de Madrid par les *quinas* portugaises ayant à leur tête le roi D. Pedro. Aussi, la signature de la paix étant hors de cause, on se disputait avec acharnement sur des détails sans aucune importance, à propos des questions les plus insignifiantes. Il s'agissait de s'interposer comme médiateur entre tous ces amours-propres froissés et surexcités, et de trouver un terrain de conciliation pour les mettre d'accord.

M. de Mornay recevait subsidiairement l'ordre de tâter le terrain à la cour d'Espagne pour savoir s'il était possible de marier le roi Philippe V, veuf depuis le commencement de l'année 1714, avec l'infante de Portugal, sœur du roi D. Jean. On lui enjoignait, en passant à Madrid, de tâter à ce sujet et le plus secrètement possible la toute-puissante princesse des Ursins [1].

Enfin, le nouvel ambassadeur devait employer toute son influence au rétablissement du commerce de la France avec le Portugal, commerce qui se trouvait alors dans un état lamentable. Des instructions spéciales lui étaient données à cet égard [2].

Les Anglais avaient, en effet, atteint le but auquel tendait la grande coalition qu'ils avaient organisée contre Louis XIV. Le fameux traité, dit de Méthuen (27 décembre 1703), mettait le commerce du Portugal à leur discrétion; ce traité, ainsi que l'occupation de Gibraltar, opérée par surprise en 1704, avaient largement ouvert les frontières occidentales et méridionales de l'Espagne à leurs produits de contrebande. Ils avaient, de plus, profité de la conflagration générale provoquée par eux, pour ruiner sur toutes les mers la marine marchande de la France et pour obtenir de nouvelles concessions de la faiblesse du gouvernement portugais. L'ambassadeur du Roi devait essayer de réagir avec prudence contre leurs empiétements et s'efforcer de remettre les choses dans l'état où elles se trouvaient avant la guerre. Malheureusement, il était trop tard pour rétablir l'équilibre rompu au profit de la Grande-Bretagne; et, malgré quelques succès partiels, lorsque l'abbé de Mornay quitta, en 1720, le Portugal pour revenir en France, il laissa l'influence anglaise plus prépondérante que jamais à Lisbonne.

1. Anne-Marie de la Trémouille, princesse des Ursins, née en 1643, morte à Rome en 1722.
2. Ces instructions, que nous reproduisons à la suite des Instructions politiques de M. de Mornay, sont antérieures à ces dernières; elles sont datées du 23 octobre 1713.

MÉMOIRE POUR SERVIR D'INSTRUCTION AU SIEUR ABBÉ DE MORNAY, ALLANT A LISBONNE EN QUALITÉ D'AMBASSADEUR DU ROI AUPRÈS DU ROI DE PORTUGAL.

Copie. — *Correspondance de Portugal*, t. XLVI, fol. 29. — Versailles, 22 mars 1714.

La maison de Bragance qui règne aujourd'hui en Portugal s'étant maintenue sur le trône principalement par les secours qu'elle reçut du Roi et qui la soutinrent contre les efforts de l'Espagne, il étoit de l'intérêt de cette maison de ménager un si puissant protecteur, et la nation portugaise, naturellement opposée à l'espagnole, suivoit sans peine une maxime dont elle ne pouvoit s'écarter qu'en se perdant, et donnant à ses ennemis les moyens de triompher d'elle.

Ainsi l'union entre la France et le Portugal a subsisté aussi longtemps que les Portugais ont eu besoin de l'assistance du Roi pour éviter d'être subjugués par les Espagnols; mais comme la reconnoissance est une vertu rare et que les bienfaits reçus sont facilement oubliés, ceux du Roi envers le Portugal ne purent empêcher cette couronne de faire la paix avec l'Espagne sans la participation de Sa Majesté.

La guerre entre ces deux couronnes étant finie en l'année 1668, les Portugais profitèrent de la situation de leur pays pour jouir du repos, sans prendre aucune part dans les guerres qui agitèrent depuis le reste de l'Europe, contents d'être oubliés des autres nations et s'informant à peine de ce qui se passoit entre elles.

CARACTÈRE DES PORTUGAIS

Cette heureuse tranquillité convenoit parfaitement à des peuples présomptueux, aussi remplis de bonne opinion d'eux-mêmes que de mépris pour les étrangers, paresseux, sans force, et réservant pour ainsi dire leur courage pour la défense de leurs pays, pleins de valeur quand ils sont attaqués, mais inférieurs aux autres hommes quand il faut entreprendre et sortir des limites du Portugal. Ils trouvoient encore des avantages réels dans le repos qu'ils devoient à leur indolence, plutôt qu'à leur politique ; car il dépendoit d'eux de profiter du commerce que la guerre interdisoit ou rendoit difficile aux principales puissances de l'Europe

Ils auroient encore joui du même bonheur pendant le cours de la dernière guerre, si la crainte des maux à venir et plusieurs motifs d'intérêt particulier n'eussent agi sur le conseil de Portugal plus puissamment que la considération de l'état paisible que ce royaume alloit perdre en s'associant à la ligue formée contre la France et contre l'Espagne. Les Ministres d'Angleterre et de Hollande surent intimider le feu Roi de Portugal et gagner ceux qui avoient le plus de part à la confiance de ce Prince. L'approche des flottes angloise et hollandoise effaça le souvenir des anciennes obligations qu'il avoit au Roi, et se croyant dégagé par les menaces de ces deux puissances des nouveaux engagements qu'il avoit pris avec Sa Majesté par les traités faits avec elle depuis l'avènement du Roi Philippe V à la couronne d'Espagne, il souscrivit dans le mois de mai de l'année 1703 au traité que les Princes ligués lui proposèrent.

Les événements dont cette alliance a été suivie ont beaucoup surpassé toutes les idées que la vanité portugaise pouvoit se former en prenant les armes pour les intérêts de la maison d'Autriche. Les Portugais ont fait le personnage de conquérant et de conquérant de l'Espagne ; leur général a donné des ordres dans Madrid comme dans une ville soumise ; il a percé jusqu'en Catalogne ; mais ces progrès étonnants n'ont pas eu même l'apparence de victoire, et loin de produire aucun avantage à la nation portugaise, elle n'en a pas reçu le moindre honneur de la part de ses alliés. Ils ont marqué en toute occasion un mépris singulier pour elle, et les mauvais traitements ont été portés de leur part, jusqu'au point de refuser de comprendre les Portugais dans les échanges des prisonniers de guerre ; en sorte que les sujets du Roi de Portugal se croyant vainqueurs de l'Espagne ont été traités dans leur propre continent comme ils traiteroient eux-mêmes les nègres, enfin ce qu'il y a chez eux de plus vil et de plus abject.

Ce seroit peut-être le seul souvenir que le Roi de Portugal pourroit conserver de la dernière alliance où le Roi son père étoit entré, si le Roi favorablement disposé pour le Portugal, malgré l'ingratitude de cette couronne, n'eût suivi son penchant ordinaire à la bien traiter, et ne lui eût accordé à la paix d'Utrecht les conditions portées dans les articles 8, 9, 10, 11, 12 et 13 du traité fait avec le Roi de Portugal, que ce Prince doit moins regarder comme le fruit du sang de ses sujets et des dépenses qu'il a faites pour la Maison d'Autriche, que comme un effet de l'ancienne affection de Sa Majesté pour la maison royale de Portugal et pour la nation.

La paix conclue, le Roi n'a rien oublié pour engager le Roi d'Espagne à la conclure aussi avec le Portugal; Sa Majesté continue d'employer encore pour cet effet les offices les plus pressants auprès du Roi son petit-fils. La Reine de la Grande-Bretagne presse de son côté la conclusion de cette paix qu'elle regarde même comme une suite nécessaire des traités que cette princesse a faits avec l'Espagne et les difficultés qui en arrêtent l'accomplissement ne paraissent pas mériter un si long retardement; car il ne s'agit plus des places que le Roi de Portugal prétendoit retenir en Castille, en vertu des promesses que ses alliés lui avoient faites lorsqu'il étoit entré dans la ligue.

La question se réduit présentement à la restitution de la colonie du Saint-Sacrement promise par le Roi d'Espagne au feu Roi de Portugal par le traité d'alliance que le président Rouillé et les ministres portugais signèrent à Lisbonne avant la guerre[1].

Il s'agit aussi de dédommager les Portugais intéressés à l'entreprise du transport et de la vente des nègres ou de l'assiento, de leur faire justice sur quelques vaisseaux pris avant la guerre déclarée. Enfin, le Roi Catholique demande la restitution des biens confisqués sur les maisons portugaises qui se retirèrent en Espagne lors de la révolution du Portugal.

---

1. Il s'agit du traité du 18 juin 1701. (Voir plus haut, p. 214.)

Il paroît que de part et d'autre on est presque d'accord sur tous ces points.

Premièrement, que la colonie du Saint-Sacrement sera restituée au Roi de Portugal avec faculté au Roi d'Espagne de la retirer moyennant un équivalent dont le Roi de Portugal soit content, et de fixer un terme pour l'offrir et pour l'accepter;

Secondement, on a proposé des compensations pour dédommager et satisfaire les Portugais sur le second article ;

Troisièmement, on conviendra selon les apparences de rappeler l'article 8 du traité de 1668, de le confirmer de nouveau, et de promettre qu'il sera fait réciproquement bonne justice tant en Espagne qu'en Portugal à chacun des particuliers qui auront quelques prétentions à former sur ce sujet.

Les choses en cet état, on ne peut guère attribuer qu'à l'animosité des Espagnols contre les Portugais les délais que souffre encore l'accomplissement de la paix entre les deux nations ; et véritablement l'Espagne se consoleroit de la perte de tant d'États qu'elle est obligée de démembrer pour acheter la paix, s'il lui étoit permis de s'en venger sur le Portugal. Elle se croiroit dédommagée par la conquête de ce royaume qu'elle entreprendroit malgré son épuisement, avec l'espérance certaine d'y réussir, si le Roi ne veilloit attentivement à préserver le Portugal d'une nouvelle guerre et à le faire jouir d'une paix aussi conforme au génie de ces peuples qu'à leurs véritables intérêts. Elle doit être encore plus désirée après l'expérience de la dernière guerre et si les événements heureux n'ont produit que du mépris et causé des dépenses inutiles à la nation, elle peut juger de ce qu'elle devroit attendre d'une guerre dont les succès ne répondroient pas à ses espérances.

Le Roi de Portugal étant d'un caractère pacifique évitera vraisemblablement avec soin les occasions de reprendre les armes; mais il ne suffit pas qu'un Prince désire la paix pour la conserver, et quand il a de puissants voisins, il faut qu'il essaie d'avoir des alliés en état de soutenir ses bonnes intentions.

L'alliance de la France a toujours été celle que le Portugal a regardée comme la plus naturelle et la plus sûre, et jamais elle ne lui aura été plus avantageuse que depuis qu'un Prince de France règne en Espagne. Car autrefois les Portugais pouvoient croire que si le Roi les ménageoit, c'étoit dans la vue des diversions qu'ils pouvoient faire en Espagne pendant les guerres presque continuelles entre Sa Majesté et les Princes de la maison d'Autriche ; mais un pareil soupçon cesse depuis que la maison de France règne en Espagne, et certainement Sa Majesté ne cherchera pas à susciter des ennemis au Roi son petit-fils. Ainsi l'utilité qu'Elle peut envisager dans un renouvellement d'amitié et de bonne correspondance avec le Portugal consiste principalement dans la paix dont ce royaume jouira, et dans les moyens qu'elle lui donnera d'ouvrir ses ports et de faire fleurir le commerce.

Les ambassadeurs du Roi de Portugal aux conférences d'Utrecht étoient si persuadés de cette vérité, que l'un d'eux avoit proposé de faire un traité de ligue offensive entre le Roi et le Roi de Portugal, et de faire en même temps un traité de commerce tant pour l'Europe que pour les Indes, faisant voir pour appuyer cette dernière proposition que le Portugal prendroit les marchandises de France au lieu de celles d'Angleterre, et par conséquent que les lingots que les Anglois en ont tirés pendant la guerre passeroient désormais en France.

A l'égard des Indes, il proposoit de faire le commerce par la rivière des Amazones et d'ouvrir ainsi une nouvelle route au Pérou.

La proposition d'une ligue offensive et défensive seroit mal reçue dans une cour où la paix est regardée comme le souverain bien, opinion qu'il faut confirmer plutôt que de la détruire, car il importe de laisser retomber les Portugais dans la paresse, dans la léthargie et dans l'oubli dont la dernière guerre les avoit tirés.

Quant au projet de commerce, il mérite d'être approfondi, mais cette matière demande des éclaircissements, de l'attention et du temps. En général il est certain que le Portugal pour son intérêt ne sauroit prendre avec le Roi de liaisons trop étroites ; cette couronne n'a rien à craindre que du côté d'Espagne, et le Roi seul peut la préserver du ressentiment des Espagnols. Il seroit d'autant plus dangereux lorsque l'Europe jouira d'une paix universelle, que toutes les forces de l'Espagne divisées autrefois dans les différents États qu'elle possédoit, seront toutes rassemblées depuis le démembrement des États d'Italie et des Pays-Bas, et par conséquent il faut que le Portugal rentre entièrement dans ses anciennes maximes, pour engager Sa Majesté à veiller à sa conservation et à lui donner les marques ordinaires de sa première affection.

Elle a voulu lui faire voir que cette affection n'étoit pas éteinte, et pour cet effet, la paix étant signée à Utrecht, Sa Majesté nomma le sieur abbé de Mornay pour aller en Portugal en qualité de son ambassadeur. Comme il joint au zèle héréditaire de sa famille, les lumières et les talents nécessaires pour servir utilement, elle a jugé que le choix qu'elle faisoit d'un homme de sa condition flatteroit une cour très sensible à de pareilles marques de l'attention de Sa Majesté. Mais le Roi de Portugal différant à nommer un ambassadeur, elle a retardé le départ de l'abbé de Mornay jusqu'à ce qu'Elle ait su que ce Prince envoyoit enfin auprès d'Elle le comte de Ribeira Grande en cette qualité.

Comme il se dispose à partir incessamment de Lisbonne, le Roi veut que le sieur abbé de Mornay ne perde point de temps à se rendre par terre en Portugal. L'intention de Sa Majesté est qu'en passant à Madrid, il s'informe du Roi d'Espagne même de ses résolutions au sujet de la paix avec le Portugal, dont la négociation demeure depuis longtemps suspendue sans faire le moindre progrès, quoique vivement pressée par la Reine de la Grande-Bretagne. Si les conseils du Roi sont suivis, le Roi Catholique pacifiera le plus promptement qu'il lui sera possible le continent de l'Espagne, rien n'étant plus important pour lui que de se délivrer de ses ennemis, surtout de ceux qui sont le plus voisins, et de faire jouir ses peuples du repos dont ils sont privés depuis tant d'années et dont chaque jour ils sentent davantage le prix et la nécessité.

C'est en ce sens que l'abbé de Mornay doit en parler au Roi d'Espagne; en même temps il saura de ce Prince s'il veut l'honorer de quelque commission particulière et l'instruire de ses intentions sur les démarches qu'un ambassadeur de France à Lisbonne peut faire, soit pour le rétablissement de la bonne intelligence entre la cour d'Espagne et celle de Portugal, soit pour son affermissement lorsqu'elle aura été rétablie.

L'abbé de Mornay conférera sur le même sujet avec la Princesse des Ursins et l'intention du Roi est qu'il lui parle avec une entière confiance, conforme à celle que Sa Majesté prend en son attachement véritable aux intérêts du Roi d'Espagne. Il doit même traiter avec elle une matière dont il ne conviendroit pas de parler présentement au Roi Catholique.

La douleur extrême qu'il a ressentie de la mort de la Reine d'Espagne est très juste, mais le temps adoucit les plus grandes afflictions ; l'âge de ce Prince ne permet pas de croire qu'il veuille passer sa vie sans songer à de secondes noces. Entre les Princesses qu'il pourroit choisir, l'infante sœur du Roi de Portugal seroit une de celles dont la personne, le caractère et l'éducation conviendroient peut-être le mieux au Roi d'Espagne et à la nation espagnole. On assure que cette princesse plaît sans être fort belle, on loue sa douceur et le tour de son esprit ; l'Espagne se flatteroit de voir un jour le Portugal devenir peut-être le partage des enfants du second lit du Roi Catholique ; et si ces espérances ne sont pas bien réelles, elles ne sont pas si frivoles qu'on doive les négliger absolument et les compter pour rien lorsqu'il sera question d'un second mariage pour le Roi d'Espagne.

L'abbé de Mornay consultera donc la Princesse des Ursins sur cet article ; il lui dira que c'est par ordre du Roi qu'il lui demande ce qu'elle pense elle-même sur ce mariage. En même temps, il la priera de lui dire si elle souhaite qu'il l'instruise de ce qu'il apprendra plus sûrement, étant à Lisbonne, du caractère et des qualités de l'infante de Portugal.

Le Roi son frère, âgé présentement de vingt-quatre ans, est d'un caractère doux, mais l'esprit qu'il a naturellement n'a été cultivé par aucune éducation. On se plaint du peu d'application qu'il donne à ses affaires et du temps qu'il consomme aux choses de peu d'importance qui regardent les ornements de sa chapelle.

Il a trois frères dont l'aîné, d'un caractère entièrement opposé à celui du Roi de Portugal, a porté la férocité jusqu'au dernier degré, mais il paroît changé présentement et depuis qu'il a chassé d'auprès de lui les scélérats dont il étoit environné, on loue sa familiarité et on trouve en sa personne plusieurs qualités excellentes que sa manière de vivre très extraordinaire dans un Prince de ce rang cachoit aux yeux du public.

Les deux autres Princes sont encore sous la conduite d'un gouverneur, tous deux destinés à l'église; le troisième laisse voir un caractère à peu près semblable à celui du second et les inclinations du quatrième se rapportent assez à celles du Roi de Portugal.

La Reine de Portugal, fille du défunt empereur Léopold, contente des égards que le Roi son mari a pour elle et se faisant justice sur son peu d'agrément, mène une vie tranquille sans prendre aucune part aux affaires. Elle a eu deux enfants, premièrement une Princesse, ensuite un Prince, et actuellement elle est grosse pour la troisième fois.

Des Ministres du Roi de Portugal, les plus vieux et les plus estimés sont le duc de Cadaval et le comte de Castelmelhor, regardés tous deux comme de génie français et suspects par cette raison dans le temps de la dernière guerre. Quoiqu'il y ait souvent eu des occasions où le duc de Cadaval auroit pu se justifier aisément de cette accusation, il est bon toutefois qu'il demeure persuadé que le Roi l'a toujours considéré comme attaché particulièrement aux intérêts de Sa Majesté.

La réputation du comte de Castmelhor surpassoit autrefois celle de tous les autres ministres du Roi de Portugal. Elle étoit fondée non seulement sur ses talents naturels, mais encore sur les lumières qu'il avoit acquises pendant un long exil dans les pays étrangers. Il est présentement aveugle et fort vieux.

Le cardinal Dacunha, grand inquisiteur[1] et grand aumônier, doit sa fortune au goût du Roi de Portugal pour l'ornement de sa chapelle. C'est sur cet unique fondement que sont appuyées les charges qu'il possède et la confiance que son maître lui donne.

Il seroit inutile d'entrer dans le détail de ce qui regarde les autres Ministres dont le Conseil du Roi de Portugal est composé. L'abbé de Mornay, attentif à tout ce qui concernera le service de Sa Majesté, connoîtra bientôt par lui-même leur caractère, leurs inclinations et leurs intérêts différents. Il doit s'attacher en

---

1. D. Nunez da Cunha, évêque, grand aumônier, inquisiteur général, né en 1673. C'était la créature du marquis d'Allegrette.

général à leur faire entendre que le Roi ne désire à l'égard du Portugal que la paix et le bonheur de ce royaume; que loin de songer à l'engager en de nouvelles guerres, l'intention de Sa Majesté est de le préserver de celle qu'il pourroit craindre du côté d'Espagne et qui véritablement est la seule dont les Portugais pourroient avec raison être alarmés. On gagne aisément la confiance de ceux à qui l'on parle suivant leur goût; ainsi l'abbé de Mornay fera revivre pendant son ambassade en Portugal les anciennes maximes des Portugais, persuadés autrefois que le salut de leur royaume dépendoit de l'intelligence parfaite qu'ils sauroient conserver avec la France. Ces sentiments si conformes au véritable intérêt de la nation ont changé seulement depuis que, flattée de l'honneur d'une alliance avec la Maison d'Autriche, elle a cherché des Reines en Allemagne, la vanité l'emportant sur les justes raisons que la maison de Bragance avoit en particulier de conserver un éternel ressentiment des traitements indignes qu'elle avoit reçus de la Maison d'Autriche.

L'intention du Roi n'étant pas d'exciter le Portugal à faire aucune ligue avec Sa Majesté, mais seulement de maintenir la tranquillité de ce royaume, une des principales occupations de l'abbé de Mornay à Lisbonne sera de conserver les privilèges des marchands français et d'apporter ses soins à faire fleurir leur commerce. Il doit les protéger, mais avec sagesse, car ils sont pour l'ordinaire très indiscrets dans leurs plaintes, principalement depuis que ce commerce est exercé par des négociants dont le crédit et la considération sont médiocres. Il est donc de la prudence de l'Ambassadeur du Roi de bien examiner leurs représentations et de ne pas s'engager à faire des démarches dont les suites seroient désagréables, s'il n'avoit auparavant approfondi le motif et la vérité de ce que ces négociants lui auroient exposé. Il est juste que les traités soient observés, mais il ne faut pas les interpréter et les étendre suivant le caprice ou l'intérêt de ces négociants.

Le commerce de France en Portugal a non seulement souffert par son interruption depuis la guerre, mais encore par l'augmentation du commerce de l'Angleterre avec ce royaume, et quoique Sa Majesté soit bien éloignée de rien faire qui puisse altérer la bonne intelligence entre Elle et la Reine de la Grande-Bretagne. Elle ne voit pas cependant que cette Princesse ait aucun sujet légitime de se plaindre, si l'abbé de Mornay fait en sorte pendant le cours de son ambassade de rétablir les choses à l'égard du commerce sur le pied qu'elles étoient autrefois, et de retrancher, s'il est possible, les avantages que les Anglois ont acquis au préjudice de la France pendant le cours de la guerre.

Ce n'est pas un des moindres pour eux que l'établissement du paquetboot qui remplit le Portugal d'un grand nombre de marchandises exemptes de droits d'entrée, et dont le débit, se faisant par conséquent à meilleur marché, empêche absolument celui des marchandises de France. Il est d'une extrême importance d'abolir s'il est possible cet établissement introduit sous prétexte de la communication fréquente que les affaires de la guerre et de l'alliance demandoient entre les deux cours; mais il y faut travailler avec beaucoup de circonspection et de secret.

Il est nécessaire aussi que le sieur abbé de Mornay s'informe de l'état où le Portugal est présentement avec la Hollande, pour la fourniture des sels de Sétubal qu'il devoit livrer à la Compagnie hollandoise des Indes, et dont les Hollandois ont eu l'art de faire durer l'exécution pendant un grand nombre d'années au delà du terme où elle devoit finir, en sorte que l'obligation des Portugais n'est pas encore cessée.

Enfin l'intention de Sa Majesté est que le sieur abbé de Mornay lui rende un compte exact de tout ce qui regardera le commerce de Portugal, la nouvelle découverte des mines d'or que cette couronne a fait ouvrir au Brésil, les avantages qu'elle en retire présentement, ceux qu'elle peut en espérer dans la suite, les oppositions qu'elle y trouve de la part des habitants du pays.

Sa Majesté veut aussi que le sieur abbé de Mornay l'informe exactement, soit par ses lettres, soit par des mémoires particuliers, de l'état présent du gouvernement de ce royaume, de ses forces de terre et de mer, du nombre de troupes que le Roi de Portugal a sur pied, de celui de ses vaisseaux, de ses projets soit pour les augmenter, soit pour les réduire, de ses revenus, enfin de tout ce qui peut donner une connoissance juste et parfaite de l'état présent de ce royaume et de l'utilité des mesures que Sa Majesté pourroit prendre avec le Roi de Portugal.

Le Roi fait joindre à cette instruction un mémoire particulier contenant les cérémonies qui doivent être observées à Lisbonne, tant à l'arrivée du sieur abbé de Mornay qu'à son entrée, à sa première audience publique, aux autres audiences qu'il aura pendant le cours de son ambassade, soit du Roi de Portugal, soit des Princes de sa maison.

L'intention de Sa Majesté est qu'il s'y conforme et qu'il l'avertisse ponctuellement de ce qui aura été pratiqué en ces occasions aussi bien que des difficultés qu'il aura trouvées s'il en survient quelqu'une à ce qui est de l'usage ordinaire et qui a été pratiqué dans les occasions précédentes.

Elle veut aussi qu'il ne perde point de temps à faire son entrée lorsque ses équipages seront prêts et qu'il remplisse cette fonction le plus tôt qu'il lui sera possible.

Outre ce que cette instruction renferme, l'intention du Roi est que tous ses ambassadeurs et ministres au dehors lui rapportent, au retour de leurs emplois, une relation exacte de ce qui s'y sera passé dans les négociations qu'ils auront conduites, de l'état des pays où ils auront servi, des cérémonies qui s'y observent soit dans les entrées, soit dans les audiences ou en toute autre rencontre, et enfin de tout ce qui peut donner une connoissance particulière des lieux où ils auront été employés et des personnes avec lesquelles ils auront négocié. Ainsi le sieur abbé de Mornay aura soin de préparer de cette sorte un mémoire en forme de relation de l'emploi que Sa Majesté lui confie pour le remettre à son retour entre les mains de Sa Majesté.

Fait à Versailles (22 mars 1714).

MÉMOIRE CONCERNANT LE COMMERCE MARITIME, LA NAVIGATION ET LES COLONIES, POUR SERVIR D'INSTRUCTION AU SIEUR ABBÉ DE MORNAY, AMBASSADEUR EXTRAORDINAIRE DE SA MAJESTÉ EN PORTUGAL.

Copie. — *Correspondance de Portugal*, t. XLV, fol. 373. — 23 octobre 1713.

Le Roi ayant fait choix du sieur abbé de Mornay pour résider en qualité de son ambassadeur extraordinaire auprès du roi de Portugal, Sa Majesté est si persuadée de son zèle pour son service, qu'Elle ne doute pas qu'il ne donne toute son attention sur les affaires concernant le commerce maritime, la navigation et les colonies, de même que sur celles qui intéressent la nation.

COMMERCE DE FRANCE EN PORTUGAL

La situation du royaume de Portugal et celle de ses colonies ayant un très grand rapport à la navigation des sujets de Sa Majesté, le sieur abbé de Mornay observera qu'ils faisoient avant la dernière guerre plus de commerce à Lisbonne et autres ports du Portugal qu'aucune autre nation de l'Europe; ils y occupoient un grand nombre de bâtiments et ils y débitoient une quantité considérable de marchandises du cru et des manufactures de France, particulièrement des draps, droguets, serges, rubans, dentelles, galons de laine, soie, or, argent et fil, des chapeaux de castor et autres, des toiles de toutes sortes, de mercerie et de quincaillerie, du poisson salé, des grains et légumes, des eaux-de-vie, du papier, des étoffes de soie et des brocards d'or et d'argent; ils faisoient leurs retours en laines, huiles et fruits du pays, en cassonade, tabac, bois de Brésil, en morfil et marchandises des Indes dont l'entrée est permise, en matières et espèces d'or et d'argent.

BATIMENTS A FRET ET NAVIGATION DE PORT EN PORT

Les François trouvoient encore à se fréter dans les ports du Portugal, pour le transport des marchandises que les étrangers et particulièrement les Espagnols et les Italiens tirent ordinairement de ce royaume; plusieurs petits bâtiments françois portoient aussi journellement aux côtes d'Espagne, dans l'Océan et la Méditerranée, du sucre et du tabac du Brésil, qu'ils négocioient pour leur compte de port en port et revenoient en France avec leur retour en argent.

DIMINUTION DU COMMERCE

Ces grands commerces ont diminué considérablement par deux raisons principales : la première procède des grands établissements que Sa Majesté a procurés à ses sujets par la culture des sucres dans les îles françoises de l'Amérique, et des raffineries en France; la consommation des sucres du Brésil se trouvant par là diminuée, les bâtiments françois n'ont plus eu de si grands retours à apporter, et la seconde provient de l'édit que le roi de Portugal fit en 1686, pour défendre dans ses États l'entrée de toutes sortes de dentelles, passements, galons, étoffes d'or et d'argent, toutes sortes de chapeaux, points de fil, draps rouges, et plusieurs espèces de merceries; on n'a pas laissé cependant d'en introduire par des voies cachées, et on est informé que la noblesse portugaise s'est mise dans le goût des étoffes d'or et d'argent et qu'elle en fait une grande consommation, tant en vestes et habits de femmes, qu'en lits et autres ameublements.

Les François font encore commerce à Madère et aux îles des Açores, d'où ils tirent des écorces de citrons pour porter en France, et des vins pour les îles de l'Amérique; ils s'y frètent aussi quelquefois pour les pays étrangers.

Voilà l'état auquel a été ci-devant le commerce avec le Portugal; il est important que le sieur abbé de Mornay donne tous ses soins et son application sur ce qui pourra contribuer à le rétablir et même à l'augmenter le plus qu'il se pourra. Il sera nécessaire, à cet effet, qu'il examine les moyens d'y parvenir en observant ce qui se passe dans l'intérieur de ce commerce, qu'il entende souvent les marchands et pour cela qu'il leur donne un libre accès auprès de lui, et qu'en toute occasion il les protège pour les faire jouir des privilèges accordés à la nation pour empêcher les vexations, avanies et surexactions de droits, faciliter leurs expéditions, et qu'il s'emploie généralement sur tout ce qui peut leur être avantageux.

Les Anglois et les Hollandois n'ont rien omis pendant la dernière guerre pour s'emparer du commerce de la nation, ils ont fait tant qu'elle a duré tout celui du Portugal. Ils ont contrefait quelques-unes des manufactures de France; mais leurs fabriques ont été si défectueuses qu'ils n'en ont pas eu le débit qu'ils croyoient, et on assure que les Portugais en sont si dégoûtés qu'ils commencent à prendre par préférence de celles du royaume. C'est sur quoi il est très essentiel que le sieur abbé de Mornay agisse avec vivacité en prenant les mesures qu'il jugera nécessaires pour augmenter le débit des marchandises de nos manufactures, et pour faire en sorte que celle des Anglois et des Hollandois et autres étrangers n'en aient aucun.

PRIVILÈGES DES FRANÇOIS

Par l'article 10 du traité fait par le sieur de Saint-Romain, il est expressément porté que les François jouiront, dans toute l'étendue des États du roi de Portugal, des mêmes privilèges, franchises et exemptions stipulés en faveur des autres nations et de ceux qui leur pourront être accordés à l'avenir. C'est pourquoi le sieur abbé de Mornay aura une attention particulière pour en faire jouir les François, de même que de ce qui a été concédé aux Anglois et Hollandois pendant la dernière guerre, et il fera dans les occasions et dans les cas de contravention toutes les instances nécessaires auprès du Roi de Portugal et de ses ministres pour les faire réparer.

RÉVOCATIONS A DEMANDER

Comme par les traités les Rois de Portugal sont obligés de ne point prohiber l'entrée des marchandises des nations avec lesquelles ils les ont faits, ni la liberté du débit, le Roi désire qu'il s'en serve utilement pour représenter, dans les occasions, que les prohibitions ordonnées par l'édit de 1686 doivent être révoquées, d'autant qu'elles ne regardent que peu les autres nations dont le commerce demeure libre pour leurs manufactures et pour celles qu'ils veulent imiter des François, et Sa Majesté est persuadée que les mouvements qu'il se donnera procureront cette révocation.

VINS ET EAUX-DE-VIE DE FRANCE

Le Roi de Portugal a défendu depuis deux ans l'entrée des eaux-de-vie des pays étrangers, et cela parce que les Anglois pouvant tirer des vins de France n'enlevoient plus ceux de Portugal, de sorte que les Portugais qui ont des vins, n'en ayant pas de débit, en font des eaux-de-vie pour envoyer au Brésil, qui quoique mauvaises y ont cours faute d'autres. Et comme cette défense a été faite pendant la guerre, que les eaux-de-vie du royaume ont toujours été d'un bon débit en Portugal, et qu'il est dit par l'article 5 du traité de paix conclu à Utrecht que le commerce se fera en Portugal de la même manière qu'il se faisoit avant la guerre, Sa Majesté souhaite que le sieur abbé de Mornay demande au Roi de Portugal la suppression de cette défense, et qu'il tire aussi avantage de cet article pour obtenir l'entrée des vins du royaume et des autres marchandises et denrées prohibées en Portugal ; et en cas que cette demande ne lui soit pas accordée, il fera entendre à ce prince et à ses ministres que Sa Majesté pourra aussi défendre l'entrée en France des sucres et des tabacs de Portugal, dont il se fait un commerce considérable par Marseille et Bayonne, et il est à croire que cela les obligera à révoquer les défenses dont il s'agit.

MAGASINS D'ENTREPOT

Il observera que le Roi ordonna au commencement de la dernière guerre avec l'Espagne au sieur de l'Escole, qui étoit alors consul de la nation françoise à Lisbonne, de faire un traité avec les ministres de Portugal pour avoir un lieu qui servît d'entrepôt aux marchandises que les François enverroient en Espagne et aux autres pays, et à celles qu'ils en retireroient. Ce traité fut conclu à la satisfaction de Sa Majesté, et ses sujets ont retiré une grande utilité de cet entrepôt qui subsiste toujours et qu'il est important de maintenir. Sa Majesté recommande au sieur abbé de Mornay de tenir la main à ce que les conditions en soient entretenues de la part des Portugais, sans surexaction des droits stipulés et avec les facilités nécessaires; et, afin de leur ôter tout prétexte de rien innover, il empêchera que les négociants françois n'abusent point de cet entrepôt et pour cet effet il fera punir ceux qui se trouveront en malversation et fraude des droits du Roi de Portugal.

Il se fera informer si les marchandises manufacturées en France qui sont portées en Portugal sont de bonne qualité, d'un bon apprêt, et quand il s'en trouvera de défectueuses, il ne manquera pas de donner avis des défauts qui s'y rencontreront, marquant en quoi ils consistent, et en quel lieu de France elles ont été fabriquées, afin qu'il puisse y être remédié pour conserver la réputation et le bon débit des marchandises du royaume.

Le commerce de la nation en Portugal a souffert très souvent beaucoup de préjudice par la mauvaise foi et la conduite déréglée des commissionnaires françois résidant à Lisbonne, et par la mésintelligence qui était entre eux. Sa Majesté veut que le sieur abbé de Mornay entre dans le détail de leur commerce pour empêcher les supercheries qu'ils peuvent faire à leurs commettants, et les obliger à leur rendre un bon compte, et à les payer de ce qu'ils leur doivent, suivant qu'il en sera requis par les marchands des villes de France, afin de terminer par son autorité les différends et procès qu'ils auront ensemble.

JUGE CONSERVATEUR

Les Rois de Portugal ont toujours accordé un juge conservateur des affaires des François, lorsque les ambassadeurs de Sa Majesté en ont demandé à ces Princes qui ont toujours nommé ceux qu'ils leur ont proposés. Le sieur abbé d'Estrées fit commettre au mois de juin 1697 le Desembargador, Antonio de Santoz d'Oliveira, pour remplir cette place, et il assura Sa Majesté que ce sujet étoit très affectionné à la nation. Le sieur abbé de Mornay s'informera s'il exerce toujours ce poste, et si les François en sont contents, sinon il examinera s'il convient d'en nommer un autre.

Les appointements de ce juge se prenoient sur le tribut des deux vingtains par tonneau des bâtiments françois ci-devant attribués à la chapelle de Saint-Louis sur le pied de cent cinquante mille rays par an qui font environ 750 livres, monnaie de France.

Il aura soin que ce qui provient de cette imposition soit distribué suivant l'arrêt du Conseil qui en ordonne l'emploi et qui est enregistré dans la chancellerie du consulat de la nation à Lisbonne, et d'empêcher qu'il ne s'en fasse aucun divertissement et d'autres usages.

JURIDICTION CONSULAIRE

Il observera que ce juge conservateur ne doit connoître que des procès qui surviennent entre les François et les Portugais ou autres étrangers. A l'égard des différends, contestations, et procès que les François ont les uns contre les autres, ils doivent s'adresser aux consuls de la nation qui en doivent connoître, en conséquence des anciennes ordonnances; et afin que les sujets du Roi soient soumis à cette juridiction consulaire, Sa Majesté a rendu le 4 janvier dernier l'ordonnance dont l'exemplaire est ci-joint. Le sieur abbé de Mornay tiendra exactement la main à son exécution.

COMMERCE DE LA NATION AU BRÉSIL

Les sujets de Sa Majesté ont été en possession, avant la dernière guerre, de la faculté d'envoyer au Brésil leurs bâtiments sous pavillon françois en vertu des traités généraux et par accommodements faits en particulier entre le sieur de Saint-Romain et les sieurs duc de Cadaval et marquis de Fronteyra au sujet du navire appelé la *Marguerite*, qui avoit été confisqué au Brésil et qui fut restitué. Il doit tenir la main à ce que les François soient maintenus dans ce privilège dont les Anglois et les Hollandois ne jouissoient pas alors, et il n'est rien dit qui y soit opposé par le traité de paix conclu à Utrecht.

Il est à remarquer que le nommé Jean Verdouet de Bayonne faisoit alors la fonction de consul de la nation à la Baie de Tous les Saints; il est repassé en France à cause de la guerre pendant laquelle les Anglois et les Hollandois ont obtenu des ordres du Roi de Portugal pour laisser établir quatre marchands hollandois et quatre anglois à la Baie, trois de chacune de ces nations au Rio-Janeiro, et deux à Pernambouc. Les Anglois ont encore eu la liberté d'établir un consul au Brésil, et il est juste que ce prince permette aussi à un pareil nombre de négocians françois de s'établir dans les mêmes lieux, et qu'il accorde l'exequatur des provisions du consul que le Roi jugera à propos d'y envoyer; c'est sur quoi Sa Majesté recommande au sieur abbé de Mornay de faire les instances les plus pressantes au Roi de Portugal, et Elle ne doute pas que ce prince ne prenne la résolution qu'Elle peut désirer. Au surplus, le commerce du Brésil est un objet d'une conséquence infinie pour les François par rapport à la matière d'or dont les mines du pays abondent, et à la grande quantité que l'on en peut rapporter en retour des marchandises que les François y enverront. Ainsi, il ne peut rendre un service plus essentiel ni qui soit plus agréable au Roi et plus avantageux à l'État, qu'en s'appliquant entièrement sur tout ce qui concerne l'établissement solide et l'augmentation de ce commerce.

LE SIEUR DU VERGER

Le sieur Du Verger, consul de la nation à Lisbonne, est bien instruit de ce commerce et de celui de Portugal; il a beaucoup de mérite et de capacité; il connoît parfaitement les intérêts et le génie portugais; il en est considéré. Le sieur abbé de Mornay peut prendre en lui une entière confiance et le charger des affaires qu'il jugera à propos. Ce consul qui est plein de probité lui rendra compte de toutes choses, et il exécutera ses ordres avec beaucoup de zèle et d'attention.

CONSULS

Il est nécessaire qu'il examine la conduite des sieurs Bonnal et Sauvaire, consuls établis à Porto et à Madère, et de ceux qui seront envoyés dans les îles de Tercères, de Saint-Michel et de Fayal; il leur donnera la protection dont ils auront besoin contre les violences et les entreprises que les gouverneurs et autres officiers pourroient intenter contre eux.

NAVIGATION DES VAISSEAUX FRANÇOIS AUX INDES

Les officiers des vaisseaux françois qui ont navigué avant la dernière guerre, tant dans les Indes que dans les autres parties du monde, ayant abordé dans les ports, havres et rades de la domination du Roi de Portugal sur la confiance qu'ils y seroient bien reçus, quelques gouverneurs en ont bien usé et les autres très différemment; c'est pourquoi il est nécessaire que le sieur abbé de Mornay obtienne de nouveaux ordres du Roi de Portugal aux gouverneurs et principaux officiers de Goa, Diu, de la Baie de Tous les Saints, du Rio-Janeiro, des ports de la côte d'Afrique et des îles du Cap-Vert, pour les obliger à tenir la main à ce que les François n'y soient ni vexés ni molestés, et que les choses dont ils auront besoin leur soient fournies à des prix raisonnables.

COMMERCE DES PORTUGAIS AUX INDES

Les Anglois et les Hollandois ayant réduit par les voies qui sont connues la puissance et le commerce des Portugais dans les Indes, du haut point de grandeur où ils l'avoient porté par la piété, la valeur et les travaux des Rois prédécesseurs de Sa Majesté portugaise, à l'état où les choses se trouvent à présent, il paroît que leurs établissements leur sont à charge et qu'il est difficile qu'ils puissent les remettre en assez bon état pour en tirer de l'utilité à cause de la concurrence de ces nations, et des contrariétés qu'elles font aux entreprises et au commerce des autres. Le sieur abbé de Mornay se servira des occasions qu'il pourra trouver pour faire entrer les ministres du Roi de Portugal dans des liaisons avec les François pour le commerce des Indes, par la communication et même la cession de quelques-unes des places qui leur sont à charge, sous des conditions qui leur pourroient convenir ; Sa Majesté est cependant persuadée que son caractère d'ambassadeur ne convient pas d'abord pour faire une pareille proposition, mais il peut la faire insinuer par le sieur Du Verger et par des négociants, et si les ministres de Portugal vouloient l'écouter et entrer en négociation, il pourroit pour lors agir avec eux ; quelque succès que cela ait, il est nécessaire qu'il s'applique à connoître le fond du commerce que les Portugais font dans les Indes, et tout ce qu'ils observent dans la navigation, dans les envois qu'ils font dans ces pays-là et dans les retours qu'ils en apportent, pour en envoyer des mémoires à Sa Majesté qui puissent servir à diriger le commerce des François.

MARINE DE PORTUGAL

Il s'instruira précisément des forces maritimes du Roi de Portugal, du nombre et de la force des vaisseaux, de l'état où sont les magasins et arsenaux, de la capacité des officiers de mer et en général de la marine de ce Prince ; il rendra compte à Sa Majesté de ce qu'il apprendra sur le tout.

Les armateurs françois ont pris pendant la dernière guerre plusieurs bâtiments portugais qui ont été rançonnés, les ôtages ont été conduits en France où ils sont encore détenus sans que les propriétaires de ces prises se soient mis en devoir de retirer ces ôtages en satisfaisant à leurs rançons ni de leur donner aucun secours; et il semble qu'ils n'aient cherché qu'à les laisser périr de misère; et comme ce procédé est entièrement contraire à l'humanité et à la bonne foi, le Roi désire que le sieur abbé de Mornay s'en plaigne fortement au Roi de Portugal, et Sa Majesté est persuadée que ce Prince donnera aussitôt ses ordres pour obliger les propriétaires des bâtiments à payer sans aucun retardement les rançons expliquées dans le mémoire ci-joint.

ASSASSINAT DU SIEUR DU CLERC

La dame Du Clerc a présenté au Roi le placet dont copie est ci-jointe, au sujet de l'assassinat commis en la personne de son mari par ordre du gouverneur de Rio-Janeiro qui a fait faire ce meurtre par ses neveux et ses enfants naturels; l'énormité de ce crime est si grande que Sa Majesté ne doute pas que le Roi de Portugal ne rende à cette veuve toute la justice qu'elle peut espérer, et qu'il ne lui fasse donner un dédommagement en argent ou en pension proportionné à l'état fâcheux où l'a réduit un assassinat aussi affreux, et aux pertes qu'elle a faites, C'est sur quoi Sa Majesté recommande au sieur abbé de Mornay de faire à ce Prince les instances les plus pressantes.

AFFAIRES IMPRÉVUES

Comme dans le cours de son ambassade, il arrivera peut-être plusieurs incidents qu'il est difficile de prévoir dans cette instruction, Sa Majesté attend de sa prudence qu'il prendra en ces occasions le parti le plus agréable pour Elle et le plus avantageux pour le bien de ses sujets, et qu'il aura soin de l'informer chaque ordinaire de tout ce qui se passera, tant par rapport au présent mémoire que pour les affaires imprévues concernant le commerce maritime, la navigation et les colonies afin que sur le compte qu'il en rendra, Elle puisse lui faire savoir ses intentions par le secrétaire d'État ayant le département de la Marine.

Elle remet le reste à sa sage prévoyance, étant persuadée que le zèle qu'il a pour son service sera toujours le même et qu'il rapportera dans les affaires les plus difficiles toute la fermeté, la présence d'esprit et la capacité qui lui sont connues.

Fait à Versailles le 23 octobre 1713.

Signé : Louis.

Et plus bas :

Phélypeaux.

XVII

L'ABBÉ DE LIVRY

1724 — 1725[1].

L'abbé de Mornay ne fut remplacé à Lisbonne qu'en 1724 par François Sanguin, abbé de Livry[2]. Dès lors, le gouvernement français n'envoya plus d'ambassadeur en Portugal que d'une manière tout à fait intermittente[3]. La monarchie des Bragance cessait de compter, en effet, dans la diplomatie européenne, comme un facteur indépendant. Son royaume péninsulaire, aussi bien que ses possessions extérieures ne constituaient désormais, aux yeux des hommes d'État des autres nations, qu'une colonie de la Grande-Bretagne, une sorte de marché anglais, plus ou moins directement soumis aux fluctuations de la politique du cabinet de Londres. Les rapports avec le Portugal ne prenaient plus, dès lors, une importance relative que dans les moments où l'Angleterre entrait dans quelque combinaison d'alliances continentales, ou lorsqu'il s'agissait de régler avec la cour de Lisbonne quelque affaire particulière.

C'était le cas qui se présentait en 1724.

1. Ministre des Affaires étrangères : Charles-Jean-Baptiste de Fleuriau d'Armenonville, comte de Morville.
2. Il était fils de Louis Sanguin, marquis de Livry, maréchal de camp et premier maître d'hôtel du roi, et de Marie-Antoinette de Beauvilliers de Saint-Aignan. Né en 1677, François Sanguin fut successivement auditeur de rote, abbé de Saint-Sernin de Toulouse, de Saint-Arnould de Metz, de Fontenay, de Livry et de Beaulieu; il mourut à Paris le 13 février 1729, ayant refusé plusieurs évêchés. Avant d'aller en Portugal, il avait été envoyé comme ambassadeur en Pologne, dont le roi Auguste lui avait accordé sa nomination au cardinalat; de Lisbonne, il fut nommé en la même qualité à Madrid, où il se rendit en 1726.
3. Il était presque toujours représenté à Lisbonne par de simples chargés d'affaires; c'était à ce moment le sieur de Montagnac, consul général de la nation française.

D'une part, des difficultés s'étaient élevées, depuis longtemps déjà, entre l'Espagne et le Portugal au sujet de l'interprétation de deux articles du traité fait à Utrecht entre les deux puissances, le 6 février 1715, et les deux gouvernements avaient résolu de s'en rapporter pour la solution de ces difficultés à la médiation des rois de France et d'Angleterre.

D'autre part, le Portugal demandait à entrer dans la quadruple alliance formée entre la France, l'Empire, l'Espagne et l'Angleterre. Dès le mois de janvier 1721, Don Jean V avait accrédité, comme envoyé extraordinaire auprès de Louis XV, Marc-Antoine d'Azevedo Coutinho, au lieu et place du comte de Ribeira[1]. Au moment où l'abbé de Livry était nommé ambassadeur à Lisbonne, en 1724, les plénipotentiaires des quatre puissances se réunissaient à Cambrai. Le roi de Portugal aurait désiré être admis au congrès au même titre que les quatre principaux contractants; mais la France s'y était opposée, dans la crainte que d'autres puissances ne demandassent aussi leur accession. Elle appréhendait en outre que les différends particuliers à régler entre l'Espagne et le Portugal ne rendissent plus difficiles les négociations générales et que la présence des Portugais aux délibérations ne fortifiât le parti de l'Empereur par suite des liens qui l'unissaient à la cour de Lisbonne. Le cabinet de Versailles consentait bien à admettre le Portugal à la quadruple alliance, mais par une accession particulière, faite postérieurement au congrès.

C'est dans ces circonstances que l'abbé de Livry reçut ses instructions, en mai 1724, et arriva à Lisbonne au mois de septembre suivant[2].

Des difficultés d'étiquette se produisirent dès son arrivée : renouvelant une prétention qui avait amené des froissements avec quelques-uns des prédécesseurs de l'abbé de Livry, le secrétaire d'État Diego de Mendoza[3] se refusa à lui faire la première visite. Cette prétention prenait une grande importance dans une cour formaliste, où les questions de préséance jouaient un rôle exagéré. Elles pouvaient compromettre le résultat des négociations à engager. Aussi, le cabinet de Versailles se montra-t-il inflexible sur ce point; le 15 janvier suivant 1725, l'abbé de Livry signifiait officiellement au ministre portugais qu'il avait ordre de sa cour de se retirer sans demander

1. D. Luiz da Cunha était alors ambassadeur ordinaire.
2. Il emportait des instructions spéciales — fort courtes et que nous n'avons pas cru devoir reproduire — lui enjoignant de s'informer des qualités de l'infante Dona Maria, sœur de Don Jean V, à la main de laquelle on songeait, à Versailles, pour le duc de Bourbon. (*Correspondance de Portugal*, Supplément, t. III.)
3. Don Diego da Mendoza, secrétaire d'État, ambassadeur en Hollande, puis en Espagne. Travailleur infatigable, il était entièrement dévoué aux Anglais et à la maison d'Autriche.

d'audience, si lui, ministre d'État, ne consentait pas à faire la première visite. Soit formalisme à outrance, soit dépit du refus fait par la France d'admettre son plénipotentiaire le comte de Tarrouca[1], au congrès de Cambrai, le roi Don Jean ne permit pas à son ministre de donner à la cour de Versailles la satisfaction qu'elle demandait.

Aussi, dès le 25 de ce même mois de janvier 1725, l'abbé de Livry quittait Lisbonne pour revenir en France par l'Espagne, laissant M. de Montagnac comme chargé d'affaires en Portugal. Il n'avait pu, par conséquent, régler aucune des questions, particulières ou générales, qu'il avait été chargé de traiter, et l'ambassade de France à Lisbonne ne devait plus recevoir de titulaire que quinze années plus tard.

MÉMOIRE POUR SERVIR D'INSTRUCTION AU SIEUR ABBÉ DE LIVRY, ALLANT EN QUALITÉ D'AMBASSADEUR DU ROI AUPRÈS DU ROI DE PORTUGAL.

Minute. — Portugal; *Mémoires et documents*, t. I, p. 25. — 31 mai 1724.

Le Roi ayant pris la résolution de remplir son ambassade en Portugal, vacante depuis le mois de septembre 1720 que Sa Majesté rappela le feu abbé de Mornay nommé à l'archevêché de Besançon, elle a en même temps jugé à propos de la confier à un sujet qui ait toutes les qualités nécessaires pour s'acquitter dignement de cet important emploi, et comme elle connoît parfaitement la capacité du sieur abbé de Livry, son zèle et son affection pour le service de Sa Majesté, elle l'a nommé son ambassadeur en Portugal, et elle lui ordonne de partir incessamment pour se rendre à Lisbonne en prenant sa route pour l'Espagne. Lorsqu'il sera arrivé à Bayonne, il demandera une audience à la Reine douairière d'Espagne[2], et il lui présentera la lettre de

---

1. Le comte de Tarrouca était le fils cadet du marquis d'Allegrette; il était, comme son père, partisan de la maison d'Autriche et des Anglais.
2. Veuve de Charles II.

la main du Roi que Sa Majesté lui fait remettre pour cette princesse, et qui ne contient que des assurances de son amitié, auxquelles le sieur abbé de Livry, pour remplir parfaitement les intentions du Roi, ajoutera tout ce qu'il croira propre à convaincre la Reine douairière d'Espagne des sentiments que Sa Majesté a pour elle.

Sa Majesté laisse au sieur abbé de Livry la liberté de séjourner quelques jours à la cour de Madrid, et non seulement elle lui permet, mais encore elle désire qu'il aille à celle de Saint-Ildefonse. Il dira au Roi Philippe et à la Reine son épouse que le Roi a si fort à cœur de leur prouver la tendresse qu'il conserve pour eux, que Sa Majesté ne veut laisser échapper aucune occasion de leur en faire parvenir de nouveaux témoignages, surtout lorsqu'elle trouve à les leur donner par une personne qui, portant des marques distinguées de son estime et de sa confiance, ne sauroit manquer d'être agréable à Leurs Majestés Catholiques. Le sieur abbé de Livry leur dira de plus que si elles jugeoient à propos de lui donner quelques ordres pour le pays où il va, il les exécutera avec fidélité et avec d'autant plus de zèle, qu'il sait qu'on ne sauroit se faire un plus grand mérite auprès du Roi, qu'en s'employant au service de Leurs Majestés Catholiques.

Il tiendra les mêmes discours au Roi et à la Reine d'Espagne, lorsqu'il leur sera présenté par le maréchal de Tessé[1], avec qui il se concertera sur la correspondance, sinon nécessaire, au moins convenable, à établir entre eux pendant que l'un sera à Madrid et l'autre à Lisbonne. Enfin il verra les trois infants, et la princesse destinée pour épouse à l'infant Don Carlos, et les assurera tous de l'amitié de Sa Majesté pour eux.

Après s'être acquitté de ce que Sa Majesté recommande à ses soins dans les deux cours d'Espagne, il poursuivra son voyage pour celle de Lisbonne. Lorsqu'il en approchera, il fera avertir le sieur de Montagnac, consul de la nation, et qui depuis qu'il n'y a point d'ambassadeur du Roi en Portugal, rend compte de ce qui intéresse le service de Sa Majesté, et il lui prescrira de se

---

1. René de Froulay, comte de Tessé, ambassadeur à Madrid depuis 1724.

rendre auprès de lui, afin d'en tirer d'avance des éclaircissements et des notions sur les choses qui pourroient s'être passées à cette cour depuis la date de ce mémoire.

Le sieur abbé de Livry étant à Lisbonne et ayant rempli les cérémonies et les usages qui doivent précéder toutes autres choses, donnera son application aux différentes affaires dont il sera parlé dans la suite de ce mémoire. Mais avant que le Roi lui explique ses intentions sur chacune d'elles, et sur celles qui doivent faire l'objet de ses soins dans tout le cours de son ambassade, Sa Majesté juge à propos d'exposer dans ce mémoire, le jugement qu'elle porte des principales personnes de la cour et du ministre de Lisbonne.

Le Roi de Portugal est un prince entier dans ses sentiments et qui gouverne plus despotiquement que n'ont fait son père, son oncle et son aïeul. On lui rapporte généralement toutes les affaires de son royaume, et il ne se fait rien qu'il n'ait auparavant donné ses ordres, mais les affaires ne lui sont pas toujours rapportées dans le vrai.

La Reine est une princesse de beaucoup de vertu. Le Roi, son mari, la considère fort, et même l'on peut dire qu'il la respecte, mais il ne paroît pas qu'elle ait aucune sorte d'influence dans le gouvernement. Il en est de même des deux infants frères du Roi de Portugal, qui se trouvent actuellement à Lisbonne. Don Francisco, l'aîné, a toujours paru d'une humeur féroce et intraitable, et c'est seulement depuis quelques années que l'on a remarqué quelque adoucissement à ce caractère. Don Antonio, le cadet, au contraire, laisse voir des qualités estimables; il a de bonnes mœurs et de la sagesse.

Don Diégo de Mendoça[1] qui, pour ainsi dire, fait les fonctions de principal et d'unique ministre sous le titre de secrétaire d'État, a beaucoup d'esprit, d'intelligence et de finesse. C'est par ses mains que tout passe généralement, c'est à lui à qui tout se rapporte, et il a l'entière confiance du Roi son maître. Le sieur abbé de Livry ne doit pas s'attendre à le trouver empressé ni effectif dans les choses qui intéresseront la

---

1. Voir plus haut, p. 268.

France, et il doit compter que toutes les fois que ce ministre lui marquera plus de disposition et d'ardeur qu'en un autre temps pour ce qui peut être de la satisfaction du Roi, et de l'avantage de la nation, ce sera une preuve pour lors que la cour de Lisbonne a besoin en quelque chose de la France, puisqu'il est certain que Don Diégo de Mendoça ne se portera jamais par inclination à ce qui peut être favorable aux François, et qu'il n'y aura que la force de la justice et celle des égards dus au Roi, qui procureront le succès de ce que le sieur abbé de Livry aura à traiter avec le secrétaire d'État du Roi de Portugal. Le crédit de ce dernier se trouve encore appuyé par le patriarche de Lisbonne, dont il est beau-frère : ce prélat a beaucoup de part à la faveur du Roi de Portugal qu'il approche fréquemment. Il ne paroît pas qu'il se mêle beaucoup des affaires d'État, à moins que ce ne soit dans les conférences particulières qu'il a avec Don Diégo de Mendoça.

Les relations que le Roi a eues de Lisbonne depuis que le cardinal d'Acunha[1] y est retourné, n'ont fait que très peu mention de lui ; ainsi il n'est pas possible d'instruire le sieur abbé de Livry du plus ou du moins d'influence que ce cardinal peut avoir repris dans le gouvernement.

Celui des ministres que Sa Majesté a lieu de croire le plus en faveur auprès du Roi de Portugal après le secrétaire d'État, est le marquis d'Abrantès, chambellan de ce prince, et qui a été autrefois ambassadeur à Rome. Il paroît à l'extérieur être ami du secrétaire d'État ; ils ont beaucoup d'égards l'un pour l'autre, et s'ils étoient véritablement unis, ils seroient maîtres de toutes les décisions.

Le marquis de Fronteyra[2], surintendant de la Monnaie, de la Marine et des Bâtiments, est chargé d'un grand travail, mais les décisions des affaires qui forment ce travail ne se font point entre le Roi son maître et lui. Ce marquis rapporte tout à la Junte (conseil), ordinairement composée de lui, du marquis d'Abrantès, du secrétaire d'État. Quelques autres personnes y ont entrée de temps en temps, et surtout le marquis d'Alegrette.

1. Voir plus haut, p. 252.
2. Le marquis de Fronteyra avait été général des troupes de l'Estramadure.

Ce dernier a part dans plusieurs affaires, et plaît assez au Roi avec qui il sort souvent, mais il s'en faut beaucoup qu'il entre autant que les trois autres nommés ci-dessus, dans le gouvernement.

Ces notions, quoique assez imparfaites, sont pourtant les seules qu'il soit possible de donner au sieur abbé de Livry sur la cour et le ministre de Portugal. Il peut même arriver qu'il reconnaisse, bientôt après son arrivée à Lisbonne, qu'elles ne sont pas également certaines dans toutes les circonstances, n'étant fondées que sur des avis indirects venus de temps en temps et par hasard, depuis que l'ambassade du Roi n'est point remplie, et le compte qu'a rendu le sieur de Montagnac n'ayant jamais eu rapport qu'aux affaires particulières qui étoient journellement commises à ses soins.

Il y a beaucoup d'apparence que le sieur abbé de Livry trouvera la cour de Lisbonne très satisfaite de voir un ambassadeur du Roi, et même très empressée à marquer du désir de plaire à Sa Majesté, et de se concilier ses bonnes grâces dont elle croira avoir besoin dans la conjoncture présente qu'il va se former sous les yeux de Sa Majesté, et sous sa médiation et celle du Roi d'Angleterre, une négociation pour terminer quelques différends qui subsistent entre le Roi Catholique et le Roi de Portugal depuis le traité d'Utrecht. Ces différends naissent des diverses interprétations que les deux parties font de deux articles de leur traité et principalement du douzième.

Le Roi fait joindre à cette instruction un mémoire qui fournira au sieur abbé de Livry sur cette affaire les connoissances qui peuvent lui être nécessaires, en attendant que la nouvelle négociation étant entamée ici, Sa Majesté lui envoie ses ordres sur ce qu'il aura à faire, ou à dire à la cour de Portugal. L'intention du Roi est que le sieur abbé de Livry ne soit pas le premier à parler sur cette matière, mais, dès les premières ouvertures qui pourront lui en être faites, il s'appliquera à persuader le Roi de Portugal et son ministre, qu'il ne dépendra pas de Sa Majesté que la négociation n'ait une fin plus heureuse que celles qui ont été ci-devant entamées par rapport au même objet, et en un mot il n'oubliera rien pour donner à entendre que le Roi de Portugal aura lieu de reconnoître en cette occasion la véritable amitié du Roi pour lui.

Ce prince l'éprouve chaque jour, puisque c'est sur les instances de Sa Majesté que le Roi d'Espagne a consenti à laisser former la négociation dont il s'agit; et même aujourd'hui que Sa Majesté Catholique a envoyé à son ambassadeur en France les pouvoirs nécessaires à cet effet, lesquels pouvoirs permettent seulement à ce ministre de laisser mettre l'affaire sur le tapis, après que l'accession du Roi de Portugal au traité de la quadruple alliance sera faite, le Roi, pour la satisfaction du Roi de Portugal qui souhaite que la conclusion de ses différends avec l'Espagne précède son accession, donne au maréchal de Tessé dans toutes ses dépêches des ordres très pressants de solliciter le consentement du Roi Catholique à ce que le Roi de Portugal désire.

Cependant il peut être que ce dernier croie n'avoir pas lieu de se louer de la France sur les circonstances de l'accession dont il vient d'être parlé, et qu'il juge au contraire avoir lieu de se plaindre de ce qu'elle est la seule, de toutes les puissances intéressées à la quadruple alliance, qui a réduit le Roi de Portugal à se contenter d'une accession telle que celle qui aura lieu dans la suite, et qui par conséquent a empêché l'admission des plénipotentiaires portugais au congrès. Mais comme c'est une affaire décidée et convenue, Sa Majesté ne croit pas que le sieur abbé de Livry ait aucune discussion à essuyer sur ce qui s'est passé. Cependant elle juge qu'il ne peut être que bon qu'il soit instruit des faits, et en même temps des motifs que Sa Majesté a eus de s'opposer à l'intervention des Portugais à Cambrai.

Une clause du traité de la quadruple alliance sembloit inviter nommément le Roi de Portugal à y entrer. Ce prince répondit à cette espèce d'invitation, il offrit même ses forces aux parties contractantes, et adressa principalement cette offre au Roi d'Angleterre qui lui fit dire qu'il n'étoit pas à propos qu'il se commît avec l'Espagne.

Quand toutes les puissances, après l'accession du Roi Catholique, nommèrent leurs plénipotentiaires pour le congrès de

Cambrai, le Roi de Portugal, se flattant toujours qu'il y seroit admis, nomma aussi les siens.

Don Luis d'Acunha, l'un d'eux, vint à la cour du Roi, où il informa le Régent et le ministre de Sa Majesté de l'objet de sa mission. Ce dernier répondit d'une manière très propre à entretenir l'espérance de l'admission des Portugais à Cambrai. Le cardinal Dubois ajouta seulement que le Roi Catholique étant devenu partie contractante de la quadruple alliance, il falloit avoir son consentement à l'accession du Roi de Portugal : sur quoi, Don Luis d'Acunha écrivit au comte de San-Istevan qui lui répondit que le Roi Catholique consentoit à cette accession et à l'intervention des Portugais au congrès.

Le cardinal Dubois fit entendre, et même par écrit, à Don Luis d'Acunha qu'on avoit appris avec plaisir ce consentement du Roi Catholique, et cela pendant que l'Empereur et le Roi d'Angleterre donnèrent le leur très volontiers. Ce cardinal fit davantage, il répéta souvent à Don Luis d'Acunha que le congrès s'ouvriroit par l'accession du Roi de Portugal. Sur ces assurances, Don Luis loua une maison à Cambrai, et le comte de Taroca son collègue y en fit construire une autre. Quand ils crurent que le congrès alloit se former, Don Luis d'Acunha présenta un projet d'accession au cardinal Dubois. Alors celui-ci fit entendre que cette accession ne pouvoit avoir lieu qu'après la conclusion des traités qui devoient se faire à Cambrai. Pressé ensuite par les plaintes que Don Luis d'Acunha faisoit de ce que l'on avoit laissé aller les choses aussi loin, et de l'affront qu'il prétendoit être fait au Roi de Portugal par cet éloignement de son accession et par le défaut d'intervention de ses ministres au congrès, le cardinal proposa à Don Luis d'Acunha d'engager le Roi son maître à consentir de ne point accéder au commencement du con..., moyennant la promesse que cette accession se feroit dans toutes les formes, et non par une simple inclusion, et que la France accommoderoit les différends qui subsistent entre l'Espagne et le Portugal sur l'intelligence du traité d'Utrecht, de sorte qu'il ne seroit pas besoin d'en parler à Cambrai. Alors Don Luis d'Acunha n'insista plus si fortement sur le temps de l'accession. Mais au mois d'octobre dernier, il fit des sollicitations plus vives que jamais, sur lesquelles il lui fut déclaré qu'il se flatteroit vainement que le Roi consentît à l'intervention des Portugais à Cambrai; qu'il falloit que le Roi de Portugal se contentât d'un acte d'accession qui seroit fait à Paris entre les ministres de toutes les puissances contractantes d'une part, et Don Luis d'Acunha de l'autre; qu'au reste le Roi emploieroit volontiers sa médiation conjointement avec celle du Roi de la Grande-Bretagne pour l'accommodement des différends entre le Roi d'Espagne et le Roi de Portugal, et c'est à quoi celui-ci a consenti, et ce qui est sur le point de s'effectuer, le Roi Catholique l'ayant approuvé de son côté. Il est seulement à observer qu'au lieu que, suivant cette convention, l'acte d'accession paroissoit devoir précéder la négociation des différends, aujourd'hui c'est celle-ci qui doit précéder l'autre pour satisfaire le Roi de Portugal, ainsi que le sieur abbé de Livry l'aura pu déjà remarquer en ce qui a été dit ci-devant dans ce mémoire.

Il reste présentement à l'instruire des motifs qui ont déterminé le Roi à s'opposer à l'accession préalable au congrès de Cambrai, et à l'intervention des Portugais à ce congrès.

En premier lieu, Sa Majesté a considéré qu'aussitôt que le Roi de Portugal auroit été admis, plusieurs autres princes demanderoient la même chose.

En deuxième lieu, la cour de Portugal conserve une partialité si déclarée pour l'Empereur, qu'on devoit s'attendre à ce que les plénipotentiaires de cette cour auroient, dans le congrès, appuyé en toutes occasions les prétentions de ce prince.

En troisième lieu, les Portugais auroient fait de leurs différends avec l'Espagne une matière du congrès où il n'y aura que trop de sujets de discussion, et l'on ne sauroit trop éviter de les multiplier. Enfin l'Empereur n'auroit pas manqué de faire de leur cause la sienne propre, sous prétexte qu'il est fait mention des traités d'Utrecht dans celui de la quadruple alliance.

Le sieur abbé de Livry sentira aisément que ces motifs, quelque solides qu'ils soient, ne sont pas propres à être allégués aux Portugais, et que si jamais il arrivoit qu'il eût à répondre à quelques reproches qu'il entendroit sur ce qui s'est passé, l'exposition de pareilles raisons n'est pas ce qu'il doit employer pour les détruire; mais il se servira de ce que le Roi fait aujourd'hui, pour prouver que les intérêts de la couronne de Portugal ne sont pas moins à cœur à Sa Majesté qu'aux autres puissances de la quadruple alliance qui consentoient à l'accession prématurée du Roi de Portugal.

Quoique les deux affaires qui viennent d'être traitées ci-dessus intéressent beaucoup plus le Portugal que la France, le Roi a voulu néanmoins mettre l'abbé de Livry en état de paroître parfaitement instruit, afin que les Portugais reconnoissent que Sa Majesté, en envoyant un ambassadeur à Lisbonne, n'a pas eu moins de soin de lui donner ses ordres sur ce qui intéresse la couronne de Portugal que sur les intérêts de la France. Ceux-ci ont deux objets principaux que l'abbé de Livry doit suivre constamment dans le cours de son ambassade, l'un de faire reprendre aux Portugais leurs anciennes maximes, et les sentiments, si conformes au véritable bien de leur pays, qu'ils avoient lorsqu'ils étoient persuadés que le salut de leur royaume dépendoit de l'intelligence et de l'union qu'ils conserveroient avec la France. Il semble qu'on pourroit espérer quelque succès des soins et de l'application que l'abbé de Livry y apportera, avec la prudence et l'habileté dont il est capable, parce que dans tout ce qu'il dira et fera dans cette vue, les Portugais ne pourront pas soupçonner que ce soit l'intérêt de la France plus que celui du Portugal qui le fait agir ou parler, puisque le Roi n'a à exiger d'eux aucune sorte d'engagement, et que Sa Majesté ne les recherche point pour leur faire prendre part à aucun traité, ni à aucune ligue; et tout ce qu'elle désire d'eux, est qu'ils veuillent eux-mêmes se maintenir en tranquillité, et reconnoître que quelque événement qu'il y ait dans l'Europe, il n'y a point de puissance avec qui il leur convienne davantage de demeurer unis qu'avec la France.

Le second objet que l'abbé de Livry doit toujours se proposer est le commerce de France en Portugal, et l'intention du Roi, en général, est qu'il n'oublie rien pour procurer le rétablissement des choses sur le pied qu'elles étoient autrefois. Sa Majesté sait que, pour y parvenir, il aura besoin d'instructions plus détaillées que n'est l'ordre qu'elle lui donne ici, mais elle veut auparavant que l'abbé de Livry ait reconnu précisément la situation où se trouvent le commerce et les négociants françois qui sont établis en Portugal, aussi bien que le commerce et les négociants anglois. Il fera parvenir à Sa Majesté, après s'être donné le temps de lui fournir des éclaircissements également sûrs et détaillés, des mémoires très exacts, en conséquence desquels le Roi prendra ses résolutions, et lui prescrira ce que Sa Majesté voudra qu'il fasse. Cela n'empêche pas qu'en attendant, l'abbé de Livry ne doive s'attacher à conserver les privilèges connus des marchands françois, et à les protéger et maintenir en tout ce qui leur est acquis par les traités; mais ce seront sa prudence et sa sagesse qui régleront ses démarches à cet égard, et nullement le plus ou le moins de vivacité des représentations que lui feront les négociants françois, dont le caprice et l'intérêt causent leurs plaintes bien plus souvent que les injustices qu'ils peuvent avoir souffertes. S'il faut qu'un ambassadeur du Roi s'applique continuellement à favoriser les sujets de Sa Majesté dans le pays où il se trouve, il n'est pas moins important qu'il s'attache à ne jamais faire de démarches qui ne puissent être soutenues et qui ne soient fondées sur la justice et sur les traités.

Il y a actuellement quelques affaires dont le sieur de Montagnac sollicite la conclusion depuis longtemps. Le sieur abbé de Livry se fera rendre compte par lui de l'état où elles se trouvent, et s'il y a quelques papiers qui les concernent, il se les fera remettre par le sieur de Montagnac. Il choisira ensuite le temps propre à en renouveler la discussion, et tâchera de les faire terminer au plus tôt.

Il y a par exemple quelque temps qu'il fut fait un acte de justice dans l'église nationale de Saint-Louis, vraisemblablement contre les privilèges de cette église. Le sieur de Montagnac n'a point cessé de demander là-dessus une réparation convenable; il en a été parlé plusieurs fois au ministre du Roi de Portugal, qui est auprès du Roi. Enfin il y a plusieurs mois que le secrétaire d'État a promis la satisfaction demandée, mais sa promesse est demeurée sans exécution. L'abbé de Livry prendra une exacte connoissance en premier lieu du fait, secondement des privilèges et des exemptions dont l'église de Saint-Louis peut avoir été en possession jusqu'au jour de cet incident; et, s'il demeure convaincu que ce qui s'est passé est contraire, comme il y a beaucoup d'apparence, aux droits de l'église de Saint-Louis, il demandera à la cour de Portugal qu'il soit remédié à l'infraction faite à ces mêmes droits, d'une manière qu'ils ne puissent plus être attaqués à l'avenir. Il insistera pareillement sur la justice due aux nommés Beauvais Le Fer et La Lande Magon, négociants de Saint-Malo, pour ce qui leur est encore dû du chargement du vaisseau le *Saint-Jean-Baptiste*, pris et confisqué mal à propos à la côte du Brésil au mois de mai 1721, et dont le Roi de Portugal a ordonné la restitution dès le mois de décembre 1722. Le sieur de Montagnac est parfaitement instruit de tout ce qui a rapport à cette affaire, et le sieur abbé de Livry trouvera entre les mains de ce consul tous les papiers qui pourroient lui être nécessaires pour s'en instruire lui-même, et pour se mettre en état de faire valoir les prétentions de ces négociants, qui sont si justes que le Roi veut que son ambassadeur n'oublie rien pour leur en procurer l'effet.

Au mois de juin dernier, le gouverneur et quelques officiers de l'île de Madère commirent, à l'égard d'une tartane françoise nommée *la Miséricorde*, des excès qui blessent le droit des gens, le respect dû au pavillon du Roi, et la liberté du commerce. L'intention de Sa Majesté est que le sieur abbé de Livry, dès qu'il aura commencé à entrer en conférence avec le secrétaire d'État du Portugal, fasse de très vives plaintes sur ce sujet, et qu'il en demande une pleine satisfaction, qui doit consister dans la révocation et la punition du gouverneur, du juge criminel et des autres officiers leurs complices, et dans le payement auxquels ils seront condamnés solidairement des dommages et intérêts dus au patron de cette barque. Le Roi fait joindre à cette instruction un extrait d'une lettre du consul de France aux îles Canaries, et les copies de la déclaration du consul de l'île de Madère, et des dépositions faites au sujet de l'affaire ci-dessus.

L'affection dont le Roi honore le cardinal et le prince de Rohan, et le souvenir de la satisfaction que le feu comte de Ribeyra a donnée à Sa Majesté pendant qu'il était ambassadeur du Roi de Portugal auprès d'elle, l'engagent à accorder sa protection au sieur Dacamara, neveu des premiers et frère du dernier. Le sieur abbé de Livry est instruit de ce qui lui a attiré la disgrâce du Roi de Portugal son maître, et de ce qui l'a obligé de se réfugier en premier lieu à Gênes, et ensuite en France. Il commencera d'abord par reconnoître les dispositions de ce prince, parce que si elles étoient telles, que le succès fut douteux dans la demande qui lui seroit faite par le Roi, du retour de ses bonnes grâces pour le sieur Dacamara, et de la permission à lui et à son épouse pour retourner à Lisbonne, il ne conviendroit pas d'exposer la dignité du Roi à un refus; mais si le sieur abbé de Livry a lieu de compter que cette même demande sera reçue comme elle le doit être, et que la réussite ne dépende que de la force qu'il mettra dans les instances que Sa Majesté lui permet de mettre en usage de sa part en faveur du sieur Dacamara, alors il s'emploiera avec vivacité à lui procurer sa grâce, et il fera usage de la lettre du Roi au Roi de Portugal, qui lui est remise avec ce mémoire. Le Roi ne souhaiteroit pas moins que les égards que Sa Majesté a lieu d'attendre du Roi de Portugal pour elle fussent utiles au comte de Prado : il est depuis trois ans et demi détenu aux îles qui sont à l'embouchure du Tage, et cela pour n'avoir pas fait arrêter son carrosse en rencontrant le patriarche de Lisbonne; si cette faute peut être considérée comme grave en ce que le comte de Prado a manqué de se conformer aux désirs de son maître, elle ne l'est pas au moins pour le fait. L'abbé de Livry choisira le temps convenable pour faire connoître au Roi de Portugal le plaisir qu'il feroit à Sa Majesté en pardonnant au comte de Prado, et ne lui laissera point ignorer que cela seroit d'autant plus sensible à Sa Majesté qu'il s'agit du petit-fils du maréchal de Villeroy, qui mérite si parfaitement l'estime et l'affection dont le Roi l'honore.

Le sieur abbé de Livry aura une attention particulière à entretenir une parfaite intelligence et même une union très intime avec l'ambassadeur du Roi d'Espagne à Lisbonne. Cependant, quoique Sa Majesté ne veuille rien cacher de l'étroite liaison et de la tendre amitié qui subsistent entre elle et le Roi Catholique, et qu'au contraire elle souhaite que l'une et l'autre soient évidentes aux yeux de l'Europe, ce qu'elle croit même convenable à leurs intérêts communs, elle juge que les apparences à cet égard doivent être un peu plus ménagées à Lisbonne qu'ailleurs, surtout pendant que subsistera la négociation qui doit avoir lieu sur les différends d'entre l'Espagne et le Portugal, pour ne pas donner lieu à cette dernière puissance de soupçonner en Sa Majesté une trop grande partialité pour la première. C'est pourquoi si elle ne met point, quant à l'intérieur, de bornes à l'union et au concert qu'elle charge l'abbé de Livry d'établir et de maintenir entre lui et l'ambassadeur de l'Espagne, elle juge qu'ils ne doivent point trop affecter de les faire paraître à l'extérieur tels qu'ils seront en effet.

Sa Majesté n'ayant pas moins à cœur de fortifier de plus en plus l'alliance et la correspondance intime qu'il y a depuis le commencement de son règne entre elle et le Roi de la Grande-Bretagne, elle veut que la conduite de ses ministres dans les cours étrangères tende à cet objet en tout ce qui dépend d'eux. Ainsi l'abbé de Livry doit regarder le ministre du Roi d'Angleterre à Lisbonne comme celui d'une puissance avec laquelle le Roi est sincèrement uni.

Il aura soin, dès qu'il aura pu acquérir des connoissances certaines du pays où il va, d'informer le Roi, soit par ses lettres, soit par des mémoires particuliers, de l'état présent du gouvernement du Portugal, de ses forces de terre et de mer, du nombre de troupes qui sont sur pied, de celui des vaisseaux, des revenus, enfin de tout ce qui peut donner une idée juste et parfaite de l'état présent de ce royaume. Le Roi fait joindre à cette instruction un mémoire particulier concernant les cérémonies qui doivent être observées en Portugal, tant à l'arrivée du sieur abbé de Livry qu'à son entrée, à sa première audience publique, aux autres audiences qu'il aura pendant le cours de son ambassade, soit du Roi de Portugal, soit des princes de sa maison; et ce mémoire, pour la plus grande instruction de l'abbé de Livry, est apostillé des observations faites sur ce qui s'est pratiqué à l'égard de l'abbé de Mornay. L'intention de Sa

Majesté est qu'il s'y conforme, et qu'il l'avertisse ponctuellement de ce qui aura été observé en ces occasions, aussi bien que des difficultés qu'il aura trouvées, s'il en survient quelqu'une à ce qui est de l'usage ordinaire, et qui ait été pratiqué précédemment.

Outre ce que cette instruction renferme, l'intention du Roi est que tous ses ambassadeurs et ministres au dehors lui rapportent, au retour de leurs emplois, une relation exacte de ce qui s'y sera passé dans les négociations qu'ils auront conduites, de l'état des pays où ils auront servi, des cérémonies qui s'y observent, soit dans les entrées, soit dans les audiences, ou en toute autre rencontre, et enfin de tout ce qui peut donner une connoissance particulière des lieux où ils auront été employés, et des personnes avec lesquelles ils auront négocié. Ainsi le sieur abbé de Livry aura soin de préparer un mémoire de cette sorte, en forme de relation, de l'emploi que Sa Majesté lui confie, pour le remettre à son retour entre les mains de Sa Majesté.

Fait à Versailles, le 31 mai 1724

XVIII

LE MARQUIS D'ARGENSON

1737 — 1739[1].

Les difficultés d'étiquette soulevées par le Portugal, ainsi que nous l'avons vu plus haut[2] à propos de la *première visite*, avaient obligé l'abbé de Livry à quitter brusquement Lisbonne en 1725. A partir de cette époque, aucun ambassadeur n'avait plus été officiellement accrédité auprès des deux cours. La tension de rapports résultant de cette situation pesait surtout à Don Jean V, qui avait la prétention « de mettre sa couronne au rang des principales de l'Europe », et qui regrettait particulièrement de n'avoir pas auprès de lui un représentant du Roi Très Chrétien. Aussi se décida-t-il, au mois d'avril 1737, à désigner comme ambassadeur à Versailles Don Luiz da Cunha, qui jouissait, comme diplomate, d'une réputation méritée. Le roi Louis XV répondit immédiatement à cette avance en nommant de son côté, pour aller résider auprès de son cousin de Bragance, le marquis d'Argenson, conseiller d'État[3]. Mais ce personnage, à la fois laborieux et intrigant, rêveur et tenace, patriote et ambitieux, attendait mieux de la fortune que d'aller représenter son souverain auprès d'une petite cour perdue dans un coin de l'Europe. Le cardinal de Fleury, premier ministre, avait quatre-vingt-sept ans, et quoiqu'il mangeât encore « comme un diable[4] », il ne

---

1. Ministre des Affaires étrangères : J.-J. Amelot de Chaillou, membre de l'Académie française, mort en 1749.

2. P. 268.

3. René-Louis de Voyer de Paulmy, marquis d'Argenson, conseiller d'Etat, intendant du Hainaut, mort en 1757. Ses *Mémoires* ont été publiés par son petit-neveu, M. d'Argenson, en 1857 (Paris, Jannet), puis par M. Rathery en 1859 (Ve Jules Renouard).

4. Expression du marquis d'Argenson dans ses *Mémoires*. — Voir, sur toute

pouvait tarder beaucoup à laisser la place à de plus jeunes. D'Argenson espérait hériter du portefeuille des Affaires étrangères qu'il obtint, du reste, quelques années plus tard, le 18 novembre 1744. Il traîna donc en longueur ses préparatifs de départ et arriva à mécontenter à ce point le cardinal qu'il reçut inopinément du ministre Amelot, le 1er juillet 1739, l'ordre de renvoyer ses gens et son équipage, et de rendre compte des sommes qu'il avait reçues d'avance pour les frais de son voyage. Cette exigence du trésor royal sembla exorbitante à l'ambassadeur évincé et il y résista tant qu'il put. « Ses prétentions étaient fondées, dit quelque part son historien[1], ses réclamations furent mesquines et bruyantes : c'était un début malheureux pour un homme politique que ces discussions d'intérêt, elles jurent singulièrement avec les visées ambitieuses de d'Argenson en ce moment. »

Quoi qu'il en soit, il est certain que le marquis avait été heureusement servi par les circonstances pour remettre indéfiniment son départ, de façon à jouir des avantages et de la situation d'ambassadeur *in partibus*, ce qui, pensait-il, lui créait un titre aux fonctions plus importantes qu'il convoitait. La cour de Portugal persistait, en effet, dans les mêmes prétentions relativement à la *première* visite ; et si M. d'Argenson ne réussit pas à prolonger plus longtemps l'existence de cette agréable sinécure d'expectative, c'est qu'il commit quelques maladresses qui dévoilèrent ses secrètes pensées.

Enfin le gouvernement français se lassa de lutter sans cesse pour des vétilles et de sacrifier plus longtemps les affaires sérieuses à de graves niaiseries de préséance. Désireux de reprendre des relations officielles avec la cour de Lisbonne, et sur les instances de Don Luiz da Cunha, Louis XV se décida tout à coup à céder sur la question d'étiquette, et à donner satisfaction « à l'esprit vain de la nation portugaise », en ordonnant, à titre de transaction, que son ambassadeur ferait la première visite, mais seulement au ministre portugais chargé du département des Affaires étrangères. Mais il était trop tard pour le marquis d'Argenson et c'est à un autre que furent remises les Instructions qui lui étaient d'abord destinées.

cette affaire de la nomination du marquis d'Argenson à Lisbonne, le savant ouvrage de M. Zévort : *Le marquis d'Argenson et le ministère des Affaires étrangères, du 18 novembre 1744 au 10 janvier 1747*. Paris (G. Baillière), 1 vol. in-8°, 1880.

1. Zévort, *op. cit.*, p. 6.

XIX

LE CHEVALIER DE CHAVIGNY

1740 — 1749[1].

C'est le chevalier de Chavigny[2] qui fut choisi pour aller à Lisbonne au lieu et place du marquis d'Argenson. Il partit pour se rendre à son poste dans la seconde quinzaine de février de l'année 1740[3].

La guerre venait d'éclater de nouveau entre l'Espagne et la Grande-Bretagne (9 novembre 1739) : M. de Chavigny, passant par l'Espagne, reçut l'ordre de s'informer exactement de la situation des esprits en Catalogne et de l'état de défense des places maritimes de cette province. En effet, l'Espagne ayant réclamé l'aide de la France contre l'Angleterre, la cour de Versailles avait le plus grand intérêt, avant de prendre un parti, à s'enquérir des forces que pouvait opposer à l'ennemi commun son alliée éventuelle.

Mais la mission principale du nouvel ambassadeur était d'obtenir du Portugal une stricte neutralité entre les belligérants. Les sentiments réciproques des Espagnols et des Portugais étaient demeurés,

---

1. Ministre des Affaires étrangères : Amelot de Chaillou remplacé en 1744 par le marquis d'Argenson ; puis, en 1747, le marquis de Puysieulx.
2. Anne-Théodore Chavignard de Chavigny, comte de Toulongeon, né à Beaune en 1687. Il fut successivement envoyé extraordinaire de France à Gênes (1720), envoyé en mission en Espagne (1722), ministre du roi près la diète de Ratisbonne (1726), envoyé extraordinaire à Londres (1732), à Copenhague (1737), ambassadeur en Portugal (1740), à Venise (1749), et en Suisse (1751). Il était oncle du comte de Vergennes, qui devint plus tard ministre des Affaires étrangères. C'était un diplomate très expérimenté, quoique le marquis d'Argenson, qui peut-être nourrissait quelque rancune contre lui à cause de l'ambassade de Portugal, ait dit de lui dans ses *Mémoires* (VII, 17) : « Il a mal fait partout où il a été... » Saint-Simon l'a aussi peu ménagé. Il mourut à Paris, le 26 février 1771.
3. C'est M. du Vernay qui, au moment de l'arrivée du chevalier de Chavigny, remplissait, comme consul général, le rôle de chargé d'affaires de France à Lisbonne.

en effet, les mêmes, et il était à craindre que la question toujours pendante de la délimitation des colonies dans l'Amérique méridionale n'engageât les Portugais à prendre parti publiquement pour l'Angleterre. Il s'agissait donc d'obtenir de la cour de Lisbonne, comme preuve de neutralité sérieuse et effective, qu'elle fermât complètement ses ports aux navires des belligérants. La neutralité ainsi entendue était toute à l'avantage de l'Espagne et éventuellement de la France, qui disposaient l'une et l'autre de nombreux ports dans l'Atlantique et la Méditerranée, tandis qu'elle retirait à l'Angleterre sa base d'opérations indispensable et mettait ses escadres, en cas de défaite ou même de mauvais temps, à la merci de l'adversaire.

M. de Chavigny recevait, en outre, l'ordre de négocier un traité de commerce, dont les bases étaient discutées au même moment à Versailles entre le gouvernement français et Don Luiz da Cunha, ambassadeur du roi de Portugal. La France désirait depuis longtemps ce traité : déjà en 1735, lors d'une brouille qui s'était élevée entre l'Espagne et le Portugal, le Roi n'avait accordé sa médiation, sollicitée par la cour de Lisbonne, qu'à la suite de l'offre qui lui fut faite d'une convention commerciale destinée à placer la France sur le même pied que la Grande-Bretagne. Depuis cette époque, les négociations s'étaient péniblement poursuivies et le chevalier de Chavigny avait ordre de mettre tous ses soins à les faire aboutir.

Malheureusement, en arrivant à Lisbonne à la fin de mai (1740), le nouvel ambassadeur trouva tant de mauvais vouloir chez le roi et les ministres portugais, que, après avoir lutté pendant trois ans sans rien obtenir, il profita d'une longue maladie que fit alors D. Jean V et qui le mit pendant plusieurs mois dans l'impossibilité de s'occuper du gouvernement de son royaume, pour demander l'autorisation de revenir en France, au moins momentanément. Il quitta donc le Portugal au mois d'août 1743, laissant les affaires de France entre les mains de M. de Beauchamp, secrétaire d'ambassade.

L'année suivante, M. de Chavigny remplit une mission en Allemagne, tout en gardant son titre d'ambassadeur en Portugal; il conclut à Francfort, le 22 mai 1744, l'Union confédérale entre l'Empereur, le roi de France, l'électeur palatin et le roi de Suède; puis il alla à Munich où le marquis d'Argenson, à qui il avait enlevé, quatre ans auparavant, l'ambassade de Lisbonne, le trouva à son avènement au ministère. Il l'y laissa plus d'un an, correspondant avec les envoyés de France dans l'Europe entière et fort peu désireux, semble-t-il, de le renvoyer en Portugal, malgré les demandes réitérées de la cour de Lisbonne. Celle-ci, en effet, à qui Chavigny était *persona grata*, se montrait d'ailleurs peu flattée de voir l'ambassadeur accrédité officiellement par le Roi Très Chrétien auprès de Sa Majesté Très Fidèle, résider d'une manière permanente en Bavière, auprès de l'empereur Charles VII[1]. Enfin ce dernier prince, « le meilleur Français qu'il y eut » en Allemagne, suivant l'expression de Chavigny, étant mort le 20 janvier 1745, le chevalier obtint, le 4 novembre de cette même année, la permission de quitter Munich. Dès le printemps suivant, il s'occupa de son départ pour Lisbonne; mais les puérilités d'étiquette, dans lesquelles se complaisait de plus en plus la cour de Portugal, retardèrent de nouveau ce départ jusqu'au mois de septembre 1746. M. de Chavigny n'arriva à Lisbonne qu'en octobre, muni d'un supplément d'instruction daté du 2 août précédent.

Le roi D. Jean V, sujet à de fréquentes attaques d'épilepsie et de paralysie, atteint de plus en plus d'une espèce de monomanie religieuse, paraissait condamné à une mort prochaine. C'est cependant à ce moribond que le chevalier de Chavigny était chargé de demander sa médiation pour la paix. Le moment était grave, en effet. La guerre de la succession d'Autriche tournait mal pour la France : la bataille de Plaisance venait d'être perdue, la Provence était menacée par les Austro-Sardes et nos ports de Bretagne par les flottes anglaises. Le cabinet de Londres essayait de traiter directement avec celui de Madrid, et on avait raison de craindre à Versailles que cet arrangement ne fût « ni utile, ni honorable à la France ». Chavigny devait surveiller tout particulièrement ces intrigues, et il semblait qu'il fût mieux à même de les suivre qu'aucun autre ministre du Roi, puisque le négociateur anglais Keene était venu précisément s'installer à Lisbonne, comme sur un terrain neutre et plus rapproché de Madrid.

Quant à l'affaire de la médiation, elle ne pouvait aboutir en présence des pourparlers déjà engagés de toutes parts. Imaginée par l'esprit fécond en surprises du marquis d'Argenson pour traverser les négociations de ses adversaires, acceptée de mauvaise grâce par le roi de Portugal, elle eut pour résultat de mécontenter tout le monde et de faire perdre à l'ambitieux marquis ce portefeuille des affaires étrangères qu'il avait tant désiré, et où, en résumé, il se montra insuffisant[2]. Il fallut attendre encore pendant deux années la pacification générale, et ce n'est qu'après les traités d'Aix-la-Chapelle, à la fin de 1749, que le chevalier de Chavigny quitta Lisbonne pour aller représenter son souverain auprès de la république de Venise.

1. Pour toute cette mission du chevalier de Chavigny en Allemagne, voir Zévort, *op. cit.*, pp. 67, 114-123.
2. Voir sur toute cette affaire de la médiation, M. Zévort, *op. cit.*, p. 211-214.

MÉMOIRE POUR SERVIR D'INSTRUCTION AU SIEUR DE CHAVIGNY, GOU-
VERNEUR DE LA VILLE DE BEAUNE, ALLANT EN QUALITÉ D'AMBASSA-
DEUR DU ROI AUPRÈS DU ROI DE PORTUGAL.

Marly, 12 février 1740.

Le Roi de Portugal a paru désirer depuis longtemps de voir à sa cour un ambassadeur du Roi, mais il n'a pas tenu à Sa Majesté de lui donner plus tôt cette satisfaction : la nomination du sieur d'Argenson pour aller à Lisbonne en cette qualité ayant suivi presque immédiatement l'arrivée de Don Luis d'Acunha en France, elle a suffisamment manifesté les intentions du Roi à cet égard; et, si l'on entroit même en examen des causes du retardement du départ de l'ambassadeur du Roi, ce seroit à Sa Majesté à s'en plaindre puisqu'elles n'ont été autres que les prétentions du Roi de Portugal, trop inconsidérément formées, et trop longtemps soutenues, sur le traitement à donner à ses secrétaires d'État.

Quoi qu'il en soit, Sa Majesté veut bien n'y plus faire d'attention, assurée comme elle l'a été par les déclarations de Don Luis d'Acunha, que la cour de Portugal ne proposera point à son ambassadeur de donner le traitement d'Excellence aux secrétaires d'État, que dans le cas où le Roi leur maître les aura élevés à la dignité de Conseillers d'État; elle a jugé à propos de confier cette ambassade à un sujet qui ait toutes les qualités nécessaires pour s'acquitter dignement de cet emploi toujours important, mais plus encore dans l'état présent des affaires générales de l'Europe, et comme elle connoît parfaitement la capacité du sieur de Chavigny, son zèle et son affection pour le bien de son service, elle l'a nommé son ambassadeur auprès du Roi de Portugal, et elle lui ordonne de partir incessamment pour se rendre à Lisbonne, prenant sa route par terre, et conséquemment par l'Espagne. Si le sieur de Chavigny passe à Bayonne, (Sa

Majesté laissant à son choix de prendre son chemin par la Navarre, ou par la Catalogne), il s'informera, mais secrètement, et sans donner lieu aux intéressés de lui faire des représentations et des sollicitations, s'il ne reste point à payer quelque partie des dettes que l'infant Don Emmanuel, un des princes frères du Roi de Portugal, y avoit laissées. Dans ce cas, il tâchera aussi de prendre connoissance de la nature et de la somme de ces dettes, afin que si dans la suite le Roi estimoit devoir lui commettre le soin de faire sur ce sujet quelques rencontrances à la cour de Lisbonne, il fût en état de s'en mieux acquitter, parlant avec la connoissance acquise par lui-même et sur les lieux, de ce dont il seroit question.

Si au contraire il va par la Catalogne, il s'y présentera deux objets dont l'étude faite par quelqu'un aussi capable que le sieur de Chavigny, de saisir promptement le vrai, et de le transmettre sous les yeux du Roi, peut produire l'utilité qu'il y auroit à ce que Sa Majesté eût des notions sûres sur l'un ou sur l'autre de ces objets.

L'un est l'état de la province de Catalogne, particulièrement celui de la ville de Barcelone, c'est-à-dire la disposition des esprits et des cœurs, le nombre de troupes qui se trouve, soit dans toute la province, soit dans la capitale, si elles sont complètes et régulièrement payées, quelles sont les fortifications et les approvisionnements des villes et citadelle de Barcelone. La guerre commencée entre l'Espagne et l'Angleterre peut être portée à un point que les Anglois tenteroient de donner au Roi Catholique des inquiétudes en Catalogne; il ne peut donc être indifférent au Roi de savoir si ce pays se trouve hors d'insulte, ou si les ennemis de Sa Majesté Catholique ne trouveroient point de facilités à y renouveler la révolte générale qui fut si fatale à l'Espagne dans la dernière guerre.

L'autre est de découvrir si le sieur de Sartines, intendant de Catalogne[1], a des espérances d'être appelé au ministère à Madrid, et ce que l'on pourroit se promettre de ses intentions à l'égard de la France, sa patrie, en cas qu'il y parvînt; le sieur de Chavigny

---

1. C'est le père du fameux ministre de la police, qui naquit lui-même à Barcelone en 1729.

sentira bien qu'il faudroit parvenir à pénétrer les idées et les sentiments du sieur de Sartines, sans qu'il s'en aperçût, et même sans qu'il soupçonnât qu'en France l'on ait aucune notion qu'il soit question de lui à la cour d'Espagne pour avoir part au Ministère. Si de lui-même il confioit ses vues à l'ambassadeur du Roi dont il est connu, et s'il alloit (ce qui est possible) jusqu'à vouloir reconnoître si la France contribuera ou non à le porter à une place considérable, le sieur de Chavigny pourroit lui laisser entendre qu'elle le verroit plus volontiers qu'aucun autre remplir quelque poste que ce fût, de ceux qu'un changement des ministres actuels du Roi d'Espagne rendroit vacants, mais il faudroit qu'il comprît, en même temps, que le Roi s'attendroit à le voir exercer les fonctions de ce poste avec des intentions et avec des effets plus convenables à l'union des deux couronnes qu'il n'y en a eu depuis longtemps de la part des ministres d'Espagne.

Le Roi n'a rien de plus à prescrire au sieur ambassadeur pour tous les autres lieux de son passage, sinon que pour le cas où sa route le conduiroit à Guadalajara, résidence de la Reine d'Espagne douairière de Charles II, Sa Majesté lui fait remettre une lettre de compliments pour cette princesse à qui le Roi sera bien aise de donner la marque d'attention de la faire complimenter par son ambassadeur allant en Portugal; la cour de Lisbonne l'intéresse beaucoup, le Roi et la Reine de Portugal étant également son neveu et sa nièce. Elle a eu même pendant quelque temps auprès d'elle, à Bayonne, l'infant Don Emmanuel, frère du Roi de Portugal; le sieur de Chavigny s'offrira à exécuter avec empressement ce qu'elle voudroit confier à ses soins dans les pays où il va. Il cherchera dans l'audience qu'il aura d'elle à lui rappeler (sans néanmoins à lui faire trop de peine) le souvenir du zèle et du dévouement que lui ont si longtemps marqué les habitants de Bayonne, et celui des dettes qu'elle y a laissées; il essaiera d'attirer son attention sur celle que le Roi ne peut s'empêcher d'accorder aux souffrances et aux plaintes de ces mêmes habitants. Enfin, il lui représentera combien le Roi est fondé à désirer qu'elle parvienne à gagner sur le Roi et la Reine Catholiques, qu'ils la mettent en état de satisfaire ce grand nombre de créanciers, tous également dignes, et ayant tous besoin de sa justice, de sa compassion et l'on pourroit dire de sa reconnoissance.

Le Roi veut que le sieur de Chavigny prévienne le gouverneur ou commandant de la dernière place frontière de son royaume, du moment qu'il y arrivera, afin que les honneurs que Sa Majesté a établis pour ses ambassadeurs lui soient rendus, et que conséquemment les commandants des places frontières tant d'Espagne que de Portugal ne pouvant le supposer en *incognito*, lui rendent tous ceux que, suivant les usages observés dans les États de ces deux couronnes, toute personne revêtue du caractère d'ambassadeur du Roi, doit y recevoir. Sa Majesté ne croit pas qu'il soit besoin d'instruire le sieur de Chavigny sur les circonstances de ceux qu'il aura à recevoir dans les places du Roi Catholique; Elle est trop certaine que, sans qu'il y ait aucune précaution à prendre là-dessus, les officiers du Roi, son oncle, sont plus portés à prodiguer qu'à diminuer les honneurs à faire à un ambassadeur de France. Le sieur de Chavigny doit se proposer de s'arrêter à la cour du Roi Catholique cinq ou six jours, après lesquels si ce prince ou la Reine son épouse ne lui témoignent pas, soit par eux-mêmes, soit par le canal du marquis de Villarias, soit enfin par celui du comte de la Marck, désirer qu'il y séjourne davantage, il reprendra sa route pour Lisbonne où même il ne seroit pas convenable que l'on remarquât qu'il a trop traité avec la cour de Madrid, encore moins que l'on soupçonnât qu'il peut y avoir pris des leçons sur ce qu'il aura à faire et à dire dans l'exercice de son ministère. Il faut, à la vérité, qu'il y en prenne quelques vues, mais uniquement pour être instruit parfaitement des dispositions du Roi et de la Reine d'Espagne à l'égard tant du personnel du Roi de Portugal que de toutes les affaires qu'il aura à traiter à Lisbonne, ne s'en présentant guère où, pour marcher avec sûreté, il ne lui soit nécessaire de savoir ce que l'on peut se promettre de facilités ou craindre d'opposition de la part du Roi et de la Reine Catholiques. Au reste, ces leçons et ces connoissances peuvent être fournies au sieur de Chavigny par le sieur comte de la Marck, sans que le premier se mette en peine d'avoir de Leurs Majestés Catholiques des audiences ou de leurs ministres des conférences plus qu'ils ne souhaiteront d'eux-mêmes ; à plus forte raison, sans qu'il s'étudie à les faire expliquer plus qu'ils ne le voudront, quand même ils ne répondroient que généralement « aux assu- « rances qu'il leur donnera d'exécuter fidèlement les ordres « dont Leurs Majestés Catholiques voudroient le charger à Lis- « bonne, et avec d'autant plus de zèle qu'il a reconnu dans les « instructions et dans tout ce qu'il a entendu du Roi que sa mis- « sion à Lisbonne a pour objet, plus que toute autre partie des « intérêts de la France, celui de porter et de tenir le Portugal « dans des résolutions et dans une conduite convenables à l'Es- « pagne en guerre avec l'Angleterre, et que par conséquent il « sent qu'il ne sauroit se faire un plus grand mérite auprès du « Roi qu'en s'employant au service de Leurs Majestés Catholi- « ques. » Au reste, si elles se prêtoient à la discussion des inté- rêts qu'a l'Espagne à démêler avec le Portugal, le Roi ne lui défend point de faire usage de son bon esprit, de son expérience dans les affaires générales, pour vaincre l'opposition qu'il remar- queroit en elles à ce à quoi il faudroit qu'elles condescendissent pour s'assurer au moins la neutralité du Roi de Portugal dans la durée et dans les événements que peut avoir la guerre que l'An- gleterre fait à l'Espagne. Mais il faudroit pour cela que le Roi et la Reine d'Espagne non seulement se prêtassent (comme il vient d'être dit) à des discussions, mais même qu'elles parussent vou- loir absolument que le sieur de Chavigny y entrât, sans quoi il seroit dangereux de s'exposer à traiter avec elles la matière des différends de l'Espagne et du Portugal ; depuis la convention du 16 mars 1737 dont copie sera jointe à ce mémoire, l'esprit de conciliation n'a pas plus régné qu'auparavant à Madrid, et à Lisbonne ; on n'a pu même faire entrer ces deux cours dans une négociation suivie sur l'exécution de cette convention. L'Espagne a porté des plaintes d'infractions réelles ou prétendues com- mises par le Portugal, qui a répondu ; il n'en a plus été parlé (on joint une copie du mémoire de plaintes de l'Espagne et des réponses du Portugal). On a proposé plusieurs fois un échange de la colonie du Sacrement, ce qui seroit l'unique moyen de pré- venir tout sujet de contestation, mais on n'est convenu de rien.

Le sieur de Chavigny sera aussi pleinement et aussi sûrement instruit par le sieur comte de la Marck, que par la cour d'Espagne, tant du fond, et des circonstances des différends de l'Espagne et du Portugal, que de ce qu'on doit attendre de Leurs Majestés Catholiques pour servir à les terminer. Il y a toute apparence que, soit qu'il voie plusieurs fois Leurs Majestés Catholiques, ou seulement pour leur rendre ses premiers devoirs et prendre ensuite congé d'elles, ce sera en compagnie du sieur comte de la Marck : il en deviendra d'autant plus nécessaire qu'ils aient bien concerté ce qu'ils auront à leur dire, afin qu'elles n'aient pas lieu de remarquer la moindre différence dans leur façon de s'expliquer. Ce langage uniforme seroit également important quand le sieur de Chavigny auroit lieu d'approcher le Roi et la Reine d'Espagne, séparément du comte de la Marck ; enfin il doit avoir lieu autant sur les choses qui concernent plus particulièrement la France (comme sont et la conduite qu'elle tient depuis la déclaration de guerre entre l'Espagne et l'Angleterre et les partis qu'elle pourra prendre par la suite) que sur ce qui est purement des intérêts de l'Espagne. Le sieur de Chavigny a eu le temps et les moyens de reconnoître, depuis qu'il est à la cour du Roi, combien Sa Majesté a sujet d'être satisfaite de la façon dont le comte de la Marck la sert en Espagne, et ce dernier connoît celle dont le sieur de Chavigny est capable de la servir en Portugal : ainsi la confiance nécessaire entre eux sera facilement et promptement établie, et ne se démentira point dans la correspondance qu'ils auront pendant tout le temps qu'ils seront l'un à Madrid et l'autre à Lisbonne.

Le Roi a peu de choses à faire observer au sieur de Chavigny qui a déjà connu par lui-même la cour d'Espagne, sur la façon de se conduire dans les devoirs à rendre au prince, à la princesse des Asturies, aux infants et aux infantes. Sa Majesté se borne à lui faire connoître : 1° qu'elle ne veut pas que le prince des Asturies et ceux qui lui sont attachés aient le moindre motif de soupçonner qu'elle le néglige, ni aussi que la Reine, belle-mère de ce prince, puisse concevoir de la jalousie de trop d'empressement pour lui de la part de quelqu'un employé au service et participant à la confiance de Sa Majesté ;

2° Que la princesse des Asturies, étant fille du prince auprès duquel il va résider, mérite encore par cette raison une attention particulière;

3° Que la princesse épouse de l'infant Don Philippe, étant fille de Sa Majesté, il n'a point de bornes à mettre aux démonstrations de son respect pour elle.

4° Que sa Majesté veut bien qu'aucun de ses sujets et de ses ministres ne fasse et ne dise rien de contraire à l'opinion générale établie que, lorsqu'il sera question de donner une épouse à M. le Dauphin, Sa Majesté préférera l'aînée des infantes d'Espagne à toutes les princesses de l'Europe.

Lorsqu'il approchera de Lisbonne, il fera avertir le sieur Du Vernay, consul de la nation françoise, et qui rend compte actuellement de ce qui intéresse le service du Roi; il lui prescrira de se rendre auprès de lui, afin d'en tirer d'avance des éclaircissements sur l'état actuel de la cour de Portugal.

A l'égard des honneurs que le sieur de Chavigny doit prétendre, en entrant en Portugal, il verra ce qui fut fait pour l'abbé de Mornay et en dernier lieu pour l'abbé de Livry, et dont le Roi veut que le sieur de Chavigny se contente, et se tiendra pareillement satisfait pour le temps de son séjour à Lisbonne, de tout ce qui se seroit pratiqué envers ces abbés, Sa Majesté ne voyant de changement actif ou passif, en fait de cérémonial, par rapport à un ambassadeur de sa part, que la première visite que Sa Majesté a consenti qu'il fît à celui des secrétaires d'État du Roi de Portugal qui aura le département des affaires étrangères. Il a déjà été dit qu'il ne doit pas leur donner le traitement d'Excellence, tant qu'ils ne seront pas conseillers d'État, et c'est ce que le sieur de Chavigny observera exactement, moins pour ce que la chose mérite en elle-même, que pour ne pas paroître varier trop facilement dans l'opposition que l'on a cru d'abord devoir apporter à la prétention que le Roi du Portugal avoit formée d'une façon trop décidée de ce traitement pour ses secrétaires d'État. Dans tout le reste et à l'égard de toutes sortes de personnes de considération, il tâchera de concilier le maintien de la dignité de son caractère avec quelques facilités, et même quelques complaisances ponr l'esprit vain de la nation portugaise, surtout pour les désirs du prince. De certains traitements et de certains égards, accordés à quelques personnes ou à quelques corps qu'un prince plaît à distinguer souvent, ne tirent pas à conséquence.

Il ne se présente à fournir au sieur de Chavigny que des notions très générales sur la cour et le ministère de Lisbonne. Le Roi de Portugal est un prince entier dans ses sentiments, et qui gouverne plus despotiquement que n'ont fait le Roi son père, son oncle et son aïeul : on lui rapporte généralement toutes les affaires de son royaume, et il ne se fait rien qu'il n'ait auparavant donné ses ordres; mais il n'est pas certain que les affaires lui soient toujours rapportées dans le vrai.

La Reine est une princesse de beaucoup de vertu, le Roi son mari la considère fort et même on peut dire qu'il la respecte; mais il ne paroît pas qu'elle ait aucune sorte d'influence dans le gouvernement. Il en est de même à cet égard des princes, fils et frères du Roi de Portugal. On peut regarder les cardinaux Da Cunha et Da Motta comme consultés par leur maître sur les partis à prendre par lui à l'égard des puissances étrangères; ils ont paru quelquefois penser avec sagesse et avec prudence, et assez persuadés qu'il n'y a point de couronne avec qui le Roi de Portugal dût se livrer plus étroitement qu'avec celle de la France.

Le sieur Azevedo est aujourd'hui le secrétaire d'État pour les affaires étrangères. Il est parfaitement connu du sieur de Chavigny qui vraisemblablement aura à traiter avec lui plus qu'avec toute autre personne; quoique les ministres étrangers s'adressent quelquefois au cardinal da Motta, on en pourroit conclure que ce dernier a une sorte de ministère supérieur, néanmoins les secrétaires d'État ne lui rendent aucun compte.

Les sieurs Guedez et Da Motta sont les deux autres secrétaires d'État : le premier a été chargé du détail des affaires étrangères jusqu'à l'arrivée à Lisbonne du sieur Azevedo revenu depuis très peu de temps d'Angleterre, et le second est frère du cardinal Da Motta; d'ailleurs, d'assez basse extraction, il seroit difficile de distinguer leurs départements. Le Roi, leur maître, les emploie indifféremment à toutes sortes d'affaires; plusieurs autres personnes sans dénomination ont l'honneur comme eux de faire des rapports au Roi leur maître et de recevoir et exécuter ses ordres. Un très petit particulier nommé Alexandre Guzman et qui a été agent à Rome, expédie ce qui concerne cette cour. De plus ce prince se sert assez souvent d'un de ses valets de chambre pour faire partir des courriers, sans communiquer au cardinal da Motta ni aux secrétaires d'État les motifs de leur expédition.

Aucune personne ne peut se flatter d'avoir, d'une façon déterminée et suivie, du crédit sur l'esprit du Roi de Portugal. La noblesse, peu considérée de son maître, s'abstient autant qu'elle peut de toutes sortes de marques d'attention et d'égards pour les ministres, d'autant plus qu'elle répugne beaucoup au traitement d'Excellence à donner aux secrétaires d'État.

Ce petit nombre de remarques sur l'état et l'esprit de la cour de Lisbonne sera fini par une dernière qui n'est pas la moins importante, savoir que le Roi de Portugal s'est fait l'objet, qu'il suit très constamment, de mettre sa couronne au rang des principales de l'Europe. Il est d'autant plus difficile de le détourner de ce même objet, que ce n'est pas sans succès en plusieurs points qu'il en est occupé depuis longtemps, et qu'une condescendance obtenue du Roi lui sera un titre et un prétexte pour en prétendre une autre; c'est pourquoi Sa Majesté ne peut être trop attentive à toutes les nouveautés que ce prince voudroit entreprendre.

Il importe extrêmement de ne pas laisser affaiblir la satisfaction que le Roi de Portugal aura d'abord de la présence de cet ambassadeur, qu'il a si fortement et si longtemps désirée, et de travailler le plus promptement qu'il sera possible à le déterminer à ce que la France souhaite de lui. Un des objets les plus intéressants pour le moment présent est la neutralité de ce prince entre l'Espagne et l'Angleterre; les motifs de la querelle qui existe aujourd'hui entre ces deux couronnes sont connus, et il est évident que si l'Angleterre faisoit la guerre avec trop d'avantages, la fin n'en pourroit être que l'établissement d'une supériorité dans le commerce, dans la navigation, et à l'Amérique qui seroit fatale à toutes les autres puissances. Il n'est donc pas besoin de suggérer au sieur de Chavigny tout ce qui peut être remontré au Roi de Portugal pour le faire entrer et le fixer dans cette neutralité à laquelle il paroît de lui-même être assez disposé. Mais s'il pensoit pouvoir concilier cette neutralité avec l'admission dans ses ports d'un plus grand nombre de vaisseaux anglois qu'il n'en doit recevoir d'espagnols suivant les traités faits avec Sa Majesté Catholique, ou même en égalant à cet égard l'Espagne à l'Angleterre, il faudroit alors lui faire connoître que le véritable effet d'une neutralité consiste en ce que les États de la puissance qui l'observe ne soient à aucun égard plus utiles à l'une des parties belligérantes qu'à l'autre, et que les Anglois qui n'ont que le seul port de Gibraltar dans le continent d'Espagne tireroient seuls avantage d'une neutralité qui donneroit entrée à d'autres de leurs vaisseaux dans les ports du Portugal.

D'ailleurs la stipulation portée par l'article 19 (dont on joint ici une copie) du traité d'alliance d'offensive de l'Angleterre et du Portugal n'est applicable, suivant la lettre même de cet article, qu'en temps de paix, et ne peut avoir lieu dans le cas d'une guerre où le Roi de Portugal, prenant le parti de la neutralité, doit la maintenir dans une situation qui ne puisse procurer d'avantages à aucune des parties. Si le Roi de Portugal demande quel profit il tirera de cette neutralité aussi absolue, il y aura à lui répondre : qu'en premier lieu il participera au bien qui résultera pour presque toute l'Europe de ce que la Grande-Bretagne, déjà trop supérieure à tout le reste du monde dans la navigation et le commerce, ne le devienne pas davantage et n'augmente pas ses possessions en Amérique ; qu'en second lieu, il rendra l'Espagne plus disposée à terminer d'une façon agréable et satisfaisante pour lui le reste des différends qu'il a avec cette couronne. Enfin il s'assurera la perfection et la durée de la bonne intelligence et de l'union avec la France, qui ne peuvent lui être indifférentes.

Supposé que le Roi de Portugal s'avisât de conclure de cette dernière observation que la France se propose d'entrer aussi en guerre avec l'Angleterre, il faudroit alors lui rappeler le souvenir de toutes les preuves que le Roi a données de son désir de la paix, de la façon dont dans les temps passés Sa Majesté s'est portée à concourir à la confirmation des avantages que les traités avoient procurés à l'Angleterre ; enfin, de l'application qu'elle a constamment apportée à ne pas donner lieu de craindre qu'elle voulût jamais faire usage de sa puissance pour altérer en rien les mêmes traités au préjudice de qui que ce soit; enfin, de la confiance où l'on doit être que, si les circonstances déterminoient le Roi à prendre certains partis, ce ne seroit jamais dans la vue de s'agrandir, ni de prolonger une guerre, ni enfin de dépouiller quelque puissance que ce fût d'aucun des avantages dont elle jouit depuis que l'Europe est en paix. Peut-être que le sieur de Chavigny ne se trouvera point dans le cas de discuter cette matière, parce que le Roi de Portugal a déjà fait déclarer à Sa Majesté qu'il ne s'éloignoit pas du parti de la neutralité et même d'en faire un traité formel avec l'Espagne, pourvu qu'on y fît entrer aussi des arrangements au moins préliminaires pour les différends qui concernent la colonie du Sacrement. Et si l'Espagne accepte cette proposition, il y a apparence que cette négociation se fera sous les yeux du Roi; mais il est cependant nécessaire que le sieur de Chavigny soit instruit des motifs qui devroient y déterminer le Portugal indépendamment de tout autre objet, afin qu'il soit en état d'en faire usage auprès de ce prince si l'occasion le requiert.

Un autre objet qui ne mérite pas moins d'attention est le traité que le Portugal nous propose de conclure. Cette négociation est entamée depuis l'année 1737.

Avant que la convention sur les différends des cours de Madrid et de Lisbonne fût faite, cette dernière se flatta que l'on pourroit former entre le Roi, le Roi Catholique et le Roi de Portugal un traité qu'elle auroit bien voulu que l'on eût qualifié et défini par le titre de Pacte de famille; l'idée n'en put être suivie, le Roi Catholique s'y étant refusé.

Le Portugal proposa ensuite une alliance défensive avec la France seulement; mais la réflexion que le Roi Catholique pourroit prendre en mauvaise part cette démarche de la France comme étant une précaution contre l'Espagne à qui il restoit plusieurs points à terminer avec le Portugal n'a pas permis de suivre ce projet plus que l'autre.

Les mêmes motifs d'attention et de ménagements pour la cour de Madrid ont empêché aussi que le Roi ne condescendît au désir que le Portugal auroit eu d'obtenir de Sa Majesté, au défaut de l'un ou de l'autre des deux actes dont il vient d'être parlé, un traité de garantie de ce qui est porté dans cette convention du 16 mars 1737. Enfin il a été dressé une espèce de traité d'amitié et de bonne intelligence dont on joint ici le projet et dans lequel la mention de la convention de 1737 est rappelée, mais d'une manière qui ne porte point de garantie. Ce projet a été communiqué secrètement à l'Espagne qui n'y a point montré d'opposition. Il auroit été signé sur-le-champ, si le Roi de Portugal n'avoit supprimé une clause importante dans l'acte secret suivant laquelle, et en attendant la conclusion du traité de commerce, les deux nations devoient jouir réciproquement des droits de la nation la plus favorisée. Le Portugal a sans doute imaginé qu'au moyen de cette clause provisoire, la France ne seroit plus si empressée de conclure le traité de commerce; et comme Sa Majesté compte apparemment trouver plus d'avantages dans un traité de commerce en forme, Elle a envoyé ses pleins pouvoirs à son ambassadeur pour le conclure. Ainsi il est vraisemblable que cette négociation se terminera ici et que le sieur de Chavigny n'en sera pas chargé.

Cela n'empêche pas qu'en attendant il ne doive s'attacher à conserver les privilèges connus des marchands français et à les protéger et maintenir en tout ce qui leur est acquis par les traités et par les usages ; car, quoique les Portugais prétendent qu'aux termes du traité les François ne dussent jouir en Portugal d'aucun privilège, il est certain pourtant que l'usage a prévalu au contraire sur plusieurs articles, et Sa Majesté croit être bien fondée à prétendre que ces usages ont interprété les traités, en sorte même que ceux dont nous sommes privés aujourd'hui doivent être rétablis sans aucune nouvelle convention. Telle est la permission de l'introduction des draps, et on joint ici un mémoire sur cet article pour instruire le sieur de Chavigny des raisons qui militent en faveur de la France, et dont il ne fera cependant usage qu'avec sagesse et précaution, parce qu'il faut convenir que les Portugais pourroient aussi avoir des raisons spécieuses à y opposer; mais il ne doit jamais consentir à l'abolition d'aucun des usages qu'il trouvera bien établis.

Il se trouve à Lisbonne une Église nationale, sous le titre de Saint-Louis, qui a des privilèges; les archives du Consulat doivent renfermer les titres ou preuves de ces privilèges dont le sieur de Chavigny prendra connaissance, et il veillera à ce qu'ils soient conservés en leur entier.

S'il vient un ambassadeur du Roi d'Espagne à Lisbonne, le sieur de Chavigny aura une attention particulière à entretenir une parfaite intelligence et même une union très intime avec lui ; néanmoins, quoique Sa Majesté ne veuille rien cacher de l'étroite liaison d'intérêts qui, outre les nœuds du sang et la tendre amitié, subsiste entre elle et le Roi Catholique, Elle juge que les apparences à cet égard doivent être un peu plus ménagées à Lisbonne qu'ailleurs, surtout pendant qu'il subsistera entre le Roi d'Espagne et le Roi de Portugal des prétentions pour l'extinction desquelles les deux parties peuvent désirer l'intervention, les offices ou peut-être la médiation de Sa Majesté, pour ne pas donner lieu au Roi de Portugal de soupçonner en elle une trop grande partialité pour l'Espagne. Cette intimité et cette confiance recommandées au sieur de Chavigny envers un ambassadeur d'Espagne ne doivent jamais altérer sa fermeté à conserver sur lui la préséance et la main dans toutes les occasions qui ne seront pas de pure familiarité ; car le Roi n'excepte point l'Espagne de toutes les couronnes, sur lesquelles elle veut que la prééminence de la sienne demeure marquée et observée. En un mot, elle veut que ses ministres ne cèdent à aucun de caractère égal qu'à ceux du Pape et de l'Empereur. Le sieur de Chavigny qui sait que depuis longtemps Sa Majesté a consenti que ses envoyés ne prétendissent point la main chez les ambassadeurs des têtes couronnées, n'ignore pas aussi que par conséquent elle ne veut pas que ses ambassadeurs donnent la main chez eux à aucun envoyé, pas même à ceux de l'Empereur.

Elle fait joindre à cette instruction un mémoire particulier concernant les cérémonies qui doivent être observées en Portugal, tant à l'arrivée du sieur de Chavigny qu'à son entrée (s'il en fait une), à sa première audience publique, aux autres audiences qu'il aura pendant le cours de son ambassade soit du Roi de Portugal, soit des princes de sa maison ; l'intention de Sa Majesté est qu'il s'y conforme et qu'il l'avertisse ponctuellement de ce qui aura été observé en ces occasions aussi bien que des difficultés qu'il aura trouvées, s'il en survient quelques-unes à ce qui est de l'usage ordinaire, et à ce qui a été pratiqué précédemment.

Comme le sieur de Chavigny est aussi bien instruit que personne des différentes situations d'intérêts, de confiance, d'amitié ou d'union dans lesquelles la France se trouve à l'égard des diverses puissances de l'Europe, il seroit superflu de lui rien marquer sur sa façon de procéder avec les ministres de ces mêmes puissances qui se trouvent à la cour de Lisbonne, puisque c'est sur cette connoissance, qu'il a parfaitement, qu'il doit mesurer sa conduite à leur égard.

Outre ce que cette instruction renferme, l'intention du Roi est que tous les Ambassadeurs et Ministres au dehors lui rapportent, au retour de leurs emplois, une relation exacte de ce qui s'y sera passé dans les négociations qu'ils auront conduites, de l'état des pays où ils auront servi, des cérémonies qui s'y observent, soit dans les entrées, soit dans les audiences, ou en toute autre rencontre, enfin de tout ce qui peut donner une connoissance particulière des lieux où ils auront été employés et des personnes avec lesquelles ils auront négocié : ainsi le sieur de Chavigny aura soin de préparer un mémoire de cette sorte en forme de relation de l'emploi que Sa Majesté lui confie, pour le remettre à son retour entre les mains de Sa Majesté.

MÉMOIRE POUR SERVIR DE SUPPLÉMENT A L'INSTRUCTION DU SIEUR DE CHAVIGNY, GOUVERNEUR DE BEAUNE, RETOURNANT A LISBONNE EN QUALITÉ D'AMBASSADEUR AUPRÈS DU ROI DE PORTUGAL.

2 août 1746.

Les instructions que le Roi fit remettre au sieur de Chavigny, lorsqu'il partit en 1740 pour se rendre à la cour de Portugal étoient si détaillées sur les principaux articles qui devoient faire l'objet de sa mission, qu'on croit ne devoir les rappeler ici, que pour lui recommander de continuer à les prendre pour règle de sa conduite. On se bornera uniquement à y ajouter quelques observations auxquelles donnent lieu les événements arrivés depuis que le sieur de Chavigny est absent de Lisbonne, non seulement dans les affaires générales de l'Europe, mais aussi dans celles qui intéressent plus particulièrement la cour de Portugal.

Le sieur de Chavigny est informé du mauvais état de la santé de Sa Majesté Portugaise. Ce prince éprouve des rechutes si vives et si fréquentes qu'il est bien à craindre qu'il n'y succombe enfin au moment peut-être qu'on s'y attendra le moins. C'est dans une circonstance aussi essentielle que la présence de l'ambassadeur du Roi ne pourra être que très utile à Lisbonne.

Les liaisons à former avec le nouveau gouvernement, et les impressions favorables à lui donner par rapport aux intérêts et au système politique de la France ne demanderont pas moins que la vigilance et les soins d'un ministre aussi éclairé que le sieur de Chavigny et qui joint à son zèle pour le service de Sa Majesté beaucoup de connoissances acquises et une longue expérience.

Il n'est point à présumer que, dans la triste situation où se trouve la santé du Roi de Portugal, on puisse se promettre de conclure avec lui le traité de commerce dont on a formé le projet il y a plusieurs années. Ce prince, malgré ses infirmités habituelles, est plus despotique que jamais, et veut tout faire par lui-même ; mais toute son attention ne s'étend qu'à des détails qui regardent le culte divin et la décoration des églises, et il n'accorde à aucun de ses ministres assez de confiance pour se reposer sur lui du soin d'un traité avec la France. Il n'y a qu'un accommodement des différends qui subsistent encore entre l'Espagne et le Portugal par rapport à la colonie du Sacrement qui pourroit faciliter la négociation du sieur de Chavigny, sur l'objet du commerce. C'est donc à concilier parfaitement ces deux cours qu'il faut que le sieur de Chavigny s'applique principalement à Lisbonne, en quoi il sera utilement secondé par l'évêque de Rennes qui de son côté travaillera dans le même esprit auprès de

Leurs Majestés Catholiques ; et, pour agir de part et d'autre dans une entière conformité de principes à cet égard, le sieur de Chavigny, qui prendra sa route par Madrid, concertera avec ce prélat les moyens à employer et les démarches à faire pour parvenir plus sûrement et plus promptement à la fin qu'on se propose. Il est fort vraisemblable que la Reine d'Espagne actuellement régnante, qui a beaucoup de crédit sur le Roi son mari, contribuera à lui inspirer les sentiments les plus favorables pour la cour de Portugal. Il ne s'agiroit que d'obtenir de la cour de Madrid une légère complaisance en faveur du Portugal, et cette complaisance se borneroit à remettre en Amérique, entre les deux nations, les choses sur le pied où elles étoient avant l'incident qui a occasionné autrefois quelque refroidissement et un commencement de rupture entre l'Espagne et le Portugal ; il faudroit donc que la levée du blocus de la ville du Sacrement et la liberté de la navigation sur la rivière du même nom fussent interprétés dans un sens avantageux et agréable aux Portugais.

Les objections tirées des abus et des fraudes commises par les Anglois ne doivent point aujourd'hui avoir plus de poids et d'influence qu'elles en avoient avant que la bonne intelligence entre les deux cours eût souffert quelque interruption. On joint ici le projet d'un traité de neutralité entre Leurs Majestés Catholiques et Portugaises qui a été formé par Don Luis da Cunha et que le sieur de Chavigny communiquera à l'évêque de Rennes.

Un autre objet d'attention pour le sieur de Chavigny et sur lequel il est également important qu'il se concerte avec l'évêque de Rennes, est l'arrivée du sieur Keene à Lisbonne. Il n'y a guère à douter que cette mission dans le moment présent ne soit relative au désir qu'ont les Anglois de négocier leur paix particulière avec l'Espagne, afin d'en obtenir des avantages de commerce au préjudice des autres nations. C'est dans cette vue que le ministère de Londres a choisi par préférence le sieur Keene, qui a fait un long séjour en Espagne et qui s'y est acquis considération, estime et confiance.

Les Anglois se flatteront de trouver sous le nouveau régime plus de facilités que sous le précédent pour moyenner cette réconciliation. Le conseil de Sa Majesté Catholique, qui vraisemblablement ne sera composé que d'Espagnols, se prêtera à une négociation qui s'accordera avec les anciens préjugés de la nation, où c'étoit autrefois une maxime d'État qui est de l'intérêt essentiel de l'Espagne d'être en paix avec les Anglois, quand même cette paix devroit lui procurer la guerre avec toutes les autres puissances. L'Angleterre, pour réussir dans son projet, s'engagera à maintenir Don Carlos sur le trône des Deux-Siciles, et offrira peut-être de ménager quelque petit établissement à l'infant Don Philippe. D'ailleurs la cour de Madrid se croira autant en droit de traiter séparément avec les Anglois, que nous avons cru l'être de négocier il y a quelques mois avec le Roi de Sardaigne et actuellement avec les Hollandois.

Toutes ces raisons ne rendent que trop vraisemblable le projet d'un accommodement prochain et particulier entre l'Espagne et l'Angleterre ; il ne seroit assurément ni utile ni honorable à la France, et le sieur de Chavigny doit veiller avec l'attention la plus suivie à découvrir autant qu'il dépendra de lui tout ce qui pourra avoir rapport à un motif aussi important du séjour du sieur Keene à Lisbonne, et l'intention de Sa Majesté est qu'il entretienne avec l'évêque de Rennes une correspondance exacte sur ce sujet.

Il seroit superflu de faire observer au sieur de Chavigny combien il est essentiel qu'il examine avec soin quel degré d'influence la nouvelle Reine d'Espagne aura dans les délibérations de la cour de Lisbonne, et jusqu'à quel point elle suivra les impressions que pourroit vouloir lui donner la Reine sa mère, Autrichienne par la naissance et par inclination ; il sentira parfaitement de lui-même de quelle importance il est pour le service du Roi que Sa Majesté ait des notions exactes et précises à cet égard.

Le sieur de Chavigny est instruit de la nouvelle tentative que Don Luis d'Acunha a faite en dernier lieu pour obtenir que les ambassadeurs du Roi ne fissent désormais aucune difficulté d'accorder le traitement d'Excellence aux secrétaires d'État du Roi de Portugal. Le sieur de Chavigny ne doit à cet égard rien changer au cérémonial qu'il a observé pendant son premier séjour à Lisbonne. Les exemples du nonce et de l'ambassadeur d'Espagne, s'il est vrai qu'ils aient cédé sur ce point, ne doivent pas être un motif pour lui de se relâcher aussi à cet égard. On n'a déjà que trop perdu des prérogatives distinguées qu'on accorde dans toutes les cours de l'Europe à la dignité et à la prééminence de la couronne du Roi. Ainsi, à moins que le Roi de Portugal ne donne à ses secrétaires d'État le titre de conseillers d'État, Sa Majesté veut que le sieur de Chavigny continue de leur refuser le traitement d'Excellence.

Quant au cérémonial des jours de fêtes particulières, dans lesquels il est d'usage à la cour de Lisbonne que les sujets du Roi de Portugal soient admis à baiser la main de ce prince et de la Reine son épouse, l'ambassadeur du Roi et quelques autres ministres étrangers profitoient de la même circonstance pour donner à Leurs Majestés Portugaises un témoignage public de respect et d'attention; mais cet usage a été ensuite interrompu, parce qu'on voulut introduire celui de placer Leurs Majestés Portugaises dans ces occasions sur une estrade, au bas de laquelle on prétendoit que les ambassadeurs devoient se tenir en leur faisant les compliments du jour. Le sieur de Chavigny n'a point voulu avec raison s'assujettir à une pareille innovation, et il doit continuer à se dispenser de paroître à la cour du Roi de Portugal dans ces sortes de cérémonies, à moins que les choses ne soient préalablement rétablies sur le pied convenable où elles étoient autrefois à cet égard.

XX

LE COMTE DE BASCHY

1752 — 1756[1].

Les traités d'Aix-la-Chapelle (1748) furent suivis de huit années de paix; c'est dans cet intervalle, et après une interruption de trois ans pendant lesquels M. du Vernay demeura chargé des affaires de France, que le comte de Baschi[2] fut envoyé comme ambassadeur du Roi en Portugal.

Le débile Jean V était mort le 31 juillet 1750, et avait été remplacé par son fils aîné, le prince du Brésil, qui prit le nom de Joseph Ier. Le nouveau roi aurait dû se montrer moins opposé que son père à la politique de la maison de Bourbon, à laquelle il s'était allié par son mariage; il avait épousé, en effet, le 19 janvier 1729, l'infante Anne-Victoire, fille de Philippe V et d'Élisabeth Farnèse. Mais ce mariage, qui semblait devoir rapprocher les Bragances de la France en faisant du roi Joseph Ier le cousin germain de Louis XV, eut au contraire pour résultat d'asseoir sur le trône portugais une princesse qui avait été cruellement mortifiée dans son amour-propre de femme, à Versailles. On sait, en effet, que l'infante Anne-Victoire avait été fiancée à son jeune cousin de France, en 1722; elle avait même passé trois ans à la cour de France pour y être élevée comme future reine;

1. Ministre des Affaires étrangères : Fr.-Dom. de Saint-Contest, remplacé le 24 juillet 1754, par Antoine-Louis de Rouillé, comte de Jouy, ministre de la Marine.
2. Il eut son audience de congé du Roi le 2 juin 1752. François, comte de Baschi, d'une maison originaire d'Italie, avait épousé Charlotte-Victoire Le Normant. En 1748, il avait été nommé ministre plénipotentiaire du Roi auprès de l'Électeur de Bavière. Il obtint, en 1754, l'expectative de la première place vacante de conseiller d'État d'épée; puis il fut fait, le 1er janvier 1756, chevalier des ordres du Roi, dont il reçut l'investiture le 1er janvier 1757, à son retour de Portugal. Enfin, il alla comme ambassadeur à Venise de 1760 à 1765.

puis, tout à coup, sans motifs apparents, elle avait été renvoyée à son père, au mois d'avril 1725[1]. L'infante ne s'était jamais consolée de l'injure qu'on lui avait faite, en refusant de réaliser cette union depuis longtemps arrêtée entre les deux familles royales et qui l'eût fait monter sur le plus beau trône de l'Europe.

L'ambassade du comte de Baschi était avant tout une mission de courtoisie pour le nouveau roi de Portugal à l'occasion de son récent avènement. Aucune affaire grave n'appelait, en effet, l'attention de la France à Lisbonne, hormis les interminables négociations relatives au traité de commerce, qui, grâce à l'insouciance des Portugais et à l'habileté malveillante des Anglais, n'avaient pu encore aboutir. M. de Baschi était pourvu à ce sujet des instructions les plus détaillées.

Il avait ordre, en outre, de prendre le plus secrètement possible toutes les informations sur le mariage des filles du roi de Portugal. Joseph Ier n'avait pas d'enfant mâle et, d'après la constitution, l'aînée des Infantes, héritière du trône, devait épouser soit un prince de sa famille, soit, à son défaut, un grand seigneur portugais. Le choix du mari de l'infante Dona Maria présentait donc le plus grand intérêt, et M. de Baschi avait à suivre attentivement cette affaire, dont son instruction parle assez longuement.

C'est dans cette instruction que nous rencontrons pour la première fois le nom du ministre Carvalho, qui allait devenir bientôt si célèbre sous le titre de marquis de Pombal.

Le comte de Baschi, arrivé en Portugal le 15 janvier 1753, fut remplacé par le comte de Merle au mois d'août 1756 et quitta Lisbonne en septembre[2], laissant les affaires de France aux mains de M. de Saint-Julien, consul général.

---

1. C'est à la suite de cet affront que Philippe V rompit le congrès de Cambrai en rappelant son plénipotentiaire, et qu'il fit sa paix séparée avec l'Empereur le 30 avril 1725. — Voir notre *Introduction*.

2. Il eut son audience de retour à Versailles, le 20 décembre 1756.

MÉMOIRE POUR SERVIR D'INSTRUCTION AU SIEUR COMTE DE BASCHY ALLANT EN QUALITÉ D'AMBASSADEUR DU ROI AUPRÈS DU ROI DE PORTUGAL.

21 mai 1752.

Les marques éclatantes que le Roi a données de sa modération ont enfin persuadé à toutes les puissances que Sa Majesté n'avoit rien de plus à cœur que d'entretenir la paix et la tranquillité qu'elle a rendues à l'Europe. C'est en conséquence de ces sentiments généreux, si rares dans un conquérant, que Sa Majesté porte des attentions particulières sur tout ce qui peut contribuer de sa part à maintenir l'union et la bonne intelligence avec les différents princes, et principalement avec ceux qui lui sont attachés par les liens du sang. Le Roi de Portugal est aujourd'hui intimement uni à la maison de France par son mariage avec une infante d'Espagne. Ce prince désiroit depuis longtemps de voir à sa cour un ambassadeur du Roi, lorsque Sa Majesté se détermina à envoyer près de lui le sieur de Chavigny si connu par ses talents et par ses longs services. Cet ambassadeur ayant été ensuite rappelé pour passer à d'autres cours, le Roi, pour ne point interrompre la correspondance avec celle de Lisbonne, y chargea du soin de ses affaires le sieur du Verney, consul de la nation française en Portugal, en attendant qu'il lui plût de se décider sur le choix d'un nouvel ambassadeur. Les preuves de zèle et de capacité que le sieur comte de Baschy a données dans les divers emplois qui lui ont été confiés ont fait juger à Sa Majesté que personne ne seroit plus capable que lui de remplir la fonction de son ambassadeur près de Sa Majesté Très Fidèle. C'est ce qui a déterminé le Roi à lui donner cette nouvelle marque de confiance et à l'honorer de cet emploi important, persuadé qu'il peut tout attendre d'un sujet qui joint aux avantages d'une naissance distinguée une affection constante pour sa personne, et pour tout ce qui peut intéresser la gloire de son règne.

Sa Majesté lui ordonne de partir incessamment pour Lisbonne, en prenant sa route par l'Espagne, où il pourra s'arrêter pendant quelques jours. Il s'y fera présenter à Leurs Majestés Catholiques. Il prendra leurs ordres pour Lisbonne, et leur fera entendre qu'il est disposé à les exécuter avec d'autant plus de zèle, qu'un des objets de sa mission est de contribuer autant qu'il dépendra de lui à maintenir l'union entre les Cours d'Espagne et de Portugal. Au reste il ne paroît pas que rien puisse actuellement troubler la bonne intelligence entre ces deux Cours depuis que les démêlés au sujet de la colonie du Sacrement sont terminés.

Le Roi veut que le sieur comte de Baschy fasse donner avis au gouverneur ou commandant de la dernière place frontière de son royaume du jour et de l'heure qu'il y arrivera, afin que les honneurs que Sa Majesté a établis pour ses ambassadeurs lui soient rendus, et que les commandants des places frontières tant d'Espagne que de Portugal, ne pouvant le supposer *incognito*, lui rendent en conséquence tous ceux qu'une personne revêtue du caractère d'ambassadeur du Roi doit y recevoir, suivant les usages observés dans les États de ces deux couronnes. Sa Majesté ne croit pas qu'il soit nécessaire d'instruire le sieur comte de Baschy des honneurs qu'il doit recevoir dans les places du Roi Catholique, ne doutant nullement que, sans qu'il y ait aucune précaution à prendre à ce sujet, les officiers du Roi son cousin seront plus portés à prodiguer qu'à diminuer les honneurs qui se doivent à un ambassadeur de France. Le sieur comte de Baschy continuera ensuite sa route pour Lisbonne. Les deux seules places de guerre qu'il trouvera sur son chemin sont Elvas et Estremos. Il y recevra sans doute les mêmes honneurs qui y ont été rendus en dernier lieu au sieur de Chavigny et dont le Roi veut qu'il se contente. Il se tiendra pareillement satisfait, pendant son séjour à Lisbonne, de tout ce qui se sera pratiqué envers cet ambassadeur, Sa Majesté ne voyant de changement actif ou passif, en fait de cérémonial, par rapport à un ambassadeur de sa part à la cour de Lisbonne, que la première visite qu'elle a consenti qu'il fît à celui des secrétaires d'État du Roi de Portugal qui a le département des affaires étrangères, et le titre d'Excellence qu'il donnera sans distinction; à tous les secrétaires d'État.

Lorsque le sieur comte de Baschy approchera de Lisbonne, il fera avertir le sieur Du Verney, consul de la nation française en Portugal, et qui est actuellement chargé des affaires du Roi, il lui prescrira de se rendre auprès de lui, afin d'en tirer par avance des éclaircissements sur l'état actuel de la cour de Portugal, ainsi que sur les honneurs que le sieur de Chavigny y aura reçus.

Quant au cérémonial, on joint ici un mémoire qui servira d'instruction sur ce point au sieur comte de Baschy, en observant néanmoins que les jours de fêtes particulières, dans lesquelles il est d'usage à la cour de Lisbonne que les sujets du Roi de Portugal soient admis à baiser la main de ce prince et de la Reine son épouse, l'ambassadeur du Roi, et quelques autres ministres étrangers, profiteroient de cette même circonstance pour donner à Leurs Majestés Très Fidèles un témoignage public de respect et d'attention; mais cet usage a été ensuite interrompu, parce qu'on voulut introduire celui de placer Leurs Majestés Très Fidèles dans ces occasions sur une estrade, au bas de laquelle on prétendoit que les ambassadeurs devoient se tenir en leur faisant les compliments du jour. Le sieur de Chavigny n'a point voulu, avec raison, s'assujettir à une pareille innovation; le sieur comte de Baschy doit en user de même, et continuer à se dispenser de paroître à la cour du Roi de Portugal dans ces sortes de cérémonies, à moins que les choses ne soient préalablement rétablies sur le pied convenable où elles étaient autrefois à cet égard.

Le sieur comte de Baschy observera de donner à Leurs Majestés Portugaises, soit en parlant, soit en écrivant, le titre de Très Fidèles, que Sa Majesté leur a accordé.

Les conjonctures présentes fournissent peu d'objets importants de négociations entre les cours de France et de Portugal. Il y a cependant deux points très intéressants et sur lesquels il convient que l'ambassadeur du Roi porte son attention.

L'un est le mariage des filles du Roi de Portugal. Ce prince n'a point d'enfants mâles et a peu d'espérances d'en avoir, à cause de la mauvaise santé de la Reine. Les lois du royaume excluent de la succession au trône toute princesse de Portugal qui se marie à un prince étranger, et les enfants qui proviendroient d'un tel mariage seroient sujets à la même exclusion, laquelle ne pourroit être levée que du consentement des États du royaume. C'est ce qui donne lieu de croire que Leurs Majestés Très Fidèles ne songeront point à donner leurs filles, soit à l'infant d'Espagne, actuellement cardinal, soit à l'un des archiducs fils de l'Empereur.

L'établissement des infantes de Portugal pourroit donc regarder les infants don Pedro et don Antoine, frère et oncle du Roi. Le premier a le vœu de la nation, mais la prédilection trop marquée du feu Roi en sa faveur lui avoit fait oublier ce qu'il devoit au prince du Brésil son frère actuellement régnant, pour lequel il n'avoit pas tous les égards convenables. Le Roi de Portugal en a conservé du ressentiment et paroît disposé à donner la préférence à l'infant don Antoine, son oncle. Ce prince, qui a su se concilier les bonnes grâces du Roi et de la Reine, n'est point désagréable à la nation : cependant, comme il est âgé de 57 ans, elle craint qu'il n'ait point d'enfants. Le sieur comte de Baschy aura l'œil sur le progrès des arrangements qui seront pris à ce sujet; mais il les observera toujours sans parler et sans paroître y prendre aucune part. Il aura soin de rendre compte en chiffres de tout ce qu'il aura pu découvrir à cet égard.

L'autre point, lequel est encore plus intéressant que le premier, c'est un traité de commerce avec le Portugal dont nous avions formé le projet dès l'année 1739. L'ambassadeur du Roi insinuera au ministre du Portugal que le Roi est toujours dans les mêmes dispositions à cet égard, et il rendra compte de quelle manière cette insinuation aura été reçue; il recevra des ordres en conséquence, soit pour faire quelque ouverture, soit pour répondre à celles qui lui seroient faites de la part de la cour de Portugal: il n'est cependant pas à présumer que ce soit la cour de Portugal qui fasse les premières démarches sur ce point, après les difficultés qu'elle a fait naître dans les conférences qui se sont tenues ici à ce sujet du temps de Don Luis d'Acunha. Le gouvernement portugais est principalement composé de trois secrétaires d'État. Le plus ancien est le sieur Pierre da Motta, âgé de 70 ans, lent dans l'expédition, mais qui a la réputation d'homme de probité et de bon sens. Il est chargé des affaires de l'intérieur du Royaume.

Le sieur de Caravalho a le département des affaires étrangères et celui de la guerre. Il peut être regardé comme le ministre principal, ayant obtenu par ses talents la confiance de son maître, que personne ne partage avec lui, pour ce qui concerne les affaires du gouvernement politique. Il est fort attaché au sieur da Motta qu'il consulte fréquemment. Né simple gentilhomme, il a beaucoup d'ambition, et travaille avec succès à l'élévation de sa famille. Le sieur abbé de Mendoça est secrétaire d'État de la Marine : modéré dans son ambition, il se contente de la part que son département lui donne dans les affaires, et ne s'occupe d'ailleurs qu'à se conserver la bienveillance de ses maîtres par une infinité de recherches relatives à leurs amusements.

Le sieur de Gusman a beaucoup perdu du crédit qu'il avoit dans le précédent gouvernement. Il est cependant encore quelquefois consulté, particulièrement sur les affaires de Rome, qu'il a traitées pendant vingt années, et sur l'exécution du traité de limites et d'échange, conclu avec l'Espagne en Amérique, dont il est l'auteur ; on ne lui refuse pas des talents et des connaissances, mais on l'accuse de porter ses idées trop loin et de passer toujours le but.

Le directeur de la douane est consulté sur tout ce qui a rapport au commerce, à la navigation des nations étrangères, et aux projets de manufactures à établir dans le royaume ; il est protégé par le sieur de Caravalho, mais haï des négociants dont il a diminué les profits en réformant plusieurs abus qui se commettoient dans les douanes..

Les sieurs de Vergolino et Frédéric, le dernier architecte, et tous deux valets de chambre du Roi de Portugal, ont la confiance de leur maître pour ce qui a rapport à l'intérieur du palais seulement. Ce détail ne servira qu'à donner au sieur comte de Baschy des notions générales, et il ne doit pas pour cela se croire dispensé d'étudier par lui-même les différents caractères et les affections des divers ministres et gens accrédités à la cour du

Roi de Portugal. Ces connaissances lui sont absolument nécessaires, tant pour assurer le succès de ses négociations pendant le cours de son ambassade, que pour être en état de rendre compte à son retour d'une des choses qui intéressent le plus le service du Roi, ainsi qu'il sera dit ci-après. Il examinera donc si les portraits qu'on vient de tracer sont exacts, et il donnera part, en chiffre, des réflexions qu'il aura faites à ce sujet. Il s'attachera ensuite à gagner la confiance du Roi de Portugal, de ses ministres et autres gens qui peuvent avoir du crédit sur son esprit. Il cherchera à flatter par quelques complaisances la vanité portugaise, et surtout le prince dans ses désirs. Enfin, guidé par les lumières qu'il aura acquises, il fera toutes les démarches qu'il jugera compatibles avec la dignité d'un ambassadeur du Roi, et il tâchera de ramener le ministre portugais à ce principe, dont autrefois il n'étoit point éloigné, qu'il n'y a point de couronne avec qui le Roi de Portugal dût se lier plus étroitement qu'avec celle de France.

Le sieur comte de Baschy fera en sorte de vivre en bonne intelligence avec les ministres étrangers qui se trouvent actuellement à Lisbonne, et il s'attachera particulièrement à former une union très intime avec l'ambassadeur d'Espagne, l'intention de Sa Majesté étant de faire connaître en toutes occasions l'étroite union d'intérêts qui subsiste entre elle et Sa Majesté Catholique, et qui est cimentée par les liens du sang et de la plus étroite amitié. Cependant cette intimité et cette confiance recommandée au sieur comte de Baschy envers l'ambassadeur d'Espagne ne doivent jamais altérer sa fermeté à conserver sur lui la préséance et la main dans toutes les occasions qui ne seront pas de pure familiarité, l'intention du Roi n'étant point d'excepter l'Espagne de toutes les couronnes sur lesquelles la prééminence de la sienne doit être marquée et observée, et ordonnant très expressément à tous ses ministres dans les pays étrangers de ne céder à aucun, de caractère égal, qu'à ceux du Pape et de l'Empereur. Sa Majesté a consenti que ses envoyés ne prétendissent point la main chez les ambassadeurs des têtes couronnées; mais elle ne veut pas que ses ambassadeurs donnent la main chez eux à aucun envoyé, pas même à ceux de l'Empereur.

Il n'est pas nécessaire d'observer au sieur comte de Baschy

qu'il doit, en général, régler sa façon de procéder avec les ministres étrangers résidant à Lisbonne, sur les différentes situations d'intérêt, de confiance, d'amitié ou d'union, dans lesquelles la France se trouve à l'égard des diverses puissances de l'Europe dont ils ont commission.

Il se trouve à Lisbonne une église nationale, sous le titre de Saint-Louis, qui a des privilèges dont les titres ou preuves doivent se trouver dans les archives du consulat de France. Le sieur comte de Baschy en prendra connoissance, et veillera à ce qu'ils soient conservés dans leur entier. Il doit aussi s'attacher à conserver les privilèges connus des marchands français, et à les protéger et maintenir en tout ce qui leur est acquis par les traités et par les usages. Mais il doit avoir grande attention à ne faire à cet égard aucune démarche qui ne puisse être soutenue, et qui ne soit fondée sur la justice et sur les traités.

Le bien du service du Roi exigeant que Sa Majesté ait une connoissance aussi exacte qu'il sera possible des talents, des qualités personnelles, des affections particulières et du crédit non seulement des ministres qui dans toutes les cours ont une part principale à l'administration des affaires générales, mais aussi de tous ceux qui, sous quelque dénomination que ce soit, ont quelque influence dans les délibérations et résolutions relatives aux intérêts publics, l'intention du Roi est que le sieur comte de Baschy donne une attention très suivie à cette partie essentielle de l'emploi que Sa Majesté lui a confié, et qu'il se mette en état d'envoyer à cet égard des notions précises et détaillées. Il commencera par donner une liste de tous les ministres de la cour de Lisbonne, et de tous les ministres étrangers qui résident auprès d'elle, et lorsque par mort ou autrement il arrivera quelque changement dans leurs destinations, il aura soin d'en donner avis.

Le Roi veut que le sieur comte de Baschy n'ait de relations qu'avec les ministres et secrétaires d'État chargés du département de ses affaires étrangères, sur tous les objets de sa mission : Sa Majesté lui permet, néanmoins, d'écrire directement à ses autres secrétaires d'État sur les affaires particulières qui auront rapport à leur département, mais en observant d'envoyer toujours au ministre des affaires étrangères la copie des lettres qu'il leur adressera.

Lorsque le sieur comte de Baschy aura quelque chose de secret, il se servira des tables de chiffres qui lui seront remises, savoir : un chiffre ordinaire et un chiffre de réserve qui serviront pour ses dépêches au ministre des affaires étrangères, le dernier étant destiné à suppléer au premier s'il venoit à se perdre, ou bien qu'il fût intercepté ; et comme le chiffre employé à la relation de l'ambassadeur avec le ministre des affaires étrangères ne doit servir à aucun autre usage, on joint ici deux autres chiffres, l'un pour les pièces qui pourroient être communiquées au sieur comte de Baschy, l'autre pour les correspondances qu'il pourra entretenir avec les ministres du Roi dans les cours étrangères, mais qu'il aura soin de renfermer dans les bornes de la plus grande circonspection par rapport aux nouvelles qu'il jugera convenable de leur faire passer.

Le mémoire instructif sur la manière de chiffrer dont on remet ici une copie au sieur comte de Baschy, doit lui servir de règle invariable et il doit veiller à ce qu'on ne s'en écarte point dans sa secrétairerie.

Le Roi veut que tous ses ambassadeurs et ministres au dehors lui rapportent au retour de leurs emplois une relation exacte de tout ce qui se sera passé de plus important dans les négociations qu'ils auront conduites, de l'état des cours et pays où ils auront servi, des cérémonies qui s'y observent, soit dans les entrées, soit dans les audiences ou dans toutes autres rencontres, enfin de tout ce qui peut donner une connoissance particulière des lieux où ils auront été employés et des personnes avec lesquelles ils auront négocié ; ainsi le sieur comte de Baschy aura soin de préparer un mémoire de cette sorte, en forme de relation, pour le remettre à son retour entre les mains de Sa Majesté.

Le Roi veut aussi que tous ses ministres, de quelque rang qu'ils soient, lorsqu'ils reviendront des lieux où ils auront été employés, remettent toutes les instructions, chiffres, papiers de correspondances et autres pièces relatives à leur emploi, le tout avec un inventaire exact, sur la vérification duquel il sera donné une décharge.

Sa Majesté a voulu que le sieur comte de Baschy fût instruit avant son départ pour Lisbonne de ses intentions à cet égard, afin qu'il s'y conforme exactement ainsi qu'à tout ce qui lui est prescrit par la présente instruction. S'il survenoit quelque changement relatif aux intérêts de Sa Majesté à la cour de Lisbonne, on enverra au sieur comte de Baschy de nouveaux ordres, suivant que les conjonctures et les événements pourront l'exiger.

Fait à Versailles, le 21 mai 1752.

Louis.

XXI

LE COMTE DE MERLE

1759 — 1760[1].

La guerre de Sept Ans avait brusquement éclaté à la suite du guet-apens de l'amiral anglais Boscawen[2]. Par le traité de Versailles (1756), la France, renversant le système de ses anciennes alliances, s'était unie à l'Autriche, à la Russie, et à la Saxe contre la Prusse et la Grande-Bretagne. La fortune des armes s'était montrée tour à tour favorable et défavorable aux puissances belligérantes : Richelieu avait pris Port-Mahon (1756) et d'Estrées avait conquis le Hanovre ; mais Frédéric II avait été victorieux à Rosbach (1757), à Lissa et à Crevelt (1758).

C'est à ce moment que le comte de Merle[3] fut désigné pour ambassadeur de France à Lisbonne. Bien que le Portugal ne fût plus dès lors regardé comme un facteur important dans la politique européenne, sa neutralité continuait à intéresser les puissances maritimes et sa partialité persistante pour la Grande-Bretagne rendait indispensable la présence d'un agent politique à la cour de Lisbonne[4].

---

1. Ministre des Affaires étrangères : Étienne-François, duc de Choiseul-Stainville.

2. En 1755, sans aucune déclaration de guerre, il avait capturé deux vaisseaux de ligne français ; puis, la flotte anglaise, écumant toutes les mers, nous avait enlevé plus de trois cents navires marchands, trente millions de livres et dix mille matelots.

3. Charles-Louis, comte de Merle de Beauchamps, baron d'Ambert, appartenait à une famille originaire du Beaujolais et du Dauphiné. Il avait épousé en 1750 Marie-Anne Peirenc de Moras. Successivement chevalier de Malte, puis lieutenant au régiment de Conty infanterie, enfin brigadier de cavalerie, il avait obtenu en 1756 l'agrément de second cornette de la première compagnie des mousquetaires ; en 1760, il fut fait second enseigne et en 1761, enseigne de la même compagnie. Arrivé à Lisbonne au commencement de mai 1759, il quitta cette ville le 23 août 1760.

4. Le comte de Merle trouva à Lisbonne comme consul chargé d'affaires M. Le

Le prétexte de la mission du comte de Merle était de porter les félicitations du Roi à D. Joseph Ier qui quelques semaines auparavant avait échappé aux coups des assassins soudoyés par le duc d'Aveiro et ses complices.

Il avait, de plus, à recueillir avec soin et à transmettre à son gouvernement tous les renseignements relatifs au mariage de la princesse du Brésil, âgée alors de vingt-cinq ans, et au sujet duquel la cour de Lisbonne ne pouvait tarder à prendre une décision.

Enfin, la protection du commerce français formait une partie importante de ses instructions ; il devait, si l'occasion s'en présentait, essayer d'améliorer les conditions de ce commerce, en prenant pour base le projet de traité de 1739.

On le mettait en garde contre M. de Carvalho (Pombal), tout en lui enjoignant, dans l'intérêt même des affaires qui lui étaient confiées, de ménager avec soin ce ministre tout-puissant.

MÉMOIRE POUR SERVIR D'INSTRUCTION AU SIEUR COMTE DE MERLE, CORNETTE DE LA PREMIÈRE COMPAGNIE DES MOUSQUETAIRES DE LA GARDE DU ROI, ALLANT A LISBONNE EN QUALITÉ D'AMBASSADEUR DE SA MAJESTÉ AUPRÈS DU ROI DE PORTUGAL.

15 janvier 1759.

Le Roi, ayant jugé à propos de remplir son ambassade en Portugal, a choisi pour cet emploi important le sieur comte de Merle dont Sa Majesté connoît les talents et le zèle pour son service, et elle ne doute pas qu'il ne justifie par son travail et par ses succès la marque de confiance dont elle a bien voulu l'honorer.

Les circonstances paroissant que l'ambassadeur du Roi ne diffère plus de se rendre à sa destination, l'intention de Sa Majesté

Noir de Saint-Julien, qui demeura encore en Portugal au même titre, après le départ de cet ambassadeur.

est qu'il parte incessamment pour Lisbonne en passant par l'Espagne où elle lui permet de s'arrêter quelques jours.

Tous les prédécesseurs du sieur comte de Merle ont eu ordre du Roi de rendre à leur passage à Madrid leurs respects au Roi et à la famille royale d'Espagne. Mais l'état actuel de la santé de Sa Majesté Catholique et l'incertitude des événements qui peuvent en être la suite empêchent le Roi de rien prescrire sur ce sujet à son ambassadeur. Sa Majesté se borne à lui recommander de concerter avec le sieur marquis d'Aubeterre les discours à tenir et les démarches à faire de sa part, supposé qu'il soit admis à faire sa cour ou au Roi, ou à la Reine douairière, ou à l'infant Don Luis; mais la conduite à observer devra être relative à la situation dans laquelle le gouvernement se trouvera en Espagne, lorsque le sieur comte de Merle y passera, et Sa Majesté s'en remet entièrement à cet égard à la sagesse et à la prudence de ses deux ambassadeurs. Le sieur comte de Merle aura soin de prévenir le gouverneur ou commandant de la dernière place frontière du royaume du moment auquel il devra y arriver, afin qu'on lui rende les honneurs que le Roi a établis pour ses ambassadeurs et qu'en conséquence les commandants des places frontières tant d'Espagne que de Portugal, étant également avertis du passage de l'ambassadeur de Sa Majesté, lui rendent aussi les honneurs que la règle et l'usage ont fixés dans les États de ces deux couronnes pour les ministres revêtus du même caractère.

Le mémoire qu'on joint ici sur le cérémonial pratiqué jusqu'à présent de la part ou à l'égard des ambassadeurs du Roi en Portugal, soit dans leur voyage pour se rendre à Lisbonne, soit pendant leur résidence dans cette capitale, donnera sur ce sujet au sieur comte de Merle des instructions détaillées, et d'autant plus sûres qu'on y ajoute en marge les observations et les réflexions que le sieur comte de Baschy, son prédécesseur immédiat, a faites sur quelques changements relatifs à cet objet du cérémonial.

Lorsque le sieur comte de Merle approchera de Lisbonne, il en fera avertir le sieur de Saint-Julien, consul de France et qui rend compte actuellement de ce qui intéresse le service du Roi, et il lui prescrira de se rendre auprès de lui, afin d'en tirer d'avance les notions et les éclaircissements nécessaires sur l'état actuel de la cour de Portugal. Après que le sieur comte de Merle aura rempli les cérémonies d'usage et de politesse qui doivent précéder les fonctions principales de son ambassade, il donnera toute son application aux objets dont il sera parlé dans la suite de ce mémoire ; mais, avant que d'entrer dans aucun détail à cet égard, il est nécessaire de lui donner une première idée des personnes qui composent la cour et le ministère de Sa Majesté Très Fidèle.

Le Roi de Portugal est un prince naturellement doux et juste. Il n'aime pas le travail auquel il n'a point été accoutumé pendant la vie du Roi son père, qui ne lui donnoit quelque part à l'administration que par rapport aux armements maritimes ; d'ailleurs le fils, attentif à ne donner aucun ombrage au père, ne se mêloit de rien, et l'oisiveté lui a fait contracter l'habitude du repos et l'amour du plaisir. Il faudra voir si l'horrible attentat[1] commis contre sa personne et les réflexions qui doivent être la suite d'un pareil événement auront opéré quelque changement dans sa façon de penser et d'agir relativement au gouvernement de ses États.

La Reine de Portugal est une princesse vertueuse pour qui le Roi, son mari, a toujours marqué la plus grande considération. On prétend qu'il n'auroit tenu qu'à elle d'avoir une influence prédominante dans les résolutions de ce prince, si elle avoit voulu, à son avènement au trône, profiter de l'ascendant qu'elle avoit sur son esprit et sur son cœur. Il ne seroit pas impossible que la régence qu'elle a exercée pendant trois mois eût donné à cette princesse du goût pour les affaires. Du reste, on assure qu'elle a conservé un tendre attachement pour le Roi à qui elle avoit d'abord été destinée pour épouse[2], et beaucoup d'estime et d'inclination pour la nation françoise.

L'infant Don Pèdre, frère du Roi de Portugal, étoit le fils favori du feu Roi à qui il servoit de secrétaire pour les choses les plus secrètes. Ce jeune prince avoit marqué un désir extrême d'avoir part aux affaires, et cette ardeur imprudente n'avoit pu

---

1. La tentative d'assassinat dirigée par le duc d'Aveiro et les Tavora.
2. Voir plus haut, p. 307.

que le rendre suspect au prince du Brésil. D'ailleurs, l'infant Don Pèdre paroissoit se prévaloir trop publiquement de la prédilection du Roi son père, et le frère aîné n'avoit pas toujours dissimulé le mécontentement que cette conduite lui causoit. On conjecture que, devenu Roi, il n'a pas oublié les griefs du prince du Brésil, et cette opinion est accréditée par la répugnance que Sa Majesté Très Fidèle a paru avoir jusqu'à présent à faire épouser à Don Pèdre la princesse du Brésil, héritière présomptive de la couronne.

On ne dira rien ici sur le caractère des quatre princesses filles du Roi de Portugal. Sans cesse renfermées dans leurs appartements et sous les yeux de la Reine et de leurs gouvernantes, elles ne sont point à portée de faire connoître quelles sont leurs vertus ou leurs défauts, et l'on ne peut en juger que d'après l'idée qu'en donnent les personnes qui ont l'honneur de les approcher, et qui, ordinairement, ne parlent que le langage de l'adulation. L'infant Don Emmanuel, oncle du Roi de Portugal, n'a aucune sorte de crédit ou d'influence dans le gouvernement.

M. de Caravalho, sans avoir le titre de premier ministre, en exerce toutes les fonctions. Il jouit de toute la confiance de son maître, et il en abuse, s'il faut en croire le cri public qui s'est élevé contre lui dans les États du Roi de Portugal. Il avoit dans l'abbé de Mendoça un collègue éclairé, instruit et bien intentionné, mais celui-ci a été la victime de la jalousie de son confrère, et il est disgracié et exilé sur les côtes d'Afrique.

M. de Caravalho a été employé comme ministre de Sa Majesté Très Fidèle à Londres et à Vienne, mais il n'a acquis dans l'une et dans l'autre de ces deux cours qu'une considération médiocre, et il ne paroît pas qu'il y ait contracté pour elles aucun goût de prédilection. Il en a peut-être encore moins pour la France, et bien loin qu'il y ait marqué jusqu'à présent des dispositions favorables pour les intérêts de cette couronne, il a constamment gêné le commerce des sujets du Roi. Ce ministre est d'un caractère dur et impérieux, et s'est appliqué principalement à opprimer la haute noblesse à laquelle il n'a pas l'avantage de tenir par sa naissance, quoiqu'il soit né gentilhomme, et à rendre suspects tous les seigneurs portugais qui n'ont pas voulu subir le joug auquel il prétendoit les assujettir. Le parti violent que le Roi Très Fidèle a pris de faire arrêter en dernier lieu dix-huit des personnes les plus distinguées de sa cour, est peut-être, en grande partie, un effet de l'esprit despotique du ministre. Quoi qu'il en soit, il est nécessaire pour le bien du service du Roi et pour le succès de la mission du sieur comte de Merle qu'il s'applique à gagner l'amitié et la confiance de M. de Caravalho, puisque celui-ci a un crédit prédominant sur l'esprit de Sa Majesté Très Fidèle et la principale influence dans la décision des affaires. Un ambassadeur ne doit pas, dans ses procédés et dans ses liaisons à la cour où il réside, prendre pour règle de conduite son sentiment personnel ou ses affections intérieures. L'homme public doit subordonner ses goûts particuliers à l'intérêt des affaires dont il est chargé. En partant de ce principe, le sieur comte de Merle doit marquer beaucoup d'attention à M. de Caravalho, et puisque ce ministre est le canal nécessaire par lequel doivent passer toutes les négociations, l'ambassadeur de Sa Majesté doit éviter avec le plus grand soin tout ce qui pourroit faire supposer de sa part peu de considération, d'estime ou de confiance pour M. de Caravalho.

Les deux autres ministres du Roi de Portugal sont MM. d'Acosta et d'Acunha, mais ils ne sont réellement que les créatures et les commis du principal ministre qui ne leur laisse qu'un vain titre et des fonctions subalternes. M. d'Acunha est spécialement chargé du département des affaires étrangères, et en cette qualité il aura la correspondance immédiate et directe avec le sieur comte de Merle, qui devra d'autant plus le ménager que c'est sur le rapport de ce ministre que M. de Caravalho prendra les premières impressions presque toujours difficiles à effacer, surtout quand elles ne sont pas favorables au succès des propositions qu'on voudroit faire accepter.

Les notions générales qu'on vient d'exposer dans ce mémoire concernant la cour de Lisbonne doivent être confirmées ou rectifiées par l'examen et par les réflexions que l'ambassadeur du Roi fera lui-même, lorsqu'il sera arrivé à sa destination. Ce qui se trouve à ce sujet dans les différentes relations envoyées de

Portugal n'est peut-être pas fondé sur des connoissances assez approfondies, et le sieur comte de Merle doit regarder comme un devoir important de sa mission d'examiner à loisir et sans prévention les bonnes ou les mauvaises qualités, la capacité, le génie, les inclinations et le crédit des principaux personnages de la cour où il résidera, et de ceux en particulier avec lesquels il aura à vivre et à négocier. La connoissance des hommes est une des plus essentielles parties du ministère public, et c'est un grand avantage pour le succès des affaires que de savoir apprécier à leur juste valeur ceux avec qui l'on est dans le cas de les discuter.

Dans la première audience que le sieur comte de Merle aura du Roi de Portugal, il donnera à ce prince les assurances les plus précises de l'amitié du Roi, du sincère intérêt que Sa Majesté a pris et continuera toujours à prendre à tous les événements qui auront rapport à la gloire et aux avantages de Sa Majesté Très Fidèle, et du désir qu'a le Roi d'entretenir et de perpétuer la parfaite intelligence qui subsiste entre les deux cours. C'est dans le même esprit que cet ambassadeur s'expliquera avec la Reine et la famille de Portugal.

Le sieur comte de Merle n'aura dans les commencements de sa résidence à Lisbonne aucun objet particulier de négociation à suivre, et il doit principalement s'appliquer à connoître aussi exactement qu'il sera possible la situation intérieure et les dispositions de la cour de Lisbonne :

1° Par rapport au mariage de la princesse du Brésil ;

2° Sur les affaires générales de l'Europe et sur la présente guerre ;

3° Sur un traité de commerce à conclure entre les deux couronnes.

Les malheurs que le Portugal a éprouvés depuis plus de deux ans par les tremblements de terre ont occasionné une révolution sensible dans la fortune d'un grand nombre de sujets de ce prince, et l'attentat affreux commis en dernier lieu contre sa personne sacrée étant, ainsi qu'il l'a publiquement déclaré à ses peuples, la suite d'une conspiration tramée contre lui, indique dans le corps de l'État une fermentation aussi odieuse en elle-même que funeste dans ses effets. La juste punition des auteurs ou des complices de ce crime de lèse-majesté au premier chef, et les mesures à prendre pour étouffer jusqu'au dernier germe d'une disposition aussi exécrable absorberont sans doute pendant quelque temps l'attention du Roi de Portugal et de son ministre. Mais il est vraisemblable que la princesse du Brésil étant dans sa vingt-cinquième année, on ne tardera pas à la marier.

Les lois du royaume exigent qu'elle épouse un prince de la maison de Bragance, et l'infant Don Pèdre, son oncle, est le seul sur qui Sa Majesté Très Fidèle puisse fixer ses vues pour cet effet; tout ce qu'on a affecté d'annoncer sur un prétendu projet de donner pour mari à la princesse du Brésil un prince étranger, paroît avoir d'autant moins de fondement que, suivant les mêmes lois, l'héritière présomptive de la couronne, au défaut de prince de son sang, doit s'allier à l'un des principaux seigneurs du pays. Cependant comme la volonté absolue des souverains est quelquefois la règle unique de leurs résolutions, il ne seroit pas impossible que le Roi de Portugal, en supposant son antipathie pour l'infant Don Pèdre, songeât à se donner pour gendre un prince étranger, mais il est difficile de penser que le choix puisse tomber sur l'infant d'Espagne Don Luis. Toute la nation portugaise réclameroit contre une alliance qui pourroit dans les suites dégrader le Portugal à son ancien état de province de la monarchie espagnole.

Le sieur comte de Merle jugera aisément qu'il n'a aucun propos à tenir et beaucoup moins quelque démarche à faire relativement à cet objet, sur lequel il ne doit même marquer aucune curiosité, mais il recueillera avec attention, pour en rendre compte au Roi, toutes les notions les plus certaines qu'il pourra se procurer sur les intentions du Roi de Portugal à cet égard.

Quant aux affaires générales de l'Europe, le sieur comte de Merle en est assez instruit pour n'avoir pas besoin qu'on entre ici dans un long détail à cet égard. On se bornera donc à un exposé fort succinct des causes et des circonstances de la présente guerre.

Les Anglois l'ont commencée sans la déclarer, en violant

dans le sein de la paix, avec autant de mauvaise foi que de violence, toutes les lois et toutes les bienséances. Leur projet a été (et il subsiste plus que jamais) d'exercer un despotisme absolu sur toutes les mers, et de ne laisser aux autres nations qu'une navigation et un commerce précaire.

Le Roi, forcé de venger sa gloire personnelle et ses sujets opprimés, avoit espéré que sa guerre contre les Anglois ne s'étendroit point au continent de l'Europe, et Sa Majesté étoit bien éloignée de vouloir associer aucune autre puissance à sa querelle particulière. Dans cette vue, le Roi a invité la plupart des souverains à adopter le système d'une exacte neutralité; mais la cour de Londres, se conduisant par des principes absolument contraires, n'a rien négligé pour rendre la guerre générale, afin que la France, obligée à employer une partie de ses forces par terre, fût moins en état de résister aux entreprises que l'Angleterre feroit sur mer.

Le Roi de Prusse, excité par des vues personnelles d'ambition, s'est livré sans ménagement à la passion des Anglois, et après avoir envahi la Saxe par les procédés les plus odieux et les plus violents, il a injustement attaqué les États de l'Impératrice-Reine de Hongrie et de Bohême.

Le Roi engagé par un traité à secourir cette princesse, et par sa qualité de garant des traités de Westphalie à maintenir les droits des princes de l'Empire et des constitutions germaniques, ne pouvoit pas, sans manquer à deux devoirs aussi essentiels, abandonner l'Impératrice-Reine et le Roi de Pologne, Électeur de Saxe. Sa Majesté a même, pour remplir ces deux objets, sacrifié son intérêt le plus immédiat aux principes d'honneur et de fidélité qui prévaudront toujours dans son cœur sur toute autre considération.

Les événements de la guerre, comme il arrive presque toujours, ont été alternativement heureux et malheureux pour les puissances belligérantes, et ce n'est qu'avec un sincère regret que le Roi voit les hostilités se prolonger, mais en même temps que Sa Majesté désire le retour de la paix, Elle est dans la résolution invariable de ne la faire que convenable à la dignité de sa couronne et de concert avec ses alliés, et de n'écouter et encore plus de ne faire aucune proposition d'accommodement qu'à des conditions honorables, équitables et solides.

C'est dans ce sens que le sieur comte de Merle s'expliquera toutes les fois qu'on le mettra à portée de traiter cette matière; il insistera particulièrement sur l'importance dont il est, pour toutes les nations commerçantes et spécialement pour celles qui ont des possessions aux Indes Orientales et Occidentales, de prévenir par des mesures communes les dangers dont leur navigation est menacée, si les Anglois parviennent à leur but favori de se rendre les maîtres absolus de toutes les mers.

Au reste, le Portugal n'est pas regardé dans le corps politique de l'Europe comme un membre dont on puisse espérer quelque ressource considérable pour les puissances qui voudroient prendre des liaisons utiles avec cette couronne. Elle étoit l'alliée nécessaire de la France, lorsque la maison d'Autriche régnait en Espagne, et elle l'est devenue de l'Angleterre depuis qu'une branche de la maison de France est montée sur le trône de Castille. Il ne faut pas s'attendre que cette union et cette intelligence entre les cours de Londres et de Lisbonne cesse de subsister. Leurs besoins communs autant que leurs intérêts la rendront solide et durable. Il y a plus d'égalité entre le commerce que ces deux puissances font entre elles, qu'il ne peut y en avoir dans celui que la France feroit avec le Portugal. Celui-ci abonde en vins et en sels, deux denrées que les François ne peuvent pas extraire, parce qu'ils en ont eux-mêmes une grande quantité, et de là vient la prédilection que les Portugais en général donnent aux Anglois relativement au commerce. Il seroit donc inutile de travailler à rompre ce lien qui paroît indissoluble, mais les sujets du Roi pourroient partager avec ceux de la Grande-Bretagne les richesses du Brésil, et c'est à quoi l'ambassadeur du Roi doit s'appliquer avec le plus grand soin. Il y a deux moyens à employer pour cet effet; l'un est de protéger et de soutenir les établissements et maisons de commerce que les négociants françois ont commencé à former ou qu'ils formeront dans la suite à Lisbonne, et l'autre de ne pas perdre de vue le projet d'un traité de commerce avec le Portugal. Quant au premier objet qui concerne les maisons françoises de commerce, il faut s'occuper des mesures à prendre pour en rendre les fondements plus solides, et le succès moins douteux. Le traité d'Utrecht en rétablissant la paix entre la France et le Portugal n'avoit point rétabli la confiance entre les deux nations. Des difficultés sur le cérémonial avoient occasionné un nouveau refroidissement, et l'interruption de la correspondance entre les deux cours qui en avoit été la suite n'avoit pas permis de donner au commerce françois en Portugal la protection qui pouvoit le faire prospérer.

La brouillerie survenue en 1735 entre les cours de Madrid et de Lisbonne nous fournit une occasion favorable de nous rétablir dans nos anciens droits en Portugal, dont le Roi qui craignoit la guerre voulut se jeter entre les bras de la France. On ne profita point de la circonstance, et ce prince réclama les secours de l'Angleterre; mais celle-ci, ne voulant pas se compromettre avec l'Espagne, se borna à assurer le retour de la flotte du Brésil. On crut que la querelle étoit enfin terminée par la convention qui fut signée en 1737 sous la médiation de la France, de l'Angleterre et des Provinces-Unies. Mais cette convention ne rétablit le calme qu'en Europe, et non en Amérique où les Espagnols se contentèrent de changer en blocus le siège de la colonie du Sacrement.

Le Portugal eut de nouveau recours aux bons offices de la France et lui offrit un traité de commerce qui la mettroit au niveau de l'Angleterre.

Les choses étoient en cet état lorsque le sieur de Chavigny fut envoyé en 1740, en qualité d'ambassadeur du Roi, pour y suivre la négociation qui devoit être commune avec l'Espagne. Le traité de commerce à conclure devoit marcher d'un pas égal avec cette négociation; mais celle-ci s'étant refroidie, le traité n'a pas eu lieu, et il y a aujourd'hui moins d'apparence qu'il n'y en avoit alors, que les démarches que le sieur comte de Merle pourroit faire relativement à cet objet fussent susceptibles de quelque succès. En effet, les différends de l'Espagne et du Portugal ont été accommodés par un traité particulier entre les deux cours et sans l'intervention d'aucune autre puissance.

Cependant, comme il est dans l'ordre des choses possibles qu'il arrive des événements qui changeroient le système polilique du Portugal, le Roi juge à propos de faire remettre à son ambassadeur une copie du projet de traité sur lequel les deux cours ont négocié pendant quelque temps, afin que le sieur comte de Merle ait à cet égard les connoissances dont il auroit besoin, si pendant sa résidence à Lisbonne il se trouvoit dans le cas de discuter cette affaire.

Sa principale attention doit être, quant à présent, de rétablir et de maintenir la tolérance dont le commerce de France a presque toujours joui dans les États de Sa Majesté Très Fidèle, et qui est le seul moyen pour y introduire différentes sortes de marchandises des manufactures françoises. C'est une matière intéressante sur laquelle le sieur comte de Merle doit se procurer les notions les plus sûres, soit par ses conversations avec les négociants françois établis à Lisbonne, soit par ses propres réflexions. Le compte qu'il rendra des connoissances qu'il aura acquises à ce sujet mettra le Roi en état de lui faire adresser ses instructions et ses ordres pour diriger les démarches et sa conduite.

Le sieur comte de Merle entrera en correspondance avec les autres ministres étrangers qui résident à Lisbonne, à l'exclusion cependant de ceux qui y sont employés par les princes avec lesquels Sa Majesté est actuellement en guerre. Il doit se renfermer avec ceux-ci dans les démonstrations extérieures de politesse en lieu tiers, lorsqu'ils l'auront prévenu par des égards convenables. Mais il doit entretenir la plus parfaite intelligence et vivre dans la plus grande intimité avec les ministres des cours de Vienne et de Madrid, et il ne leur tiendra jamais que des propos qui, rendus à leurs maîtres respectifs, puissent convaincre de plus en plus ces deux puissances que le Roi ne désire rien plus sincèrement que de perpétuer l'amitié et l'alliance qui les unissent à Sa Majesté et d'agir avec elles dans la confiance la plus entière et le concert le plus constant sur tout ce qui a rapport à leur gloire réciproque et à leurs communs avantages. On joint ici :

1° Les lettres du Roi au Roi et à la Reine de Portugal en créance sur le sieur comte de Merle ;

2° Quatre tables de chiffre. Les premières intitulées *pour la dépêche* doivent servir uniquement à chiffrer les lettres que le sieur comte de Merle écrira au ministre et secrétaire d'État ayant le département des affaires étrangères. C'est à ce ministre seul, et sans aucune exception, que le Roi veut que ses ambassadeurs rendent compte des affaires concernant le service de Sa Majesté. Cependant, si le sieur comte de Merle se trouvoit dans le cas de correspondre avec les autres ministres et secrétaires d'État sur des objets directement relatifs à leurs départements, il adressera ses lettres à cachet volant au secrétaire des affaires étrangères qui aura soin de les faire déchiffrer si cela étoit nécessaire, et de les faire parvenir à leur destination.

Les secondes tables sont destinées à chiffrer les pièces communiquées et ne doivent point être employées à aucun autre usage.

Les troisièmes serviront à la correspondance du comte de Merle avec les ambassadeurs et ministres du Roi dans les cours étrangères.

Le sieur marquis d'Aubeterre est le seul avec lequel il paroisse pouvoir être utile d'entretenir un commerce de lettres, et lorsque le sieur comte de Merle lui écrira par la poste ordinaire, il aura soin de se renfermer dans les bornes d'une circonspection convenable par rapport aux nouvelles et aux réflexions dont il croira devoir lui faire part. S'il survenoit quelque avis important à faire passer au sieur marquis d'Aubeterre, il usera de la précaution du chiffre.

Enfin, les quatrièmes tables intitulées *de réserve* ne doivent servir que dans des cas extraordinaires, ou lorsqu'on a lieu de soupçonner que le chiffre ordinaire pourroit avoir été intercepté.

Les instructions plus particulières ou plus détaillées dont le sieur comte de Merle aura besoin pour régler son langage et ses démarches lui seront successivement adressées, suivant les conjonctures.

Le Roi a ordonné que tous ses ambassadeurs et ministres dans les cours étrangères lui remettroient, au retour de leur mission, une relation détaillée de tout ce qui se sera passé de plus important pendant leur séjour dans les lieux où ils auront été employés, soit par rapport aux négociations qui leur auroient été confiées, soit sur l'état civil, politique, militaire et ecclésiastique, sur le caractère, les talents et les affections des souverains et de leurs ministres, sur le cérémonial et sur tous les objets qui peuvent intéresser le service ou la curiosité de Sa Majesté. Ainsi le sieur comte de Merle travaillera à rédiger un mémoire qui renferme tous ces détails.

Le Roi veut aussi que ses ambassadeurs et ses ministres remettent après qu'ils sont revenus auprès de Sa Majesté les instructions en original, les chiffres et tous les papiers concernant son service, avec un inventaire sur la vérification duquel on leur en donne une décharge.

Fait à Versailles, le 15 janvier 1759.

XXII

M. O'DUNNE

1761 — 1762[1].

En 1761, l'Espagne venait de conclure le Pacte de famille (15 août); elle était sur le point de se joindre à la France et de déclarer la guerre à l'Angleterre. Il fallait, cette fois encore, essayer d'obtenir, non seulement la neutralité bienveillante, mais encore, autant que possible, le concours armé du Portugal. La direction effective des négociations devant être à Madrid, M. O'Dunne envoyé à Lisbonne pour y représenter la France[2], avait ordre de ne parler et de n'agir que conformément aux informations qui lui seraient transmises au nom du Roi par le marquis d'Ossun, ambassadeur en Espagne. Il n'était donc, à vrai dire, que ministre en sous ordres, et cette circonstance explique, d'une part, la brièveté des instructions personnelles dont il fut muni, et d'autre part le titre inférieur qui lui fut attribué. Il semble néanmoins résulter de son instruction que, si on ne lui donna que le rang de ministre plénipotentiaire, des questions d'étiquette ne furent pas étrangères à cette détermination. Les Portugais avaient émis, en effet, une nouvelle prétention, d'après laquelle « la préséance des ambassadeurs et des ministres étrangers résidant auprès du Roi Très Fidèle devait désormais être réglée, non comme elle l'avait toujours été, par la dignité des couronnes des souverains, mais par la date des lettres de créance des représentants[3] ».

1. Ministre des Affaires étrangères : Gabriel-César de Choiseul, duc de Praslin.
2. Après sa mission en Portugal, M. Jacques O'Dunne fut envoyé au même titre auprès de l'Électeur Palatin, le 21 janvier 1763. Il y était encore en 1777. M. O'Dunne est qualifié de comte dans une lettre de M. de Montmorin datée du 22 août 1780 (*Correspondance de Portugal*, t. CXI, fol. 86); c'est la seule pièce dans laquelle nous ayons constaté ce fait.
3. Voir plus loin à ce sujet, l'Instruction du chevalier de Saint-Priest.

Une telle prétention, qui ne tendait à rien moins qu'à supprimer *ipso facto* les privilèges dont ses représentants jouissaient de temps immémorial, ne pouvait être acceptée sans protestation de la part de la cour de France. Aussi, comme il s'agissait avant tout de faire vite, on éluda provisoirement toute difficulté, en ne donnant à M. O'Dunne que le titre de ministre, et non celui d'envoyé ou d'ambassadeur.

C'est pour le même motif qu'on remit à plus tard toutes les autres affaires dont le nouveau résident du Roi pouvait avoir à s'occuper, et notamment la question toujours pendante de la convention commerciale. M. O'Dunne, s'étant arrêté plusieurs semaines à Madrid, n'arriva à Lisbonne qu'au mois de février 1762.

Mémoire pour servir d'instruction au sieur O'Dunne, allant a Lisbonne pour y résider en qualité de ministre plénipotentiaire du Roi auprès du Roi de Portugal.

Minute. — Portugal : *Mémoires et documents*, t. I, f. 255. — 15 novembre 1761.

La cour de Londres ne se prescrivant aucunes bornes dans le projet qu'elle paroît avoir formé de dominer despotiquement sur toutes les mers, et de ne laisser aux autres nations qu'une navigation et un commerce précaires, le Roi d'Espagne a pris la sage et généreuse résolution d'unir ses forces à celles du Roi, pour mettre un frein à l'ambition injuste et à la cupidité démesurée des Anglois. Le refus que le ministre britannique a fait de se prêter aux conditions de paix que la France lui a offertes, et de donner à l'Espagne la satisfaction qui lui est due sur plusieurs griefs essentiels qu'elle a depuis longtemps contre l'Angleterre, n'a pas permis de douter des véritables intentions de cette dernière couronne, et a fait sentir à Sa Majesté et à Sa Majesté Catholique la nécessité dont il étoit pour leur gloire commune et pour l'intérêt de leurs monarchies de ne plus différer l'exécution des mesures efficaces qu'elles ont jugé à propos de prendre de concert dans cette vue. Elles se sont, en conséquence, réciproquement engagées à agir dans une parfaite uniformité de sentiments et d'opérations, tant militaires que politiques, pour faire rentrer les Anglois dans les bornes de l'équité et de la modération. Cet objet ne pouvant être rempli par les voies de la conciliation qui ont été inutilement employées par les cours de France et de Madrid, le Roi et le Roi d'Espagne ont résolu d'y parvenir, s'il est possible, par la force des armes, et Sa Majesté Catholique se dispose à déclarer incessamment la guerre à l'Angleterre.

Les deux souverains contractants ont prévu en même temps que, pour assurer le succès de leurs entreprises, il étoit essentiel que les Anglois fussent privés de l'asile et du secours qu'il pourroient trouver en Portugal si Sa Majesté Très Fidèle continuoit de les traiter comme la nation la plus favorisée et de leur accorder une entrée libre dans ses ports. Pour prévenir cet inconvénient, le Roi et le Roi d'Espagne sont convenus de travailler conjointement à inspirer au Roi de Portugal des sentiments conformes à leurs intentions et à ses propres intérêts, et de lui déclarer même, si cela est nécessaire, qu'il est absolument indispensable qu'il renonce à la neutralité pendant la guerre qui continuera entre la France et l'Angleterre, et à laquelle l'Espagne est sur le point de prendre part.

On joint ici, pour l'instruction particulière du sieur O'Dunne une copie de l'article signé et ratifié sur cet objet entre Sa Majesté et Sa Majesté Catholique[1]. Ce qu'on vient d'exposer indique clairement au sieur O'Dunne quel est le véritable et le principal objet de sa mission à Lisbonne, et le Roi est bien persuadé que ce ministre justifiera par ses talents, par son zèle et par sa sagesse la marque distinguée de confiance dont Sa Majesté veut bien l'honorer; mais, comme l'intention du Roi est que le sieur O'Dunne ne parle et n'agisse à Lisbonne que conformément aux instruc-

---

1. Cet article est le pacte de la convention particulière signée le même jour que le pacte de famille. Par cet article, les deux puissances contractantes conviennent d'inviter le roi de Portugal à accéder à la convention, « n'étant pas juste qu'il reste spectateur tranquille des démêlés des deux cours avec l'Angleterre, et qu'il continue d'ouvrir ses ports et d'enrichir les ennemis des deux souverains, pendant qu'ils se sacrifient pour l'avantage commun de toutes les nations maritimes ».

tions que l'ambassadeur qui y réside de la part du Roi Catholique recevra de sa cour, Sa Majesté ordonne au sieur O'Dunne de se rendre incessamment à Madrid et d'y déclarer aux ministres du Roi d'Espagne et à Sa Majesté Catholique elle-même, lorsqu'il aura l'honneur de lui être présenté, que Sa Majesté lui a prescrit de diriger ses discours et ses démarches en Portugal sur les propos et sur la conduite que l'ambassadeur de ce monarque aura ordre d'y tenir, et que ce sera par le sieur marquis d'Ossun et d'après ce qui aura été concerté entre cet ambassadeur du Roi et les ministres espagnols, que le sieur O'Dunne recevra les instructions ultérieures et de détails qui lui seront nécessaires pour parler et agir conjointement et uniformément avec l'ambassadeur de Sa Majesté Catholique. Telle est, en effet, la volonté du Roi, dont le duc de Choiseul informe le sieur Wall, ministre et secrétaire d'État du Roi d'Espagne, par la lettre ci-jointe que le premier de ces ministres destine au second, à qui le sieur O'Dunne la remettra immédiatement après son arrivée à Madrid.

On accompagne ce mémoire de quatre tables différentes de chiffre. La première servira à la correspondance directe du sieur O'Dunne avec le duc de Choiseul; la deuxième, intitulée *de réserve*, servira, soit lorsqu'il y aura des choses extrêmement importantes à mander de Lisbonne, soit dans le cas où l'on craindroit que le chiffre de la première table n'eût été intercepté; la troisième est destinée à chiffrer les pièces communiquées; enfin la quatrième servira pour la correspondance que le sieur O'Dunne aura à entretenir avec le sieur marquis d'Ossun. C'est le seul ministre du Roi dans les cours étrangères avec qui Sa Majesté veut que le sieur O'Dunne ait un commerce par lettres relativement aux affaires générales, et surtout à la commission particulière dont il est chargé.

On joint encore ici les lettres que le Roi écrit au Roi et à la Reine de Portugal en créance sur le sieur O'Dunne. Dans la première audience qu'il aura de Leurs Majestés Très Fidèles, il leur donnera les assurances les plus précises de l'amitié du Roi, du sincère intérêt que Sa Majesté continue de prendre aux événements qui peuvent avoir rapport à leur gloire et à leur prospérité, et du désir qu'a le Roi de fortifier et de perpétuer l'intelligence qui subsiste entre les deux cours. Dans le cas où le Roi de Portugal s'uniroit au Roi et au Roi d'Espagne contre les Anglois, la liaison entre les cours de France et de Lisbonne, fort refroidie depuis quelques années, deviendroit sans doute plus vive et plus sincère, et le sieur O'Dunne pourroit peut-être avoir d'autres objets de négociation à suivre, surtout par rapport au commerce à établir entre les deux nations. Le ministre plénipotentiaire du Roi recevroit alors des instructions détaillées sur cette matière et adaptées aux circonstances, mais en attendant, on croit devoir lui communiquer un extrait du mémoire que Sa Majesté fit remettre au sieur comte de Merle, lorsque celui-ci alla en 1759 à Lisbonne avec le caractère de son ambassadeur. Le sieur O'Dunne aura vu dans les papiers qui lui ont été communiqués de l'ambassade du sieur comte de Merle, ce qui s'est passé au sujet du cérémonial que la cour de Lisbonne a prétendu établir et suivant lequel la préséance des ambassadeurs et ministres étrangers devoit y être désormais réglée, non par la dignité des couronnes, mais par la date des lettres de créance de leurs représentants. Mais le sieur O'Dunne n'ayant que la dénomination de ministre plénipotentiaire, et ce titre n'étant point regardé comme degré de représentation, il doit, conformément aux usages reçus, céder le pas aux ambassadeurs et aux envoyés. Le cas de la concurrence ne pourroit exister par rapport à lui, qu'autant qu'il y auroit à Lisbonne des ministres plénipotentiaires de quelque autre puissance, et l'on ne croit pas qu'il y en ait actuellement.

Quoi qu'il en soit, il est essentiel que, dans les commencements de son ministère, il évite avec soin toute tracasserie de cérémonial, et qu'avant que de prendre aucun parti relativement aux difficultés qui pourroient se présenter à cet égard, il en rende compte au Ministère du Roi qui lui fera connoître les intentions et lui adressera les ordres de Sa Majesté.

Fait à Versailles, 15 novembre 1761.

La mission de M. O'Dunne échoua complètement. Elle ne pouvait réussir, d'ailleurs, en présence du parti pris du Portugal en faveur de l'Angleterre. Dès que les armements qu'il faisait en grande hâte furent terminés, le gouvernement portugais jeta le masque, et il déclara la guerre à la France, le 18 mai 1762. M. O'Dunne n'avait pas attendu ce moment pour partir, car, dès le 25 avril, il avait quitté Lisbonne en laissant au cabinet portugais la déclaration suivante[1] :

« Le Roi Très Chrétien et le Roi Catholique, forcés de soutenir la guerre contre l'Angleterre, ont contracté des engagements réciproques relativement à cet objet.

« L'un des moyens que Leurs Majestés ont jugé les plus convenables pour mettre un frein à l'ambition excessive de cette nation impérieuse et au despotisme qu'elle prétend usurper sur toutes les mers et sur la navigation et le commerce des autres puissances, surtout dans les Indes, tant orientales qu'occidentales, étoit d'engager le Roi Très Fidèle à entrer dans l'alliance du Roi Très Chrétien et du Roi Catholique et à faire cause commune avec ces deux monarques.

« Il étoit naturel de penser que le Roi de Portugal, réfléchissant sur ce qu'il se doit à lui-même et à ses peuples, accepteroit avec zèle et empressement les propositions qui lui seroient faites à cet égard par Leurs Majestés Très Chrétienne et Catholique. Cette opinion paraissoit d'autant plus fondée, que les sujets de ce prince éprouvent encore plus que toute autre nation le joug intolérable que l'Angleterre leur a imposé depuis le commencement de ce siècle. D'ailleurs, il eût été contre toutes les règles de la justice et de la prudence, que le Portugal ayant autant ou plus d'intérêt que la France et l'Espagne à se soustraire à la domination tyrannique des Anglois, non seulement ne fournît à ces deux couronnes aucun secours, mais encore leur causât le préjudice le plus considérable par les richesses et les facilités de toute espèce que leur ennemi commun trouveroit dans la conservation d'un commerce libre avec le Portugal, dont les ports seraient à la disposition des Anglois, pour servir d'asile à leurs vaisseaux et pour les mettre à portée de nuire plus efficacement aux Français et aux Espagnols.

« En conséquence, le Roi Très Chrétien et le Roi d'Espagne ont ordonné à D. Joseph Torrero, ambassadeur de Sa Majesté Catholique, et au sieur O'Dunne, ministre plénipotentiaire de Sa Majesté Très Chrétienne, de demander au Roi Très Fidèle de se déclarer uni à Leurs Majestés dans la présente guerre contre les Anglois, de rompre toute intelligence et toute communication avec eux, de fermer ses

---

1. *Correspondance de Portugal*, t. XCIII, fol. 207 (minute). Cette minute est accompagnée en marge des mentions suivantes : « Projet de déclaration à remettre par M. O'Dunne aux ministres de la cour de Lisbonne, dans le cas où elle se refuseroit aux propositions communes du Roi et du Roi Catholique. Envoyé à M. le marquis d'Ossun et à M. O'Dunne le 16 de février 1762. » — Cette déclaration fut suivie, le 20 juin suivant, par un manifeste de guerre en réponse à celui du Portugal du 28 mai. (*Correspondance de Portugal*, et *Gazette de France*, 1762, p. 485 ; etc.)

ports à tous leurs navires de guerre ou marchands et de joindre toutes ses forces à celles de la France et de l'Espagne, dans la vue d'obliger l'ennemi commun des trois puissances et de toutes les nations commerçantes à se renfermer dans de justes bornes, et à rétablir l'équilibre maritime dans toutes les parties du monde où la cupidité angloise l'a presque entièrement anéanti.

« Le Roi Catholique a ajouté aux raisons solides de justice, d'intérêt et de convenance sur lesquels les deux monarques ont fondé leur demande à cet égard, les motifs les plus tendres d'amitié et de parenté, qui devoient faire la plus forte et la plus salutaire impression sur le cœur du roi de Portugal. Sa Majesté Catholique, prévoyant même que la cour de Londres, aussitôt qu'elle serait informée du parti que Sa Majesté Très Fidèle aurait pris, ne différeroit point à envoyer des forces suffisantes pour s'emparer des ports et des places maritimes du Portugal, avoit pris des mesures pour prévenir les Anglois et pour garnir de troupes espagnoles les principaux ports de ce royaume. Enfin Leurs Majestés Très Chrétienne et Catholique ont offert au Roi Très Fidèle les sûretés les plus formelles et les plus étendues, tant par rapport à la conservation de tous ses États qu'à la restitution de ceux que les hasards de la guerre pourroient lui faire perdre.

« Bien loin que des considérations si fortes et si légitimes aient déterminé le Roi de Portugal à s'unir au Roi Très Chrétien et au Roi Catholique, Sa Majesté Très Fidèle s'est absolument refusée aux propositions amiables de ces deux monarques, et a préféré de sacrifier leur amitié et leur alliance, sa propre gloire et l'avantage de ses sujets, à son dévouement aveugle et sans bornes, aux passions et aux volontés de l'Angleterre.

« Une pareille conduite de la part du roi de Portugal ne laissant aucun doute sur les véritables intentions de ce prince, Leurs Majestés Très Chrétienne et Catholique ne peuvent dès lors le regarder que comme leur ennemi direct et personnel.

« Indépendamment des motifs qui sont communs aux deux souverains, chacun d'eux a des griefs particuliers contre la cour de Lisbonne qui suffiroient seuls pour justifier l'extrémité à laquelle Leurs Majestés Très Chrétienne et Catholique se voyent à regret obligées de se porter.

« Toute l'Europe a été instruite de l'entreprise injuste et violente exécutée en 1759 par les Anglois contre quelques vaisseaux du Roi Très Chrétien sous le canon des forts portugais de Lagos[1]. Sa Majesté fit demander au Roi Très Fidèle de lui procurer la restitution de ces vaisseaux; mais les ministres de ce prince, au mépris

---

1. Voir sur cette affaire, p. 341.

de ce qu'ils devoient à l'infraction la plus scandaleuse du droit des gens, aux règles les plus sacrées de la justice, aux lois les plus générales de la mer, à la violation la plus marquée du territoire de leur maître, n'ont jamais répondu aux réquisitions réitérées de l'ambassadeur du Roi sur ce sujet que par des propos vagues et avec un air d'indifférence qui tenoit de la dérision.

« La cour de Lisbonne affectant d'ignorer que les souverains qui ne tiennent leur rang que de leur naissance et de la dignité de leurs couronnes, ne peuvent permettre, sous quelque prétexte que ce soit, qu'aucune puissance prétende affaiblir les prérogatives et les droits acquis à l'ancienneté et à la majesté de leurs trônes, a entrepris d'établir une alternative de préséance entre les ambassadeurs et ministres étrangers qui résident auprès du Roi Très Fidèle, et le roi mon maître, instruit par son ambassadeur de la notification qu'on lui avoit faite de cet arrangement bizarre et sans exemple, fît témoigner par écrit son mécontentement aux ministres portugais, et déclara que Sa Majesté ne souffriroit jamais qu'on donnât atteinte au droit essentiellement attaché au caractère de représentation dont elle veut bien revêtir ses ambassadeurs et ses ministres.

« Quelque autorisé que le Roi Très Chrétien fût, dès lors, de marquer son juste ressentiment sur ces griefs et sur d'autres sujets de plainte que le Portugal lui avoit donnés, cependant Sa Majesté s'étoit contentée de rappeler de Lisbonne son ambassadeur et avoit continué d'entretenir avec le Roi Très Fidèle une correspondance qu'elle auroit désiré de rendre plus intime et de perpétuer; mais les circonstances qui lui sont communes avec le Roi Catholique, obligent Sa Majesté Très Chrétienne de regarder le Roi Très Fidèle comme leur ennemi.

« Elle a ordonné à son ministre soussigné de se retirer de Lisbonne et de déclarer en son nom à Sa Majesté Très Fidèle, qu'uni d'amitié et d'intérêt à Sa Majesté Catholique, le Roi espère que les efforts des deux puissances de France et d'Espagne, seront bénis du Tout-Puissant, et forceront la cour de Lisbonne de suivre dans la suite des principes d'attachement envers Sa Majesté Très Chrétienne et Sa Majesté Catholique plus conformes à la saine politique, à la parenté qui lie ce prince à ces deux monarques, et à l'intérêt de son royaume[1]. »

---

1. A la suite de ce document se trouve cette note : « M. O'Dunne demandera ses passeports dans un mémoire séparé. »

XXIII

LE CHEVALIER DE SAINT-PRIEST

1763 — 1766[1].

La guerre ne fut pas, heureusement, de longue durée. Dès le mois d'octobre 1762, Joseph Ier accréditait auprès de Louis XV Martino de Mello e Castro, comme envoyé extraordinaire et ministre plénipotentiaire, pour traiter de la paix. Le 3 novembre, une convention préliminaire était conclue entre la France, l'Espagne et le Portugal, et enfin, le 10 février 1763, on signa l'instrument définitif qui mettait fin aux hostilités entre les deux branches de la maison de Bourbon, le Portugal et la Grande-Bretagne.

Le chevalier de Saint-Priest[2] fut choisi au mois de mai suivant pour aller, en qualité de ministre plénipotentiaire, renouer les relations diplomatiques avec la cour de Lisbonne, où il arriva le 21 novembre 1763[3].

Il n'était chargé d'aucune mission particulière. Il devait néanmoins essayer d'obtenir du comte d'Oeyras (c'était le nouveau titre qu'avait valu au futur marquis de Pombal la faveur de son maître) le règlement de l'affaire de Lagos. Il s'agissait de vaisseaux français capturés ou détruits par les Anglais au mois d'août 1759, sous le canon portugais, dans ce petit port des Algarves. Des réclamations

---

1. Ministre des Affaires étrangères : Gabriel-César de Choiseul, duc de Praslin, remplacé le 5 avril 1766 par le duc de Choiseul-Stainville, déjà ministre en 1758.
2. François-Emmanuel Guignard, chevalier de Saint-Priest, né le 12 mars 1735, chevalier de Malte le 16 mars 1739, exempt des gardes du corps. Après son retour de Portugal, il fut ambassadeur près la Porte Ottomane (1768).
3. Joseph Ier avait renoncé à sa prétention relative au changement de cérémonial, prétention dont nous avons parlé plus haut (p. 333) ; il avait reconnu aux ministres envoyés par le Roi la préséance sur tous les autres ministres plénipotentiaires, sauf celui de l'Empereur.

énergiques avaient déjà été faites à ce sujet par le comte de Merle, mais sans aucun résultat. Le chevalier de Saint-Priest reçut l'ordre de procéder plus doucement et de tâter le terrain, de façon à ne pas compromettre inutilement la bonne entente à peine rétablie. Il réussit mieux que son prédécesseur; et le marquis de Pombal, heureux de trouver cette occasion de faire sentir à la Grande-Bretagne le prix de l'alliance portugaise, parla si fièrement à Londres que les Anglais, toujours disposés à sacrifier les questions d'amour-propre aux intérêts plus pratiques, consentirent enfin à la satisfaction réclamée par l'honneur de la bannière des Bragance.

En dehors d'une autre demande concernant quelques marchands et armateurs français, M. de Saint-Priest n'avait plus à s'occuper que d'un projet de médiation entre le pape et Joseph Ier, brouillés à la suite de l'expulsion des jésuites. Il contribua puissamment à préparer la réconciliation à laquelle se résigna plus tard Clément XIV, qui eut la sagesse d'éviter un schisme menaçant en reconnaissant les droits légitimes de l'autorité temporelle.

Après trois ans de séjour à Lisbonne, M. de Saint-Priest demanda son rappel; il obtint seulement un congé de six mois et s'embarqua pour revenir par l'Angleterre le 30 décembre 1766, laissant comme chargé d'affaires en Portugal M. Simonin, consul général.

MÉMOIRE POUR SERVIR D'INSTRUCTION AU SIEUR CHEVALIER DE SAINT-PRIEST, EXEMPT DES GARDES DU CORPS DU ROI, ALLANT EN PORTUGAL EN QUALITÉ DE MINISTRE PLÉNIPOTENTIAIRE DU ROI.

Minute. — Portugal : *Mémoires et documents*, t. I, f. 259. — 9 octobre 1763.

Le Roi de Portugal ayant accédé au traité définitif de paix conclu le 10 février dernier entre le Roi, le Roi d'Espagne et le Roi de la Grande-Bretagne, Sa Majesté Très Fidèle n'a pas différé à envoyer en France le sieur de Souza Coutinho, qui y réside depuis quelques mois avec le titre de son ministre plénipotentiaire auprès du Roi. Sa Majesté a fixé son choix, pour remplir les mêmes fonctions à la cour de Lisbonne, sur le sieur chevalier de Saint-Priest dont elle connoît les talents et le zèle, et elle ne doute pas qu'il ne justifie par son travail et par ses succès la marque de confiance dont elle a bien voulu l'honorer.

Le Roi ne charge point dans le moment présent le chevalier de Saint-Priest de suivre en Portugal aucun objet particulier de négociation, et Sa Majesté borne à deux points principaux les ordres dont elle lui confie l'exécution dans les premiers temps du ministère qu'il va remplir. L'un est de faire connoître quels sont les sentiments et les dispositions du Roi relativement aux affaires générales de l'Europe et au Roi de Portugal en particulier; l'autre est de prendre des connoissances détaillées et exactes de la cour de Lisbonne, du caractère, des affections et des vues du souverain, de la famille royale et de ses ministres.

Quant au premier point, le chevalier de Saint-Priest l'expliquera toujours de manière à ne laisser aucun doute sur la droiture et la pureté des intentions du Roi. Les démarches que Sa Majesté a faites pendant tout le temps de la guerre pour parvenir au rétablissement de la paix ont été si publiques et si constantes que personne n'a pu les ignorer, et il est également certain que son projet est de maintenir, autant qu'il dépendra d'elle, le repos public, de prévenir et de détourner les nouveaux troubles qui pourroient le menacer, de ne négliger aucun des moyens qu'elle pourra employer pour inspirer à toutes les autres puissances le même esprit d'équité et de modération, enfin de faire cause commune avec les souverains qui voudront concourir avec elle à la conservation de la tranquillité générale.

Le chevalier de Sa-intPriest fera connoître avec la même sincérité quelles sont les dispositions du Roi pour le Roi de Portugal, avec qui Sa Majesté désire véritablement d'entretenir la plus parfaite intelligence. Il ne tiendra qu'à ce prince de voir renaître le temps où les Rois ses prédécesseurs étoient persuadés que, soit par des motifs de convenance, soit par des raisons d'intérêts communs et réciproques, le Portugal ne pouvoit point avoir d'allié plus utile que la France. Le chevalier de Saint-Priest assurera à Sa Majesté Très Fidèle, dans la première audience qu'elle lui accordera, que la rupture momentanée entre les deux cours n'a point altéré les anciens sentiments du Roi; que

Sa Majesté a toujours conservé pour le Roi et la famille royale de Portugal la même amitié dont elle leur a constamment donné des témoignages depuis le commencement de son règne, et que c'est avec une véritable satisfaction qu'elle profitera des occasions de leur marquer le sincère intérêt qu'elle prend à leur prospérité. Le chevalier de Saint-Priest s'expliquera dans le même esprit avec les ministres portugais; mais pour le mettre en état de se conduire plus sûrement, surtout dans les premiers temps de son ministère à Lisbonne, on croit nécessaire de lui fournir quelques premières idées concernant les personnes principales qui composent la cour et le ministère de Sa Majesté Très Fidèle.

Le Roi de Portugal est un prince naturellement doux et équitable; n'ayant eu aucune part à l'administration des affaires pendant la vie du Roi son père, il n'a point été accoutumé au travail, et il a contracté l'amour du repos et de l'amusement. Il ne paroît pas que les calamités dont son royaume a été affligé depuis plusieurs années, et ce qu'il a éprouvé personnellement lui-même[1], aient opéré aucun changement dans sa façon de penser et d'agir relativement au gouvernement de ses États.

La Reine est une princesse vertueuse et appliquée à tous ses devoirs. Le Roi, son mari, a toujours marqué la plus grande considération pour elle, et l'on prétend que si elle avoit profité de l'ascendant qu'elle avoit sur l'esprit de ce prince à leur avènement au trône, elle auroit eu une influence prédominante dans l'administration. On assure qu'elle a conservé le plus tendre attachement pour le Roi à qui elle avoit été d'abord destinée pour épouse, et beaucoup d'estime et d'inclination pour la nation françoise.

L'infant Don Pèdre, frère et gendre du Roi de Portugal, étoit le fils favori du feu Roi, et comme il lui servoit de secrétaire pour les choses les plus secrètes, ce jeune prince paroissoit se prévaloir trop publiquement de cette prédilection et il devint suspect au prince du Brésil qui n'avoit pas toujours caché le mécontentement que cette conduite lui causoit; soit que le

---

1. Allusions au tremblement de terre de Lisbonne et à la conspiration du duc d'Aveiro.

prince du Brésil, devenu Roi, ait oublié ses anciens griefs, soit qu'il ait cru devoir les dissimuler, il s'est enfin déterminé à faire épouser sa fille aînée à l'infant Don Pèdre.

On ne dira rien ici sur les princesses, filles du Roi de Portugal. Sans cesse renfermées dans leurs appartements et sous les yeux de la Reine et de leurs gouvernantes, elles ne sont point à portée de faire connoître quelles sont leurs vertus ou leurs défauts, et l'on ne peut en juger que d'après l'idée qu'en donnent les personnes qui ont l'honneur de les approcher et qui vraisemblablement ne parlent que le langage ordinaire de l'adulation.

L'infant Don Emmanuel, oncle du Roi de Portugal, n'a aucune sorte de crédit ni d'influence dans le gouvernement.

Le comte d'Oeyras[1], sans avoir le titre de premier ministre, en exerce les fonctions et en a toute l'autorité. Il jouit de la confiance entière de son maître, et il en abuse, s'il faut en croire le cri public qui s'est élevé pendant quelque temps contre lui en Portugal. Quoi qu'il en soit, il paroît qu'il ne veut point de concurrent dans la faveur du Roi Très Fidèle, et que les autres ministres et secrétaires d'État ne sont dans le fond que de serviles exécuteurs des ordres du comte d'Oeyras. Il a été employé comme ministre d'abord à Londres et ensuite à Vienne ; mais on a lieu de croire qu'il n'a contracté aucun goût de préférence ni pour l'une ni pour l'autre de ces deux cours. Il en a encore moins pour la France, et il a constamment marqué les dispositions les moins favorables aux intérêts de la couronne et des sujets du Roi. Son caractère est dur et impérieux. Il s'est appliqué principalement à opprimer la haute noblesse à laquelle il n'a pas l'avantage de tenir par la naissance, quoiqu'il soit reconnu pour gentilhomme, et a rendu suspects tous les seigneurs et ministres portugais qui n'ont pas voulu subir le joug auquel il vouloit les assujettir. Au reste, quelles que soient les intentions et les maximes despotiques du comte d'Oeyras, il est nécessaire pour le bien du service du Roi et pour le succès de la mission du chevalier de Saint-Priest qu'il s'applique à gagner, s'il est possible, l'amitié et la confiance de ce ministre, qui a la principale influence

---

1. Devenu depuis marquis de Pombal.

dans la décision de toutes les affaires, et qui est le canal nécessaire par lequel elles doivent passer. Le chevalier de Saint-Priest évitera donc avec la plus scrupuleuse attention tout ce qui pourroit faire supposer de la part de la France peu de considération, d'estime et de confiance pour le comte d'Oeyras, à qui il marquera au contraire beaucoup d'égards et d'envie de lui plaire.

Les autres ministres, ainsi qu'on l'a déjà observé, ne sont que les créatures et les commis du comte d'Oeyras, qui ne leur laisse qu'un vain titre et des fonctions précaires et subalternes.

Le sieur d'Acunha est spécialement chargé du département des affaires étrangères, et en cette qualité il aura la correspondance immédiate et directe avec le chevalier de Saint-Priest, qui devra d'autant plus le ménager que c'est vraisemblablement sur le rapport de ce ministre que le comte d'Oeyras prendra les premières impressions presque toujours difficiles à détruire, surtout lorsqu'elles ne sont pas favorables au personnel ou à l'objet de la mission du nouveau ministre, qui arrive dans une cour étrangère.

Les notions générales qu'on vient de communiquer au chevalier de Saint-Priest doivent être confirmées ou rectifiées par l'examen et par les réflexions qu'il fera lorsqu'il sera à portée d'approfondir et de juger par lui-même. La connoissance des hommes est peut-être la partie la plus essentielle du ministère public, et c'est un grand avantage pour le succès des affaires que de savoir apprécier à leur juste valeur les personnes avec qui l'on est dans le cas de les discuter. Le Portugal n'est pas regardé dans le corps politique de l'Europe comme un membre dont on puisse espérer des ressources considérables, en faveur des puissances qui voudroient former des liaisons utiles avec cette couronne. Elle étoit l'alliée nécessaire de la France, lorsque la maison d'Autriche régnoit en Espagne, et elle l'est devenue de l'Angleterre depuis qu'un prince de la maison de France est monté sur le trône de Castille. Il ne faut pas attendre que cette union entre les cours de Londres et de Lisbonne cesse de subsister. Leurs besoins communs autant que leurs intérêts réciproques la rendront solide et inaltérable. Il y a certainement plus d'égalité dans le commerce que ces deux nations font entre elles, qu'il ne peut y en avoir dans celui que la France feroit avec le Portugal. Celui-ci abonde en vins et en sels, deux denrées que les François ne peuvent pas extraire, parce qu'ils en ont eux-mêmes une grande quantité, et de là vient la prédilection presque générale des Portugais pour les Anglois relativement au commerce. Il seroit donc inutile de vouloir rompre un lien qui paroît indissoluble; mais les sujets du Roi pourroient partager avec ceux de la Grande-Bretagne les richesses du Brésil, et c'est à quoi le chevalier de Saint-Priest doit travailler avec le plus grand zèle et beaucoup de prudence. Il y a deux principaux moyens à employer pour cet effet : l'un est de protéger efficacement les établissements et maisons de commerce que les négociants françois ont formés ou formeront dans la suite à Lisbonne, et l'autre de ne pas perdre de vue le projet d'un traité de commerce avec le Portugal. Des difficultés sur le cérémonial occasionnèrent en 1724 un refroidissement entre la France et le Portugal. L'interruption de la correspondance entre les deux cours en fut la suite, et il ne fut pas possible alors de donner au commerce françois la protection qui pouvoit le faire prospérer à Lisbonne.

La brouillerie survenue en 1735 entre les cours d'Espagne et de Portugal engagea le Roi Très Fidèle à réclamer les bons offices et la médiation du Roi, et ce prince fit offrir à la France un traité de commerce qui la mettroit de niveau avec l'Angleterre. Les choses étoient en cet état lorsque le sieur de Chavigny fut envoyé, en 1740, en qualité d'ambassadeur du Roi pour suivre à Lisbonne la négociation qui devoit être commune avec l'Espagne. Le traité de commerce devoit marcher d'un pas égal, mais la négociation s'étant ralentie, le traité n'eut pas lieu, et il y a actuellement beaucoup moins d'apparence qu'il n'y en avoit alors que les démarches que le chevalier de Saint-Priest pourroit faire sur cet objet fussent susceptibles de quelque succès. Cependant, comme il est dans l'ordre des choses possibles qu'il arrive dans la suite quelque événement qui pourroit changer à cet égard le système politique du Portugal, le Roi juge à propos de faire remettre au chevalier de Saint-Priest une copie du projet de traité sur lequel les deux cours ont négocié pendant quelque temps. Il doit se borner, quant à présent, à rétablir et à maintenir la tolérance dont le commerce françois a presque toujours joui dans les États de Sa Majesté Très Fidèle, et qui est le seul moyen d'y introduire différentes sortes de marchandises provenant des manufactures françoises. C'est un objet très intéressant sur lequel le ministre du Roi doit se procurer les notions les plus détaillées et les plus sûres, soit par ses conversations avec les principaux négociants françois, soit par ses propres observations. Le compte qu'il rendra des connoissances qu'il aura acquises à ce sujet mettra Sa Majesté en état de lui adresser des instructions ultérieures, et les ordres qui devront régler son langage et sa conduite.

Il y a deux objets assez importants dont la déclaration de guerre entre la France et le Portugal a suspendu la discussion : l'un intéresse particulièrement le Roi, et l'autre ses sujets.

Le premier concerne les vaisseaux de Sa Majesté poursuivis et brûlés par les Anglois sous le canon de Lagos. La cour de Lisbonne a eu sans doute des raisons de complaisance ou de crainte pour ne pas exiger la juste satisfaction qui lui étoit due sur une violation aussi indécente et aussi violente de son territoire, et sur l'insulte publique faite à la souveraineté de Sa Majesté Très Fidèle, mais il ne peut y avoir pour cette cour aucun motif légitime de ne pas procurer au Roi la restitution ou le dédommagement de ses vaisseaux. Les fortes représentations que le comte de Merle a eu ordre de faire à cet égard pendant son ambassade ont toujours été reçues de la part des ministres portugais avec une démonstration apparente de zèle, et des assurances positives que le Roi leur maître agissoit sur cet objet à Londres conformément aux règles invariables de l'équité et du droit des nations ; mais il y a lieu de penser que s'ils ont fait quelques démarches, elles auront été si foibles qu'il n'est pas étonnant qu'on n'y ait eu aucun égard.

On ne peut guère s'attendre qu'ils soient actuellement plus disposés à nous faire rendre justice ; cependant, le chevalier de Saint-Priest profitera des occasions naturelles qui se présenteront de faire à ce sujet quelques insinuations qui, à la manière dont elles seront accueillies, feront encore mieux connoître quelles sont les intentions de la cour de Lisbonne.

L'autre objet regarde les intérêts de quelques armateurs et négociants françois qui ont réclamé, dans le temps, la protection du Roi pour leur obtenir justice sur des violations manifestes de la neutralité de la part de la cour de Lisbonne et de ses officiers. La note ci-jointe sous le n° 1 contient un exposé succinct des faits dont nous avons eu à nous plaindre à cet égard, et dont la rupture entre les deux cours n'a pas permis de poursuivre la réparation. L'intention de Sa Majesté est que le chevalier de Saint-Priest accorde ses bons offices aux sujets de Sa Majesté intéressés dans ces différentes affaires, sur lesquelles il recevra dans la suite des instructions plus détaillées.

Il est nécessaire qu'il soit informé de ce qui s'est passé à Lisbonne par rapport au cérémonial pendant l'ambassade du comte de Merle. La cour de Portugal prétendit en 1760 que la préséance des ambassadeurs et des ministres étrangers résidant auprès du Roi Très Fidèle devoit désormais être réglée, non comme elle l'avoit toujours été par la dignité des couronnes des souverains, mais par la date des lettres de créance des représentants. L'abbé de Salema[1] remit en conséquence au duc de Choiseul le mémoire dont on joint ici une copie sous le n° 2, et, sur le compte qui en fut rendu au Roi, Sa Majesté chargea le duc de Choiseul de faire remettre à la cour de Lisbonne la réponse dont la copie est pareillement ci-jointe sous le n° 3.

Lorsque le sieur O'Dunne fut envoyé à Lisbonne en 1762, en qualité de ministre plénipotentiaire du Roi, il y fut accueilli avec les plus grandes démonstrations d'égards et de politesse, et on lui fit rendre à son entrée en Portugal les honneurs qui ne sont ordinairement réservés que pour les ambassadeurs. La nécessité des circonstances fut sans doute le motif qui détermina en cette occasion les ministres portugais à s'écarter de l'étiquette qui est de règle et d'usage, mais cet exemple ne doit ni ne peut tirer à conséquence.

Quant à la préséance dont on avoit eu l'idée aussi bizarre qu'impraticable, le sieur O'Dunne ayant eu ordre de faire expliquer catégoriquement la cour de Lisbonne avant que de deman-

---

1. Pedro da Costa Salema, chargé d'affaires de Portugal en France.

der audience, le sieur d'Acunha lui déclara ministériellement qu'ayant rendu compte au Roi son maître des difficultés qu'occasionnoit le règlement en question, Sa Majesté Très Fidèle lui avoit ordonné de dire au sieur O'Dunne que les motifs qui y avoient donné lieu tendoient plutôt, suivant les intentions de ce prince, à prévenir tout embarras qu'à en faire naître, que ce qui avoit été fait à cet égard devoit être considéré comme un expédient et non comme un règlement, et que, puisque le Roi n'en étoit pas satisfait, Sa Majesté Très Fidèle consentoit qu'il n'en fût plus question et qu'on pouvoit le regarder comme non avenu.

Il fut convenu, en conséquence, que le sieur O'Dunne, qui devoit se rendre le lendemain à la cour où il y avoit jour de gala pour l'anniversaire de la naissance de la Reine, auroit audience avant tout autre ministre étranger revêtu du même caractère que lui. Ce qui ayant été exécuté, le prétendu règlement relatif à cette partie du cérémonial fut annulé par le fait comme il étoit insoutenable par le droit, et le Roi prescrit expressément au chevalier de Saint-Priest de ne se prêter à rien qui puisse rendre douteux le rang qui lui est dû parmi les ministres qui auront la même dénomination que lui, le ministre seul de l'Empereur devant être excepté.

Il y a encore deux points sur lesquels il est à propos que le chevalier de Saint-Priest soit prévenu. Le premier regarde les François établis en Portugal. Ils eurent ordre, lorsque la guerre fut déclarée entre les deux cours, de sortir dans le terme de quinze jours des États du Roi Très Fidèle, ou de se faire naturaliser Portugais. La plupart prirent ce dernier parti, et il faut que le ministre du Roi en envoie une liste au duc de Choiseul, en marquant quels sont ceux qui voudroient être relevés de cette naturalisation forcée. Quant à ceux qui ont préféré de quitter le Portugal, le chevalier de Saint-Priest s'informera, avec la même exactitude, si leurs effets ou leur argent ont été saisis alors, et si on leur en a depuis accordé la restitution.

L'autre point concerne l'interruption de toute correspondance entre les cours de Rome et de Lisbonne. Le Pape eut recours, en 1764, aux bons offices de Sa Majesté Catholique pour le réconcilier avec le Roi Très Fidèle. Sa Sainteté confia cette démarche au Roi et pria Sa Majesté de vouloir bien l'appuyer auprès du Roi d'Espagne. Le marquis d'Ossun reçut en conséquence des ordres ; mais, les ayant communiqués au nonce résidant à Madrid, ce prélat lui demanda d'en suspendre l'exécution et lui confia que le Roi Catholique lui avoit promis d'employer volontiers sur cet effet sa médiation la plus efficace. Toutefois, ce Prince ajouta qu'ayant des discussions particulières avec le Portugal, il falloit les concilier avant que de s'occuper de l'objet en question. Les choses en sont restées là, du moins par rapport à la France, et le chevalier de Saint-Priest doit se borner à se procurer des notions certaines sur l'état actuel de cette brouillerie, et à prendre uniquement *ad referendum* les propositions ou insinuations qui pourroient lui être faites à cet égard.

Il entrera en correspondance avec les autres ministres étrangers accrédités à Lisbonne, mais il se renfermera d'abord avec eux dans les démonstrations extérieures et convenables d'égards et de politesses réciproques, et mesurera dans la suite, sur la connoissance réfléchie qu'il aura acquise de leur caractère, de leurs sentiments et de leurs intentions, le degré de confiance qu'il croira pouvoir et devoir leur accorder. Il faut cependant excepter de cette règle de prudence à observer les ministres des cours de Madrid, de Vienne et de Naples avec qui il entretiendra, dès le commencement et dans la suite de son ministère, la plus parfaite intelligence et la plus grande intimité, et il aura attention à ne leur tenir jamais que des propos qui, rendus à ces trois cours, puissent les convaincre de plus en plus que le Roi ne désire rien plus sincèrement que de fortifier et de perpétuer les liens de l'amitié et de l'alliance qui les unissent à Sa Majesté, et d'agir avec elles dans le concert le plus invariable sur tout ce qui peut intéresser leur gloire et leurs avantages réciproques.

On joint ici : 1° Les lettres du Roi au Roi et à la Reine de Portugal en créance sur le chevalier de Saint-Priest ; 2° quatre tables de chiffre.

Les premières, intitulées *pour la dépêche*, doivent servir uniquement à chiffrer les lettres que le chevalier de Saint-Priest écrira au duc de Choiseul chargé de l'administration des affaires du Roi relatives au Portugal. C'est à ce ministre seul que Sa

Majesté veut que le chevalier de Saint-Priest rende compte de tout ce qui aura rapport à l'objet de sa mission ; cependant, s'il se trouve dans le cas de correspondre avec les autres ministres et secrétaires d'État sur des matières particulières de leurs départements, il adressera ses lettres à cachet volant au duc de Choiseul qui aura soin de les faire déchiffrer, si cela est nécessaire, et de les envoyer à leur destination.

Les secondes tables sont destinées, ainsi que leur titre le porte, à chiffrer les pièces communiquées et ne doivent point être employées à aucun autre usage.

Les troisièmes serviront à la correspondance du chevalier de Saint-Priest avec les ambassadeurs et ministres du Roi dans les cours étrangères.

Les sieurs marquis d'Ossun et comte de Guerchy sont les seuls avec qui il paroisse pouvoir être utile qu'il entretienne un commerce de lettres, et lorsqu'il leur écrira par la poste ordinaire, il aura soin de se renfermer dans les bornes d'une circonspection convenable par rapport aux nouvelles et aux réflexions dont il croira devoir leur faire part.

Enfin, les quatrièmes tables, intitulées *de réserve*, ne doivent servir que dans des cas extraordinaires, ou lorsqu'on a lieu de soupçonner que le chiffre ordinaire pourroit avoir été intercepté.

Les instructions plus détaillées ou plus particulières dont le sieur chevalier de Saint-Priest aura besoin pour régler son langage et ses démarches, lui seront successivement adressées suivant les conjonctures.

Le Roi a ordonné que tous ses ministres dans les cours étrangères lui remettroient, au retour de leur mission, une relation exacte de tout ce qui se sera passé de plus important dans les pays où ils auront résidé, soit par rapport aux négociations qui leur auront été confiées, soit sur l'administration civile, politique, ecclésiastique et militaire, sur le caractère, les talents et les affections des souverains et de leurs ministres, sur le cérémonial et sur tous les objets qui peuvent intéresser le service ou la curiosité de Sa Majesté. Ainsi le chevalier de Saint-Priest travaillera à la rédaction d'un mémoire qui traitera tous ces différents objets.

L'intention du Roi est aussi que tous ses ministres remettent après qu'ils sont revenus auprès de Sa Majesté les instructions en original, les chiffres et tous les papiers concernant son service, avec un inventaire sur la vérification duquel on leur en donne une décharge.

Fait à Fontainebleau, le 9 octobre 1763.

XXIV

LE CHEVALIER DE CLERMONT D'AMBOISE

1768 — 1774[1]

Le chevalier de Clermont d'Amboise remplaça le chevalier de Saint-Priest en 1768[2]. Comme son prédécesseur, il reçut seulement le titre de ministre plénipotentiaire : les questions d'étiquette, en effet, n'étaient pas encore réglées[3].

La mission du nouvel envoyé avait, avant tout, pour objet la continuation des bons rapports rétablis depuis 1763 avec le Portugal. Aucune grande affaire ne devait, tout d'abord, attirer son attention et exercer sa sagacité. On avait bien eu, quelque temps auparavant, l'espérance de voir la cour de Lisbonne renoncer enfin à l'alliance anglaise et s'unir plus étroitement à la France et à l'Espagne; mais les princes de la maison de Bourbon, apprenant que les ouvertures faites à ce sujet par le comte d'Oeyras (marquis de Pombal) étaient seulement destinées à masquer des négociations plus sérieuses engagées avec les Anglais, avaient bientôt modifié leurs premières propositions. Il avait alors été question d'une alliance maritime, secrète et

---

1. Ministre des Affaires étrangères : Étienne-François, duc de Choiseul-Stainville, remplacé le 24 septembre 1770 par le comte de Saint-Florentin.
2. Jean-Baptiste-Charles-François, appelé d'abord le chevalier de Clermont-Gallerande, fils de J.-B.-Louis de Clermont d'Amboise, marquis de Renel et de Montglat, comte de Chiverny, etc., et de Henriette de Fitz-James. Le chevalier était né en août 1720; il fut d'abord colonel du régiment de Bretagne, puis brigadier d'infanterie en 1756 et chambellan du duc d'Orléans en 1762.
3. Cependant, d'après le Pacte de famille, le dernier arrivé des ministres de chacune des couronnes de France et d'Espagne, dans une cour étrangère à la maison de Bourbon, devait, à titre égal, céder le pas au plus ancien. Dans les cours de famille, au contraire, la préséance appartenait au représentant du chef de la maison de Bourbon, c'est-à-dire provisoirement à la France.

purement défensive, entre les trois puissances. Par cette alliance, les contractants se seraient garantis réciproquement leurs possessions territoriales, soit en Europe, soit ailleurs, et le Portugal aurait pris l'engagement d'observer une stricte neutralité, en cas de guerre nouvelle. Cette neutralité aurait eu pour sanction effective la fermeture de tous ses ports aux belligérants, ce qui aurait privé les Anglais de leur meilleure base d'opération. Rien n'aurait été changé, du reste, à la situation commerciale du Portugal vis-à-vis de la Grande-Bretagne, mais les autres nations auraient joui des privilèges dont elle jouissait elle-même pour son commerce. A ces projets avaient été subordonnées une délimitation amiable et définitive des possessions espagnoles et portugaises en Amérique et une demande de médiation éventuelle à exercer par les deux branches de la maison de Bourbon auprès du pape, pour rétablir la bonne harmonie gravement troublée entre Rome et Lisbonne.

Mais une telle intervention des deux cours de Versailles et de Madrid à Rome était devenue impossible, à la suite du bref lancé le 30 janvier 1768 par le Saint-Père contre les édits du duc de Parme. Il s'agissait de la Société de Jésus, dont toute la maison de France demandait alors, avec le Portugal, « la destruction totale et universelle », et l'« anéantissement », pour le bien de la religion, du Saint-Siège et de tous les États catholiques. Les princes alliés avaient considéré cette intervention du pape comme un grave empiétement du spirituel sur le temporel, et Clément XIII ayant refusé de révoquer son bref, les troupes françaises avaient occupé Avignon et les troupes napolitaines Bénévent. Les ministres des deux monarques à Rome restaient dans l'expectative, ne s'occupant que des questions qui relevaient de la juridiction ecclésiastique, et on attendait impatiemment qu'un autre pontife plus conciliant, moins imbu des « principes ultramontains », eût remplacé le pape « entêté » et « aigri », qui était la cause de tout le mal, pour faire régler définitivement par la cour de Rome la question de « l'indépendance de la puissance temporelle, et les bornes dans lesquelles l'autorité ecclésiastique devait se renfermer ».

Telles étaient les questions réservées au chevalier de Clermont dans de certaines éventualités. Il ne devait pas non plus perdre de vue la protection du commerce français en Portugal; il était invité à tenir son gouvernement au courant des projets de mariage prêtés à l'Empereur, alors veuf pour la seconde fois, avec la dernière des infantes portugaises, et enfin, surveiller de très près les menées du tout-puissant ministre, qui allait bientôt s'appeler le marquis de Pombal et qu'on lui donnait l'ordre de considérer comme un dangereux ennemi de la France. Il était recommandé à M. de Clermont de ménager les susceptibilités de cet homme d'État et de se mettre dans ses bonnes grâces afin d'arriver à pénétrer les desseins de sa politique cauteleuse.

MÉMOIRE POUR SERVIR D'INSTRUCTION AU SIEUR CHEVALIER DE CLERMONT D'AMBOISE, BRIGADIER DES ARMÉES DU ROI, ALLANT EN PORTUGAL POUR Y RÉSIDER EN QUALITÉ DE MINISTRE PLÉNIPOTENTIAIRE DE SA MAJESTÉ.

Minute. — Portugal : *Mémoires et documents,* t. I, f. 282. — Versailles, 7 août 1768.

L'opinion avantageuse que le Roi a conçue des talents et du zèle du sieur chevalier de Clermont d'Amboise pour le service de Sa Majesté, a déterminé le choix qu'elle a fait de lui pour son ministre plénipotentiaire auprès du Roi de Portugal, et Sa Majesté ne doute point que dans l'exercice des fonctions qu'il va remplir, il ne justifie par son travail et par ses succès la marque de confiance dont elle veut bien l'honorer.

L'intention du Roi est que le chevalier de Clermont d'Amboise ne diffère point à se rendre à sa destination, en passant par Madrid pour y faire sa cour au Roi d'Espagne, à qui il aura l'honneur d'être présenté par le marquis d'Ossun, ambassadeur de Sa Majesté auprès de ce prince.

Dans l'audience que le chevalier de Clermont d'Amboise aura de Sa Majesté Catholique, il lui dira que le Roi, ne voulant laisser échapper aucune occasion de faire parvenir à ce monarque de nouveaux témoignages de sa tendre amitié, lui a très expressément ordonné d'en renouveler dans les termes les plus forts les sincères assurances à Sa Majesté Catholique, et il ajoutera que, si elle jugeoit à propos de lui donner quelques ordres pour la cour où il va résider, il les exécuteroit avec d'autant plus de zèle et de fidélité qu'il sait qu'on ne sauroit se faire un plus grand mérite auprès du Roi qu'en s'employant au service du Roi son cousin. Le chevalier de Clermont d'Amboise assurera aussi le prince et la princesse des Asturies et les infants d'Espagne de l'amitié du Roi pour ces princes et du vif intérêt que Sa Majesté ne cessera jamais de prendre à leur satisfaction et à leur prospérité. Il se concertera avec le marquis d'Ossun sur la correspondance qu'il est nécessaire qu'ils entretiennent entre eux pendant leur résidence respective à Madrid et à Lisbonne.

A son arrivée dans cette dernière ville, le chevalier de Clermont d'Amboise prendra du sieur Semonin, consul général et chargé des affaires du Roi en Portugal, toutes les notions et les éclaircissements dont ce ministre pourroit avoir besoin pour diriger ses premières démarches. Dans l'audience particulière qu'il aura de Sa Majesté Très Fidèle pour lui présenter ses lettres de créance, il s'exprimera de manière à ne laisser aucun doute sur les sentiments du Roi pour ce prince, et sur le désir sincère de Sa Majesté d'entretenir avec lui la plus parfaite et la plus constante intelligence; il ajoutera que Sa Majesté a toujours conservé pour le Roi et pour la famille royale de Portugal la même amitié dont elle a toujours cherché à leur donner des témoignages depuis le commencement de son règne, et qu'elle profitera avec empressement de toutes les occasions de contribuer à tout ce qui peut leur être agréable ou utile. Le chevalier de Clermont d'Amboise s'exprimera dans le même esprit lorsqu'il sera admis aux audiences de la Reine et des princes et princesses de Portugal. On va lui fournir ici quelques premières idées concernant la cour de Lisbonne et les principales personnes qui la composent et qui forment le ministère de Sa Majesté Très Fidèle.

Le Roi de Portugal est un prince naturellement doux et équitable ; mais, n'ayant eu aucune part du gouvernement pendant la vie du Roi son père, il n'a point été accoutumé à un travail sérieux et suivi, et il a contracté le goût du repos et de l'amusement. Les calamités différentes dont son royaume a été affligé depuis quelques années n'ont paru faire sur lui qu'une impression momentanée, et n'ont rien changé dans sa manière de penser et de se conduire relativement à l'administration de ses États.

La Reine est une princesse vertueuse et appliquée à tous ses devoirs. Destinée dans son enfance à partager avec le Roi le trône de France, on assure qu'elle a toujours conservé le plus inviolable attachement pour Sa Majesté et la plus grande estime et affection pour la nation françoise. Elle a constamment évité de se mêler des affaires du gouvernement dans lesquelles on prétend que son influence auroit été prédominante, si elle avoit su ou voulu profiter de l'ascendant qu'elle avoit sur l'esprit du Roi de Portugal pendant les premières années.

L'infant Don Pèdre, qui étoit le fils favori du feu Roi et qui lui servoit de secrétaire pour les choses les plus secrètes, avoit témoigné trop publiquement combien il étoit flatté de cette prédilection et avoit excité la jalousie et le mécontentement de son frère aîné; mais, soit que celui-ci, parvenu à la couronne, eût oublié les griefs du prince du Brésil, soit qu'il crût qu'il étoit de son intérêt et de celui de sa famille de les dissimuler, il se détermina enfin, il y a huit ans, à faire épouser la princesse, sa fille aînée, à l'infant Don Pèdre.

Quant aux princesses, filles cadettes du Roi de Portugal, elles sont sans cesse sous les yeux de la Reine, leur mère, ou de leurs gouvernantes; ainsi il n'est guère possible de connoître quels sont leurs caractères personnels, leurs vertus ou leurs défauts. On ne peut en juger que d'après l'opinion que cherchent à en donner les personnes immédiatement attachées à leur service, et dont le témoignage pourroit être dicté par l'adulation si ordinaire aux courtisans. On dit en particulier beaucoup de bien de la figure, des talents et des inclinations de la dernière infante fille de Leurs Majestés Très Fidèles, et les bruits publics l'ont déjà annoncée comme devant fixer le choix de l'Empereur pour le troisième mariage qu'il se propose de contracter. Cette conjecture, que l'événement pourroit justifier, exige que le chevalier de Clermont d'Amboise donne sans affectation une attention suivie à cet objet.

Le comte d'Oeyras, à qui il ne manque que la dénomination de premier ministre, en exerce les fonctions et en a toute l'autorité; il n'a point de concurrent dans la faveur du Roi son maître qui lui donne les preuves les plus authentiques et les plus constantes d'une confiance sans bornes; il s'est appliqué principalement à opprimer la haute noblesse dans laquelle il n'a pas pris son origine, et à rendre suspects tous les seigneurs portugais qui n'ont pas eu la bassesse de subir le joug auquel il avoit entrepris de les asservir.

Employé successivement comme ministre de la cour, d'abord à Londres et ensuite à Vienne, il n'y a laissé que la réputation d'un homme ordinaire et sans aucune supériorité, et l'on n'a pas eu lieu de s'apercevoir qu'il ait contracté aucun goût de préférence ni pour l'une ni pour l'autre de ces deux cours; mais ses dispositions sont certainement beaucoup moins favorables à la France et à l'Espagne. Il est d'un caractère impérieux et faux, et ne connoît pour règle de conduite que l'exercice d'un pouvoir absolu et arbitraire. Il est d'une humeur altière que la contradiction irrite, mais il est flatté des égards et de la déférence qu'on lui marque et il faut le prendre par son faible. Le chevalier de Clermont d'Amboise dirigera en conséquence ses discours et ses démarches vis-à-vis du comte d'Oeyras, à qui il évitera avec la plus scrupuleuse attention de faire soupçonner la juste défiance que l'on n'est que trop autorisé à concevoir de la droiture de ses procédés. Sa vanité en seroit trop blessée, et l'on perdroit tout crédit auprès de lui, s'il s'apercevoit qu'on l'a pénétré. Quels que soient ses principes en morale et ses maximes en politique, il est important pour le bien du service du Roi et pour le succès de la mission du chevalier de Clermont d'Amboise, qu'il s'applique à se concilier, s'il est possible, l'amitié et la confiance de ce ministre qui est le seul canal nécessaire par lequel doivent passer toutes les affaires qu'on a à traiter à la cour de Lisbonne.

Les autres ministres portugais ne sont que des créatures et des commis serviles du comte d'Oeyras, qui ne leur laisse qu'un vain titre et des fonctions subalternes. Le sieur d'Acunha est le secrétaire d'État spécialement chargé du département des affaires étrangères, et en cette qualité il aura la correspondance directe et immédiate avec le chevalier de Clermont d'Amboise qui devra d'autant plus le ménager, que c'est vraisemblablement sur le rapport de ce ministre que le comte d'Oeyras prendra les premières impressions toujours difficiles à détruire, surtout lorsqu'elles ne sont pas favorables au personnel ou à l'objet de la mission du nouveau ministre qui arrive dans une cour étrangère. Les notions qu'on vient de communiquer au chevalier de Clermont d'Amboise doivent être confirmées ou rectifiées par ses propres observations, lorsqu'il sera à portée d'approfondir et de juger par lui-même.

Il n'aura dans les commencements de sa résidence à Lisbonne aucun objet particulier de négociation à suivre, mais il y en a plusieurs qui ont déjà été ou qui pourraient être dans la suite mis en activité entre la France et le Portugal : l'un regarde les affaires générales de l'Europe, l'autre celles qui concernent la cour de Rome, et le troisième est relatif au commerce des négociants françois en Portugal. Il est à propos que le chevalier de Clermont d'Amboise ait sur ces trois objets des instructions qui puissent diriger son langage et ses démarches.

Quant aux affaires générales de l'Europe, le Portugal n'a pas été regardé jusqu'à présent comme une couronne dont l'alliance pût être d'une grande utilité pour les autres puissances qui voudroient former avec elle des liaisons d'intérêt dans l'ordre politique. Le Portugal a été l'allié nécessaire de la France lorsque la maison d'Autriche régnoit en Espagne, mais il l'est devenu de l'Angleterre depuis que le trône de Castille est occupé par des princes de la maison de France. On se feroit illusion si l'on se flattoit que cette union entre les cours de Londres et de Portugal cessera d'exister. Cependant on a été en quelque sorte autorisé en dernier lieu à conjecturer que la cour de Lisbonne vouloit enfin travailler sérieusement à secouer le joug de l'Angleterre. Le comte d'Oeyras en a donné lui-même les assurances les plus précises et les plus fortes et a suivi en conséquence une négociation secrète avec la cour de Madrid. L'événement a démontré que ce ministre n'a eu en vue que de tromper l'Espagne, par des apparences d'une alliance solide à former entre les deux cours contre les projets trop dangereux de l'ambition et de la cupidité angloises, et de masquer, sous des démonstrations perfides de confiance et d'amitié, des liaisons très vieilles qu'il travailloit à renouveler avec la cour de Londres.

C'est l'Espagne qui a enfin informé le ministère du Roi de cette manœuvre indécente et odieuse; mais le chevalier de Clermont d'Amboise doit avoir une extrême attention à ne pas paroître instruit de ce qui s'est passé à cet égard, et on ne lui confie cette anecdote intéressante que pour son unique attention et pour le mettre en garde contre les pièges que le comte d'Oeyras pourroit lui tendre, en lui donnant de fausses idées relativement à cette négociation. Cette circonspection et cette réserve sont d'autant plus nécessaires que, tandis que le comte d'Oeyras traitoit artificieusement et de mauvaise foi avec les ministères espagnols, il affectoit de vouloir se concerter avec la France sur des objets intéressants pour les deux cours, et paroissoit disposé à procurer des faveurs au commerce des sujets du Roi dans les États et dans les ports du Roi Très Fidèle.

Le sieur de Souza, ministre de ce prince auprès du Roi, a été chargé de remettre au duc de Choiseul plusieurs mémoires à ce sujet, et a même reçu des pleins pouvoirs de la cour, avec des instructions sur trois objets, dont l'un regardoit une alliance défensive à conclure entre le Roi et les Rois d'Espagne et de Portugal, contre le despotisme que les Anglois prétendent s'arroger dans toutes les mers; le second, les limites à régler en Amérique entre l'Espagne et le Portugal, et le troisième, la cour de Rome. Sur le compte que le duc de Choiseul a rendu au Roi de toutes ces circonstances, Sa Majesté l'a autorisé à donner une réponse par écrit au sieur de Souza.

Cette réponse contient en substance, sur les deux premiers objets, que les établissements formés par les Anglois, au dedans ou au voisinage de la mer du Sud, sont autant de péages qui ont pour but d'asservir aux lois de la cupidité angloise tout le commerce de cette partie de l'Amérique; que si ce projet réussit, les Espagnols et les Portugais n'auront plus dans le nouveau monde que des possessions précaires, et que les Anglois auront seuls tout le profit du commerce le plus lucratif de l'Espagne et du Portugal; que les insinuations amiables que le Roi avoit cru devoir faire à ce sujet à Sa Majesté Très Fidèle étoient une preuve sensible de l'intérêt qu'il prend aux avantages communs et réciproques de l'Espagne et du Portugal; qu'il étoit inutile et dangereux de discuter sur des limites, lorsqu'il s'agissoit du fond essentiel de la chose; que le Roi n'a point été exactement instruit dans le temps de ce qui concerne les contestations qui se sont élevées entre les deux cours à l'occasion de ces limites, mais que Sa Majesté est persuadée qu'elles sont aisées à régler à l'amiable, si en les réglant l'Espagne et le Portugal contractent ensemble des engagements qui assurent la propriété et les avantages respectifs des pays dont il s'agit de fixer les frontières ; que le Roi savoit certainement que Sa Majesté Catholique désiroit sincèrement d'être unie à Sa Majesté Très Fidèle aussi étroitement par les liens politiques que par ceux du sang ; que si, par une fatalité inévitable, la guerre se rallumoit entre la France ou l'Espagne et l'Angleterre, la neutralité du Portugal feroit un tort excessif à ces deux premières couronnes, par la facilité que les Anglois auroient, comme dans les guerres terminées en 1713 et en 1762 par les traités de paix d'Utrecht et de Paris, de profiter sans obstacle d'un commerce immense et de trouver dans les ports du Roi Très Fidèle un asile assuré et des points d'appui, soit pour nuire au commerce de France et d'Espagne, soit pour rendre inutiles les entreprises que ces deux couronnes pourroient former contre la maison et le commerce des Anglois, et dont l'exécution seroit facile, s'ils n'avoient pas la ressource des ports du Portugal ; que, d'après ces réflexions, le Roi avoit pensé que le moyen le plus efficace de mettre un frein à l'ambition et aux vues dangereuses de l'Angleterre étoit de faire un traité secret entre Sa Majesté et Leurs Majestés Catholique et Très Fidèle, qui seroit purement défensif, dont l'objet unique seroit de conserver soit en Europe, soit dans les autres parties du monde les possessions de ces trois monarques, et qui ne contiendroit aucune stipulation qui pût nuire à l'Angleterre et infirmer les traités de commerce que le Portugal a ou pourroit avoir avec cette puissance ; que ce traité, qui ne seroit connu que des parties contractantes, n'auroit son application qu'aux circonstances dont elles seroient convenues, ne renfermeroit aucun avantage particulier pour le commerce de la France, et en cas de guerre assureroit au Portugal la continuation de la paix si désirée par la France et par l'Espagne, puisque le Roi Très Fidèle ne s'engageroit qu'à fermer également ses ports à tous les vaisseaux indistinctement des puissances belligérantes ; enfin, qu'un pareil traité ne seroit contraire ni à l'honneur, ni aux engagements du Portugal.

Quant au troisième point traité dans la réponse du duc de Choiseul au ministre de Lisbonne relativement aux affaires de de Rome, on va en exposer ici un précis exact pour l'instruction du chevalier de Clermont d'Amboise. La cour de Portugal a été informée des démarches que tous les souverains de la maison de France ont cru devoir faire à Rome pour engager le Pape à révoquer son bref du 30 janvier dernier contre des édits publiés par l'infant duc de Parme; et le duc de Choiseul a mis le sieur Semonin en état de confier au comte d'Oeyras le commencement, la suite et les circonstances de tout ce qui s'est passé à ce sujet. Le Pape s'étant refusé constamment à la révocation de son bref, et n'ayant eu aucun égard ni aux représentations amiables, ni aux menaces qui lui ont été faites, les troupes françoises se sont emparées de la ville d'Avignon et du comtat Venaissin, et les napolitaines du duché de Bénévent. Ces représailles n'ayant point dompté l'inflexibilité de Clément XIII, les souverains de la maison de Bourbon ont pris le parti d'attendre qu'un pontificat plus éclairé, plus juste et plus modéré répare, authentiquement et complètement, les griefs dont toutes les puissances catholiques ont à se plaindre, et s'explique clairement et avec précision sur les droits qui appartiennent respectivement à la juridiction spirituelle et à la souveraineté temporelle.

Le Roi croit, en conséquence, qu'il seroit inutile et peut-être nuisible de chercher actuellement à se concilier avec Rome sur l'affaire du bref du 30 janvier; qu'on ne feroit que plâtrer une discussion particulière sans réformer pour l'avenir les principes ultramontains sur l'autorité temporelle, au lieu que sous un autre Pontife, l'affaire de Parme ne sera qu'un point accessoire, et la question principale de l'indépendance absolue des souverains sera le véritable objet de la négociation. C'est alors que le concours du Roi de Portugal sera agréable et utile aux cours de France, d'Espagne, de Naples et de Parme; mais, jusqu'à cette époque, les ministres qu'elles entretiennent à Rome ayant ordre de n'avoir aucune correspondance avec le Pape et ses ministres que sur les choses qui regardent uniquement la spiritualité, de tenir sur tout le reste une conduite passive et de n'y être que des observateurs exacts et des historiens fidèles de tout ce qui se passera dans la capitale du monde chrétien, le sieur d'Alméida de Mendoça, que Sa Majesté Très Fidèle s'étoit proposée d'envoyer à Rome, et qui est arrivé à Sienne, où il attend de nouveaux ordres de la cour, ne pourroit faire qu'au seul nom du Roi son maître des démarches auprès du chef de l'Église. Au reste, si ce ministre se rend à Rome, le marquis d'Aubeterre lui marquera, conformément aux intentions du Roi, la plus grande confiance, et cherchera à vivre avec lui dans l'intelligence parfaite si naturelle à entretenir entre les ministres de deux cours unies par les liens de l'amitié et par la ressemblance des principes et des sentiments. La cour de Lisbonne a extrêmement à cœur la destruction totale et universelle de la Société des Jésuites, et la sécularisation de tous les membres qui la composent. Le Roi n'est pas moins persuadé que l'anéantissement de cette Compagnie si généralement regardée comme dangereuse seroit un bien pour la religion, pour le Saint-siège, pour tous les États catholiques, et un avantage pour les individus de la même société, et que toutes les puissances doivent se réunir pour exiger cette abolition ; mais Sa Majesté ne pense pas que les circonstances actuelles soient favorables au succès d'une pareille réquisition. Le Pape, aussi entêté et aussi aigri qu'il l'est, s'y refuseroit certainement, et peut-être même se porteroit au parti extrême de faire prendre au Saint-Siège et à l'autorité pontificale des engagements si forts relativement à cet objet, que les successeurs de Clément XIII pourroient se croire dans l'absolue impossibilité d'y déroger ; il paroît donc plus convenable d'attendre pour traiter cette affaire que le temps soit venu de terminer celle de Parme, et celle beaucoup plus essentielle encore qui concerne l'indépendance de la puissance temporelle, et les bornes dans lesquelles l'autorité ecclésiastique doit se renfermer.

Après avoir donné des notions générales au sieur chevalier de Clermont d'Amboise sur tous les objets qu'on vient de traiter dans ce mémoire, et lui avoir exposé les sentiments de Sa Majesté de manière à fixer ses idées et le langage qu'il doit tenir lorsqu'il se trouvera dans le cas de s'expliquer avec le comte d'Oeyras, il reste à entrer ici dans quelques détails sur les intérêts de la navigation et du commerce des sujets du Roi dans les États et dans les ports de Sa Majesté Très Fidèle. Il est certain, en général, que lorsque des traités solennels ou des conventions particulières n'ont assuré aucun privilège de commerce à une nation chez une autre nation, il faut s'en tenir aux règles que le droit public a établies en faveur de tout négociant qui trafique en pays étranger avec la permission de son souverain, et sous la sauvegarde des lois communes à tous les peuples.

Des tolérances passagères ne décident rien en pareille matière. Lorsque la France conclut en 1667 un traité de ligue avec le Portugal, il y fut stipulé que les privilèges dont les François jouissoient seroient confirmés pour dix ans, mais cette stipulation n'a jamais été renouvelée. Il est vrai que dans le fait nous n'avons pas cessé de jouir des mêmes avantages jusqu'en 1703, mais uniquement par un effet des égards du Portugal pour la France. Une possession de cette espèce ne constitue point un droit qu'on puisse réclamer par les principes d'une justice rigoureuse.

L'article 5 du traité d'Utrecht, signé en 1713 entre la France et le Portugal, porte que le commerce se fera entre les deux nations dans le continent de l'Europe de la même manière dont il se faisoit avant la guerre, et que les conditions de ce commerce seront réglées par un traité particulier; mais ce traité particulier, à la rédaction duquel on a travaillé de temps en temps depuis 1730 jusqu'en 1745, n'a pas eu lieu. Les François n'ont donc aucun traité ni convention qui les fasse participer de droit aux privilèges dont les Anglois jouissent dans les pays de la domination du Portugal. Ce n'est cependant que dans les traités que sont renfermés les engagements réciproques qui lient les nations et que sont énoncés les avantages mutuels qu'elles ont acquis ou perdus.

Les événements nous procureront peut-être dans la suite des occasions et des moyens qui pourront réaliser les espérances que nous avons eues de conclure avec le Portugal, mais, en attendant, il faut se contenter de la situation dans laquelle nos négociants se trouvent à cet égard dans les États de Sa Majesté Très Fidèle. C'est au zèle et à la prudence du chevalier de Clermont d'Amboise à examiner ce que nous avons à faire de mieux, et sans nous compromettre, pour maintenir au moins les choses sur le pied où elles sont à cet égard. C'est ce que le ministère aura vu dans les dépêches du chevalier de Saint-Priest et du sieur Semonin qui lui ont été communiquées.

Le Roi étant en paix avec toutes les autres puissances, le chevalier de Clermont d'Amboise doit d'abord entrer en correspondance avec tous les ministres étrangers accrédités auprès de Sa Majesté Très Fidèle, mais il se renfermera avec eux dans les démonstrations convenables d'égards et de politesse, jusqu'à ce que la connoissance qu'il aura acquise de leur caractère et de leurs affections lui ait indiqué le degré d'estime et de confiance qu'il croira devoir et pouvoir leur exprimer. Il faut cependant excepter de cette règle de circonspection l'ambassadeur de la cour de Madrid, avec lequel il entretiendra dès le commencement la plus parfaite intelligence et la plus grande intimité. L'archevêque de Damas, qui réside en qualité de nonce du Saint-Siège auprès du Roi, désire vivement que le chevalier de Clermont d'Amboise emploie ses bons offices pour obtenir de la cour de Lisbonne en faveur du sieur Benetti, prêtre romain, et pensionnaire du Roi de Portugal, la permission de retourner dans sa patrie sans s'exposer au danger de perdre la protection et les bienfaits de Sa Majesté Très Fidèle ; mais le ministre du Roi ne fera aucune démarche à cet égard qu'après s'être assuré d'avance qu'elle ne déplaira pas à la cour de Lisbonne, et ne le compromettra pas personnellement. Le titre de ministre plénipotentiaire, dont le Roi a revêtu le sieur chevalier de Clermont d'Amboise, n'a point un caractère de représentation et n'exige par conséquent aucun cérémonial de rigueur. On se bornera donc uniquement à remettre ici à ce ministre une copie de l'article 27 du traité ou pacte de famille conclu entre le Roi et le Roi d'Espagne. Le chevalier de Clermont d'Amboise y verra que Leurs Majestés sont convenues que celui de leurs ambassadeurs ou ministres à titre égal qui seroit le plus anciennement arrivé dans une cour prendroit la préséance sur celui qui y seroit arrivé le dernier.

Les instructions plus détaillées et les ordres ultérieurs dont le chevalier de Clermont d'Amboise pourra avoir besoin lui seront adressés successivement suivant que les circonstances es rendront nécessaires ou convenables.

On joint ici trois tables différentes de chiffre, etc., articles, circulaires[1].

1. La suite comme à la page 351.

XXV

LE MARQUIS DE BLOSSET

1775 — 1778[1].

Bien que le Portugal perdît de jour en jour de son importance dans le mouvement de la politique générale, le roi Louis XVI crut devoir, quelques mois après son avènement à la couronne, envoyer un nouveau ministre à Lisbonne, « à cause des avantages de commerce » que l'on pouvait attendre des bonnes relations à entretenir avec la cour de Portugal. Il fit choix pour cette mission[2] du marquis de Blosset, à qui on donna le titre d'ambassadeur enlevé, depuis quinze ans, au représentant de la France à Lisbonne. Ce retour aux anciens usages ne pouvait que flatter la vanité portugaise et faciliter les négociations confiées à l'envoyé du Roi.

L'instruction remise au marquis de Blosset rappelle tous les traités intervenus depuis 1641 entre les deux gouvernements, et trace l'histoire abrégée des négociations qui avaient eu lieu dans le courant du xviiie siècle, pour assurer à notre pays un traitement égal à celui dont jouissaient les Anglais et les Hollandais. Le mémoire arrive à cette conclusion que la France ne peut nullement exiger, en droit, le traitement de la nation la plus favorisée, mais qu'elle doit essayer, dans la pratique, d'obtenir, par suite d'une sorte d'usage, que les avantages commerciaux attribués à ses rivaux ne soient pas exclusifs. Le marquis de Blosset a donc ordre d'agir en ce sens et de ne pas

---

1. Ministre des Affaires étrangères : Charles Gravier, comte de Vergennes.
2. Le marquis de Blosset, d'une ancienne maison de Normandie, était en 1763 capitaine au régiment du Roi. Il fut alors nommé en la même qualité au régiment de Rouergue. L'année suivante (1764), il était colonel d'un régiment de grenadiers royaux et fut envoyé pour résider à la cour de Londres en qualité de ministre intérimaire pendant l'absence du comte de Guerchy. Il alla ensuite comme ambassadeur à Copenhague en 1766, puis en 1769.

manquer l'occasion, si elle se présente, de remettre sur le tapis le projet de traité de négoce, ébauché depuis près de quarante ans.

L'instruction aborde ensuite la question des colonies. Une convention d'échange et de limites avait été conclue en 1750 entre les cours de Madrid et de Lisbonne, mais cette convention, mal exécutée par le Portugal, avait été dénoncée par le roi Charles III d'Espagne, dès son avènement à la couronne; certains préparatifs militaires et maritimes des Portugais laissaient craindre le renouvellement d'hostilités dans le Nouveau Monde. Le ministre donne donc au marquis de Blosset des indications détaillées sur les négociations qu'il va poursuivre afin d'éviter, si cela est possible, le déchaînement d'une guerre qui pourrait mettre de nouveau l'Europe en feu. On sait, d'ailleurs, que ces négociations, appuyées par l'Angleterre, n'aboutirent pas et que les hostilités éclatèrent en Amérique. Heureusement la guerre put être localisée et ne prit pas le caractère d'acharnement habituel aux luttes entre les deux peuples de la péninsule Ibérique. La décadence militaire et maritime des deux nations y eut la plus grande part; l'autre doit être attribuée aux alliances de famille qui avaient étroitement uni les deux cours de Madrid et de Lisbonne. La reine douairière de Portugal, veuve de Joseph Ier[1], était, en effet, la sœur de Charles III d'Espagne; cette princesse se rendit en personne auprès de son frère et contribua beaucoup par sa présence à écarter les questions d'amour-propre et à aplanir les dernières difficultés qui séparaient encore les deux gouvernements. C'est sous ses auspices et grâce à son active intervention que fut enfin signée, le 1er octobre 1777, la convention de Saint-Ildefonse, confirmée bientôt, le 11 mars 1778[2], par le traité du Pardo qui mit fin une fois pour toutes aux luttes de l'Espagne et du Portugal pour la possession du Nouveau Monde.

Au même moment se consommait à Lisbonne la disgrâce du « faux » et « peu scrupuleux » marquis de Pombal, ainsi que l'appelle le cabinet de Versailles dans l'instruction du marquis de Blosset, et le Portugal, oubliant la politique de fermeté que ce ministre avait essayé de lui imposer pendant ses vingt-sept ans de dictature, retomba dans son apathie traditionnelle.

[1]. Ce prince etait mort le 23 février 1777, à l'âge de soixante ans.
[2]. La ratification est du 24 du même mois.

MÉMOIRE POUR SERVIR D'INSTRUCTION AU SIEUR MARQUIS DE BLOSSET,
ALLANT EN PORTUGAL EN QUALITÉ D'AMBASSADEUR DE SA MAJESTÉ.

Original. — Portugal : *Mémoires et Documents*, t. I, f. 294. — 3 septembre 1775.

La commission aussi honorable qu'importante que le Roi confie au sieur marquis de Blosset, en le nommant son ambassadeur en Portugal, est une preuve bien marquée du cas que Sa Majesté fait de sa capacité et de ses talents; elle se flatte qu'il en remplira les fonctions avec le même zèle et la même fidélité avec lesquels il s'est acquitté de celles dont il a été chargé aux cours de Londres et de Copenhague, et qu'il justifiera par son travail et par ses succès la nouvelle marque de confiance dont elle veut bien l'honorer.

La communication que le marquis de Blosset a eue de la correspondance de son prédécesseur l'a mis en état de juger que nous n'avons eu depuis longtemps aucun intérêt politique direct à traiter avec la cour de Lisbonne, et ses connoissances géographiques et historiques doivent le convaincre que cette puissance n'a par elle-même presque aucun rapport avec les affaires générales de l'Europe, que ses moyens ne l'ont jamais mis en état de rendre à ses alliés des services bien importants, et que si on la recherche aujourd'hui, ce n'est qu'à cause des avantages de commerce qu'on peut attendre d'elle.

La France étoit autrefois la nation la mieux traitée en Portugal, et il y a eu des relations assez étroites entre les deux puissances pendant que l'Espagne obéissoit à la maison d'Autriche; mais depuis que ce royaume est gouverné par un prince du sang de Bourbon, les Portugais ont séparé entièrement leurs intérêts de ceux de la monarchie françoise, et ont cherché ailleurs un allié qui pût les protéger contre la prépotence de l'Espagne; c'est dans cette vue qu'ils ont tourné leurs regards vers la Grande-Bretagne et les Provinces-Unies; des avantages de commerce ont cimenté cette nouvelle union. Pour mettre le marquis de Blosset au fait de cette matière, on croit devoir remonter à l'époque des premiers traités qui y sont relatifs. On sait que Louis XIII favorisa la révolution qui plaça Jean de Bragance sur le trône de Portugal ; ce prince, pénétré de reconnoissance, accorda des privilèges considérables au commerce de France : le traité qui les renferme est de 1641 ; il fut suivi par un second, conclu avec Louis XIV en l'année 1644. Les Anglois, qui avoient épousé les intérêts de l'Espagne, firent leur paix avec le Portugal, et lui arrachèrent en 1654 et en 1661 des traités de commerce très avantageux.

Il fut fait, en 1667, entre la France et le Portugal un nouveau traité d'alliance, qui devoit s'observer le temps de dix ans ; mais les Espagnols s'étant hâtés de faire leur paix, les stipulations politiques de ce traité demeurèrent sans objet ; l'article X est conçu dans les termes suivants : « Le Roi de Portugal confirmera les privilèges et immunités accordés par ses prédécesseurs à la nation françoise, et de la même sorte le Roi Très Chrétien aux Portugais. Les sujets du Roi Très Chrétien, principalement les marchands de Portugal de deçà et delà la ligne, jouiront de toutes les commodités, libertés, privilèges, droits, exemptions et prérogatives, qui par les derniers traités ont été concédés aux nations angloise et hollandoise que nous tenons par expresses déclarées au présent traité, comme si elles étoient insérées en icelui, et de la même sorte que les Portugais jouiront dans les lieux sujets de la couronne de France des mêmes privilèges, commodités et prérogatives qui par ce présent traité se concèdent aux François. » Les marchandises qui intéressoient le plus les nations qui commerçoient avec le Portugal étoient les draps et les lainages. La cour de Lisbonne en prohiba l'entrée en 1688 et en 1698, en exceptant néanmoins ce qui seroit de transit pour les colonies portugaises. Mais ces deux défenses ne furent aucunement respectées ; les draps étrangers continuèrent d'être vendus publiquement à Lisbonne. La guerre qu'occasionna la succession d'Espagne causa la première rupture entre la France et le Portugal ; les Anglois et les Hollandois s'en prévalurent et obtinrent en 1703 un nouveau traité qui supprima toutes les entraves qui jusque-là avaient gêné leur commerce, surtout celui de leurs draps et de leurs lainages. Le traité de paix signé à Utrecht entre la France et la cour de Lisbonne porte ce qui suit : « Le commerce se fera dans le continent de France et de Portugal de la même manière qu'il se faisoit avant la présente guerre »; c'est là le dernier engagement qui ait eu lieu entre les couronnes de France et de Portugal.

Le détail dans lequel on vient d'entrer prouve que la France a été la première de toutes les puissances de l'Europe qui ait obtenu des avantages de commerce en Portugal, mais que les Anglois et les Hollandois se sont procuré à cet égard les privilèges les plus étendus. Reste à savoir si ces privilèges sont exclusifs, ou bien si la France a le droit d'en réclamer la jouissance, ou enfin si la cour de Lisbonne peut nous les accorder sans violer ses traités avec la Hollande et avec la Grande-Bretagne. Nous avons soutenu dans tous les temps que les privilèges des Anglois nous étoient devenus communs en vertu des stipulations du traité d'Utrecht, et les Portugais ont constamment soutenu la négative. Cette matière a été amplement débattue vers l'année 1742, temps auquel on avoit lié une négociation avec la cour de Lisbonne pour un nouveau traité de commerce, mais on ne put point s'accorder et les choses demeurèrent sur l'ancien pied et telles qu'elles subsistent encore aujourd'hui, c'est-à-dire que nos draps n'entrent pas ouvertement en Portugal, et que pour en obtenir l'introduction, nos négociants sont obligés de les faire passer pour des draps de Hollande. Tel est l'état actuel des choses. En examinant avec attention les traités qu'on vient de rapporter, il paroît évident que celui de 1667 est perpétuel quant aux stipulations relatives au commerce, et qu'il n'étoit limité que pour les objets politiques; cette vérité est d'autant plus constante qu'on n'a fixé aucun terme aux deux traités faits en 1654 et 1661 qui sont nommément rappelés; que, par conséquent, ils doivent être perpétuels pour la France comme ils le sont pour les puissances qui les ont signés; quant au traité que l'Angleterre et la Hollande obtinrent en 1703, nous n'avons aucun droit de nous l'approprier, et nous citerions en vain, pour soutenir le contraire, les dispositions du traité d'Utrecht. Il résulte de là que nous n'avons aucun titre pour être assimilés aux Anglois et aux Hollandois pour la vente de nos draps et lainages, et que nous devons nous contenter à cet égard de l'usage dans lequel on a été jusqu'à présent de les faire passer sous le nom de draps de Hollande, jusqu'à ce que nous soyons parvenus à convenir du nouveau traité de commerce prévu par celui d'Utrecht. Mais le marquis de Blosset sentira lui-même que le point de vue sous lequel on considère ici cette matière n'est pas de nature à être porté à la connoissance des Portugais, et que notre intérêt mercantile veut, ainsi qu'on l'a constamment pratiqué jusqu'à présent, que nous réclamions sans cesse les privilèges dont jouissent les nations les plus favorisées; ce n'est que par ce moyen que nous pourrons empêcher le dépérissement total de notre commerce avec le Portugal, et procurer plus d'extension aux privilèges dont il a joui jusqu'à présent. Il seroit sans doute très avantageux de convenir avec les Portugais d'un nouveau traité de commerce; mais la négociation entamée sur cet objet par M. de Chavigny a rencontré tant d'obstacles et tant de mauvaises difficultés qu'on ne sauroit espérer de la renouer avec succès, et l'on oseroit d'autant moins s'en flatter dans ce moment-ci, que la cour de Lisbonne paroît être dans une grande défiance de la cour d'Espagne, et qu'elle a besoin de ménager la Grande-Bretagne qui seule pourra, en cas de besoin, lui donner de l'assistance. Cependant, il est possible que les circonstances changent, et que le marquis de Blosset trouve jour à nouer une nouvelle négociation avec le ministère portugais; si cette conjecture se vérifie et que les ministres de Sa Majesté Très Fidèle fassent en effet quelques ouvertures à l'ambassadeur du Roi, il les recevra, mais uniquement pour en rendre compte à Sa Majesté, et il attendra qu'elle lui indique la conduite qu'il lui conviendra de tenir en conséquence : et, dans le cas où la cour de Lisbonne ne laisseroit apercevoir au marquis de Blosset qu'un désir vague de prendre de nouveaux engagements de commerce avec la France, et qu'elle chercheroit à lui arracher quelques propositions à cet égard, il ne pourra dans ce cas se conduire avec trop de prudence et de circonspection, de crainte de compromettre son caractère et la dignité du Roi vis-à-vis d'un ministre aussi faux et aussi peu scrupuleux que le marquis de Pombal ; le marquis de Blosset doit se rappeler avec quelle perfidie et quelle duplicité ce ministre feignoit, durant la mission du chevalier de Saint-Priest, de vouloir s'unir avec la France et l'Espagne, afin de secouer le joug des Anglois, tandis qu'il portoit le Roi Très Fidèle à prendre les engagements les plus étroits avec la couronne britannique. Au surplus, si dans la suite, cet objet demandoit d'autres instructions, le Roi se réserve d'en faire passer au marquis de Blosset, et de lui indiquer la conduite que le changement de circonstances pourra exiger de lui.

Il reste à examiner la relation que le voisinage du Portugal et de l'Espagne établit naturellement entre ces deux puissances, tant en Europe qu'en Amérique, et principalement celle qui existe dans ce moment-ci entre elles dans le Nouveau Monde.

La rivalité et la méfiance sont deux sentiments innés chez des nations voisines, et l'Espagne comme le Portugal ne démentent pas cette maxime. On sait que la maison actuellement régnante en Portugal a arraché cette couronne à l'Espagne, et que jamais la cour de Lisbonne n'a pu ni dû se persuader que l'Espagne ait perdu ni le désir ni l'espérance de recouvrer un royaume qu'elle croit lui avoir été ravi illégitimement. A cette disposition réciproque des esprits se joint la différence des liaisons et des engagements des deux nations : l'Espagne est indissolublement unie avec la France, et a acquis par là une supériorité immense sur le Portugal ; le Portugal, de son côté, s'étant lié avec les Anglois, a mis par là la cour de Madrid dans la nécessité de le respecter. Telle est la position de ces deux cours en Europe.

Celle qu'elles ont dans le Nouveau Monde y est parfaitement analogue : leurs domaines sont contigus, et elles s'imputent réciproquement des envahissements et des vues d'usurpation. D'anciens traités avoient déterminé leurs limites respectives dans cette partie, et l'on connoît la fameuse ligne de démarcation tracée par le pape Alexandre VII ; au lieu de terminer les difficultés, elle n'a fait qu'en rendre la source plus abondante, et c'est en vain qu'on a cherché à la tarir pour jamais par le traité d'échange de 1750. Ce traité étoit trop évidemment préjudiciable aux intérêts de l'Espagne et rendoit la tranquillité et même la possession de ses colonies trop précaire, pour que cette puissance pût l'exécuter; aussi Charles III, dès qu'il monta sur le trône, le regarda-t-il comme non avenu, et engagea-t-il la cour de Lisbonne à résilier les cessions qui y avoient été stipulées. L'Espagne exécuta cette nouvelle convention avec autant de promptitude que de bonne foi; mais le Portugal n'imita pas son exemple, en sorte qu'il n'avoit point encore pleinement satisfait à ses engagements lorsque le Roi d'Espagne lui déclara la guerre en 1762. Le traité de Paris rétablit la paix entre ces deux puissances; l'article XXIII, qui parle de l'Amérique, porte: « Tous « les pays et territoires qui pourroient avoir été conquis, dans « quelque partie du monde que ce soit, par les armes de Leurs « Majestés Très Chrétienne et Catholique, ainsi que par celles « de Leurs Majestés Britannique et Très Fidèle, qui ne sont « pas compris dans le présent traité, ni à titre de cessions, ni à « titre de restitutions, seront rendus sans difficulté et sans « exiger de compensations. » En ramenant les choses à l'état où elles étoient avant la guerre, cet article laissoit subsister toutes les prétentions antérieures, non seulement à la guerre qui venoit d'être terminée, mais aussi à l'échange annulé de 1750. Depuis cette époque, le Portugal a sans cesse marqué de la méfiance à l'égard de la cour de Madrid, et s'est mis secrètement en mesure, soit pour prévenir les desseins qu'il lui supposoit en Amérique, soit pour exécuter ceux qu'il pouvoit lui-même avoir formés dans cette partie du monde. Les précautions et les préparatifs de la cour de Lisbonne ont été portés au point qu'on lui suppose actuellement dans les différents points qu'elle possède en Amérique au delà de quinze mille hommes et de douze vaisseaux de guerre et frégates. Cet état des choses est d'autant plus propre à donner des soupçons et de l'inquiétude à la cour de Madrid, qu'elle connoît le dépit secret que le marquis de Pombal nourrit dans son âme pour la non-exécution du traité d'échange et qu'elle est fort éloignée d'avoir dans ses possessions d'outremer des forces suffisantes pour contenir les Portugais. Ces considérations ont réveillé toute l'attention de l'Espagne depuis qu'elle est informée que les Portugais ont commis quelques actes d'hostilité sur le le Rio-Grande de San-Pedro, et depuis qu'elle fait réflexion que le ministère anglois pouvant être obligé d'abandonner ses entreprises contre les colonies pourroit être tenté de s'indemniser soit sur l'Espagne, soit sur la France, et qu'il est naturel qu'il emploie pour cet effet les moyens que peut lui offrir le Portugal.

Le marquis de Blosset a eu communication des relations qu'on a reçues dernièrement de Madrid concernant les dispositions actuelles du Roi Catholique à l'égard du Portugal, ainsi que des réponses qui ont été faites à ce sujet au marquis d'Ossun. Il a vu les appréhensions où est Sa Majesté Catholique que les Portugais ne se portent à quelque excès dans le Brésil, et qu'ils ne la forcent de prendre malgré elle les armes pour les repousser; que ce prince, désirant de conserver la paix, verroit avec plaisir que le Roi employât ses bons offices auprès de la cour de Lisbonne pour l'engager à préférer un accommodement amiable aux horreurs de la guerre, et que le Roi animé du même désir que le Roi son oncle est disposé, non seulement à faire les démarches convenables auprès du Roi de Portugal pour lui inspirer des sentiments de justice et de paix, mais aussi, si Sa Majesté Catholique le juge à propos, de faire intervenir la cour de Londres, en lui dévoilant tout le danger auquel seroit exposée la paix de l'Europe, si elle ne s'occupoit conjointement avec Sa Majesté à contenir l'effervescence du Portugal; enfin, que pour rendre cette double négociation d'autant plus efficace, le Roi et son conseil sont d'avis que la cour de Madrid doit envoyer quatre à six mille hommes, avec quatre vaisseaux de ligne et un nombre proportionné de frégates, dans différents points de ses possessions en Amérique. Les ordres ont déjà été adressés au comte d'Hinnisdal pour faire au ministère portugais des insinuations analogues au plan qu'on vient de détailler, et l'on attend la réponse de Madrid pour en faire de semblables à celui de la Grande-Bretagne. C'est dans de pareilles circonstances que le marquis de Blosset va se rendre à Lisbonne; elles le mettront dans le cas de partir incessamment, afin de suivre une négociation qui influera nécessairement sur la tranquillité de l'Europe. On n'a que faire de lui dire que la tâche qu'il aura à remplir sera aussi délicate qu'elle est importante, et qu'elle demande tout son zèle, toute sa prudence et toute son activité.

Afin que le marquis de Blosset puisse se bien pénétrer des vues et des intentions de Sa Majesté et du Roi Catholique, on croit devoir joindre au présent mémoire la copie de la lettre du marquis d'Ossun ainsi que celle du marquis de Grimaldi au comte d'Aranda du 7 août, de même que des réponses qui ont été faites par ordre de Sa Majesté. De cette manière l'ambassadeur du Roi ne pourra point se méprendre au but auquel doivent tendre toutes ses démarches, et il remplira avec plus de certitude l'attente de Sa Majesté et de Sa Majesté Catholique.

On pourroit ajouter à ce ministre le portrait des principaux personnages de la cour de Lisbonne; mais des détails de ce genre sont d'ordinaire on ne peut plus incertains, et ne servent la plupart du temps qu'à donner de fausses idées aux ministres à qui on les donne et à les empêcher de bien connoître par eux-mêmes les personnes sur le compte desquelles on leur a donné d'avance de fausses notions. D'ailleurs, le marquis de Blosset trouvera à cet égard toutes les ressources qu'il pourra désirer auprès du comte d'Hinnisdal qui réside depuis plusieurs années en Portugal, et qui est actuellement chargé des affaires de Sa Majesté; le Roi lui ordonne de communiquer au marquis de Blosset toutes les connoissances qu'il peut avoir, tant sur le personnel du Roi de Portugal et de la famille royale, que sur celui de ses ministres et des principaux personnages de la cour de Lisbonne, et nommément du marquis de Pombal qui, sans en avoir le titre, exerce les fonctions de premier ministre.

Le marquis de Blosset, prenant sa route par l'Espagne, s'arrêtera à Saint-Ildephonse où la cour se trouve actuellement. Il s'y annoncera comme étant chargé de concerter avec les ministres de Sa Majesté Catholique les démarches que les circonstances pourront exiger; il y prendra les connoissances les plus approfondies qu'il lui sera possible du véritable état de la question pendante entre l'Espagne et le Portugal, relativement à leurs démêlés dans l'Amérique méridionale; il tâchera de reconnoître si le Roi Catholique seroit disposé à se relâcher de l'exactitude rigoureuse de ses anciennes frontières; enfin, de s'assurer des moyens de conciliation les plus propres à prévenir une guerre qu'il est vraisemblable qui ne se borneroit pas dans le lieu de sa naissance. Le marquis de Blosset écoutera tout ce qu'on pourra lui dire, sans paroître avoir d'autre commission que de le recevoir pour son instruction, et il en rendra compte au secrétaire d'État des affaires étrangères qui lui fera passer en conséquence les ordres du Roi.

Le marquis de Blosset se concertera en tout avec le marquis d'Ossun, et se dirigera d'après ses conseils dans le langage et la conduite qu'il tiendra en Espagne. Le marquis de Blosset connoît les principes et les sentiments du Roi pour l'intimité de son union avec le Roi son oncle, et il s'en expliquera en conséquence avec Sa Majesté Catholique et avec ses ministres.

L'article XXVII du Pacte de famille fixe invariablement ce qui doit être pratiqué désormais par les ambassadeurs et ministres de France et d'Espagne par rapport à la préséance, et la copie ci-jointe de cet article dirigera sur ce point du cérémonial l'ambassadeur du Roi.

Le marquis de Blosset veillera avec la plus grande attention sur les démarches des ministres étrangers qui résideront à Lisbonne. Il déterminera d'ailleurs sur ce qu'il connoîtra de leur caractère, de leurs sentiments et de leurs affections, la façon dont il lui conviendra de parler et d'agir avec eux. Mais en attendant qu'il ait acquis des connoissances certaines à cet égard, il se bornera vis-à-vis d'eux aux démonstrations ordinaires de politesse et d'attention. Cependant il exceptera de cette règle générale de prudence le ministre d'Espagne, avec lequel il doit vivre dans la plus parfaite intelligence, et celui de Vienne, s'il sait mériter sa confiance. Il aura soin cependant de ne lui tenir que des propos qui, rendus à Vienne, persuaderont de plus en plus Leurs Majestés Impériales et leurs ministres que le Roi ne désire rien plus vivement que d'agir toujours de concert avec elles dans tout ce qui a rapport à leur gloire et à leurs intérêts communs, et de concourir aux mesures qui paroîtront les plus convenables, tant pour le bien général de l'Europe que pour leur avantage particulier.

Le marquis de Blosset entretiendra une correspondance suivie, mais sage et discrète, avec ceux des autres ministres du Roi en pays étrangers dont les avis pourront lui être utiles ou nécessaires, et il les informera de son côté de tout ce qu'il croira pouvoir contribuer à leur direction dans l'exécution des ordres du Roi ; mais il faudra que dans les occasions où le marquis de Blosset aura des avis importants à leur faire passer, il prenne les plus grandes précautions dans l'usage qu'il fera de ses chiffres, pour mettre ses lettres à l'abri du danger d'être interceptées.

On lui remet plusieurs tables de chiffres dont l'usage est indiqué dans la note qui les accompagne.

L'intention du Roi est que ses ambassadeurs ayent l'honneur de lui écrire directement lorsqu'ils auront quelque affaire ou circonstance importante à mettre sous les yeux de Sa Majesté, et dans ces sortes d'occasions le marquis de Blosset adressera ses dépêches au Roi, suivant l'usage constamment pratiqué sous le règne de Louis XV ; elles devront être à cachet volant et renfermées dans un paquet pour le ministre des affaires étrangères à qui l'ambassadeur rendra compte en même temps de tous les détails qui ne lui paraîtront pas mériter également l'attention du Roi.

Sa Majesté voulant que tous ses ambassadeurs ou ministres dans les cours étrangères lui remettent au retour de leur mission une relation détaillée de tout ce qui s'est passé de plus important dans le lieu de leur résidence, soit par rapport aux négociations dont ils auront été chargés, soit sur le cérémonial, l'état des cours et des pays où ils auront été employés, sur le caractère et les inclinations des princes et de leurs ministres, enfin sur tous les objets qui peuvent intéresser la curiosité de Sa Majesté, le marquis de Blosset préparera d'avance un mémoire qui renfermera tous ces détails.

Le Roi veut aussi que ses ambassadeurs et ministres, après qu'ils sont revenus auprès de Sa Majesté, remettent en original les instructions, les chiffres et tous les papiers concernant son service, le tout avec un inventaire sur la vérification duquel il leur est donné une décharge.

Fait à Versailles, le 3 septembre 1775.

Signé : Louis.

XXVI

M. O'DUNNE

1780 — 1785[1].

Le roi d'Espagne avait réservé, dans le traité du Pardo, l'accession éventuelle de son cousin de France. La demande fut faite pendant l'ambassade du marquis de Blosset à Lisbonne ; mais le gouvernemeut de la reine Dona Maria déclina la proposition, en donnant pour prétexte à son refus les relations tendues qui existaient alors entre la France et la Grande-Bretagne. Le cabinet de Versailles subordonnait cependant le droit d'accession qu'il pouvait réclamer, à la demande d'une stricte neutralité et d'un traitement commercial semblable à celui dont profitaient les Anglais et les Hollandais.

Au moment où M. O'Dunne partait[2] pour représenter une seconde fois la France à Lisbonne, la situation était plus grave encore, puisque la guerre de laquelle devait sortir l'indépendance des États-Unis d'Amérique durait depuis deux ans déjà entre la France et l'Espagne, d'une part, et l'Angleterre, d'autre part. On ne pouvait guère songer, dans ces circonstances, à réserver notre droit d'accession au traité du Pardo, mais tout en remettant l'exercice de ce droit à des temps plus propices, le cabinet français pouvait exiger du Portugal une neutralité sérieuse et effective.

Les instructions de M. O'Dunne lui prescrivaient d'obtenir, soit l'interdiction absolue des ports portugais aux navires des trois puissances belligérantes, soit, au contraire, l'accès libre desdits ports pour les vaisseaux des trois nations, avec la faculté « d'y recevoir toutes sortes de secours ». Pour les raisons que nous avons déjà

1. Ministre des Affaires étrangères : Charles Gravier, comte de Vergennes.
2. Il arriva à Lisbonne en juillet 1780 et il quitta cette ville pour revenir en France le 8 novembre 1785, laissant comme chargé d'affaires M. Helflinger.

indiquées ailleurs[1], c'était à la première de ces solutions que l'ambassadeur français devait donner la préférence.

On ne se dissimulait pas les résistances qu'opposerait le Portugal à de telles combinaisons qui, étant contraires à ses engagements anciens avec l'Angleterre, exposeraient à de cruelles représailles sa marine impuissante et ses côtes mal défendues. M. O'Dunne avait donc l'ordre, à son passage à Madrid, de s'entendre à ce sujet avec le cabinet espagnol, à qui il appartenait d'exiger l'exécution du traité, au bas duquel il avait apposé la signature. Il lui était prescrit de chercher, de concert avec les ministres de Charles III, le moyen d'obtenir pacifiquement la neutralité effective des Portugais; mais, ajoutent les instructions, « si la cour de Lisbonne devait continuer à favoriser les Anglais d'une manière aussi indécente qu'elle l'a fait jusqu'à présent, elle (Sa Majesté Très Chrétienne) pense qu'il vaudrait mieux la traiter en ennemie que de supporter honteusement l'assistance qu'elle donne à la cour de Londres ». Malheureusement, ces fières paroles perdaient beaucoup de leur portée par le commentaire dont elles étaient suivies, et dans lequel le cabinet français était obligé d'avouer « que si les circonstances exigeaient qu'on prît un parti vigoureux vis-à-vis de la cour de Lisbonne, l'Espagne seule serait en mesure de l'exécuter ». La guerre avec l'Angleterre, dont elle supportait seule presque tout le poids, absorbait en effet, complètement, les ressources de la monarchie française.

Le Roi déclarait, du reste, à M. O'Dunne qu'il ne désirait user de son droit d'accession au traité du Pardo qu'en raison de ses avantages commerciaux. Par conséquent, si les mêmes avantages pouvaient être obtenus par la signature d'un traité de commerce, l'ambassadeur français était autorisé à le négocier, et il recevait à cet égard les mêmes indications que son prédécesseur.

Tels sont les points principaux des instructions fournies à M. O'Dunne.

Des circonstances extérieures l'aidèrent à les remplir au moins en partie.

En effet, sur l'initiative de la Russie, un plan de neutralité armée fut élaboré en août 1780 pour la défense de la franchise des pavillons. Ce plan, dirigé surtout contre le despotisme maritime de l'Angleterre, fut accepté successivement par la Suède, le Danemark, la Prusse, l'Autriche, le Portugal, les Deux-Siciles et la Hollande. La Grande-Bretagne répondit à cette démonstration en déclarant la guerre à la Hollande, la plus faible et la plus vulnérable des puissances neutres. Néanmoins, et malgré des succès partiels, il lui fallut bientôt abandonner ses prétentions et, se soumettant à la néces-

---

1. Voir plus haut, p. 373.

sité, signer le 3 septembre 1783 la paix de Versailles, qui lui faisait perdre l'hégémonie maritime, coloniale et commerciale qu'elle avait prétendu s'arroger.

Vers la fin de cette même année 1783, le Portugal autorisa enfin l'accession de la France au traité du Pardo, et cette accession régla définitivement la question des rapports des deux puissances, tant au point de vue politique qu'en matière commerciale[1].

MÉMOIRE POUR SERVIR D'INSTRUCTION AU SIEUR O'DUNNE ALLANT EN PORTUGAL EN QUALITÉ D'AMBASSADEUR DE SA MAJESTÉ.

Original. — Portugal : *Mémoires et Documents*, t. I, f. 404. — 19 mai 1780.
Minute au tome CXI de la *Correspondance de Portugal*, pièce 56.

La cour de Lisbonne a depuis longtemps pour maxime politique qu'elle ne sauroit se lier trop étroitement avec l'Angleterre, parce que, dans son opinion, cette puissance est la seule sauvegarde de sa sûreté, de sa tranquillité et même de sa considération; cette maxime a eu sa source principale dans l'avènement d'un prince de la maison de France au trône d'Espagne. Le conseil de Lisbonne se persuada que Louis XIV, après y avoir placé son petit-fils, épouseroit tellement ses intérêts, qu'il les préféreroit à ceux de sa propre couronne. L'expérience auroit dû depuis longtemps détruire cette erreur; mais la cour de Lisbonne, soit qu'elle ait été mal éclairée sur ses intérêts, soit qu'elle n'ait pas eu le courage de secouer d'anciens préjugés, a continué à ne voir dans la France qu'un ennemi secret, parce qu'elle a constamment regardé comme tel la cour de Madrid.

Le Pacte de famille augmenta les préventions des Portugais, parce qu'il donna un nouveau degré de force et de puissance à un voisin qui n'avoit jamais renoncé à ses prétentions sur la cou-

---

1. Voir plus loin, p. 397, l'Instruction du marquis de Bombelles.

ronne de Portugal ; et il faut convenir que ce traité a dû exciter toute l'attention de la cour de Lisbonne, et qu'en consultant les règles ordinaires de la prudence et d'une sage politique, cette cour a dû penser qu'il ne lui seroit plus permis désormais de mettre sa confiance dans celle de Versailles.

La cour de Lisbonne a persévéré invariablement dans sa façon de penser à l'égard de la France et de l'Espagne, jusqu'à la mort du Roi Joseph II et la disgrâce du marquis de Pombal qui la suivit de près. Le sieur O'Dunne n'ignore certainement pas que, lorsque la Reine actuellement régnante prit les rênes du gouvernement, la guerre existoit entre l'Espagne et le Portugal par rapport aux limites du Brésil. Cette princesse, dirigée par les conseils de la Reine douairière sa mère, se hâta de faire la paix avec le Roi Catholique son oncle, en concluant avec lui un traité de limites. Cet arrangement, quoiqu'il tarît une des principales sources des querelles toujours renaissantes entre les deux cours, ne remplissoit pas entièrement les vues du Roi Catholique. Ce prince avoit conçu le dessein de faire cesser l'influence despotique que la cour de Londres exerçoit sur le Portugal et de participer aux avantages de commerce que ce royaume offroit et dont les Anglois et les Hollandois s'étoient emparés depuis longtemps. Mais le ministère de Lisbonne craignit, ou au moins feignit de craindre que l'alliance défensive que Sa Majesté Catholique proposoit ne fît ombrage à la cour de Londres, et ne la portât à donner des marques de son mécontentement à Sa Majesté Très Fidèle ; et, pour ajouter plus de poids à ses appréhensions, ou plutôt pour mieux masquer son désir secret d'éluder les ouvertures de la cour de Madrid, il supposa que les traités subsistants entre le Portugal et l'Angleterre étoient défensifs et offensifs, que par conséquent ils seroient incompatibles avec celui qui proposoit la cour de Madrid. Ces prétendus scrupules ne purent être levés qu'en partie : le Roi d'Espagne fut obligé de se contenter d'un traité d'amitié et de commerce dont la signature eut lieu le 11 mars 1778.

Ce traité, quelque incomplet qu'il fût, eu égard aux vues de Sa Majesté Catholique, ne laissoit rien à désirer au Roi, parce que d'un côté il détruisoit tout germe de méfiance en établissant une garantie réciproque entre les deux puissances contractantes, et que de l'autre le Roi d'Espagne s'étoit réservé la faculté d'y faire accéder Sa Majesté, au moyen de quoi il étoit à supposer que toute jalousie et toute inquiétude de la part du Portugal alloit cesser, que rien n'empêcheroit plus cette puissance de secouer le joug des Anglois après s'être mise en mesure de se passer de leur protection, et qu'elle se rapprocheroit enfin de la France, et même qu'elle rechercheroit le Roi pour l'engager à accéder au traité du 11 mars, et lui donner par là plus de solidité. Sa Majesté étoit au moins persuadée que son accession n'éprouveroit point de difficultés de la part du Portugal, puisque dans le cours de la négociation, le Roi d'Espagne avoit fait connoître sa façon de penser à cet égard à la Reine Très Fidèle, et que cette princesse ne trouvoit alors aucune objection à faire contre ce projet. D'un autre côté M. de Sa avoit manifesté à plusieurs reprises au marquis de Blosset les dispositions les plus favorables à cet égard; en sorte qu'il sembloit qu'il n'étoit plus question que de régler la forme et le temps de l'accession de Sa Majesté. Elle s'adressa pour ces deux objets au Roi Catholique, en priant ce prince de les traiter lui-même avec la cour de Lisbonne et en lui déclarant qu'il ne demandoit que deux choses : 1° qu'en cas de guerre entre la France et l'Angleterre, Sa Majesté Très Fidèle observât une neutralité absolue et parfaite; 2° que cette princesse fît participer les François aux avantages de commerce dont jouissent les Anglois et les Hollandois.

Le Roi d'Espagne satisfit aux désirs du Roi son neveu. Il fit des tentatives à Lisbonne pour y faire agréer l'accession de Sa Majesté, mais la Reine manqua à l'espèce d'assurances qu'elle avoit données; elle déclina la proposition du Roi Catholique en prenant pour prétexte les conjonctures critiques où se trouvoit le Roi à l'égard de l'Angleterre. Le ministère de Madrid sentit toute l'inconséquence et toute l'indécence de ce procédé; il en instruisit confidentiellement le ministère de Sa Majesté, et il l'invita à lui développer ses principes et sa façon de penser dans une dépêche ostensible; on croit devoir en joindre ici une copie. Le sieur O'Dunne y verra sous quel point de vue le Roi envisageoit alors son accession au traité du 11 mars 1778, et sur quel titre il croyoit pouvoir la fonder. Le cabinet de Madrid donna une entière approbation aux principes invoqués par Sa Majesté, et il étoit sans doute disposé à les faire valoir; mais la rupture survenue entre le Roi et le Roi d'Angleterre arrêta ses démarches, de manière que les choses se trouvent encore aujourd'hui dans leur ancien état entre la France et le Portugal, c'est-à-dire qu'il n'existe aucune liaison politique entre les deux couronnes; qu'il y a lieu de croire que les préventions des Portugais à l'égard de la France subsistent encore, quoique le principe en soit détruit, et que les Anglois continuent de jouir de leur influence ainsi que du commerce exclusif qu'ils se sont procurés en 1703.

Cette position est infiniment désavantageuse pour la France, parce qu'elle favorise le penchant excessif que Sa Majesté Très Fidèle, ou au moins quelques-uns de ses ministres, ont pour la cour de Londres. Il seroit donc de la plus grande importance pour le Roi de la faire cesser, non seulement pour le présent, mais aussi pour l'avenir. Mais le moyen de parvenir à cette fin n'est pas aisé à déterminer; il y a même lieu de croire que toute tentative échoueroit, parce que la Reine de Portugal ne voudra probablement pas se rapprocher du Roi tandis qu'il est en guerre avec la Grande-Bretagne. Ainsi le Roi, pour ne point se compromettre, pense que dans le moment actuel il ne doit rien demander au Portugal qu'une parfaite neutralité.

Mais la grande difficulté sera de déterminer la nature de cette neutralité : exigera-t-on de la cour de Lisbonne qu'elle n'admette dans ses ports ni les vaisseaux de guerre ni les armateurs des trois puissances belligérantes, ou se contentera-t-on d'être mis à cet égard dans une parfaite égalité avec les Anglois, c'est-à-dire d'avoir comme eux la faculté d'entrer et de sortir librement des ports de Portugal et d'y recevoir toutes sortes de secours? Le premier point seroit infiniment préférable au second, parce que, sans la retraite qu'offre le port de Lisbonne, l'Angleterre n'oseroit point établir de croisière vers l'Atlantique; elle n'oseroit pas même se hasarder à y envoyer des escadres, parce qu'en cas d'accidents, soit de guerre, soit de mer, elles seroient abandonnées à la merci des droits, tandis que la France et l'Espagne trouveroient un refuge assuré dans leurs propres ports.

Il seroit donc à désirer, pour l'avantage de la France comme pour celui de l'Espagne, que le Portugal fermât ses ports aux trois puissances actuellement en guerre; mais le Roi est obligé d'avouer qu'il n'a aucun moyen pour porter la Reine Très Fidèle à une démarche aussi désirable, mais qui seroit une infraction de ses engagements avec l'Angleterre, et qu'il ne peut que subordonner ses désirs à cet égard à ceux du Roi Catholique qui est l'allié du Portugal, ainsi qu'aux expédients que ce prince pourra trouver pour les effectuer, s'ils sont conformes à ses vues, ainsi que l'on doit le supposer. Le premier soin du sieur O'Dunne, lorsqu'il sera arrivé à Madrid, sera de faire connoître cette façon de penser au Roi Catholique et à ses ministres; il tâchera de les convaincre de l'importance dont il seroit pour les deux couronnes que le Portugal fermât ses ports aux trois puissances belligérantes, et, s'ils tombent d'accord sur ce point, il concertera avec eux les moyens de l'exécuter. Si, au contraire, le cabinet de Madrid ne veut ou croit ne pouvoir exiger une pareille démonstration de la cour de Lisbonne, le sieur O'Dunne l'invitera à indiquer d'autres expédients propres à assurer la neutralité de cette cour et à l'empêcher d'être nuisible aux deux couronnes alliées : plus ces expédients seront doux et modérés, plus ils seront du goût de Sa Majesté; cependant son intention n'est point de sacrifier ses intérêts et sa dignité à la foiblesse, à l'ignorance, ou, ce qui est très possible, à la corruption des ministres portugais; et, si la cour de Lisbonne devoit continuer à favoriser les Anglois d'une manière aussi indécente qu'elle l'a fait jusqu'à présent, elle pense qu'il voudroit mieux la traiter en ennemie que de supporter honteusement l'assistance qu'elle donne à la cour de Londres. Le sieur O'Dunne ne célera pas cette réflexion aux ministres de Madrid. Deux raisons principales forcent le Roi à n'agir en Portugal que subordonnément aux intentions du Roi Catholique : la première est que l'Espagne a avec cette puissance un traité qui lui donne le droit d'avoir des exigences; la deuxième, que si les circonstances exigeoient qu'on prît un parti vigoureux vis-à-vis de la cour de Lisbonne, l'Espagne seule seroit en mesure de l'exécuter.

Au reste, quoique le Roi soit d'avis qu'il ne peut pas être

question dans ce moment-ci de son accession au traité du 11 mars, son intention n'en est pas moins que le sieur O'Dunne entretienne les ministres espagnols de cet objet; il s'appliquera à leur prouver que la dignité du Roi leur maître est intéressée à effectuer cette accession, et que ce seroit remporter un grand avantage politique que de porter dans les conjonctures actuelles les Portugais à l'agréer. Il est impossible de prévoir sous quel point de vue le ministère espagnol envisagera ces insinuations ni quelle impression elles pourront lui faire; mais quelle que puisse être sa réponse, le sieur O'Dunne établira comme un point irrévocable l'accession du Roi au traité dont il est question, soit qu'elle puisse avoir lieu dans le moment actuel, soit qu'il soit jugé convenable de la différer jusqu'à un moment plus opportun. Il importe d'autant plus au Roi d'établir une base fixe relativement à cet objet, qu'il ignore si la cour de Madrid a fait dans le temps à Lisbonne des démarches sérieuses conséquemment à l'article XVII du traité du 11 mars; il ignore même si cette cour en désire sincèrement l'exécution, quoiqu'il soit son ouvrage.

Au surplus, le sieur O'Dunne connoît trop bien les relations qui existent et qui peuvent exister entre la France et le Portugal pour ne point savoir que l'accession dont il s'agit n'importe aucunement au Roi à raison de son utilité politique, et que si Sa Majesté le désire, c'est uniquement à cause des avantages qu'elle procureroit au commerce de ses sujets. Si donc ces mêmes avantages peuvent être acquis sans le concours de l'accession, Sa Majesté est très disposée à en abandonner le projet. Le sieur O'Dunne jugera par là que l'objet qui nous intéresse le plus en Portugal c'est le commerce, et qu'il remplira parfaitement les vues et les désirs du Roi, s'il peut réussir à porter la cour de Lisbonne à rendre communs aux François les privilèges dont jouissent les Anglois et les Hollandois. Pour mettre éventuellement le sieur O'Dunne pleinement au fait de cette matière, il est nécessaire de remonter à l'époque des premiers traités qui y sont relatifs.

On sait que Louis XIII favorisa la révolution qui plaça Jean de Bragance sur le trône de Portugal; ce prince, pénétré de reconnoissance, accorda des privilèges considérables au commerce de France : le traité qui les renferme est de 1641 ; il fut suivi par un second conclu avec Louis XIV en l'année 1644. Les Anglois, qui avoient épousé les intérêts de l'Espagne, firent leur paix avec le Portugal et leur arrachèrent en 1644, en 1661 des traités de commerce très avantageux.

Il fut fait en 1667 entre la France et le Portugal un nouveau traité d'alliance qui devait durer le temps de dix ans ; mais les Espagnols s'étant hâtés de faire leur paix, les stipulations politiques de ce traité demeurèrent sans objet ; l'article X est conçu dans les termes suivants : « Le Roi de Portugal confirmera les privilèges et immunités accordés par ses prédécesseurs à la nation françoise, et de la même sorte le Roi Très Chrétien aux Portugais. Les sujets du Roi Très Chrétien, principalement les marchands de deçà et delà la ligne, jouiront de toutes les commodités, libertés, privilèges, droits, exemptions et prérogatives qui, par les derniers traités, ont été concédés aux nations angloise et hollandoise, que nous tenons par expresses déclarées au présent traité, comme si elles étoient insérées en icelui, et de la même sorte que les Portugais jouiront dans les lieux sujets de la couronne de France des mêmes privilèges, commodités et prérogatives qui par ce présent traité se concèdent aux François. » Les marchandises qui intéressoient le plus les nations qui commerçoient avec le Portugal étoient les draps et les lainages. La cour de Lisbonne en prohiba l'entrée en 1688 et en 1698, en exceptant néanmoins ce qui seroit de transit pour les colonies portugaises. Mais ces deux défenses ne furent aucunement respectées : les draps étrangers continuèrent d'être vendus publiquement à Lisbonne. La guerre qu'occasionna la succession d'Espagne causa la première rupture entre la France et le Portugal ; les Anglois et les Hollandois s'en prévalurent et obtinrent en 1703 un nouveau traité qui supprima toutes les entraves qui jusque-là avoient gêné leur commerce, surtout celui de leurs draps et de leurs lainages. Le traité de paix signé à Utrecht entre la France et la cour de Lisbonne porte ce qui suit : « Le commerce se fera dans le continent de France et de Portugal de la même manière qu'il se faisoit avant la présente guerre. »

C'est là le dernier engagement qui ait eu lieu entre les couronnes de France et de Portugal.

Le détail dans lequel on vient d'entrer prouve que la France a été la première de toutes les puissances de l'Europe qui ait obtenu des avantages de commerce en Portugal, mais que les Anglois et les Hollandois se sont procurés à cet égard les privilèges les plus étendus. Reste à savoir si ces privilèges sont exclusifs ou bien si la France a le droit d'en réclamer la jouissance, ou enfin si la cour de Lisbonne peut nous les accorder sans violer les traités avec la Hollande et avec la Grande-Bretagne. Nous avons soutenu dans tous les temps que les privilèges des Anglois nous étoient devenus communs en vertu des stipulations du traité d'Utrecht, et les Portugais ont constamment soutenu la négative. Cette matière a été amplement débattue vers l'année 1742, temps auquel on avoit lié une négociation avec la cour de Lisbonne pour un nouveau traité de commerce; mais on ne put point s'accorder et les choses demeurèrent sur l'ancien pied telles qu'elles subsistent encore aujourd'hui, c'est-à-dire que nos draps n'entrèrent pas ouvertement en Portugal et que, pour en obtenir l'introduction, nos négociants furent obligés de les faire passer pour des draps de Hollande. Tel a été pendant quelques années l'état des choses qui ont même tourné depuis entièrement à notre désavantage, les prohibitions étant devenues plus strictes et plus sévèrement observées.

En examinant avec attention les traités qu'on vient de rapporter, il paroît évident que celui de 1667 est perpétuel, quant aux stipulations relatives au commerce, et qu'il n'étoit limité que pour les objets politiques; cette vérité est d'autant plus constante qu'on n'a fixé aucun terme aux deux traités faits en 1654 et 1661 qui sont nommément rappelés; que, par conséquent, ils doivent être perpétuels pour la France comme ils le sont pour les puissances qui les ont signés. Quant au traité que l'Angleterre et la Hollande obtinrent en 1703, nous n'avons aucun droit de nous l'approprier, et nous citerions en vain pour soutenir le contraire les dispositions du traité d'Utrecht. Il résulte de là que nous n'avons aucun titre pour être assimilés aux Anglois et aux Hollandois pour la vente de nos draps et lainages, et que nous devons nous contenter à cet égard de l'usage dans lequel on a été jusqu'à présent de les faire passer sous le nom de draps de Hollande, jusqu'à ce que nous soyons parvenus à convenir d'un nouveau traité de commerce prévu par celui d'Utrecht.

Mais le sieur O'Dunne sentira de lui-même que le point de vue sous lequel on considère ici cette matière n'est pas de nature à être porté à la connoissance des Portugais, et que notre intérêt mercantile veut, ainsi qu'on l'a constamment pratiqué jusqu'à présent, que nous réclamions sans cesse les privilèges dont jouissent les nations les plus favorisées; ce n'est en effet que par ce moyen que nous pouvons empêcher le dépérissement total de notre commerce avec le Portugal, et procurer plus d'extension aux privilèges dont il a joui jusqu'à présent.

On joint au présent mémoire des notes sur trois affaires par rapport auxquelles le Roi a fait porter des plaintes à la cour de Lisbonne et qui sont jusqu'à présent demeurées sans réponse.

Le comte de Vergennes en a rappelé le souvenir au comte de Souza par un office du 21 février dernier. Il y a lieu que cette démarche produira plus d'effet que toutes celles qui avoient été faites précédemment; mais, dans le cas contraire, l'intention du Roi est que son ambassadeur fasse sentir aux ministres portugais combien leur conduite est désobligeante pour Sa Majesté, qu'il les invite à faire cesser les délais et les subterfuges, et qu'il exige d'eux une réponse catégorique.

On croit devoir s'abstenir de tracer dans ces instructions le tableau de la cour de Lisbonne et le portrait de ses ministres.

Les détails de cette nature sont ordinairement inexacts ou au moins imparfaits; ils ne sont propres, par conséquent, qu'à induire en erreur les ambassadeurs et ministres qui voudroient les prendre pour base de leur opinion et de leur conduite. D'ailleurs, le sieur O'Dunne a trop d'expérience et trop de connoissance des hommes et des cours, pour qu'il ne soit point facile de démêler les principes, les affections et les habitudes des principaux personnages de la cour de Lisbonne: cette facilité sera d'autant plus grande pour le sieur O'Dunne, qu'il a déjà demeuré dans cette cour et qu'il connoît les souverains ainsi que les personnes qui ont leur confiance et dirigent leurs affaires.

L'article XXVII du Pacte de famille fixe invariablement ce qui doit être pratiqué désormais par les ambassadeurs et ministres de France et d'Espagne par rapport à la préséance, et la copie ci-jointe de cet article dirigera sur ce point de cérémonial la conduite de l'ambassadeur du Roi.

On joint ici : 1° deux lettres du Roi au Roi et à la Reine de Portugal, et une troisième à la Reine Douairière de Portugal en créance sur le sieur O'Dunne.

2° Quatre tables de chiffres : les premières, intitulées *Ordinaire*, doivent servir uniquement à chiffrer les lettres que le sieur O'Dunne écrira au comte de Vergennes, ministre et secrétaire d'État au département des affaires étrangères.

Les secondes tables sont destinées, ainsi que le titre le porte, à chiffrer les pièces communiquées, et ne doivent point être employées à aucun autre usage.

Les troisièmes serviront à la correspondance du sieur O'Dunne avec le sieur comte de Montmorin, ambassadeur du Roi à la cour d'Espagne, seul avec qui il est utile qu'il entretienne un commerce de lettres.

Enfin les quatrièmes tables, intitulées *de réserve*, ne doivent servir que dans des cas extraordinaires ou lorsqu'on a lieu de soupçonner que le chiffre ordinaire pourroit avoir été intercepté.

Le Roi a ordonné que tous ses ministres dans les cours étrangères lui remettroient, au retour de leur mission, une relation exacte de tout ce qui se sera passé de plus important dans les pays où ils auront résidé, soit par rapport aux négociations qui leur auront été confiées, soit sur l'administration civile, politique, ecclésiastique et militaire, sur le caractère, les talents et les affections des souverains et de leurs ministres, sur le cérémonial et sur tous les objets qui peuvent intéresser le service de Sa Majesté ; ainsi le sieur O'Dunne travaillera à la rédaction d'un mémoire qui traitera ces différents objets.

L'intention du Roi est aussi que tous ses ministres remettent, après qu'ils sont revenus auprès de Sa Majesté, les instructions en original, les chiffres et tous les papiers concernant son service, avec un inventaire sur la vérification duquel on leur en donne une décharge.

Fait à Versailles, le 19 mai 1780.

Signé : Louis.

XXVII

LE MARQUIS DE BOMBELLES

1786 — 1788[1].

Le gouvernement portugais avait autorisé, comme on l'a vu plus haut, le 15 juillet 1783, l'accession de la France au traité du Pardo, et les questions pendantes entre les deux couronnes, tant au point de vue politique qu'au point de vue commercial, se trouvaient, par là même, définitivement réglées, au moins en principe. Il s'agissait désormais de tirer le meilleur parti possible des stipulations de ce traité, et la combinaison la plus avantageuse pour la France paraissait consister à faire des arrangements commerciaux particuliers avec le Portugal, sans s'occuper de ceux que l'Espagne, de son côté, pourrait avoir intérêt à contracter. Mais, avant tout, il était essentiel de ne pas laisser mettre en doute les droits acquis, *ipso facto*, par l'accession elle-même, et il suffisait d'obtenir du gouvernement portugais les ordres nécessaires pour faire jouir nos nationaux des avantages prévus au traité du Pardo.

Tel fut l'objet de la mission confiée au marquis de Bombelles[2].

---

1. Ministre des Affaires étrangères : Charles Gravier, comte de Vergennes, remplacé le 13 février 1787 par Armand-Marc, comte de Montmorin-Saint-Herem.
2. Marc-Marie, marquis de Bombelles, fils du comte de Bombelles, lieutenant général, gouverneur du duc d'Orléans, naquit à Bitche le 8 octobre 1744. Il fut d'abord élève de l'École royale militaire, puis reçu chevalier novice de Saint-Lazare le 2 mai 1761, et enfin brigadier des armées du Roi. Après sa mission en Portugal, il fut, en 1788, nommé ambassadeur à Venise, donna sa démission en 1790, et devint l'agent le plus actif des relations secrètes de Louis XVI avec les puissances étrangères. Il émigra en 1792. Devenu veuf pendant la Révolution, après avoir servi comme officier général dans l'armée de Condé, il entra dans les ordres, et se retira dans un couvent de Brünn en 1803, puis fut créé évêque d'Ober-Glogau. Rentré en France avec les Bourbons, il fut nommé, en 1819, évêque d'Amiens. Il mourut à

Les instructions qui lui furent remises avaient été libellées dès l'année 1784[1]. Nous ignorons pour quelles raisons le nouvel ambassadeur ne partit qu'en 1786. Peut-être ce retard fut-il occasionné par les négociations du traité de commerce de la France avec l'Angleterre, qui fut signé cette même année, et dont il paraissait utile de connaître les stipulations définitives avant d'entamer de nouveaux pourparlers à Lisbonne; peut-être l'attention du Gouvernement français était-elle tout simplement absorbée ailleurs, par d'autres affaires; peut-être enfin la mort de Don Pedro, époux de la reine Dona Maria, survenue également en 1786, parut-elle une occasion favorable pour envoyer à Lisbonne un diplomate chargé de mettre à profit le changement d'influence que devait nécessairement amener cette mort dans la direction de la politique portugaise.

Toujours est-il que le marquis de Bombelles n'arriva à son poste que le 26 octobre 1786.

En dehors de la protection du commerce français, il devait aussi surveiller le règlement d'une difficulté survenue entre les deux puissances, quelque temps auparavant, au sujet d'un petit fort sur les côtes d'Afrique. Enfin, il était pourvu d'instructions sur l'attitude négative qu'il lui convenait de prendre au sujet de l'adhésion du Portugal au Pacte de famille.

Dans le premier élan qui avait rapproché les trois cours de Paris, de Madrid et de Lisbonne en 1783; il avait été question, en effet, de resserrer les liens qu'elles venaient de contracter en associant le Portugal à l'alliance offensive et défensive qui unissait les diverses branches de la Maison de Bourbon. Mais la France avait bientôt reconnu que cette accession n'aurait pour elle aucun avantage et le gouvernement du Roi en donne longuement les raisons dans l'instruction de M. de Bombelles.

Cet ambassadeur quitta le Portugal le 31 mars 1788, et c'est le secrétaire qu'il laissa à Lisbonne, M. d'Urtubise, qui géra les affaires de l'ambassade française en Portugal, jusqu'au commencement de la Révolution française.

Paris le 5 mars 1822, laissant trois fils dont les deux derniers étaient restés en Autriche où ils firent souche, et une fille mariée au comte de Castéja.

1. On y lit, en effet, cette phrase : « Cette accession... eut enfin lieu vers la fin de l'année 1783. » Or, en marge, la date « 1783 » se trouve remplacée par ces mots : « année dernière »; ce qui prouve bien que la date exacte de cette rédaction est l'année 1784.

MÉMOIRE POUR SERVIR D'INSTRUCTION AU SIEUR MARQUIS DE BOMBELLES, BRIGADIER DES ARMÉES DU ROI, ALLANT EN PORTUGAL EN QUALITÉ D'AMBASSADEUR DE SA MAJESTÉ AUPRÈS DE LA REINE TRÈS FIDÈLE.

Minute. — *Correspondance de Portugal*, tome CXVI, pièce 110. — 10 sept. 1786.

Les preuves de zèle et de capacité que le sieur marquis de Bombelles a données depuis qu'il est employé dans la carrière politique ont déterminé le Roi à lui donner une marque particulière de sa confiance en le nommant à l'ambassade de Portugal. Cette mission est d'autant plus importante et plus flatteuse pour lui qu'outre les liens de la parenté, il existe entre le Roi et la Reine de Portugal des rapports politiques, auxquels Sa Majesté attache le plus grand intérêt et au maintien desquels le sieur marquis de Bombelles devra rapporter tous ses soins et toutes ses démarches. Quoiqu'il connoisse par l'histoire les événements remarquables qu'offre le Portugal, on croit néanmoins devoir lui faire le rapprochement de ceux qui sont relatifs à la France.

La révolution, qui enleva la couronne de Portugal à l'Espagne, établit entre les deux royaumes un éloignement et une méfiance qui n'ont cessé que dans ces derniers temps ; et la prépotence de l'Espagne mit la cour de Lisbonne dans la nécessité de pourvoir à sa sûreté par des alliances. Elle devoit naturellement tourner ses regards vers la France, qui se trouvoit presque sans cesse alors dans un état de guerre avec la cour de Madrid, et qui étoit seule située de manière à faire une diversion utile en faveur du Portugal.

Les rapports politiques résultant de cette position durèrent jusqu'au moment où l'ouverture de la succession d'Espagne occasionna une guerre qui embrasa les quatre parties du monde. Le Portugal s'attacha à la cause de la maison d'Autriche, et par conséquent à celle de l'Angleterre, et, peu éclairé sur ses véritables intérêts, il contracta avec cette dernière puissance des engagements qui l'ont mis sous son joug et qui subsistent encore aujourd'hui.

Ces engagements ont été une des principales sources de la prospérité du commerce de l'Angleterre, et ils ont fait tomber le nôtre avec le Portugal, parce que nous n'avons pas su obtenir, lors de la pacification d'Utrecht, les mêmes faveurs qui avoient été accordées aux Anglois, et que nos traités antérieurs avec le Portugal sont conçus de manière que nous étions sans titre pour réclamer l'égalité avec la Grande-Bretagne.

Il est facile de concevoir que l'Angleterre n'a rien négligé pour maintenir cet état des choses, soit en caressant le Portugal, soit en lui rendant la France suspecte à cause de ses liaisons intimes avec l'Espagne. Ces insinuations ont constamment prévalu sur les véritables intérêts de la cour de Lisbonne, parce que la crainte l'a emporté sur toute autre considération. Il a semblé un instant que l'illusion étoit dissipée; en effet, feu le marquis de Pombal, feignant d'être mécontent de l'Angleterre, fit des ouvertures en 1767 pour une alliance avec la maison de Bourbon. Mais ce ministre ne tarda pas à trahir ses véritables sentiments, c'est-à-dire son penchant pour l'Angleterre, et son projet d'alliance tomba dans le néant.

Des discussions sérieuses s'étant élevées en 1775 entre l'Espagne et le Portugal au sujet des limites du Brésil et du Paraguay, la France et l'Angleterre furent avouées comme médiatrices, et, quoique leur entremise n'eût pas lieu, le Roi profita de cette conjoncture pour éclairer la cour de Lisbonne sur ses véritables intérêts, c'est-à-dire pour lui faire sentir qu'elle acquerroit plus de sûreté en s'alliant avec la maison de Bourbon, qu'elle n'en a par ses rapports avec la Grande-Bretagne.

Ces insinuations fructifièrent pour l'Espagne : les deux cours firent d'abord un traité de paix, et elles s'unirent peu de temps après par un traité d'amitié qui équivaut à un traité d'alliance défensive. Ce dernier traité, dont on joint ici une copie, est de 1778. L'Espagne, au lieu de nous y faire participer, le conclut, pour ainsi dire, à notre insu, et ce ne fut que pour réparer en quelque sorte l'irrégularité de ses procédés, que cette puissance se ménagea la faculté de proposer notre accession. Cette accession, après bien des sollicitations et des difficultés, eut enfin lieu vers la fin de l'année 1783 : elle a établi entre la France et le Portugal les rapports suivants :

« (Art. IV). — 1° Dans le cas où l'une de ces deux puissances « sera en guerre, l'autre gardera la neutralité, réservant, pour « le cas d'invasion ou de préparatifs d'invasion, la défense réci-« proque. »

« (Art. II). — 2° La puissance qui demeurera neutre ne don-« nera point passage aux ennemis de l'autre, soit par ses ports, « soit par son territoire ; elle ne leur fournira aucun secours, ni « directs ni indirects. »

« (Art. III). — 3° Les deux puissances se garantissent mu-« tuellement leurs domaines d'Europe. »

« (Art. IV). — 4° Les sujets respectifs jouiront, relativement « à la navigation et au commerce, des privilèges de la nation la « plus favorisée. »

Le résumé que l'on vient de faire établit clairement qu'il existe entre le Roi et la Reine Très Fidèle une alliance défensive proprement dite, et que la nation françoise a le droit de réclamer tous les avantages et tous les privilèges dont les Anglois jouissent en Portugal à l'égard du commerce.

Il s'agit de savoir si les stipulations qui viennent d'être rapportées remplissent les vues politiques et mercantiles que le Roi doit avoir à l'égard du Portugal, ou s'il convient à Sa Majesté de porter plus loin ses liaisons avec cette puissance. Le marquis de Bombelles trouvera dans les réflexions suivantes la solution de ce problème.

Le Portugal est trop foible pour être un allié utile par les secours qu'il pourroit fournir ; ainsi le Roi, quelque étendue qu'il parvînt à donner à son alliance avec la cour de Lisbonne, n'acquerroit point par là d'accroissement de forces ; cet accroissement ne sauroit donc entrer dans les vues de Sa Majesté. Le seul but de ses liaisons politiques avec le Portugal peut et doit être d'arracher cette puissance à l'Angleterre, et de priver cette dernière de l'avantage inappréciable d'avoir, en cas de guerre avec la maison de Bourbon, le port de Lisbonne à sa disposition.

Cette ressource est enlevée à la cour de Londres par l'article II du traité du Pardo ; ainsi l'objet essentiel de la politique du Roi se trouve rempli.

On demande s'il ne seroit pas utile pour la France que le Portugal accédât au Pacte de famille.

Pour répondre avec connoissance de cause à cette question, il convient d'examiner quel seroit le résultat de ce nouvel ordre de choses.

Si la cour de Lisbonne participoit au Pacte de famille, elle se mettroit dans l'obligation de prendre part à toutes les guerres, soit offensives, soit défensives, dans lesquelles la maison de Bourbon seroit impliquée, et comme elle n'a pas de moyens d'attaque et de très foibles moyens de défense, les Anglois (car eux seuls seroient essentiellement l'objet de l'alliance dont il s'agit), les Anglois, dis-je, se hâteroient de s'emparer des possessions portugaises dans l'Inde, en Amérique et en Afrique, et la maison de Bourbon seroit forcée de faire des sacrifices pour les racheter, comme l'Angleterre a été dans la nécessité de le faire pour réduire le Portugal en 1763. On ne peut point se flatter que la cour de Londres s'attachera à faire adopter à celle de Lisbonne le parti de la neutralité, parce que celle-ci n'est aucunement à craindre pour ses forces de mer, tandis qu'elle a des possessions qui seroient pour l'Angleterre d'importants objets de compensation ; tels sont Goa, le Brésil et les comptoirs situés sur les côtes d'Afrique. Une simple alliance défensive, telle qu'elle est établie par le traité du Pardo, garantit le Portugal du danger qui vient d'être indiqué, et sauve à la maison de Bourbon les embarras qui en résulteroient : l'expérience de la dernière guerre justifie cette assertion.

Il semble donc que du côté de la politique, non seulement le Roi ne gagneroit rien en engageant le Portugal à accéder au Pacte de famille, mais aussi que Sa Majesté se prépareroit par là des inconvénients qu'il est de sa prudence de prévenir.

Reste à voir si cette conséquence peut être balancée par les avantages de commerce que nous procureroit l'accession dont il s'agit. Un coup d'œil sur la position de notre commerce en Espagne suffira pour résoudre cette question.

Malgré le Pacte de famille, nous n'avons en Espagne aucun privilège dont les Anglois ne jouissent pas également, et l'on ne nous respecte que par la crainte des Anglois avec qui l'on nous forceroit de faire cause commune. Le seul avantage exclusif que nous ayons, c'est de faire le petit cabotage : mais cet avantage nous est formellement contesté, quoiqu'il soit exprimé dans le Pacte de famille de la manière la plus positive; et depuis qu'il est établi, il n'a, pour ainsi dire, servi qu'à exposer nos armateurs à des vexations.

Supposons maintenant le Portugal participant au Pacte de famille; nous donnera-t-il, pourra-t-il nous donner des avantages dont il excluroit la Grande-Bretagne ?

D'un côté, le Portugal a intérêt de maintenir la concurrence pour tous les objets qu'il est dans le cas de recevoir des François et des Anglois; de l'autre, il lui importe de ne point mécontenter la cour de Londres. Ainsi, celle de Lisbonne a un double motif de ménager la Grande-Bretagne, comme cette puissance en a un de ménager le Portugal : cette réciprocité doit nous empêcher, quelque effort que nous fassions, d'obtenir des avantages exclusifs en Portugal. Je ne dis rien du cabotage, parce qu'il seroit, pour ainsi dire, sans objet pour la navigation françoise.

De toutes les réflexions qui viennent d'être faites, il résulte que nous n'avons aucun intérêt à provoquer l'accession du Portugal au Pacte de famille.

En partant de cette conclusion, il s'agit de déterminer la conduite que la France doit tenir pour mettre en activité les stipulations renfermées dans le traité du Pardo. Ce traité, comme on l'a observé plus haut, renferme deux objets :

1° Il détermine les rapports politiques qui existeront dorénavant entre la France et le Portugal;

2° Il fixe les privilèges dont les deux nations jouiront l'une chez l'autre.

Comme les stipulations du traité du Pardo sont claires, précises et absolues, elles n'exigent pas de développement ultérieur, et le Roi doit les regarder comme la base de son existence politique à l'égard de la cour de Lisbonne.

Nos rapports mercantiles sont dans le même cas : nos privilèges sont clairement exprimés et il ne s'agit que de les mettre en pratique.

Mais il se présente à cet égard une difficulté. La cour de Lisbonne, interrogée sur cet objet, a décliné notre jouissance actuelle, en alléguant la nécessité de faire un traité de commerce de concert avec l'Espagne, avec qui le traité du Pardo nous est commun. La cour de Madrid qui, selon toutes les apparences, jalouse notre rapprochement de celle de Lisbonne, et surtout les avantages qui doivent en résulter pour notre commerce, la cour de Madrid, dis-je, ne montre aucun empressement à traiter cette matière, et elle y a d'autant moins d'intérêt que l'Espagne ne fait pas de commerce maritime avec le Portugal, et que la seule chose qui l'intéresse, c'est de régler les douanes par terre.

Dans cet état de choses, la cour de Madrid n'est pas plus dans le cas de faire cause commune avec nous, que nous ne sommes dans le cas de faire cause commune avec elle. Ainsi, vu le peu de bonne volonté que nous sommes dans le cas de lui supposer, il semble que le Roi n'a d'autre parti à prendre que de traiter directement avec la cour de Lisbonne, et d'agir pour son propre compte en laissant à l'Espagne le soin d'en faire autant de son côté.

Mais, quoique cette marche soit clairement indiquée, et quoique les avantages qu'il s'agit de réclamer ne sauroient être contestés, il paroît néanmoins que la cour de Lisbonne formera des exceptions et tâchera de gagner du temps, en prétextant la nécessité de traiter en même temps avec la cour de Madrid. On peut supposer que cette raison sera alléguée de bonne foi; mais on peut supposer également que la cour de Lisbonne cherchera à reculer, autant qu'elle le pourra, parce qu'elle croira devoir ménager celle de Londres, qui voit certainement avec un dépit secret nos rapports tant politiques que mercantiles avec le Portugal.

Pour sauver cet embarras et prévenir une nouvelle réponse dilatoire de la part de la cour de Lisbonne, il semble qu'il n'y a qu'un parti à prendre : c'est d'éviter tout doute sur la nature et la force obligatoire des engagements contractés par cette cour, de n'entamer aucune négociation avec elle sur cet objet; de l'inviter à donner les ordres nécessaires pour que nos marchandises soient admises sur le même pied que celles d'Angleterre et de Hollande, et d'annoncer en même temps que le Roi a donné de son côté les ordres nécessaires pour que les bâtiments et les marchandises venant de Portugal jouissent dans les ports de France de tous les avantages dont jouissent les nations les plus favorisées.

On ne voit pas ce que la cour de Lisbonne pourroit objecter à cette marche : elle ne sauroit prétendre que les rapports mercantiles entre elle et la France ne sont encore qu'ébauchés, et qu'ils exigent des dispositions ultérieures, et elle ne sauroit s'excuser sur la nécessité où elle se trouve d'en faire avec la cour de Madrid. La première excuse seroit facile à détruire en citant l'article VII du traité du Pardo ; la seconde ne sauroit être appliquée à la France, parce que les arrangements que les cours de Madrid et de Lisbonne sont dans le cas de faire n'ont d'autre objet que les péages par terre, péages par conséquent qui ne sauroient concerner la France, puisque nous ne saurions avoir de commerce par terre avec le Portugal. D'ailleurs, si les Espagnols font le commerce par mer avec ce royaume, ils ont le droit de réclamer les privilèges dont jouissent les nations les plus favorisées, et la cour de Lisbonne ne sauroit leur en accorder de plus étendus. Ainsi, relativement à ce dernier objet, le sort des Espagnols est, dès à présent, déterminé comme celui des François et des Anglois ; par conséquent, ils n'ont, de même que nous, aucune négociation ultérieure à établir à cet égard.

Tels sont les principes dont le sieur marquis de Bombelles doit se pénétrer relativement à nos rapports mercantiles avec le Portugal. Il seroit sans doute utile qu'il pût promptement les développer au ministère portugais ; mais il y auroit de l'inconvénient à se précipiter, surtout dans les conjonctures où se trouve le Portugal. La Reine vient de commencer pour ainsi dire un nouveau règne, car, tant qu'a vécu le roi Don Pèdre, cette princesse étoit dans un tel état de contrainte qu'elle osoit à peine avoir une volonté. La mort de ce prince a rendu la liberté à la Reine et à son conseil, et il est à présumer qu'il en résultera un nouvel ordre de choses. La prudence veut que l'on attende cette révolution pour entamer les objets qui peuvent intéresser le service de Sa Majesté.

Le marquis de Bombelles est sans doute informé qu'il se négocie un traité de commerce entre la France et la Grande-Bretagne. Cette négociation occupe beaucoup le cabinet de Lisbonne, parce qu'il craint qu'il ne soit porté atteinte à une convention subsistante entre le Portugal et l'Angleterre; cette convention est du 27 décembre 1703. Pour en bien comprendre toute l'importance, il est nécessaire de savoir que tous les lainages étrangers étoient prohibés en Portugal en vertu de deux cédules des années 1688 et 1698. La guerre occasionnée par l'ouverture de la succession d'Espagne brouilla Louis XIV avec la cour de Lisbonne et le ministère anglois profita habilement de cette conjoncture pour obtenir en sa faveur la révocation des deux cédules qui viennent d'être indiquées. C'est là l'objet de la convention de 1703. Elle porte, en substance, que les lainages d'Angleterre seront admis comme autrefois en Portugal, aussi longtemps que la cour de Londres diminuera d'un tiers, pour les vins portugais, les droits imposés sur les vins de France.

Le maintien de cette disposition importe au Portugal parce que ses vins ne sauroient soutenir, à droits égaux, la concurrence avec les vins de France, et il auroit à craindre que ces derniers n'obtinssent une préférence qui lui seroit préjudiciable. L'Angleterre, de son côté, craint qu'en apportant atteinte à la convention de 1703 la cour de Lisbonne n'use de représailles, en défendant les lainages d'Angleterre.

Comme il est possible que l'on croie devoir entretenir le marquis de Bombelles sur cette matière, dans ce cas il répondra que nous n'exigeons rien de la cour de Londres, que la base de notre négociation est plutôt la réciprocité et la convenance que l'égalité; qu'au surplus il est naturel que nous demandions tous les avantages propres à étendre notre commerce; mais que c'est à la cour de Londres à juger de ce qu'elle peut accorder ou refuser. A ces remarques, le marquis de Bombelles pourra ajouter que rien ne paroît moins prouvé que les inconvénients qu'auroit, pour le Portugal, l'infraction de la convention de 1703. En effet, les Anglois se pourvoiront plus ou moins de vin de Porto aussi longtemps qu'ils introduiront des lainages et d'autres marchandises en Portugal. Le seul résultat qu'auront les avantages que l'on accordera aux vins de France sera qu'on en falsifiera moins en Angleterre, que l'on en introduira moins en contrebande, et que la consommation du vin sera plus considérable en Angleterre.

Le sieur marquis de Bombelles aura vu dans la correspondance de son prédécesseur tous les détails de la contestation survenue entre le Roi et la Reine de Portugal à l'occasion d'un fort que cette princesse avoit fait construire à Cabinde sur les côtes d'Afrique; il aura vu également de quelle manière cette désagréable affaire a été terminée. Le marquis de Bombelles s'abstiendra soigneusement d'en parler le premier; et, dans le cas où les ministres portugais jugeroient à propos de l'en entretenir, il leur exprimera tout le déplaisir qu'elle a causé au Roi, et l'espérance où est Sa Majesté qu'il ne surviendra plus aucun événement propre à la renouveler; que les ordres les plus précis ont été donnés pour cet effet par Sa Majesté, et qu'elle est bien persuadée qu'il en a été usé de même de la part de Sa Majesté Très Fidèle.

Malgré cette persuasion, il est un objet sur lequel l'ambassadeur du Roi devra porter toute son attention. Il aura remarqué que, pour satisfaire la dignité de la Reine de Portugal, qui a éprouvé quelque atteinte par la destruction du fort de Cabinde, le Roi n'a pas voulu insister à ce que ce fort demeurât démoli, et qu'il s'en est rapporté à cet égard à la prudence de Sa Majesté Très Fidèle. Sa Majesté ne s'est portée à cet acte de condescendance que dans la supposition que le fort dont il s'agit ne seroit point reconstruit et que les choses seroient maintenues dans leur état actuel; car s'il devoit être question de le changer par le rétablissement du fort, le Roi ne pourroit point le voir avec indifférence, et l'intérêt de notre traité forceroit Sa Majesté, non seulement de faire à cet égard les représentations les plus sérieuses à la Reine de Portugal, mais aussi de prendre les mesures les plus efficaces pour arrêter son entreprise. Le sieur marquis de Bombelles jugera par là qu'il importe au service du Roi qu'il ait, sans affectation, un œil attentif sur tout ce qui se passera relativement à l'objet dont il est question, et qu'il soit exact à avertir le ministère de Sa Majesté des innovations qui pourroient se préparer.

On croit devoir s'abstenir de tracer dans le présent mémoire le tableau de la cour de Lisbonne, parce que, outre que les détails de cette nature sont ordinairement inexacts ou au moins imparfaits, la mort du roi Don Pèdre et celle de M. de Sa ont occasionné des changements remarquables, et il y a apparence qu'elles en amèneront encore d'autres. Le ministre n'est pas encore remplacé; on ne sait pas encore quel sera le sort de M. Mello, et le prince du Brésil, appelé au conseil, qui avoit d'abord acquis la confiance de la Reine sa mère, paroît l'avoir perdue, et [l'on croit] que c'est le confesseur de Sa Majesté Très Fidèle qui est dans ce moment-ci le personnage prépondérant en Portugal. C'est donc du marquis de Bombelles que le Roi doit attendre des notions précises sur les personnes comme sur les affaires de la cour de Lisbonne, lorsque la composition du ministère et du conseil aura pris quelque consistance.

Articles communs.....

Datée en tête : « à Versailles, le 10 septembre 1786. »

TABLE ALPHABÉTIQUE[1]

DES NOMS CONTENUS DANS CET OUVRAGE

A

Abadie (M. d'), ambassadeur de France en Portugal, LIII.
Ablancourt; voir Frémont.
Abrantès (le marquis d'), chambellan de Jean V, ancien ambassadeur à Rome, 272.
Académie française, 193, 233.
Açores, îles, XVI, 188, 189, 257.
Acosta (d'); voir Costa (da).
Acquigny, 179.
Afrique (traite des nègres sur la côte d'), XLIX.
Afrique, 116, 167, 177, 191, 263, 323, 396, 400, 405.
Agde (l'évêque d'), ambassadeur de France en Portugal, XV, LII.
Aix-la-Chapelle (traités d'), 287, 307.
Albéroni (le cardinal), premier ministre d'Espagne, XLV.
Albuquerque (Mathias d'), général portugais, XXXI.
Albuquerque (ville d'), 226.
Alcantara (ville d'), 226.
Alemtejô (province d'), 24, 31, 92.
Alexandre VII (le pape), 375.
Algarves (royaume des), XIX, 79, 84, 341.

Algarve (évêque d'); voir Alvaro (D.).
Alger (bombardement d'), 53.
Alincastre (D. Affonso d'), ambassadeur de Portugal en France, LVIII.
Allegrette (le marquis d'); voir Villarmayor.
Allemagne, 199, 219, 227, 238, 253, 286, 287.
Allemagne (princes d'), 42, 44.
Allemagne (protestants d'), 69.
Almada (Ruy-Fernandès d'), ambassadeur de Portugal en France, LVII.
Almanza (bataille d'), XLII, 243.
Alphonse III, roi de Portugal, XIV.
Alphonse IV, roi de Portugal, LI.
Alphonse V, roi de Portugal, XV, LII, LVII.
Alphonse VI, roi de Castille, XIII.
Alphonse VI, roi de Portugal, XXXVIII, 291, 163, etc.
Alphonse Henriquez, premier roi de Portugal, XIII.
Alvaro (D.), évêque d'Algarve, envoyé de Jean Ier auprès du duc de Bourgogne, LVII.
Alvide (D. Araz d'), ambassadeur de Portugal en France, LVIII.

---

1. La plus grande partie de cette table a été rédigée par M. Alexandre Tausserat, attaché aux Archives du Ministère des Affaires étrangères, qui, en outre, a bien voulu prêter son concours à l'auteur pour la revision des épreuves.

Alvor (le comte d'), 238.
Amazones (la rivière des), 192, 242, 249.
Ambert (le baron d'); voir Merle.
Ameixial (bataille d'), xxxi.
Amelot (J.-J.); voir Chaillou.
Amelot (Michel, marquis de Gournay, ambassadeur de France à Lisbonne, LIV; sa notice, 171; son instruction, 173, 181, 201, 202.
Amérique Méridionale (colonies de l'), XLIV.
Amérique, 187, 188, 191, 192, 226, 257, 286, 296, 297, 343, 329, 356, 362, 370, 375, 381, 400.
Amiens, 188, 395.
Andalousie, 7, 30, 35, 38, 46.
Anglais, 198, 203, 221, 225, 230-232, 236, 239, 242-244, 249, 254, 258, 262, 264, 268, 289, 297, 303, 308, 326-328, 334, 337-339, 341, 347, 355, 362, 366, 369, 372-375, 380, 382, 384-390, 398-400, 401-404.
Angleterre, xxviii, xxxvii, 44, 65, 68, 69, 85, 91, 113, 116, 124, 130, 189, 193, 195, 208, 212, 214, 217, 221, 225, 228-232, 237-239, 241, 246, 249, 253, 267, 273-275, 281, 285, 289, 292, 296, 304, 327-329, 333-335, 337-339, 342, 346, 361, 363, 370, 373, 381-387, 390, 396-400, 403, 405.
Angola, 145, 177.
Anguien (le duc d'), 68, 150.
Anjou (Philippe, duc d'); voir Philippe V.
Anne d'Autriche, épouse de Louis XIII, roi de France, xxxv, 213.
Anne, reine d'Angleterre, xli.
Anne-Victoire, infante d'Espagne, fille de Philippe V, épouse de Joseph Ier, roi de Portugal, 307.
Anselme (le P.), cité, 2, 121.
Antas; voir Pereira.
Antoine (D.), prieur de Crato; voir Crato.
Antonio (Dom), infant de Portugal, 2e frère du roi Jean V, oncle du roi Joseph Ier, 271, 312.
Aranda (le comte d'), 378.
Arcos (le duc d'), 156.
Argenson (René-Louis de Voyer de Paulmy, marquis d'), ambassadeur désigné de France à Lisbonne, puis ministre des Affaires étrangères, XLVI, LV; sa notice, 283-284, 285-288.

Argenson (M. d'), premier éditeur des *Mémoires* du précédent, 283.
Armagnac (Mademoiselle d'), 133.
Armenonville; voir Morville.
Arnauld (Simon), marquis de Pomponne, ministre des Affaires étrangères, 121, 127.
Aronches (le marquis d'), prince de Ligny, 153, 155, 184, 200, 202, 229.
Aronches (M. d'), archevêque de Lisbonne, frère du précédent, 200, 202.
Arras (ville d'), 11.
Arras (congrès d'), LVII.
Asie, 116, 226.
Asturies (Ferdinand, prince des), qui fut roi sous le nom de Ferdinand VI, 293.
Asturies (Madeleine-Thérèse, fille de Jean V, roi de Portugal, princesse des), épouse du précédent, 293.
Asturies (Charles, prince des), devenu roi sous le nom de Charles IV, 358.
Asturies (Marie-Louise, princesse des), épouse du précédent, 358.
Ataíde (D. Alvaro de), envoyé de Portugal en France, LVII.
Atorre; voir Torre (d'a).
Atouguia; voir Correa.
Atouguia (le comte d'), 114.
Aubery, historien de Richelieu, cité, xx, xxvi, xxviii.
Aubeville (M. de Sève d'), ambassadeur de France en Portugal, LIV; sa notice, 121; son instruction, 123, 127, 128, 130 et suiv.
Aubeterre (le marquis d'), ambassadeur de France à Madrid, 321, 331, 365.
Augnac (l'abbé d'), chargé d'affaires de France en Portugal, LV.
Augsbourg (ligue d'), 172, 193, 195.
Auguste II, roi de Pologne, 267.
Auguste III, roi de Pologne, électeur de Saxe, 327.
Aumale (Mademoiselle d'), 97, 102, 105, 112, 115.
Autriche, 212, 287, 319, 382, 396.
Autriche (maison d'), 206, 214, 218, 228, 236, 238, 242, 246, 249, 253, 268, 328, 346, 361, 371, 397.
Avaux (le comte d'), ambassadeur de France, à Hambourg, XIX, XXXI, XXXII, 89.
Aveiro (D. Raimond Mascarenhas d'A-

TABLE ALPHABÉTIQUE.   409

lencastro, duc d'), XXII, XLIII, 29, 320, 322, 344.
Avenel (M.) cité, XVIII, XIX, XX, XXVIII.
Avesne (ville), 68.
Avignon (ville d'), 356, 364.
Ayrès Vaz (D.), évêque de Lisbonne, envoyé de Portugal en France, LVII
Azevedo (D. N. d'), envoyé de Portugal en France, LVIII.
Azevedo (le capitaine George d'), un des affidés du cardinal de Richelieu à Lisbonne, XX.
Azevedo-Coutinho (Marc-Antoine d'), ambassadeur extraordinaire de Portugal en France, 268; secrétaire d'État 295.

B

Babylone (évêque de), 209.
Badajoz (ville de), XXXI, XLII, 24, 81, 226, 243.
Bagnères (les eaux de), 243.
Bahia (ville de), 189.
Bâle (traité de), XLIX.
Bandar-Congo (le), 209.
Barcelone (ville de), 70, 73, 289.
Barradas; voir Sesnando.
Bart (Jean), 193.
Baschi (François, comte de), ambassadeur de France à Lisbonne, LV; sa notice, 307 et suiv.; son instruction, 309 et suiv., 321.
Bavière (le prince de), 148, 152, 159.
Bavière (Yolande Béatrix de), 148.
Bavière (la), 195, 205, 207, 211, 286.
Bavière (l'électeur de), 195, 205, 207, 211, 307.
Bayona (ville d'Espagne), 226.
Bayonne (ville de), 53, 187, 259, 262, 269, 288, 290.
Beauchamp (M. de), secrétaire d'ambassade, chargé d'affaires de France à Lisbonne, LV, 286.
Beaujolais, 319.
Beaulieu (abbaye de), 267.
Beaune (ville de), 285, 288, 301.
Beauvais-le-Fer (le sieur), négociant de Saint-Malo, 279.
Beauvais (M. de), ambassadeur de France en Portugal, LIII.
Beauvilliers (Marie-Antoinette de); voir Saint-Aignan.
Beïra (le prince de), fils aîné de la reine Dona Maria, XLIX.
Belem (la tour de), XXI.
Belle-Isle en Mer, 54.
Benetti (le sieur), prêtre romain, 367.
Bénévent, 356, 364.

Bentivoglio (l'abbé), 53.
Berredo; voir Mendez.
Berry (Charles, duc de), 3º fils du grand Dauphin, 213.
Berwick (Jacques Fitz-James, duc de), maréchal de France, fils naturel de Jacques II, roi d'Angleterre, 243.
Besançon (ville de), 243, 269.
Béthune (marquis de), 179.
Biscaye, XXV.
Bitche (ville de), 395.
Blosset (le marquis de), ambassadeur de France à Lisbonne, LV; sa notice, 369 et suiv.; son instruction, 371 et suiv.
Bohême, 327.
Boileau-Despréaux (Nicolas), 193.
Boisdauphin (Mademoiselle de), fille de M. de Laval, marquis de Sablé, 29.
Bombay (ville de), XXXVIII, 226.
Bombelles (Marc-Marie, marquis de), ambassadeur de France à Lisbonne, LVI, 383; sa notice, 395 et suiv.; son instruction, 397 et suiv.
Bombelles (le comte de), père de l'ambassadeur, 395.
Bonnal, consul de France à Porto, 263.
Bonzi (l'abbé de), 53.
Boscawen (amiral anglais), 319.
Bougeant (le P.), cité, XIX.
Bouilliau (M.), 53.
Bouillon (Mademoiselle de), 115.
Boulogne (le comté de), XIV.
Bourbon; voir La Roche-sur-Yon, Condé, Conti, Vermandois.
Bourbon (Louis III, duc de), 148, 161.
Bourbon (Mademoiselle de), 175.
Bourbon (le duc de), premier ministre de France, XLV.
Bourbon (Maison de), 195, 213, 226, 268, 307, 341, 355, 364, 371, 395, 398, 400.

Bourbonne; voir Colbert du Terron.
Bourgogne (duc de), xv.
Bourgogne (le duc de), envoi des ambassadeurs en Portugal, LII, LVII.
Bourgogne (Louis, duc de), fils aîné du grand Dauphin, 214.
Bourzeys (l'abbé de), 89, 90.
Bouthillier, xxviii.
Braga (l'archevêque de), 155.
Bragamonte; voir Pegnaranda.
Brandebourg (le marquis de), 148.
Bragance (Maison de), xvi, 185, 197, 216, 228, 242, 245, 253, 267, 283, 307, 326, 342.
Bragance (D. Constantin de), ambassadeur de Portugal en France, LVIII.
Brazil; voir Brésil.
Brésil, xxxviii, xli, 24, 31, 78, 84, 145, 167, 177, 187, 188, 222, 225, 242, 254, 256, 257, 262, 279, 307, 312, 328, 347, 377, 384, 398, 400.
Brésil (Princes du), titre des fils aînés du roi du Portugal, 307, 320, 323, 325, 326, 344, 359, 406.
Bretagne, 287.
Bretagne (le duc de), envoie un ambassadeur en Portugal, LII, LVII.
Bretagne (le régiment de), 355.
Brézé (le marquis de), 53.
Bricquemaud (régiment de), 96.
Brienne (Henri-Auguste de Loménie, comte de), ministre des Affaires étrangères, 3, 11, 27, 29, 49, 51, 55, 73.
Brion (M. de), ambassadeur de France en Portugal, LIII.
Bristol (le comte de), 95.
Brochado; voir Cunha.
Brochier (M.), consul général de France à Lisbonne, LVI
Broual, joaillier de Lisbonne, agent de Richelieu, xvii.
Broussel (le conseiller), 28.
Brünn, 395.

C

Cabinde (fort de), 405.
Cadaval (D. Nuño Alvarès Pereira, duc de), marquis de Fereira, comte de Tentugal, ministre, ambassadeur de Portugal en France, LVIII, 133, 137, 143, 155, 183, 185, 189, 199-201, 208, 218, 229, 238, 252, 262.
Cadix (ville de), xxvi.
Caillery (D. Philippe de), 199.
Caix (le sieur Honoré de), ambassadeur de France en Portugal, xv, LII, LIII.
Cambrai (ville de), 193, 274-276.
Cambrai (congrès de), 268-269, 274-276, 308.
Campomaior, 24.
Cananore, port de l'Hindoustan, 117, 130.
Canaries (les îles), 279.
Canouville (de), 179.
Cantanhède (D. Antoine Louis de Ménésès, comte de), 30.
Cantanhède; voir Marialva.
Cantanières, 71, 77.
Cantecroix (Béatrix de Cuzance, princesse de), 171.
Cap-Vert (les îles du), 263.
Cardinal protecteur du Portugal à Rome, 40.
Carlos (D.), fils de Philippe IV, infant d'Espagne, roi sous le nom de Charles II, 270, 304.
Carré (le P.), agent de Richelieu, xviii.
Carvalho (D. Antonio Coelho de), ambassadeur de Portugal en France, xxv, LVIII.
Carvalho e Mello; voir Pombal.
Casal (ville de), 135.
Cascaïs (le marquis de), ambassadeur de Portugal en France, LVIII, 194.
Casimir de Pologne (le prince), xxii.
Castagnère; voir Châteauneuf.
Castéja (le comte de), 396.
Castel et Vido, 24.
Castelmelhor (D. Louis de Souza Vasconcellos, comte de), favori d'Alphonse VI, xxxix, 98, 100, 110, 114, 208, 209.
Castille (la), xxv, 204, 243, 247, 328, 346, 361.
Castille (l'amiral de), 214, 234.
Castro (Louis-Pierre de), envoyé de Portugal à Munster, xxxii.
Castro; voir Mello.
Castro (D. Alvaro de), ambassadeur de Portugal en France, LVIII.
Catalogne (la), xxv, 246, 285, 289.

TABLE ALPHABÉTIQUE.

Catalogne (campagne de) en 1644, 2, 5, 30, 33, 35, 38, 42, 45, 46, 59, 69, 73, 131.
Catanière (le marquis de), ministre portugais, 63.
Catherine, infante de Portugal, épouse de Jean Ier, duc de Bragance, XVI, 79, 84, 95.
Catherine (l'infante) de Portugal, son projet de mariage avec Louis XIV, 29.
Catherine, infante de Portugal, épouse de Charles II, roi d'Angleterre, XXXVIII, XL, 95, 195, 217, 226, 241.
Catherine, fille de Philippe II, roi d'Espagne, 213.
Catinat (Nicolas), seigneur de Saint-Gratien, maréchal de France, 193.
Caverel (Philippe de), ambassadeur de France en Portugal, LIII.
Cayenne, 192.
Ceylan, 117.
Chaillou (J.-J. Amelot de), ministre des Affaires étrangères, 283, 284, 285.
Chambres de réunion, 135, 147.
Champagne, 242.
Chancelier de Portugal, correspondant du cardinal de Richelieu à Lisbonne, XX.
Chantilly, 62.
Chapelain, cité, 89.
Charleroy (ville de), 122.
Charles le Beau, roi de France, envoie une ambassade au roi Alphonse IV de Portugal, LI.
Charles VIII, roi de France, LII.
Charles IX, roi de France, LIII.
Charles le Téméraire, duc de Bourgogne, XV.
Charles-Quint (l'empereur), XV, 212.
Charles II, roi d'Espagne, XXXV, XXXVIII, 87, 195, 207, 212, 214, 217, 226, 241, 269, 290.
Charles III, roi d'Espagne, 370, 376, 382.
Charles II, roi d'Angleterre, XXXVII, XXXVIII, XL, 91, 95, 122.
Charles VII, empereur d'Allemagne, prétendant au trône d'Espagne sous le nom de Charles III, 213, 226, 227, 242, 287.
Charles IX, roi de Suède, 2.
Charles (l'archiduc), prétendant au trône d'Espagne, XLII. — Voir Charles VII.

Charles-Emmanuel II, duc de Savoie, 193.
Châteauneuf (Pierre-Antoine de Castagnères, marquis de), ambassadeur de France en Portugal, LIV, 215; sa notice, 225 et suiv.; son instruction, 227 et suiv.
Châtelet de Paris, 211.
Chavigny (M. de), secrétaire d'État, XIX, XXX, LV.
Chavignard; voir Chavigny.
Chavigny (Anne-Théodore Chavignard, chevalier de), comte de Toulongeon, ambassadeur de France en Portugal, sa notice, 285 et suiv.; son instruction, 288 et suiv., 309, 311, 347, 374.
Chauvet, colonel français au service du Portugal, 99.
Chauvet (régiment de), 96.
Chevrières; voir Saint-Chamont.
Chevry (régiment de), 96.
Chigi (Fabio), évêque de Nardo, nonce du pape à Munster, XXXII.
Chine (la), 116, 118.
Chiverny (le comte de); voir Clermont d'Amboise.
Choiseul (Gabriel-César de), duc de Praslin, ministre des Affaires étrangères, 333, 336, 340, 349, 350-352.
Choiseul-Stainville (Étienne-François, duc de), ministre de Affaires étrangères, 319, 341, 355, 362, 364.
Chouppes (le marquis de), ambassadeur de France et Portugal, XXXVII, LIII; sa notice, 49; son instruction, 56; relation de sa mission en Portugal, 63.
Christophe (D.), fils du prieur de Crato, XVI, XXII.
Christoval (D.), 82.
Clément V, pape, 2.
Clément XIII (le pape), 356, 364, 365.
Clément XII (le pape), 342.
Clément (M. P.), cité, 90, 91, 93, 119.
Clermont d'Amboise (J.-B.-Charles-François, chevalier de), ministre plénipotentiaire de France en Portugal, LV; sa notice, 355 et suiv.; son instruction, 357 et suiv.
Clermont d'Amboise (J.-B.-Louis de), marquis de Revel et de Montglat, comte de Chiverny, père du précédent, 355.
Clermont-Gallerande; voir Clermont d'Amboise.

Cochin, 117, 130.
Coëlho; voir Carvalho.
Colbert (J.-B.), 51, 52, 93, 100, 122.
Colbert (Charles), marquis de Croissy; voir Croissy.
Colbert (J.-B.), marquis de Torcy; voir Torcy.
Colbert du Terron, marquis de Bourbonne, envoyé de France en Portugal, 88, 90, 91, 135.
Colins de Montigny, consul de France en Portugal, LV.
Colonies portugaises des Indes, 8.
Cominges (le comte de), ambassadeur de France en Portugal, LIII; sa notice, 27; son instruction, 32; son instruction secrète, 41.
Comminges (l'évêque de); voir Saint-Gelais.
Compagnie des Indes Orientales de Hollande, 8, 116.
Compiègne (ville de), 47.
Comtat-Venaissin (le), 364.
Condé (Louis II de Bourbon, prince de), 11, 42, 53, 55, 62, 64, 67, 73, 127.
Condé (Henri-Jules de Bourbon, prince de), 148.
Condé (l'armée de), 395.
Connétable héréditaire de Portugal, titre donné par Philippe II à la maison de Bragance, XVI.
Consul (traitement du) de France à Lisbonne, 22.
Constantinople, 226, 233.
Contarini (Louis), ambassadeur de Venise à Munster, XXXII.
Conti (François-Louis de Bourbon, prince de), 53, 148, 150.
Conti (Marie-Anne de Bourbon), fille du précédent, 242.

Conti (le régiment de), 319.
Copenhague (ville de), 285, 369, 371.
Corbigny (Saint-Léonard de), abbaye, 88.
Coromandel (côte de), 117.
Correa (D. Francisco), 133.
Correa da Atouguia (Pedro), ambassadeur de Portugal en France, LVII.
Costa (da); voir Salema.
Costa (D. Juan da), comte de Soure; voir Soure.
Costa (M. da), ministre de Portugal, 324.
Cour de Rome (attitude de la) vis-à-vis du Portugal, 5, 6.
Courtin (Honoré), 90.
Coutinho (A. d'Azevedo); voir Azevedo.
Coutinho; voir Souza.
Crato (D. Antoine, prieur de), prétendant au trône de Portugal, XVI, XXII, LVIII.
Crery (N.), ambassadeur de Portugal (?) en France, LVIII.
Crevelt (bataille de), 319.
Crivelli (le prince de), ambassadeur de Portugal en France, LVIII.
Croissy (Charles Colbert, marquis de), ministre des Affaires étrangères, 127, 135, 147, 163, 171, 179, 193.
Cromwell (Olivier), protecteur d'Angleterre, 13, 28, 42, 188, 221.
Cunha-Brochado (D. José da), chargé d'affaires de Portugal en France, LVIII.
Cunha (D. Louis da), ambassadeur de Portugal en France, LVIII, 268, 275, 283, 286, 288, 303, 312; ministre de Portugal, 324, 346, 350, 360.
Cunha (Nuñes, cardinal da), grand aumônier, inquisiteur général de Portugal, 232, 272, 295.

D

Dacamara (le sieur), frère du comte de Ribeira, 280.
Dacunha; voir Cunha.
Damas (l'archevêque de), nonce du Saint-Siège, à Paris, 367.
Danemarck, XXXI, 44, 95, 382.
Dangeau (le Journal de), cité, 2, 172, 179.
Dauphin (Louis, dit le Grand), fils de Louis XIV, 195, 205, 207, 213, 219.
Dauphin (Louis, fils de Louis XV), 294.
Dauphiné, 319.
Delft (ville de), 193.
Denis (M. Ferdinand), cité, XXIV, 225.
Denis, roi de Portugal, XIV.
Depping (M.), cité, 119.
Des Alleurs (M.), 226.
Desembargador (le); voir Oliveira.

Desgranges (Louis), consul de France à Lisbonne, LIV, 93; 163, 197.
Deux-Ponts, 135.
Deux-Siciles (royaume des), 382.
Dévolution (guerre de), XXXIX, 87.
Dijon (ville de), 12.
Diu (place de l'Inde), 117, 263.
Dourado (D. Feliciano), ministre de Portugal en France, LVIII, 52.
Drosnes (le marquis de), 138.

Duarte (D.), frère du roi Jean IV, XXII, 219.
Dubois (le cardinal), 241, 275.
Du Clerc (le sieur), sujet français, assassiné au Brésil, 265.
Du Clerc (la dame), femme du précédent, 265.
Duguay-Trouin, 193.
Dumont, son *Corps diplomatique*, cité, 91.
Duport-Dutertre, cité, 54.

E

Édouard (D.) infant de Portugal, fils du roi Emmanuel, XVI.
Édouard (D.) de Bragance, frère du roi Jean IV ; voir Duarte.
Elbeuf (Charles de Lorraine duc d'), 97.
Elbeuf (Marie de Lorraine, fille du précédent, dite Mademoiselle d'), 29, 97.
Électeur Palatin (l'), 238, 333.
Éléonore, reine douairière de Portugal, puis reine de France, XV.
Éléonore de Neubourg ; voir Neubourg.
Élisabeth-Marie-Louise, infante de Portugal, 92.
Élisabeth Farnèse, femme de Philippe V, roi d'Espagne, 307.
Elvas (ville d'), 24, 31, 68, 81, 310.
Emmanuel (D.), roi de Portugal, XV, XVI.
Emmanuel, fils aîné du prieur de Crato, XXII.
Emmanuel (D.), infant de Portugal, frère du roi D. Jean V, 287, 290, 323, 345.
Enghien (le duc d') ; voir Anguien.
Épernon (duc d'), 2.
Épinoy (Louis de Melun, prince d'), 171.
Ericeira (D. Fernand Menésès, comte d'), 56, 155, 202.
Escolle (Raynold de l'), consul de France à Lisbonne, LIV, 197, 244, 260.
Esneval (Robert Le Roux, vidame d'), ambassadeur de France en Portugal, LIV ; sa notice, 179 ; son instruction, 181, son instruction spéciale au commerce, 187, 193, 196, 198, 200-203.

Espagne, *passim*, dans tout l'ouvrage. Il nous a paru inutile d'indiquer les pages où se trouve cité ce pays ; il nous eût fallu les indiquer presque toutes. Même observation pour la FRANCE, le PORTUGAL, Lisbonne, Madrid, etc.
Espagne (Arnaut d'), seigneur de Montespan, envoyé par Louis, duc d'Anjou, à Jean Ier de Portugal, LI.
Este ; voir Modène.
Estrade (le comte d'), 93.
Estrées (Jean d'), abbé de Saint-Claude, ambassadeur de France en Portugal, LIV, sa notice, 193 et suiv. ; son instruction, 196 et suiv., 215, 217, 220, 222, 261.
Estrées (César, cardinal d'), ambassadeur de France à Madrid, 193, 196, 214, 233, 235.
Estrées (L.-César, comte d'), maréchal de France, 319.
Estrémadure, 24, 195, 207, 272.
Estremos (ville d'), 310.
États-Généraux des Provinces-Unies ; voir Hollande.
États-Unis d'Amérique, 381.
Étienne (M.), chancelier du consulat de France à Lisbonne, LV.
Étoile (l'), vaisseau français, 53.
Évêchés de Portugal (le Pape refuse de nommer aux), 5.
Evora (l'évêque d'), ambassadeur de Portugal en France, LVII.
Evora (tumultes d'), XIX.

F

Faisans (l'île des), 32.
Fanchaw ou Funchaw (sir Richard), 91, 105.
Faria (D. José de), secrétaire d'État de Portugal, 239.
Farnèse (Édouard), prince de Parme ; voir Parme.
Farnèse (Élisabeth); voir Élisabeth.
Faro ; voir Odémira.
Faro ; voir Penamacor.
Fayal (île de), 263.
Ferdinand-Joseph, fils de l'électeur de Bavière, 207.
Ferdinand (l'Empereur), xxxi.
Fereira ; voir Cadaval.
Feuquières (Isaac de Pas, marquis de), 176.
Février (le P.), jésuite, 134.
Fitz-James (Henriette de), mère du chevalier de Clermont d'Amboise, 355.
Flambuc (Raymond-Bernard de), envoyé par Louis, duc d'Anjou, à Jean Ier, roi de Portugal, li.
Flandres (les), xxv, 44, 58, 69, 85, 131, 135.
Fléac, seigneurie, 28.
Fléchères, 121.
Fleuriau ; voir Armenonville.
Fleury (le cardinal de), premier ministre de France, xlvi, 283, 284.
Fontainebleau (le traité de), xlvii.
Fontainebleau (ville de), 51, 353.
Fontanella (le sieur), agent de Catalogne à Munster, xxxii.
Fontenay (abbaye de), 267.
Foyos (Mendès de) ; voir Mendès.
Forest (Jean), envoyé par Louis, duc d'Anjou, à Jean Ier roi de Portugal, li.
Foucher (le sieur), agent de la France en Portugal, liv.
France ; voir l'observation au mot Espagne.
France (vins de), 404-405.
Francfort (ville de), 286.
Francfort (congrès de), 147.
Franche-Comté, 135.
Francisco (D.), infant de Portugal, frère de Jean V, 271.
François Ier, roi de France, xv, lvii.
Frédéric II, roi de Prusse, cité, xliii, xliv, 319.
Frédéric (le sieur), architecte, valet de chambre du roi de Portugal, 313.
Freitte-Branco (le docteur Antoine de), 190.
Frémont d'Ablancourt, envoyé en mission en Portugal, liii, 88.
Fresne ; voir Lionne.
Fronde (guerre de la), xxxiv, 11.
Fronteira (le marquis de), ministre portugais, 143, 189, 262, 272.

G

Galice, 7, 35, 38, 46, 195, 207.
Galvao (Duarte), ambassadeur de Jean II de Portugal en France, lvii.
Gama (D. Louis Vasco de), comte de Vidiguiera, marquis de Niza, ambassadeur de Portugal en France, lviii.
Gama ; voir Niza.
Gent; voir Jant, 12.
Gama (D. Saldanha de), ambassadeur de Portugal en France, lviii.
Garcès (Lourenço), ambassadeur de Portugal en France, lvii.
Garden (le comte de), cité, xxxiii, 211, 213, 225.
Gazette de France, citée, xxiii, 338.
Geffroy (M.), membre de l'Institut, cité, xlvii.
Gênes (ville de), 280, 285.
Gerval (Yves), envoyé par Louis, duc d'Anjou, à Jean Ier, roi de Portugal, li.
Gibraltar, xli, 244, 297.
Giovinazzo (Dominique Giudice, duc de), 136.
Gisors, 97.
Goa (ville de), 27, 117, 119, 263, 400.
Gonzague (Vincent de), duc de Guastalla, 148.
Gonzague (Éléonore de), fille du précédent, 148.

TABLE ALPHABÉTIQUE.

Gomez; voir Silva.
Gores (commandeur de), 51, 53.
Goulas (Nicolas), ses Mémoires, cités, 28.
Gourdel (Jehan), ambassadeur du duc de Bretagne en Portugal, LII.
Gournay (Mathieu de), envoyé à Lisbonne par Du Guesclin, LI.
Gournay (Michel Amelot, marquis de); voir Amelot.
Gouttes (le commandeur de), 53.
Govea (D. Juan de Silva, marquis de), 155.
Grand Marquis (le), surnom donné au marquis de Pombal.
Grand Prieur de Champagne (le), XX.
Grands de Portugal, 9.
Grande Alliance (la) contre Louis XIV, XLI.
Grande-Bretagne (la); voir Angleterre; 214, 225, 244, 247, 250, 254, 267, 276, 281, 285, 297, 319, 328, 341, 347, 356, 371, 373, 377, 381, 380, 398, 401, 404.
Gravier, agent spécial de la France à Lisbonne, LIV, 98, 100.
Gravier; voir Vergennes.
Grimaldi (le marquis de), 378.

Groot (Hug. de), ambassadeur de Suède en France, XXV.
Grotius; voir Groot.
Guadalajara (ville de), 290.
Guastalla; voir Gonzague.
Guarda (ville de), 226.
Guedez (le sieur), secrétaire d'État portugais, 294.
Guénégaud de Brosses (Claude de), ambassadeur de France en Portugal, XXXIX, LIV; sa notice, 127; son instruction, 128.
Guerchy (le comte de), ambassadeur de France à Londres, 352, 369.
Guesclin (Du), envoie Mathieu de Gournay en Portugal, LV.
Guignard; voir Saint-Priest.
Guillaume III, roi d'Angleterre, 212, 214.
Guipuscoa, XXV.
Guise; voir Naples.
Guyanes (les), XXXVIII, 180, 226.
Guzman (D. Luiza de), épouse de Jean IV, roi de Portugal, XXXVIII, 8, 13, 21, 25, 28, 36.
Guzman (le sieur Alexandre de), secrétaire d'État portugais, 295, 313.

H

Hainaut (le), 283.
Hambourg, XIX, XXXI.
Hanovre (le), 319.
Hanovre (Jean de Brunswick Lunebourg Zell, duc de), 171.
Hanovre (Bénédicte de Bavière, duchesse de), femme du précédent, 171.
Hapsbourg (maison de), XL.
Harcourt; voir Armagnac.
Haro (D. Luiz de), 31, 49, 54, 55, 58, 62, 64 et suiv., 74, 78, 80, 81 et suiv., 92.
Harod; voir Saint-Romain.
Haronchée (le marquis d'); voir Aronches.
Hasset, secrétaire du vicomte de Turenne, 96.
Heinsius, grand pensionnaire de Hollande, 211.
Helflinger (M.), chargé d'affaires de France à Lisbonne, LVI, 381.
Henri (le prince), cadet de la maison capétienne de Bourgogne, fondateur de la monarchie portugaise, XIII.

Henri II, roi de France, XV.
Henri III, roi de France, XVI.
Henri IV, roi de France, XVI.
Henriquez; voir Alphonse.
Herselles (le sieur d'), ambassadeur du duc de Bourgogne en Portugal, LII.
Héry (le chevalier de l'), 144.
Hesse (le landgrave de), 72.
Hinnisdal (le comte), chargé d'affaires de France en Portugal, LV, 377, 378.
Hollandais, XXI, 198, 203, 225, 228, 230-232, 236, 239, 254, 258, 262, 264, 304, 369, 372-374, 381, 384, 388-390.
Hollande, XXV, XXVII, XXVIII, XXIX, XXXIII, XL, XLVIII, 8, 34, 59, 65, 68, 72, 85, 93, 116 et suiv., 121 et suiv., 128, 130 et suiv., 189, 193, 211, 214, 226, 229, 230, 232, 237, 246, 254, 268, 373-374, 382, 390, 391, 403.
Hongrie (la), 327.

I

Impératrice-Reine; voir Marie-Thérèse.
Inchiquin (le comte d'), général irlandais au service du Portugal, xxvii, 95.
Indes Orientales, 8, 24, 85, 116, 118, 122, 128, 131, 145, 167, 187, 191, 209, 222, 247, 256, 263, 328, 338, 400.
Indes occidentales, 204, 328, 338.
Indes occidentales (la flotte des), xxvi.
Indes (la compagnie hollandaise des), 254.
Irlande, 232, 239.
Isabelle, infante de Portugal, épouse de Philippe le Bon, duc de Bourgogne, xv, lvii.
Isabelle de Savoie-Nemours, femme d'Alphonse VI, roi de Portugal, 89, puis de D. Pedro Ier, 92, 96, 149, 193.
Isabelle de Portugal (l'infante), 136, 149, 179, 180.
Isabelle de Neubourg, voir Marie-Sophie-Isabelle.
Isabelle de Bourbon, première femme de Philippe IV, reine d'Espagne, 87.
Italie, 42, 45, 59, 69, 85, 206, 212, 219, 227, 250, 257, 307.

J

Janson (le cardinal de), ambassadeur de France à Rome, 212.
Jant (le chevalier de), ambassadeur en Portugal, cité, liii, 8; sa notice, 11; son instruction, 15 et suiv.; son instruction secrète, 23, 39, 49, 60 et suiv., 173.
Japon, 116, 118.
Jean Ier, roi de Portugal, li, lvii.
Jean II, roi de Portugal, lii, lvii.
Jean III, roi de Portugal, xv, lii.
Jean IV, roi de Portugal, xvi, xvii, 13, et suiv., 11, 27, 32, 219.
Jean V, roi de Portugal, xlii, 199, 241-244, 268, 283, 286, 287, 307.
Jean (D.), second fils de la reine D Maria, xlix.
Jésus (la Compagnie de), xliii et suiv., 208, 239, 342, 356, 365.
Joseph Ier, roi de Portugal, xliii, 307, 308, 320, 341, 370, 387.
Joseph, archiduc d'Autriche fils aîné de l'empereur Léopold, lui succède sous le nom de Joseph Ier, 172, 213, 242.
Jouy (le comte de), voir Rouillé.
Juan d'Autriche (D.), 84.
Juliers (ville de), 68.
Jurumen (ville de), 111.

K

Keene (le sieur,), plénipotentiaire anglais, 287, 303, 304.

L

La Cerda (le commandant de), ambassadeur de Portugal en France, et son fils après lui, lviii.
La Chesnaye des Bois, cité, 121.
Ladislas, roi de Pologne, xxii.
Lagos (affaire de), 339, 341, 348.
La Haye (ville de), 195, 212, 214.
La Haye (traité de) de 1703, xli.
La Lande Magon (le sieur), négociant de Saint-Malo, 279.
La *Marguerite*, vaisseau marchand français, 188.

TABLE ALPHABÉTIQUE.

Lamégo (Cortès de), xiii.

Lamégo (l'évêque de) envoyé de Portugal à Rome, 5.

Lançarote Pessanha, ambassadeur de Portugal en France, lvii.

Langeac (le sieur de), ambassadeur de France en Portugal, xv, lii.

Lanier, résident de France en Portugal, liii, 2, 73.

Laon (évêque de), 97.

La Plata, 136.

La Rochelle (ville de), xxviii, 53, 152, 165, 173, 181.

Launoy (le sieur de), ambassadeur du duc de Bourgogne en Portugal, lii.

Lauriçal (le marquis de), ambassadeur de Portugal en France, lix.

La Vallière (la duchesse de), 148.

Le Cocq (M.), agent de France à Lisbonne, liii, 34.

Leitão (François Andrada), envoyé du Portugal à Munster, xxxii.

Le Noir de Saint-Julien, consul de France à Lisbonne, lv.

Le Normant (Charlotte-Victoire), femme de M. de Rouillé, 307.

L'*Entreprenant*, vaisseau français, 144.

Léon (le royaume de), xxv.

Léopold Ier, empereur d'Allemagne, 207, 212, 227, 252.

Le Roux (Olivier), ambassadeur de Louis XI en Portugal, lii.

Le Roux; voir Esneval.

Loscolle (M. de); voir Escolle (l'), 241.

Le Tellier, 51, 52.

Le *Vaillant*, vaisseau de guerre français, 138.

Le Vassor, historien de Louis XIII, xx, xxii, xxvi, xxviii.

Liche (le marquis de), 92.

Ligny (le prince de); voir Aronches.

Lille (ville de), 188.

Lillebonne (François-Marie de Lorraine, comte de), 121, 171.

Lillebonne (les princesses de), 171.

Linharès; voir Noronha.

Lionne (Hugues de), marquis de Fresne, ministre des Affaires étrangères, xxxvii, 7, 43, 49, 54, 87, 88, 121.

Lippe (le comte de), général au service du Portugal, xliv.

Lisbonne (ville de); voir l'observation au mot Espagne.

Lisbonne (traité de paix de), en 1668, xxxix; en 1703, xli.

Lisbonne (le patriarche archevêque de), 200, 272, 280.

Lissa (bataille de), 319.

Livry (François Sanguin, abbé de), ambassadeur de France en Portugal, liv; sa notice, 267 et suiv.; son instruction, 269 et suiv., 294.

Livry (Louis Sanguin, marquis de), 267.

Livry (abbaye de), 267.

Lombardie, 44, 45.

Loménie; voir Brienne.

Londres (ville de), 212, 267, 285, 287, 303, 323, 327, 334, 345, 348, 360, 369, 371, 377, 384, 386, 400, 401, 403, 404.

Lorraine, voir Elbeuf.

Lorraine (le prince Charles de), 97.

Lorraine (Charles IV, duc de), 171.

Lorraine; voir Lillebonne.

Louis XI, roi de France, xv, lii, lvii.

Louis XIII, roi de France, xvi, 372, 388.

Louis XIV, roi de France, 1, 3, 8, 13, 21, 25, 193-195, 211, 213, 215, 226, 227, 241-244, 372, 383, 389, etc.

Louis XV, roi de France, xlvi, 266, 268, 283, 307, 317, 341, 380.

Louis XVI, roi de France, 369, 393, 395.

Louis, duc d'Anjou, envoie des ambassadeurs à Jean Ier, roi de Portugal, li.

Louis, duc d'Orléans, fils de Henri II, roi de France, lviii.

Louis (D.), infant d'Espagne, 321, 326.

Lourenço (Ruy), ambassadeur de Jean Ier, auprès du duc de Bourgogne, lvii.

Louvois (le marquis de), 121.

Lubomirski (princesse), 148.

Luis (D.), infant de Portugal, fils du roi Emmanuel, xvi.

Luxembourg (le), 135.

Luxembourg (François-Henri de Montmorency, duc de), maréchal de France, 193.

Lyon (voyage de la cour à), 49.

M

Macedo (Édouard Ribeiro de), 114.
Madagascar, 53.
Mademoiselle, fille de Gaston d'Orléans, 96.
Madère (île de), 188, 189, 257, 263, 279.
Madrid; voir l'observation au mot Europe.
Madrid (traité de) de 1526, xv.
Madrid (traité de) de 1801, L.
Magaillans; voir Magalhaëns.
Magalhaëns de Menesès (le P. Manoel de), jésuite, 239.
Magalotti (régiment de), 53.
Main (île de), 226.
Malte (ordre militaire de), 319, 341.
Mangin, auteur cité, xvii.
Manoël (D. Nuno), ambassadeur de Portugal en France, LVIII.
Manoel (Francisco) de Mello, cité, xix.
Mansfeldt (le comte de), 148.
Mantoue (la duchesse de), gouvernante et vice-reine du Portugal pour les Espagnols, xix.
Marbeuf; voir Rouillé.
Marck (le comte de la), 291, 293.
Marguerite (la), navire français, 262.
Maria (Dona), sœur de Jean V, 268.
Maria (Dona), fille aînée de Joseph Ier, reine de Portugal, XLVIII, 308.
Marialva (D. Antoine-Louis de Menesès, comte de Cantanhède, marquis de), général portugais, 87, 98.
Marie, princesse de Portugal, fille du roi D. Emmanuel, xv.
Marie, fille de D. Duarte, 4e fils du roi Emmanuel, duchesse de Parme, 148.
Marie-Anne de Neubourg; voir Neubourg.
Marie-Anne, archiduchesse d'Autriche, épouse de Philippe IV, roi d'Espagne, 87.
Marie-Anne, archiduchesse d'Autriche, épouse de D. Jean V, roi de Portugal, 242.
Marie-Sophie-Isabelle de Neubourg, reine de Portugal, 194.
Marie-Thérèse d'Autriche, épouse de Louis XIV, roi de France, 49, 87, 212, 213.

Marie-Thérèse d'Autriche, impératrice, reine de Hongrie et de Bohême, 327.
Marie-Thérèse de Castille (l'infante), 29.
Marie-Thérèse de Bourbon-Condé, princesse de Conti, 148, 150.
Marienbourg (ville de), 68.
Marin de la Chasteigneraie, 135.
Marly-le-Roi, 215, 223, 288.
Maroc (le), XL.
Marré (régiment de), 96.
Marseille (ville de), XXIII, 188, 259.
Martens (M. de), cité, 225.
Martin (Henri), cité, 55.
Martinozzi (Anne), princesse de Conti, 148, 160.
Mas (M. du), 53.
Mascarenhas (D. Juan), ambassadeur de Portugal en France, LVIII.
Mascarenhas (Pedro), ambassadeur de Portugal en France, LVII.
Masciado (le colonel), 209.
Mazarin (le cardinal de), XXXIII, XXIV, 1, 11, 12, 40, 49, 50, 52.
Maynier, cité, 121.
Médicis (Cosme III de), grand-duc de Toscane, 148.
Médicis (Ferdinand de), 148, 152, 159, 172.
Médicis (François-Marie de), cardinal, 148, 159, 172.
Mello (le sieur), 406.
Mello e Castro (D. Martino de), envoyé de Portugal en France, LIX, 341.
Mello (Francisco de), grand veneur de Portugal, ambassadeur de Jean IV en France, xxv, LVIII.
Melo (D. Francisco Antonio de), 122, 124.
Mendès de Foyoz, 200.
Mendez de Berredo (Martin), ambassadeur de Portugal en France, LVII.
Mendez de Goès (D. Francisco), chargé d'affaires de Portugal en France, LVIII.
Mendoça, Mendosa; voir Mendoza.
Mendonça (D. Manoël de), ambassadeur de Portugal en France, LVIII.
Mendoza (D. Diego da), secrétaire d'État, puis ambassadeur de Portugal à La Haye et à Madrid, 268, 271, 272.

TABLE ALPHABÉTIQUE.

Mendoza (le sieur d'Almeïda de), 365.
Mendoza (l'abbé de), secrétaire d'État de la Marine, 313, 323.
Méné (le chevalier de), 138.
Ménésès; voir Catannhède, 30.
Menesès (D. Magalhaëns de); voir Magalhaëns.
Menezès (D. Manoël de), ministre de Portugal en France, LVIII.
Ménésès (D. Fernand de); voir Ericeira.
Mensis (Louis de), consul de France à Lisbonne, LIII.
Mercure de France, cité, XVIII, XIX.
Mercure historique et politique, cité, 194, 226, 227.
Merle de Beauchamp (Charles-Louis, comte de), baron d'Ambert, ambassadeur de France en Portugal, LV, 308; sa notice, 319 et suiv.; son instruction, 320 et suiv., 337, 342, 348, 349.
Meslay (le comte de); voir Rouillé (Jean de).
Methuen (sir John), chancelier d'Irlande, ambassadeur d'Angleterre en Portugal, XLI, 214, 225, 232, 239.
Methuen (traité de), XLI, 180, 225, 244.
Methuin; voir Methuen.
Metz (ville de), 267.
Meyronnet de Saint-Marc (le chevalier), consul général de France à Lisbonne, LVI.
Mignet (M.), son *Introduction à l'Histoire de la succession d'Espagne*, citée, 212.
Milan (ville de), 152.
Milanais (le), XXV.
Minas (le marquis das), 222.
Ministres des Affaires étrangères de France, 193, 211, 225, 241, 267, 283, 285, 307, 319, 333, 341, 355, 369, 381, 395.
Mira (le comte de), ministre portugais, 63, 82.
Miséricorde (la), tartane française, 279.
Modène (François d'Este, duc de), 53, 172, 179 et suiv.

Mondevergne (M. de), 53, 54.
Mondeverne; voir Mondevergne.
Montagnac (M. de), consul de France à Lisbonne, LIV, 269, 270, 273, 278, 279.
Montbéliard (ville de), 135.
Montchevreüil (Henri de Mornay, marquis de), 88, 243.
Monteiro (Jacome), envoyé de Portugal en France, LVII.
Monteiro (Roc), ministre portugais, 200.
Montespan (la marquise de), 148.
Montespan; voir Espagne (Arnaut d').
Montglat (le marquis de); voir Clermont d'Amboise.
Montijo (ville de), XXXI.
Montier-la-Celle (abbaye de), 242.
Montmarin-Saint-Hérem (Armand-Marc, comte de), ministre des Affaires étrangères, ambassadeur de France à Madrid, 333, 392, 395.
Montpensier; voir Orléans.
Moreau (M.-C.), cité, 54.
Moréri (Dictionnaire de), 88, 208.
Morgan, officier anglais, 95.
Mornay-Montchevreuil (René de), ambassadeur de France en Portugal, XLVI, LIV; sa notice, 241 et suiv.; son instruction, 245 et suiv., 281, 294.
Morville (Ch.-J.-B. Fleuriau d'Armenonville, comte de), ministre des Affaires étrangères, XLV, 267.
Moscovie (la), 44.
Mothe-Fénelon (M. de la), ambassadeur de France en Portugal, LIII.
Motta (le cardinal da), ministre de Portugal, 295, 296.
Motta (le sieur Pierre da), frère du précédent, secrétaire d'État, 295, 313.
Moustier (N. de), femme du chevalier de Clermont d'Amboise, 355.
Moutier-la-Celle; voir Montier-la-Celle.
Mozambique, 145, 177.
Munich (ville de), 286, 287.
Munster et Osnabruck (traités de), XXXI, XXXIII, 1, 5, 59.

N

Nantes (Mademoiselle de), 148.
Naples, 12, 17, 30, 42, 45, 46, 152, 351, 364.
Nardo; voir Chigi.

Nassau (Émilie de), fille de Guillaume Ier prince d'Orange, épouse du prieur de Crato, XXII.
Navarre (la), XXV, 289.

Nemours (Marie-Françoise-Isabelle de), épouse d'Alphonse VI, puis de Pierre Ier, rois de Portugal, XXXIX ; voir Isabelle.
Nemours (Mademoiselle de), 115.
Neubourg (Charles-Philippe, duc de), etc., 147, 148, 151, 158, 172, etc.
Neubourg (Philippe-Guillaume de), électeur Palatin, 150.
Neubourg (le prince de), 179 et suiv.
Neubourg (Marie-Sophie-Isabelle de), épouse de D. Pierre Ier, roi de Portugal, 150, 172; voir aussi Marie-Sophie-Isabelle.
Neubourg (Marie-Anne de), épouse de Charles II, roi d'Espagne, sœur de la précédente, 207.
Neubourg (Éléonore de), épouse de l'empereur Léopold II, sœur de la précédente, 207.
Neubourg (Dorothée de), princesse de Parme, 148.

Neuchaise (M. de), chef d'escadre) 21.
Nevers (l'abbaye Saint-Martin de), XXII.
Nicot (Jean), ambassadeur de France en Portugal, LIII.
Nimègue (traités de), 135.
Nise ou Nice (le marquis de) ; voir Niza.
Niza (D. Louis Vasco de Gama, comte de Vidiguiera, marquis de), ambassadeur de Portugal en France, 14, 17, 20, 30, 31, 37, 78, 80, 82 ; voir Gama.
Noronha (D. Francisco de), comte de Linharès, ambassadeur de Portugal en France, LVIII.
Noronha (D. Thomas de), ambassadeur de Portugal en France, LVIII.
Normandie (la), 369.
Nove, ville de la République de Gênes, 121.
Noyers (Robert de), envoyé par Louis, duc d'Anjou, à Jean Ier de Portugal, LI.
Nunès da Costa (Jeronimo), 31.

O

Ober-Glogau (évêché d'), 395.
O'Dally ; voir Rosaire (le P. Dominique du).
Odemira (D. Francisco Faro, comte d'), gouverneur du roi Alphonse VI, 30, 133.
O'Dunne (Jacques), ambassadeur de France en Portugal, LV, LVI ; sa notice, 333 : son instruction, 334 et suiv. ; seconde notice, 381 et suiv. ; seconde instruction, 383 et suiv.
Oeyras (le comte d') ; voir Pombal.
Oliveira (Antonio de Santoz d'), désembargador, 261.
Olivença (ville d'), 24, 111.
Oppède (J.-B. de Forbin-Maynier, marquis d'), ambassadeur de France en Portugal, LIV ; sa notice, 135 ; son instruction, 137 et suiv.
Or (Pierre d'), consul de France à Lisbonne, LIII.

Orange (princesse d'), 95.
Orient, 209.
Orléans (Philippe d'), régent de France, XLV.
Orléans (Louis-Philippe, duc d'), 355, 395.
Orléans (Mademoiselle d'), duchesse de Montpensier, 29.
Orléans (Marguerite-Louise d'), grande-duchesse de Toscane, 148.
Oropesa (le comte d'), 180, 184, 185, 199, 200, 206, 208.
Orsay (Marie Boucher d'), mère de l'abbé de Mornay-Montchevreuil, 243.
Orsini (le cardinal), 40.
Osnabruck ; voir Munster.
Ossun (le marquis d'), ambassadeur de France à Madrid, 333, 336, 338, 351, 352, 357, 358, 377, 378, 379.
Ourique (bataille d'), XIII.
Ourscamp (abbaye d'), 243.

P

Pacte de famille (le), XLVII, 396 et suiv.
Palatinat, 194, 197.

Palha (Gaspar), ministre de Portugal en France, LVII, LVIII.

TABLE ALPHABÉTIQUE.

Paraguay (le), 369.
Pardo (le traité du), XLVIII, 370, 381, 383, 395, 400, 403.
Paris (ville de), 9, 22, 194, 214, 226, 267, 283, 285, etc.
Paris (traités de), 363, 376.
Parme (Alexandre, duc de), 148.
Parme (Édouard Farnèse, prince de), 148, 152, 159, 172, etc.
Parme (Rainuce II Farnèse, duc de), XVIII, 179 et suiv.
Parme (Ferdinand de Bourbon, duc de), 356, 364.
Parme (Élisabeth Farnèse, princesse de), 96.
Pavilly, 179.
Pays-Bas; voir Hollande.
Pedro Ier (D.), roi de Portugal, XL.
Pedro II (D.), roi de Portugal, 193-198, 200-204, 207, 208, 212, 214, 226, 227, 241, 242, 244.
Pedro (D.), infant de Portugal, frère du roi Joseph Ier, et époux de sa nièce la reine Dona Maria, 312, 322, 323, 326, 344, 345, 359, 396, 403, 406.
Pegnaranda (D. Gaspard de Bragamonte, comte de), ambassadeur d'Espagne à Munster, XXXII, XXXIII.
Peirenc de Moras (Marie-Anne), femme du comte de Merle, 319.
Pelicano, roi d'armes de Portugal, envoyé d'Alphonse V au duc de Bretagne, LVII.
Pelicane (la); voir Violante Gomès.
Pellisson (Raymond), ambassadeur de France en Portugal, LII.
Penamacor et Faro (le comte de), ambassadeur de Portugal en France, LVII.
Pereira (D. Francisco), ambassadeur de Portugal en France, LVIII.
Pereira d'Antas (D. Juan), ambassadeur de Portugal en France, LVIII.
Pernambouc (ville de), 262.
Pérou (le), 249.
Perronnet (Pierre), chirurgien français à Lisbonne, 191.
Perse (la), 116.
Pessanha; voir Lançarote.
Phélypeaux; voir Saint-Florentin.
Philippe II, roi d'Espagne, XV, XVI, XVIII, 84, 152.
Philippe IV, roi d'Espagne, XXXV, XXXIX, 97, 87, 241.

Philippe V de Bourbon, second fils du grand Dauphin, duc d'Anjou, puis roi d'Espagne, XL, XLII, XLV, 213, 214, 227, 243, 244, 246, 270, 307, 308.
Philippe d'Orléans, régent de France; voir Orléans.
Philippe (D.), fils de Philippe V, infant d'Espagne, 294, 304.
Philippe le Bon, duc de Bourgogne, XV, LVII.
Philippeville, 68.
Piémont (le), 193.
Pierre; voir Pedro.
Pignerol (ville de), 135.
Pimentel de Prado (D. Antonio), 49, 58.
Pinheiro (D. Gonzalve), évêque de Tanger, ambassadeur de Portugal en France, LVIII.
Pinto Ribeiro, magistrat portugais, un des auteurs de la Révolution de 1640, XVII, XXII.
Plaisance (bataille de), 287.
Poitiers (ville de), 51.
Pologne (la), 44, 196, 267, 327.
Pombal (D. Sébastien-Joseph de Carvalho e Mello, comte d'Oeyras, marquis de), XLIII, 308, 313, 320, 323, 324, 341, 342, 343, 346, 355, 356, 359-362, 364, 365, 370, 375, 476, 378, 384, 398.
Pomereau (le P.), confesseur de la reine Isabelle de Portugal, 154, 174, 184.
Pomponne; voir Arnauld.
Ponte de Lima (le vicomte de), 155.
Port-de-Bouc, XXIII.
Port-Mahon, 319.
Porte Ottomane (la), 341.
Porto (ville de), 189, 263, 405.
Porto-Longone, 70, 73.
Porto-Carrero (le cardinal de), archevêque de Tolède, 212.
Portugais restés au service d'Espagne, 9.
Portugal; voir l'observation au mot Espagne.
« Portugal (le) », par M. Ferdinand Denis, de la collection de l'*Univers Pittoresque*, ouvrage cité, 225.
Poulo-Ron (île de), dans l'archipel des Moluques, 117.
Prado (le comte de), 77, 78, 80, 81, 222, 280.
Prado; voir Pimentel.
Prades (le comte de); voir Prado.

Praslin (le duc de); voir Choiseul-Praslin.
Préaux, abbaye, 88.
Prince de Portugal, fils du prieur de Crato, XVIII.
Principat de Catalogne, voir Catalogne.
Provence (la), 187, 287.

Provinces-Unies de Hollande, 228, 329, 371. Voir aussi Hollande.
Puysieulx (Louis-Philoxène Brulard, marquis de), ministre des Affaires étrangères, 285.
Prusse (la), 319, 382.

R

Radziwill (princesse), 148.
Rastadt (traités de), XLV.
Rathery (M.), éditeur des *Mémoires du marquis d'Argenson*, cité, 283.
Ratisbonne, XXXI.
Ratisbonne (la diète de), 285.
Ravaisson (M.), ses *Archives de la Bastille*, citées, 51, 52, 53.
Rebenac (François de Pas de Feuquières, comte de), 185.
Régent de France (le); voir Orléans.
Règle (la), vaisseau français échoué en Portugal, 21.
Remiremont (abbaye de), 171.
Renel (le marquis de); voir Clermont d'Amboise.
Rennes (Louis-Gui de Guérapin de Vauréal, évêque de), 302, 303, 304.
Retz (le cardinal de), 64, 73.
Révolution française (la), XLIX.
Ribeïra-Grande (le comte de), ambassadeur de Portugal en France, LVIII, 243, 250, 268, 279, 280.
Ribeïra (mademoiselle de Soubise, comtesse de), 153.
Richelieu (le cardinal de), XVI, etc.
Richelieu (L.-J., Armand, duc de), maréchal de France, 319.
Rieux (Melchior de), consul de France à Lisbonne, LIII.
Rio-de Janeiro (ville de), 262, 263, 265.
Rio-Grande de San-Pedro, fleuve d'Amérique, 377.
Roc Monteiro; voir Monteiro.
Rochechouard, branche de la famille de Sève, 121; voir Aubeville.
Rochefort (ville de), 216.
Rochefort (le marquis de), maréchal de France, 29.
Rochelle (la), 216; voir La Rochelle.
Roche-sur-Yon (François Louis de Bourbon, prince de), 137, 148, 152 et suiv., 172, 174, 179.
Rocquemont (Yvelin de), secrétaire de l'ambassade de M. de Jant, puis chargé d'affaires de France, LIII, 14, 22.
Rodriguez (Jean), capitaine portugais, 144.
Rohan (Charles, prince de), 279.
Rohan (Armand-Gaston-Maximilien, cardinal de), 279.
Roi (le régiment du), 369.
Rome (ville de), 193, 244, 272, 313, 350, 356, 361, 362, 364, 365, etc.
Rosaire (le P. Dominique du), religieux français, confesseur de la reine de Portugal et agent secret de la France à Lisbonne, XX, XXVIII, 13, 14, 27, 30, 38, 44, 45, 71, 78, 80, 81.
Rosario; voir Rosaire.
Rocquemont; voir Rocquemont.
Rosbach (bataille de), 319.
Rose (Toussaint), secrétaire de Mazarin, 54.
Roubaix (le sieur de), ambassadeur du duc de Bourgogne en Portugal, LII.
Rouergue (le régiment de), 369.
Rouillac (Louis de Goth, marquis de), ambassadeur de France en Portugal, LIII; sa notice, 1 et 2; son instruction, 3 et suivantes.
Rouillé (Pierre), président au Grand Conseil, ambassadeur de France en Portugal, LIV, 195; sa notice, 211 et suiv.; son instruction, 215 et suiv., 226, 228, 229, 231, 233, 235-239, 247.
Rouillé (Jean), comte de Meslay, père du précédent, 211.
Rouillé (Antoine-Louis de), comte de Jouy, ministre de la Marine, puis ministre des Affaires étrangères, 307.
Russie (la), , 319. XLVIII.
Ruvigny (M. de), 115.
Ryswick (traité de), 195, 211, 228.

TABLE ALPHABÉTIQUE.

S

Sa (le sieur de), 406.
Sacrement; voir Saint-Sacrement (colonie du).
Saint-Aignan (Marie-Antoinette de Beauvilliers de), 267.
Saint-Arnould de Metz (abbaye de), 267.
Saint-Chamont (Melchior Mitte de Miolans, marquis de), seigneur de Chevrières, 89.
Saint-Claude (abbaye de), 193.
Saint-Contest (Fr.-Dom. de), ministre des Affaires étrangères, 307.
Saint-Florentin (L. Phelypeaux, comte de), garde des sceaux, puis ministre des Affaires étrangères, 266, 355.
Saint-Fort (seigneurie de), 28.
Saint-Gelais (M. de), évêque de Comminges, ambassadeur de France en Portugal, LIII.
Saint-Germain-en-Laye, XXVIII, 126, 146.
Saint-Germain-des-Prés (l'abbaye de), XXII.
Saint-Ildefonse (ville de), 270, 378.
Saint-Jean-Baptiste (le), navire français, 279.
Saint-Jean-de Luz (ville de), 52.
Saint-Julien (M. Le Noir de), consul général, chargé d'affaires de France à Lisbonne, 308, 319-321.
Saint-Lazare (ordre militaire de), 395.
Saint-Louis (la chapelle) des Français à Lisbonne, 190, 260, 278, 279, 299, 315.
Saint-Maixent (ville de), 188.
Saint-Malo (ville de), XIX.
Saint-Marc; voir Meyronnet (de).
Saint-Michel (île), 190, 263.
Saint-Pé (le sieur de), consul et agent de France en Portugal, XX et suivantes; XXVI et suiv.; LIII, 2, 13, 21, 22, 39, 60, 88.
Saint-Priest (Fr.-Emmanuel Guignard, chevalier de), ministre plénipotentiaire de France en Portugal, LV, 333; sa notice, 341; son instruction, 342 et suiv., 367, 375.
Saint-Romain (Melchior de Harod de Senevas, marquis de), ambassadeur de France en Portugal, XXXIX, LIV; sa notice, 87; sa première instruction (1665), 93 et suiv.; Instruction relative aux colonies portugaises, 116 et suiv.; seconde notice (1683), 147; seconde instruction, 151 et suiv., 188, 201, 217, 258, 262.
Saint-Sacrement (colonie du), 247, 248, 292, 298, 302, 303, 310, 329.
Saint-Seine, seigneurie; voir Rouillé.
Saint-Sernin de Toulouse (abbaye de), 267.
Saint-Siège (relations du) avec le Portugal, 59; voir cour de Rome, Lamego, Évêchés, etc.
Saint-Simon (Louis de Rouvroy, duc de), cité, XLVII, 2, 89, 148, 285.
Saint-Tropez (ville de), XXIII.
Saint-Valery (abbaye de), 53.
Salema (l'abbé Pedro da Costa), chargé d'affaires de Portugal en France, LVIII, 349.
Salvaterra (ville de), 24.
Salvius, ministre de Suède, XXV.
Sande (le marquis de), ambassadeur de Portugal en France, 90, 96, 97, 98, 102, 110.
Sandwich (Édouard Montaigu, comte), ambassadeur d'Angleterre en Portugal, 91.
San-German (le duc de), 81.
Sanguin; voir Livry.
San-Estevan (le comte de), 275.
San Lucar de Barrameda (ville de), XXXVIII.
San-Pedro; voir Rio-Grande.
Santarem (le vicomte de), son ouvrage *Quadro Elementar*, cité, XV, XXI, XXV, 50.
Sardaigne (la), 304.
Sarrebrück (ville de), 135.
Sartines (M. de), intendant de Catalogne, père du lieutenant de police, 289, 290
Saumur (ville de), 28.
Sauvaire (le sieur), consul de France à Porto, 263.
Savoie (la), 193.
Savoie (le duc de), 72, 97.
Savoie (Victor-Amédée II, duc de), 136, 137, 141, 143, 147, 152, 156, 213, 219.

Savoie (la duchesse de), 49.
Savoie (princesse Marguerite de), 49.
Savoie-Nemours; voir Isabelle.
Savone (ville de), XXIII.
Saxe (la), 319, 327.
Saxe (l'électeur de), 327.
Saxe (princesse de), 95.
Scève; voir Sève.
Schomberg (Armand-Frédéric, comte de), XXXVII, XXXVIII, 50, 87, 96, 99.
Schonenberg (le sieur Van), ambassadeur de Hollande en Portugal, 214.
Sébastien (le roi) de Portugal, 84.
Semonin (le sieur); voir Simonin.
Senevas; voir Saint-Romain.
Sept Ans (la guerre de), 319.
Servien (Abel), XXXII.
Sesnando, chef d'une troupe de patriotes, avec Barradas, dans le royaume des Algarves en 1638, XIX.
Sétubal ou Setuval (ville de), 204, 254.
Sève; voir Aubeville.
Sévigné (madame de), citée, 88.
Sienne (ville de), 152, 363.
Silva (D. Sebastian Juan Gomès da), ambassadeur de Portugal en France, LVIII.
Silveira (Fernando-Affonso de), envoyé de Jean Ier au duc de Bourgogne, LVII.
Silveira (Juan da), ambassadeur de Portugal en France, LVII.
Simonetti (le comte), 152.
Simonin (le sieur), consul général, chargé d'affaires de France à Lisbonne, LV, 342, 358, 364, 367.
Sisteron (ville de), XXIII.

Soarès (D. André), envoyé de Portugal en France, LVIII.
Sorel (M. Albert), cité, XV, 212.
Soubise (mademoiselle de); voir Ribeira.
Sourdis (le cardinal de), archevêque de Bordeaux, XIX.
Soure (D. Juan da Costa, comte de), ambassadeur de Portugal en France, LVIII, 31, 50, 54, 52, 57, 60, 62, 66, 78, 80.
Southwell (le sieur), ambassadeur d'Angleterre à Lisbonne, XXXIX.
Souvré; voir Soure.
Souza (Pedro de), envoyé de Portugal en France, LVII.
Souza; voir Castelmelhor et Coutinho.
Souza-Coutinho (D. Francisco de), ambassadeur de Portugal en France, LVIII, 12, 15, 34.
Coutinho (D. Vicenti Souza de), ambassadeur de Portugal en France, LIX, 342, 362, 391.
Souza (le cardinal de), 229.
Stainville; voir Aubeville.
Stainville (Étienne-François, duc de Choiseul), ministre des Affaires étrangères, 319, 341, 355, 362, 364; voir Choiseul.
Strasbourg (ville de), 135.
Straten (le camp de), près de Saint-Tron, 134.
Succession d'Espagne (affaire de la), XL et passim.
Suède (la), XLVIII, 193, 286, 382.
Suède (le roi de), 42, 44, 65, 72.
Suisse (la), 285.

T

Tabarit (Pierre), proposé pour le consulat de l'île Saint-Michel, 191.
Taborda (D. Salvador, chargé d'affaires du Portugal en France, LVIII, 164.
Tage (le), 230.
Tallemant des Réaux, cité, 2.
Tamizey de Larroque (M.), cité, 89.
Tanger (ville de), LVIII, XL, 30, 45.
Tanger (évêque de), LVIII.
Tarrouca (le comte de), ambassadeur de Portugal en France, LVIII, 269.
Tartas (ville de), 31, 53.
Tavora (conspiration du), 322.
Tellez (comte de), 199.

Tentugal; voir Cadaval.
Tercères (l'île de), 263.
Terron; voir Colbert.
Tessé (René de Froulay, comte de), maréchal de France, ambassadeur à Madrid, 270, 274.
Tessier (M.), ouvrage de lui cité, 12, 13, 15, 18, 21, 50, 56, 59.
Théatins (religieux), 41.
Théodosio (D.), duc de Bragance, XVII.
Thou (de), résident à La Haye, 52.
Tolède (l'archevêque de); voir Porto-Carrero.
Torcy (J.-B. Colbert, marquis de), am-

TABLE ALPHABÉTIQUE.

bassadeur de France en Portugal, puis ministre des Affaires étrangères, LIV, 150; sa notice, 163; son instruction, 164 et suiv., 180, 192, 211, 225, 241, 243.

Torre (le comte da), 123, 125, 133.

Torrero (D. Joseph), ambassadeur d'Espagne à Lisbonne, 338.

Toscane (les princes de); voir Médicis.

Toulon (ville de), 12.

Toulongeon (André de), ambassadeur du duc de Bourgogne en Portugal, LII.

Toulongeon (le comte de); voir Chavigny.

Toulouse (ville de), 50, 267.

Tourville (le sieur de), 193.

Tous-les-Saints (la baie de), 262, 263; voir Bahia.

Traité de 1641 entre la France et le Portugal, XXIX.

Trémouille (Anne de la); voir Ursins.

Trente Ans (guerre de), XXXV, XLVIII.

Très-Fidèle, titre donné par le pape aux rois de Portugal, XLIII, 311.

Turcs (les), 68.

Turenne (le vicomte de), maréchal de France, 11, 50, 96, 97, 100, 115, 127.

Turin (traité de) de 1703, XLI.

Tuy (ville de), 226.

U

Univers Pittoresque : Portugal, cité, 225

Urbain VIII, pape, XXXI.

Ursins (Anne-Marie de la Trémouille, princesse des), 244, 251.

Urtubise (M. d'), chargé d'affaires de France à Lisbonne, LVI, 396.

Uruguay (l'), XXXVIII.

Utrecht (traités d'), XLV, 241, 243, 247, 249, 250, 259, 262, 268, 273, 275, 276, 329, 363, 366, 373, 374, 389, 390, 391, 398.

V

Valdereys (le comte de), 155.

Valence (ville de), 226.

Valfrey (M. J.); son ouvrage sur *Hugues de Lionne*, cité, XXXIII, XXXVII, 49, 87.

Varsovie (ville de), XXIII.

Vasconcellos; voir Castelmelhor.

Vasco; voir Gama.

Vatteville (le baron de), 92, 93, 140.

Vaz (docteur Gaspar), ambassadeur de Portugal en France, LVII; voir Ayrès.

Vendôme (la Maison de), 97.

Venise, 34, 285, 287, 307, 395.

Verdonet (Jean), consul de France à la Baie-de-Tous-les-Saints, 262.

Vergennes (Charles Gravier, comte de), ministre des Affaires étrangères, XLVII, 285, 369, 381, 391, 392, 395.

Verger (Antoine du), consul de France à Lisbonne, 241, 263, 264.

Vergolino (le sieur de), valet de chambre du roi Joseph Ier de Portugal, 313.

Vergy (N. de), ambassadeur du duc de Bourgogne à Alphonse V de Portugal, LII.

Verjus (Louis), comte de Crécy, 89.

Vermandois (Louis de Bourbon, comte de), 148, 152, 161, etc.

Vernay (M. du), consul général, chargé d'affaires de France à Lisbonne, LIV, 285, 294, 307, 309, 311.

Verney (le sieur du); voir Vernay (du).

Versailles (ville de), 162, 169, 177, 192, 194, 227, 239, 245, 254, 266, 268, 282, 287-287, 307, 308, 317, 332, 337, 356, 357, 370, 381, 384, 393.

Versailles (traité et paix de), 319, 383.

Vertot (l'abbé de), cité, XXIV.

Vidiguiera; voir Gama et Niza.

Vieira da Silva (Pierre), secrétaire d'État, 30.

Vienne (ville de), 194, 202, 206, 207, 212, 323, 330, 345, 351, 360, 379.

Vigo (ville de), 226.

Villadar (le comte de), 199.

Villarias (le marquis de), 291.
Villarmayor (le comte de), fils du marquis d'Allegrette, 143, 155, 184, 199, 202, 238, 252, 269, 272.
Villars (le marquis de), ambassadeur de France à Vienne, 212.
Villaviciosa, résidence des ducs de Bragance, xvii, 87, 243.
Villaviciosa (bataille de), xlii.
Ville (le P. de), religieux français à Lisbonne, 123, 127, 134.
Villefranche, près Nice, 137.
Villeroi (le maréchal de), 54, 222, 280.
Villette (le marquis de), 231.
Vimioso (D. Francisco de Portugal, comte de), ambassadeur du prieur de Crato en France, lviii, 199.
Vincennes (ville de), xxiii.
Vinanès (le marquis), 140.
Violante Gomès, dite *la Pélicane*, mère du prieur de Crato, xvi.
Vizanego, agent de France à Lisbonne, liv.

W

Walcstein (le comte de), ambassadeur de l'empereur à Lisbonne, 236.
Wall (le sieur), ministre et secrétaire d'État d'Espagne, 336.
Watteville (le baron de); voir Vatteville.
Westphalie; voir Munster, 11, 327.
Westminster (traité de), xxxvii.

Y

Yvelin; voir Rocquemont.

Z

Zévort (M.), cité, 284, 287.

FIN DE LA TABLE ALPHABÉTIQUE

Paris. — Typ. G. Chamerot, 19, rue des Saints-Pères. — 20251.

1887

ANCIENNE LIBRAIRIE GERMER BAILLIÈRE ET Cie

FÉLIX ALCAN, Éditeur

108, Boulevard Saint-Germain. — PARIS

RECUEIL

DES

INSTRUCTIONS

DONNÉES AUX AMBASSADEURS ET MINISTRES DE FRANCE

DEPUIS LES TRAITÉS DE WESTPHALIE JUSQU'A LA RÉVOLUTION FRANÇAISE

*Publié sous les auspices de la Commission des Archives diplomatiques
du Ministère des Affaires étrangères.*

BEAUX VOLUMES IN-8° RAISIN, IMPRIMÉS SUR PAPIER DE HOLLANDE

VOLUMES PUBLIÉS :

I. — **Autriche**, avec une Introduction et des Notes, par ALBERT SOREL. 1 volume grand in-8°. . . . . 20 fr.
II. — **Suède**, avec une Introduction et des Notes, par A. GEFFROY, de l'Institut. 1 volume grand in-8°. . . . . 20 fr.
III. — **Portugal**, avec une Introduction et des Notes, par le Vte DE CAIX DE SAINT-AYMOUR. 1 volume grand in-8°. . . . . 20 fr.

La Commission des archives a défini le caractère de cette publication en décidant qu'il serait une œuvre d'enseignement politique plutôt qu'une œuvre d'érudition. Elle s'est proposée non d'éditer des textes avec l'appareil scientifique dont la collection des documents inédits fournit des modèles achevés, mais de mettre à la disposition de nos agents et de nos historiens une sorte de manuel des traditions politiques de la France.
C'est d'après cette donnée que le recueil a été préparé. Les différentes ambassades en forment les divisions naturelles. Il a autant de chapitres que d'instructions différentes.
Ses instructions sont explicites. Elles commencent en général par un précis rétrospectif des relations entre les deux Etats jusqu'à l'époque où elles sont données. Il en résulte que très souvent elles se suffisent à elles-mêmes, contiennent leur propre introduction et se relient directement les unes aux autres.
Il arrive, cependant, que des affaires nouvelles surgissant, les instructions écrites succédant à des instructions verbales ou des intervalles de guerre ayant rompu les relations, il est nécessaire de combler une lacune entre deux textes ou de préparer le lecteur à l'intelligence de certains faits sur lesquels les contemporains jugeaient superflu

de s'expliquer, puisqu'ils les connaissaient d'ailleurs parfaitement. De là la nécessité de notices reliant chaque instruction à celle qui précède et résumant les données nécessaires à l'intelligence du document qui suit la notice.

LA PUBLICATION SE CONTINUERA PAR LES VOLUMES SUIVANTS :

Pologne, par M. Louis Farges.
Rome, par M. Hanotaux.
Angleterre, par M. Jusserand.
Prusse, par M. E. Lavisse.
Russie, par M. A. Rambaud.
Turquie, par M. Girard de Rialle.
Hollande, par M. Maze.

Diète Germanique, par M. Chuquet.
Bavière et Palatinat, par M. André Lebon.
Espagne, par M. Morel Fatio.
Danemark, par M. A. Geffroy.
Savoie et Mantoue, par M. Armingaud.
Naples et Parme, par M. J. Reinach.
Venise, par M. Jean Kaulek.

INVENTAIRE ANALYTIQUE

DES ARCHIVES

DU

MINISTÈRE DES AFFAIRES ÉTRANGÈRES

Publié sous les auspices de la Commission des Archives diplomatiques

VOLUMES PUBLIÉS :

I. — **Correspondance politique de MM. de Castillon et de Marillac**, Ambassadeurs de France en Angleterre (1537-1542), par M. Jean Kaulek; avec la collaboration de MM. Louis Farges et Germain Lefèvre-Pontalis. — Un beau volume in-8 raisin sur papier fort. . . . . 15 fr.

II. — **Papiers de Barthélemy**, Ambassadeur de France en Suisse (1792-1797), par M. Jean Kaulek. — I. Année 1792. Un beau vol. in-8° raisin sur pap. fort. 15 fr.

En entreprenant la publication du Recueil des Instructions, la Commission des Archives a voulu mettre à la disposition des historiens et des diplomates une catégorie de documents particulièrement propres à faire connaître et apprécier la politique étrangère de la France en même temps qu'elle satisfaisait à l'obligation qui s'impose à tout dépôt d'archives de faire connaître au public les richesses qu'il renferme. L'*Inventaire analytique de la Correspondance politique* répond à ces deux ordres de préoccupation.

A côté de la partie purement diplomatique, les dépêches des ambassadeurs renferment constamment des passages relatifs aux questions les plus diverses ; à la correspondance officielle sont jointes les lettres particulières, des pièces, de toutes sortes propres à en éclairer le contenu et où l'on retrouve souvent mieux que dans les dépêches elles-mêmes, ce petit côté des événements, toujours si intéressant à connaître. Il y a là une mine inépuisable de renseignements pour l'histoire des mœurs, des arts, des institutions, pour les biographies ou l'histoire littéraire aussi bien que pour l'histoire diplomatique et militaire. Tous ces éléments d'information sont à peu près perdus dans la correspondance politique et il y avait lieu d'en entreprendre un inventaire complet et analytique, inventaire dans lequel chaque pièce serait décrite de telle sorte qu'aucun des éléments d'information qu'elle renferme ne fût passé sous silence. De plus, on a pensé qu'on doublerait encore la valeur de cet inventaire si à ces analyses on joignait, sous forme d'extraits, les passages les plus intéressants des principales pièces et si l'on publiait même *in extenso* celles qui paraissent avoir une importance tout à fait capitale. L'*Inventaire analytique de la Correspondance politique* est ainsi une véritable histoire de la diplomatie française par les documents mêmes et constitue un commentaire perpétuel du *Recueil des Instructions*. Ces deux séries sont destinées à prendre place dans les mêmes bibliothèques et à se compléter l'une l'autre.

LA PUBLICATION SE CONTINUERA PAR LES VOLUMES SUIVANTS :

III. — **Angleterre (1546-1549)**, Ambassade de M. Selve, par M. Germain Lefèvre-Pontalis.
IV. — **Papiers de Barthélemy (1793)**, par M. Jean Kaulek.

Envoi FRANCO par la poste sans augmentation de prix

www.ingramcontent.com/pod-product-compliance
Lightning Source LLC
Chambersburg PA
CBHW060237230426
43664CB00011B/1677